国际商法新论

（第四版）

吴建斌　著

南京大学出版社

第二版修改重印说明

正如后记所表明的那样,本书是作者在南京大学等院校讲授国际商法讲义的基础上编纂而成的。2001 年出版不久,作者就应日本大阪大学法学部之邀,东渡进行日本商法、公司法的专题研究,回国后因着力于《现代日本商法研究》(2003 年人民出版社)、《日本公司法规范》(2003 年法律出版社)和《最新日本公司法》(2003 年中国人民大学出版社)的出版事务,故在 2002 年重印本书时,除了纠正某些印刷错误之外,几乎未作修改。2004 年初重印时,本来计划进行全面修订,但因教学急需,时间上不允许字斟句酌,故仅就第一章、第二章、第五章、第七章、第八章、第九章、第十章的部分内容,在尽可能不改动版面的前提下,作了技术处理。2005 年修订再版时,将近年国内外国际商法新的立法进展、新的研究成果吸收进来,对全书的各个章节进行更新,有的章节安排作了调整,如反倾销法在原书中列为最后一章,现与国际商事仲裁对调,安排在继破产法之后的倒数第二章,与破产法实体法与程序法混合的体例相一致,同时也加入了一些近年出现的新的典型案例。

2006 年本版重印时,主要吸收了中国、日本修改、制定公司法的内容,中国推行机动车交通事故责任强制保险的规则,对新的 2005 年中国国际经济贸易仲裁委员会仲裁规则也有所反映。

另外,由于新的参考资料不胜枚举,不能一一罗列,我们按照本书章节顺序,将有代表性的著作目录附于书后,便于读者进一步研究时参考。

本书虽然列入南京大学商学院文库,但并不是专供非法学专业学生用书,法学专业也可以用作教材或者参考资料。2005 年初,本人又从南大商学院调回法学院,因仍承担商学院的诸多教学任务,故至少在南京大学,本书将在法学和商学专业同时使用,只是两个专业教学的侧重点不同而已。

作　者
2006 年 7 月

第 四 版 修 订 说 明

目前流行的国际商法教科书,有国外引进的以 WTO 规则为核
开的模式,国内以传统货物贸易为主,延伸到国际支付、海洋运输以
上保险的体例,和以介绍各国商法与国际贸易法为主要内容的体例
并存。本书采用第三种体例。

本书第三版4年多,承蒙社会各界厚爱,经过重印又见脱销,需要
订。4年来,国际国内经济贸易环境有了很大的变化,主要的国际商
法律规则虽无大改,西方发达国家的商事法律却多有调整。趁此修订
会,我们尽可能予以吸收反映。

值得一提的是,除了纠正个别印刷错误之外,我们根据 2010 年国际
贸易术语解释通则等国际规则的重大修改,以及中国公司法、合同法的
最新司法解释,保险法的最新变化等,重点调整改写了相关内容,有的部
分进行了整体替换。

特此说明。

作　者
2012 年 6 月

目　录

导　论

一　国际商法的含义及内容 ………………………………… 1

二　国际商法的构成和特点 ………………………………… 4

三　英美法和大陆法概要 …………………………………… 8

四　中国法律制度概要 ……………………………………… 13

第一章　商事组织法

第一节　商事组织的类型和立法取向 ……………………… 17

第二节　公司 ………………………………………………… 26

第三节　公司的设立 ………………………………………… 34

第四节　公司的资本 ………………………………………… 43

第五节　公司的机关 ………………………………………… 49

第六节　公司的其他问题 …………………………………… 58

第七节　其他企业组织形式 ………………………………… 62

第二章　合同法

第一节　概述 ………………………………………………… 73

第二节　合同的订立 ………………………………………… 78

第三节　合同的效力 ………………………………………… 92

第四节　合同的履行 ………………………………………… 107

第五节　合同的变更和转让 ………………………………… 112

第六节　合同的消灭 ………………………………………… 114

第七节　合同的违约责任 …………………………………… 119

第八节　合同的担保 ………………………………………… 128

第三章 买卖法

第一节 概 述 …………………………………… 134
第二节 买卖双方的权利和义务 …………………… 139
第三节 违约补救方法 ……………………………… 145
第四节 货物所有权和风险的转移 ………………… 150
第五节 产品责任的特殊问题 ……………………… 153

第四章 代理法

第一节 概 述 …………………………………… 161
第二节 代理法律关系 ……………………………… 164
第三节 特殊代理制度 ……………………………… 168
第四节 中国的外贸代理制 ………………………… 171

第五章 票据法

第一节 概 述 …………………………………… 179
第二节 票据关系 …………………………………… 185
第三节 汇 票 …………………………………… 191
第四节 本票和支票 ………………………………… 195

第六章 海商法

第一节 概 述 …………………………………… 198
第二节 船舶和船员 ………………………………… 202
第三节 海上运输 …………………………………… 205
第四节 海上事故及其处理 ………………………… 211

第七章 保险法

第一节 概 述 …………………………………… 215
第二节 保险合同 …………………………………… 219
第三节 保险业的管理 ……………………………… 229

第八章 破产法

第一节 概 述 …………………………………… 232
第二节 破产实体规则 ……………………………… 239
第三节 破产程序规则 ……………………………… 243

第九章　反倾销法

第一节　概　述 ……………………………………… 255

第二节　国际反倾销法 ……………………………… 260

第三节　欧美反倾销法 ……………………………… 265

第四节　中国反倾销法和反倾销对策 ……………… 271

第十章　国际商事仲裁

第一节　概　述 ……………………………………… 277

第二节　国际商事仲裁法 …………………………… 281

第三节　国际商事仲裁机构及其仲裁规则 ………… 284

第四节　仲裁裁决的承认及执行 …………………… 288

附：经济案例选

1. 合伙人清偿合伙企业债务案 …………………… 290

2. 集体企业诉政府机关侵权案 …………………… 291

3. "儿子"状告"老子"侵权案 …………………… 292

4. 政府机关越权任免合营企业人事案 …………… 293

5. 中外合营企业合同纠纷案 ……………………… 294

6. 上市公司发起人资格认定案 …………………… 295

7. 夫妻股东反目案 ………………………………… 296

8. 萨洛蒙诉萨洛蒙有限公司确认公司人格独立案 … 297

9. 公司诉股东填补实物出资不足纠纷案 ………… 298

10. 请求按约支付优先股股息案 ………………… 299

11. 股东状告上市公司股东大会招集违法索赔案 … 300

12. 宏智科技双头董事会闹剧案 ………………… 301

13. 中外合营企业董事违反竞业禁止义务案 …… 303

14. 独立董事状告证监会案 ……………………… 304

15. 悬赏广告效力认可案 ………………………… 305

16. 沉默致变更的承诺有效成立案 ……………… 306

17. 外贸合同变更纠纷案 ………………………… 307

18. 公司人格否认与合同撤销权交织案 ………… 308

19. 买卖合同违约赔偿案 ………………………… 311

20. 卖方违反权利担保义务案 …………………… 312

21. 合同担保人应负担保责任案 ………………… 313

22. 丰田公司产品功能说明不符案 ……………… 314

23. 中国输美烟花爆炸索赔案 ···················· 315

24. 隐名代理购股确权纠纷案 ···················· 316

25. 货运代理人越权处理货物案 ·················· 317

26. 因空运货款结算方式失误引起的外贸代理纠纷案 ······· 318

27. 代理人误填股票交易委托单导致损失索赔案 ········ 319

28. 境外期货经纪欺诈案 ······················· 320

29. 期货经纪公司不能举证代客入市交易案 ·········· 321

30. 承兑人无条件支付汇票票款案 ················· 322

31. 支票挂失后仍承担付款责任案 ················· 323

32. 疏于审查提示付款人身份承担票据责任案 ········· 324

33. 汇票的保证人不负保证责任案 ················· 325

34. 混淆空运提货凭证和海运提单致损赔偿案 ········· 325

35. 卖方签发假提单致合同无效索赔案 ············· 326

36. 船舶碰撞赔偿案 ·························· 327

37. 共同海损及其理算案 ······················· 328

38. 海损事故致保险标的全损案 ·················· 329

39. 受益人诉请给付保险金案 ···················· 330

40. 投保人沉船骗赔案 ························· 331

41. 南昌地下商场破产案 ······················· 332

42. 中外合营企业破产案 ······················· 333

43. 广东国际信托投资公司破产案 ················· 334

44. 中国输澳草柑橘反倾销案 ···················· 339

45. 中国输美自行车反倾销案 ···················· 340

46. 中国对进口新闻纸发起反倾销调查案 ············ 341

47. 劳动争议案件仲裁前置案 ···················· 342

48. 中外合营企业仲裁终止案 ···················· 342

49. 合同约定仲裁一方提起侵权之诉驳回管辖异议案 ······· 342

参考书目 ································· 343

后　记 ································· 345

导　　论

我们首先将国际商法放在 WTO 体制下的国际贸易统一法新格局的框架中进行讨论,然后依次探讨国际商法的结构和特点、作为国际商法历史渊源的大陆法系和英美法系的概况,最后对中国法律制度作简要介绍。

一、国际商法的含义及内容

俗话讲,没有规矩不成方圆。家有家规,国有国法。法律在一个国家的社会生活中发挥着越来越重要的作用。在国际事务中,更是处处可以看到法律规则的影子。参加国际经济交往活动的当事人,无论是自然人、企业法人还是国家,均须遵循这些规则。人们通常将调整国际之间的贸易关系以及与贸易有关的其他各种关系的法律规则称为国际贸易法,而国际商法是指调整国际贸易关系和商事主体的法律规范的总称。① 国际商法在传统上几乎等同于国际贸易法,只是前者的国际商事主体法在后者是作为前提条件对待的。随着 WTO 所确立的国际贸易法新格局的形成,以及投资贸易一体化的发展,现代国际商法和国际贸易法之间的界线已经很难划分,甚至与国际经济法的关系也可从不同的角度进行不同的定位了。如一般认为国际经济法调整由国家和国际组织参与的属于公法性质的国际经济关系。按此标准衡量,WTO 规则属于典型的国际经济法律规范,但谁能断言它不是国际商法、国际贸易法的内容? 因此,我们应当将法律门类的区分或者法律学科的分设,作为便于传授和学习法律的方式,而不是束缚人们思维的藩篱。国际贸易法和一国的国内立法不同。国内法要么由国家立法机关制定,要么由一定级别的法院通过裁决诉讼案件所形成的判例确定。国际法规则涉及不同国家的关

---

① 沈四宝等.国际商法.对外经济贸易大学出版社,2002.1.

系,不能仅仅体现一个国家的意志,再强迫另一国接受和遵循。因此,它要么在长期的国际贸易实践中自发形成,如 CIF、FOB、CFR 等;要么通过国家间谈判协商签定条约、协议等方式形成,如《联合国国际货物买卖合同公约》。由前一种方式形成的国际贸易法规则,称为国际贸易惯例;由后一种方式形成的国际贸易法规则,称为国际公约。当然,由于历史的原因,不同时期、不同地区甚至不同港口所产生和适用的国际贸易惯例,很可能有所差异,给国际贸易活动的扩展带来极大的不便。为解决这一问题,许多国际组织在国际贸易惯例的统一方面做了大量的工作,并取得了丰硕的成果,如《国际商事合同通则》,就是国际统一私法协会在 1994 年制定、2004 年修订的;而国际商会制定的《2010 年国际贸易术语解释通则》和《2007 年跟单信用证统一惯例》,则是当今国际贸易活动中最重要的国际贸易惯例。此外,有的国际组织还制定了带有国际贸易惯例和示范法双重性质的规则,如《联合国国际商事仲裁示范法》《联合国国际贸易法委员会仲裁规则》,既可由国际贸易合同当事人在合同中约定选择适用,又可供各仲裁机构制定仲裁规则时参照;前述《国际商事合同通则》也是一种示范法规则。

不过,对于国际贸易法的性质,传统的国际贸易法学家认为属于私法,而不属于公法。最典型的首推施米托夫。这位曾担任联合国国际贸易法委员会主席,主持《联合国国际货物买卖合同公约》起草工作的著名法学专家坚称:"认为国际贸易法具有国际法或超国家法性质的看法都是错误的。因为国际贸易法的自治特征基于所有主权国家的同意或许可,它在性质上也不同于国际公法。因为它归根结底是建立在国内法基础上,但又是由国际商业界在与各主权国家无原则性利害关系的领域内发展起来的。"①正是基于这样的认识,施米托夫先生才将国际贸易法称为跨国法,以有别于国际法(公法)的。当然,公法和私法的划分发端于罗马法。古罗马有个法学家叫乌尔比尔,他认为,"公法是关于罗马帝国的法律,私法是关于个人利益的法律。"②尽管有的国家如德国学者对于区分公法与私法的依据还存在不同的意见,③但古罗马法学家的观点还是影响至今,诸多国家将关系到国家、社会整体的法律归入公法,如宪法、行政法、刑法、诉讼法等;将直接关系到个人、个体的法律归入私法,如合同法、公司法、票据法等。实际上,调整国际关系的法律也有国际公法和国际私法两大分支。前者调整国家、国际组织相互之间的关系;后者调整不同国家的个人、个体之间的关系。前述一系列国际贸易统一法的成果,确实仅属于国际私法的性质。

传统的国际贸易法学家对国际贸易法认识的局限性,是由国际贸易统一法进程的局限性造成的。在他们提倡国际贸易法统一的年代,关税和贸易总协定框架下的国际贸易管理法律体系远未完善,甚至连正式的国际贸易法律体系都没有建立起来。与此相反,以合同法、买卖法等自治性的私法制度正以前所未有的速度趋于统一,以顺应国

---

① [英]施米托夫.国际贸易法文选.中国大百科全书出版社,1993.264.

② 沈宗灵著.比较法研究.北京大学出版社,1998.118.

③ [德]迪特尔·梅迪科斯.德国民法总论.法律出版社,2001.8~11.

际贸易发展的需要,国际贸易法的统一也就不能不主要体现在私法领域中。施米托夫先生在描述国际贸易法典的设想时,曾非常形象地指出:"如果把国际私法统一协会的国际贸易法典的项目与国际商会的贸易惯例结合在一起,加上《联合国国际货物买卖合同公约》、国际商会的《跟单信用证统一惯例》和《托收统一规则》,再加上《联合国海上货物运输规则》和《联合国国际贸易法委员会仲裁规则》,就已经奠定了世界性的国际贸易法典的基础。"①可见,根本没有考虑像《建立世界贸易组织协定》那样带有公法性质的国际贸易管理法的内容。

随着 1995 年 1 月 1 日世界贸易组织的正式成立,协调世界各国对外贸易管理法的世界贸易组织法律制度,作为国际贸易统一法的一个不可分割的重要组成部分,已成为不争的事实。当然,国际上世界贸易组织的研究专家不胜枚举,研究角度也多种多样,从法学的角度来看,它是一个国际间多边贸易的法律体系,只不过具有公法性质,不像其他私法性质的国际贸易统一法那样调整不同国家间商人(包括法人和自然人)之间在国际贸易活动中的权利义务关系,而是调整不同国家、国际组织之间的贸易关系。世界贸易组织法律体系由《乌拉圭回合多边贸易谈判结果最后文件》统括,包含了乌拉圭回合谈判结果的一系列协定、协议、宣言、决定和谅解,如《建立世界贸易组织的马拉喀什协定》(WTO 协定)、《关于发起乌拉圭回合多边贸易谈判部长宣言》《马拉喀什部长宣言》《金融服务承诺的谅解》等。《建立世界贸易组织的马拉喀什协定》是该法律体系的核心,包括协定文本本身和 4 个附件。附件分两大类:一类为多边贸易协议,由附件一至附件三中的各种协定、协议、谅解等组成。附件一又分为附件一(1)至附件一(3)。附件一(1)为多边货物贸易协议,包括由 1994 年关税与贸易总协定统领的 13 个协定、协议及其附件。除 1994 年关税与贸易总协定外,其他 12 个协议分别为农产品协议;实施动植物卫生检疫措施协议;纺织品与服装协议;技术性贸易壁垒协议;与贸易有关的投资措施协议;关于实施 1994 年关税和贸易总协定第 6 条的协议(反倾销协议);关于实施 1994 年关税和贸易总协定第 7 条的协议(海关估价协议);装运前检验协议;原产地规则协议;进口许可程序协议;补贴与反补贴措施协议;保障措施协议。附件一(2)为服务贸易总协定及其附件。包括在世界贸易组织成立以后相继达成的金融服务协议、基础电信协议和信息技术产品协议在内的 3 项分协议。附件一(3)为与贸易有关的知识产权协议。附件二只有 1 个协议,即关于争端解决规则与程序的谅解。附件三为贸易政策审议机制。

另一类为诸边贸易协议,或称复边贸易协议、简单多边贸易协议,包括民用航空器协议、政府采购协议、国际奶制品协议和国际牛肉协议,作为 WTO 协定的附件四。

上述两类协议是有区别的。附件一至附件三多边贸易协议作为 WTO 协定的有机组成部分,对全体成员均有法律约束力,凡加入 WTO 的成员,必须全部接受上述协议,不允许对某一协议或其中的某一条款进行选择或提出保留。附件四诸边贸易协议则不

---

① 倪建林.世贸组织法律和国际贸易法的发展.国际贸易问题.1999(8):64.

同,WTO 的成员可选择适用,其生效时间也与 WTO 协定不同。① 不过,目前附件四中的后两个协议,即国际奶制品协议和国际牛肉协议已不是诸边贸易协议。在 2001 年 11 月中国加入世界贸易组织之际发起的新一轮多边贸易谈判,即多哈回合,因 2003 年 9 月在墨西哥坎昆举行的世界贸易组织第五次部长级会议无果而终,而一度陷于停顿。② 后经多方努力,2004 年 8 月 1 日在瑞士日内瓦达成多哈回合框架协议,包括农业、非农产品、服务贸易、发展问题和贸易便利化五方面内容,标志着世贸组织"多哈回合"谈判终于取得重要阶段性进展,多边贸易谈判得以重新启动,中国作为正式的 WTO 成员方,全面参与了谈判过程并有可能继续发挥应有的作用。③ 但是,世界贸易组织运作实践,已经暴露出其结构、谈判机制等方面的不少弊病,国际上对世界贸易组织的不满和批评不断出现,认为其缺乏效率,不够民主,成为少数富国特别是美国为其自身利益服务的工具。④ 中国在加入时所作出的种种让步,如美国纺织品配额取消期限的延缓、中国市场经济地位的重新确认等,均严重削弱了中国加入世界贸易组织的实际利益。2006 年 7 月 24 日,美国、欧盟、日本、澳大利亚、巴西和印度等 6 个成员方部长级会谈分歧严重,决定中止 WTO 多哈回合谈判,已持续 5 年之久的 WTO 全球贸易谈判以破裂告终。⑤ 然而,世界贸易组织法律体系的建立和施行,仍然是国际贸易统一法进程中的一个彪炳青史的里程碑,它在人类历史上第一次统一了国际贸易管理法,彻底改变了国际贸易统一法偏重于自治性的私法领域的状况,实现了国际贸易统一法在私法领域和公法领域两相兼顾、并驾齐驱的目标,开创了国际贸易统一法的新格局。自此,配合世界经济全球化、一体化的趋势,国际贸易统一法体系几乎包容了所有国际贸易以及与国际贸易相关的活动,为其提供规范的、科学的、透明的准则。这一体系的基本内容及其相互关系,可见国际贸易统一法体系示意图。

二、国际商法的构成和特点

作为广义的国际贸易法的一部分,或者包含着狭义的国际贸易法的国际商法,正如上述,是调整国际商事组织和商事活动的各种关系的法律规范的总和。而国际商事活动实际上就是广义上的国际贸易活动。为了进一步理解国际商法的涵义,我们将国际商法的构成和特点归纳如下:

1. 国际商法的范围已在传统商法的基础上有了很大扩展

大陆法中无论是法国式的以商行为为核心,还是德国式的以商人为核心的传统商法,除商事总则和商行为外,一般均包括公司法、票据法、海商法、保险法等分支,破产法

---

① 赵承璧. 国际贸易统一法. 法律出版社,1998.95～103.
② 刘航.WTO 多边贸易谈判陷僵局,中国作两大阵营调停人. 21 世纪经济报道. 2004 - 01 - 07.
③ 中方谈判代表解读多哈发展议程框架协议. http://finance.sina.com.cn. 新浪财经. 2004 - 08 - 24.
④ 沈孝泉. 欧洲要求改革 WTO. 经济参考报. 2000 - 02 - 03(1).
⑤ 新华. 美欧互相作对多哈谈判破裂. 晶报. 2006 - 07 - 25.

```
                              ┌─────────────────────────────────┐
                              │ 1980年联合国国际货物买卖合同公约  │
                              │ 1978年联合国海上货物运输公约      │
                              │ 1980年联合国国际货物多式联运公约  │
                   ┌─条约─────┤ 1930年关于统一汇票和本票的日内瓦公约│
                   │          │ 1988年国际汇票和本票统一法公约（未生效）│
                   │          │ 1883年保护工业产权巴黎公约        │
                   │          │ 1958年承认和执行外国仲裁裁决公约  │
                   │          │ 1985年民商事案件管辖权及判决执行公约│
 私法（国际贸易自  │          └─────────────────────────────────┘
 治法、国际商法）──┤
                   │          ┌─────────────────────────────────┐
                   │          │ 1995年国际商事合同通则            │
                   ├─示范法───┤ 1996年贸易法委员会电子商业示范法  │
                   │          │ 1985年贸易法委员会国际商事仲裁示范法│
                   │          │ 1976年联合国国际贸易法委员会仲裁规则│
                   │          └─────────────────────────────────┘
                   │          ┌─────────────────────────────────┐
                   │          │ 2000年国际贸易术语解释通则        │
                   └─惯例─────┤ 1994年跟单信用证统一惯例          │
                              │ 1996年托收统一规则                │
                              └─────────────────────────────────┘
```

多边货物贸易协议（13个）
- (1)1994年关税和贸易总协定
- (2)农产品协议
- (3)实施动植物卫生检疫措施协议
- (4)纺织品与服务协议
- (5)技术性贸易壁垒协议
- (6)与贸易有关的投资措施协议
- (7)关于实施1994年关贸协定第6条协议（反倾销协议）
- (8)关于实施1994年关贸协定第7条协议（海关估价协议）
- (9)装运前检验协议
- (10)原产地规则协议
- (11)进口许可程序协议
- (12)补贴与反补贴措施协议
- (13)保障措施协议

服务贸易总协定
- 97′金融服务协议
- 97′基础电信协议
- 97′信息技术产品协定

与贸易有关的知识产权协议

关于争端解决规则与程序的谅解

贸易政策审议机制

诸边贸易协议（附件四）
- 民用航空器贸易协议
- 政府采购协议
- 国际奶制品协议
- 国际牛肉协议

WTO国际贸易统一法

公法（国际贸易管理法）— 条约

乌拉圭回合多边贸易谈判结果最后文件
- 关于发起乌拉圭回合多边贸易谈判的部长宣言
- 关于结束乌拉圭回合多边贸易谈判的马拉喀什部长宣言
- 关于建立世界贸易组织的马拉喀什协定
- 中国入世文件
- 金融服务承诺的谅解

多边贸易协议（附件一、附件二、附件三）

附件一(1)　附件一(2)　附件一(3)

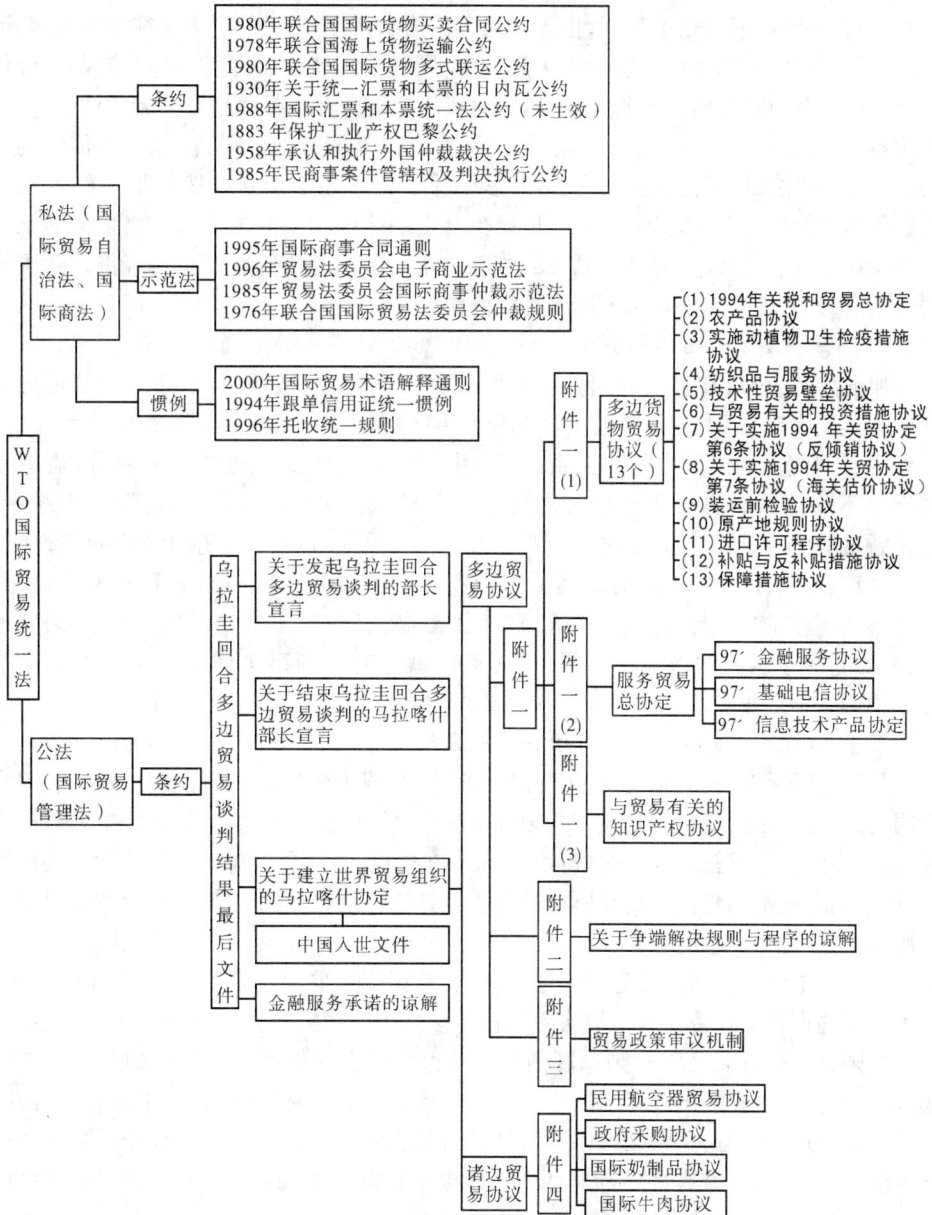

国际贸易统一法体系示意图

则是商事实体法和商事程序法的结合。英美法中虽然没有完整的商法体系,而且至今仍然以判例法为主,但是实际上也承认上述商法分支,并侧重于调整国内的商事关系。然而,随着科学技术的空前发展,世界空间日益缩小,各国之间的商事交往不断增多,形式也多种多样。特别是第二次世界大战以来,国际技术转让、国际许可贸易、国际合作生产、国际工程承包、国际融资租赁、国际直接投资等各种国际商事活动异常活跃,令人应接不暇。这些活动已超出一国范围,其行为主体多为跨国公司,仅靠一国传统的商法,已不能有效加以规范,通过一定方式形成国际统一规则,势在必然。即使国内立法,也必须尽可能吸收和借鉴国际通例,以减少乃至消除该国参与国际间经济贸易活动的障碍,将本国经济融入世界经济循环的体系之中。国际商法脱胎于市场经济发达国家的传统商法,其内涵和外延又不同于传统商法。

2. 国际商法属于国际私法

如前所述,公法和私法的划分始于罗马法。罗马法中公法与私法有别的观念对后世尤其是大陆法国家影响很大。国际法中也有国际公法与国际私法两大分支。前者主要调整不同国家之间的关系,如两国间的外交关系、领土毗邻关系等;后者主要调整不同国家的法人和自然人之间的财产与人身非财产关系,如跨国财产继承、跨国婚姻等。由于不同国家法律制度上的差异,导致对同一问题的法律冲突,如何加以处理,就属于国际私法的范畴。国际商法不主要调整国与国之间的关系,而是处于不同国家的"商人"之间的关系,属于国际私法范畴,不过对其"国际"一词的理解,应当是跨越国界的意思。这样,国际商法就是有关商事主体在跨越国界的商事活动中的法律制度。

3. 国际商法的发展轨迹为国际法——国内法——国际法,不同于其他法律分支

其他如国际刑法、国际民法、国际经济法等,在国内法形成之前,没有国际法,即先有国内法,因国际间交往而产生国际法。但是,国际商法则不然。据施米托夫教授考察,国际商法经历了三个发展阶段:第一阶段在中世纪,它是以商人习惯法的形式出现的,即事实上支配那些商业交易所在的文明世界的各港口、集市之间的国际商事界普遍适用的国际习惯法规则。第二阶段在18~19世纪,国际商人习惯法被纳入欧洲各国的国内法。其中欧洲大陆主要通过制定成文法,英国则主要通过曼斯菲尔德(Mansfield)等大法官的审判实践将商人习惯法融入普通法之中。第三阶段开始于对19世纪过分夸大的国家主权采取公正批判态度的时期。世界社会开始重新从国际的角度思考问题,联合国及其他许多国际组织的作用越来越大,跨国公司的活动遍及世界各地,国际主义的观念逐渐觉醒,法学领域中则恢复了国际商法的概念,出现了大量企图摆脱各国国内法的民族色彩,带有世界普遍性意义的新的国际商事习惯法。① 上述三阶段高度概括了国际商法独特的发展轨迹。

---

① [英]施米托夫. 国际贸易法文选. 中国大百科全书出版社,1993. 4~20.

4. 国际商法的渊源为国际立法、国际商事惯例以及各国相关立法，尤以前两者为主

国际立法是国际商法的主要渊源即主要表现形式。正如前述，国际立法为国际上两个或两个以上的国家就经济、贸易、法律等方面相互间权利和义务所制定的规范性文件。通常表现为条约、公约、宪章、盟约、规约、专约、协定、议定书、换文、最后决议书、联合宣言等。① 国际立法通过缔结或参加国立法机关核准后，纳入该国国内法，而且该国所缔结或参加的国际条约与国内相关法律相冲突时，除声明保留者外，有义务优先适用条约的规定。这就是国际公认的条约优先适用原则。

国际商事惯例是国际商事交往中经过反复使用逐渐形成的，已被各国商事主体普遍接受和采纳的习惯性做法。开始以不成文的"约定俗成"的形式出现，如前所述，现多由一些国际组织编纂成文，既消除了历史上形成的不同国家和地区间对同一种惯例在解释和适用上的差别，又根据新技术革命带来的国际商事交往方式的变化，进一步修改和完善。国际商会制定的 2007 年跟单信用证统一惯例、2010 年国际贸易术语解释通则，就是最好的例证。在中国对外经济贸易实践中，也已广泛采用了上述两个国际商事惯例。当然，也有一些国际组织"创制"的国际商事惯例，采取"示范法"的形式，如《联合国国际商事仲裁示范法》《联合国电子商务示范法》《国际商事合同通则》。国际商事惯例不同于国际立法。惯例不是法律，没有普遍性的约束力。但是，当国际商事交易当事人约定采用某种惯例调整和规范相互间的权利和义务时，该惯例对当事人具有法律约束力。

国内立法的效力一般只及于该国主权管辖范围，不能延伸至国外，否则就有干涉他国内政和主权之嫌，许多国际商法专家如施米托夫也不承认国际商法的国内法渊源。但是，前述国际立法和国际商事惯例事实上不可能规范所有的国际商事关系，各国在对外经济贸易方面也制定了大量的法律法规。根据国际私法中的冲突规则，处理国际商事纠纷的准据法往往是一个特定国家的国内法。从这个意义上说，国内立法也应是国际商法的一个渊源，我们必须了解和掌握外国尤其是市场经济发达国家的民商法规定。

当代国际商法的范围相当广泛，本书不可能全部涉及。本书除导论外，拟安排10 章。包括商事组织法、合同法、买卖法、代理法、票据法、海商法、保险法、破产法、反倾销法和国际商事仲裁。

商事组织法关系到国际商事主体地位及活动规则，故列为第 1 章，其重点当然是公司法。第 2～4 章主要介绍和阐述商事活动中最重要的合同法以及与其密切联系的买卖法和代理法。不少国际商法著作中所介绍的产品责任法，虽也非常重要，但考虑到其与买卖法的内在联系，故作为第 3 章的一部分。第 5～8 章包括了除公司法外的传统商法的主要内容。海上货物运输法作为海商法的组成部分，不再单独列章。第 9 章为反倾销法，它原本属国际贸易管理法或者国际经济法的范畴，因对中国对外贸易影响至

---

① 其涵义及区别请参见王铁崖主编. 国际法. 法律出版社,1981.326～327.

深,且包含大量关系到外贸管理和准司法程序内容,故安排在实体法和程序法混合的破产法之后进行专章介绍。最后一章国际商事纠纷的通行解决方式,即国际商事仲裁。它虽属于程序法范畴,考虑到本书体系上的完整性,也作专章介绍。

三、英美法和大陆法概要

1. 英美法和大陆法的主要差别

国际商法发源于欧洲。而欧洲各国的法律制度,由于历史的原因,分为以法国和德国为代表的大陆法系和以英国为代表的普通法系或者英美法系,因北美长期沦为英国的殖民地,强制施行普通法,美国独立之后又渐渐发展为政治、军事、经济强国,在国际事务中的作用日趋增强,法律制度方面虽承袭普通法,但又自成一体,成为普通法系又一代表性国家。两大法系虽同为资本主义国家的法律制度,但在许多方面迥然有别。

第一,法律渊源不同。大陆法国家主要采取成文法形式,如法国在19世纪初叶,经过法国大革命洗礼后陆续制定了民法典、商法典、刑法典、民事诉讼法典和刑事诉讼法典,凡事以法典为据的观念根深蒂固。英美法国家主要采取判例法形式,传统上没有成文法典。21世纪以来固然也制定了不少成文法典,但远没有起到大陆法国家成文法那样的作用,时至今日,在民商法的许多领域,判例法仍起主要作用。

第二,法律推理方式不同。大陆法系实行从一般规则到个别案件判决的演绎法,法官的审理活动是应用通行的法律去处理个别案件的具体问题。英美法系实行从判例到判例进而总结出法律一般规则的归纳法,上诉法院以上的法官事实上可以创制法律规则。

第三,法律结构不同。大陆法国家不但制定成文法,而且还将全部法律制度划分为公法和私法两大部分,两者之间的关系在当代虽然相互渗透,但界限还是基本清楚的。[①] 英美法国家中并不明确划分公法和私法,但普通法和衡平法的划分却非常明显。

第四,法律分类不同。大陆法国家依据法律所调整的社会关系的性质不同,划分出不同的法律部门,如民法、商法、行政法、刑法、诉讼法等。每一个部门多以一个法典为核心,辅以对一些具体、专门问题的细则,构成一个有机的法律体系。而各个法律部门在宪法的统领下,井然有序地调整和规范该国所有重要的社会关系。如日本和中国台湾通常将法律汇编称为"六法全书"。英美法国家也没有明确具体划分法律部门,往往采取社会生活需要什么法律就制定什么法律或改变原先的判例规则的实用主义办法,单行法规较多,灵活性较大,而法律制度的系统性比大陆法国家稍逊一筹。

第五,诉讼制度不同。大陆法系在传统上采取职权制,英美法系在传统上采取对抗制。前者重视实体法,后者更重视程序法。在英国的法律传统上,当事人要想通过诉讼获得救济,须依一定的令状向法院起诉,而不同令状的诉讼程序也不同,且不得相互通用。这样,当事人在实体法上的权利,如对合同违约方请求赔偿经济损失,或股东要求

---

① 沈宗灵著. 比较法研究. 北京大学出版社,1998. 124.

公司分配逾期未分配红利,只能通过一定的诉讼程序才能实现。英国又是典型的判例法国家,原先的判例应予遵循,但上诉法院以上法院的法官又可改变判例,形成新的法律规则,在某种意义上由法官立法,不通过一定的诉讼程序,实体法也无法形成。正因为如此,英美法国家注重程序法也就势所必然,顺理成章了。大陆法则不然,因由成文法直接规定当事人的实体权利义务和诉讼权利义务,实体法并非一定要通过程序法才能实施,更不是假借程序法形成。在当事人通过诉讼获得救济时,程序法也只是实体法实施的手段和工具而已。所有这些,都决定了对实体法的重视程度远甚于程序法。

　　第六,受罗马法影响的方式和程度不同。由于罗马帝国占领欧洲大陆时期强制推行罗马法的经历,以及罗马法本身所具有的精确和细密的特点,大陆法国家的法律受到罗马法的很深影响,有的国家的法典如1804年法国民法典、1900年德国民法典直接继承了罗马法的传统。英美法没有大陆法那样的经历和产生发展背景,受罗马法的影响主要是间接性的,也决没有大陆法那样普遍和深刻。①

　　2. 大陆法的主要规则

　　大陆法系又称罗马法系、民法法系、罗马——德意志法系,是以罗马法为基础,以法国民法典和德国民法典为典型的法国、德国法律以及模仿前述法例制定的其他国家法律的统称。大陆法系在13世纪形成于西欧,除法国、德国外,其他如比利时、西班牙、葡萄牙、意大利、奥地利、卢森堡、瑞士、荷兰、丹麦、瑞典、挪威、芬兰、冰岛等欧洲大陆国家均属于大陆法系。曾受大陆法国家殖民统治的拉丁美洲、非洲的一些国家,也属于大陆法系,英美法系国家中的个别地区,如美国的路易斯安那州和加拿大的魁北克省,也实行大陆法。另外,日本、土耳其等国、国民党统治时期的中国大陆以及目前的台湾省,也引入了大陆法。

　　大陆法的渊源主要为成文法,包括宪法、法律和行政法规。此外,还有习惯、判例甚至学理等。只是有的国家如法国、意大利、奥地利认为习惯的作用很小,而德国、瑞士等国认为习惯等同于法律。对于判例,大陆法国家原则上不承认其与法律相同的普遍性约束力。一个判决仅对被判处的案件有效,对日后法院判决同类案件并无约束力。这是大陆法与英美法的一个显著区别。但在有些国家也有例外,如德国规定的在联邦公报上发表的宪法法院判决具有法律约束力,瑞士联邦法院关于宣布州法违宪的判决,阿根廷、哥伦比亚最高法院关于宪法的判决,都具有法律约束力。至于学理,一般不能成为法的渊源。但大陆法国家的学理对法律的制定和实施起着极其重要的作用,罗马法在欧洲的复兴和传播,欧洲大陆尤其是意大利的法学家功不可没。

　　大陆法各国的法院组织体系基本相同,设有普通法院和专门法院,如法国设有行政法院,德国设有行政法院、劳动法院、社会法院和税收法院。普通法院又大体分为三级三审制和四级三审制。例如,法国实行前一种制度,德国和日本则实行后一种制度。法

---

　　① 冯大同主编. 国际商法. 中国对外经济贸易出版社,1991. 8～12;沈宗灵著. 比较法研究. 北京大学出版社,1998. 73、343、344.

国法院系统由基层法院、上诉法院和最高法院组成。不服基层法院判决可逐级上诉至最高法院。德国法院系统由地方法院、州地区法院、州高等法院、联邦高等法院组成。地方法院审理轻微民事案件,州地区法院审理较大的民事案件,不服判决可依次上诉,对上诉审不服可依次要求上级法院复审。日本法院系统有简易法院、家庭法院或者地方法院、高等法院和最高法院组成。简易法院审理轻微民事案件,重大民事案件由地方法院作为一审法院,并分别有两级上诉审。不过,第二审同样对讼争的事实进行审理,而第三审则一般只对既判裁决的法律适用进行审理。①

　　3. 英美法的主要规则

　　英美法系又称英国法系、海洋法系、普通法系,是英国中世纪以来的法律以及受其影响或者仿此模式制定的美国及其他国家法律的总称。英美法系形成于英国,以后又扩展到美国及其他曾受英国殖民统治的国家和地区,如加拿大、澳大利亚、新西兰、爱尔兰、印度、巴基斯坦、马来西亚、新加坡、香港等。南非、菲律宾、斯里兰卡则先采大陆法,后又引入英美法,形成两大法系混合的局面,②而美国独立以后的法律制度还逐渐形成了自己的特点。下面以英美两国为例介绍英美法的主要内容。

　　(1) 英国法。英国法的渊源主要表现为判例法,没有大陆法国家中系统的、门类齐全的成文法体系,也没有明确的公法与私法划分。但是,英国的普通法和衡平法却各有特色,形成英美法中特有的二元结构体系。普通法是指在1066年诺曼公爵征服英国后,威廉国王为削弱封建领主势力、加强王权而在发布敕令作为适用于全国的法律之外,设立王室法院,通过法官选择适用各地习惯法审理案件形成判例,再推及全国所确立的法律制度。因普通法是以判例形式出现的,故又称为判例法。王室法院法官经常到各地进行巡回审理,并有权撤销受封建领主控制的地方法院的判决。因此,普通法的发展轨迹是和英国中央集权与地方封建领主势力的斗争历程基本同步的。衡平法是普通法的对称。它发端于14世纪、兴起于16世纪,是对因普通法程序的呆板和机械而无法得到救济的案件,当事人向英王及其咨询机关枢密院甚至国会提出申请,由英王的枢密院大法官不受普通法的约束,按公平与正义原则加以审理和判决,以补充和匡正普通法的不足所形成的法律制度。衡平法也表现为判例法形式。

　　原来,衡平法的救济方法、诉讼程序甚至法律术语均不同于普通法;审理衡平法案件的法院组织系统,从14世纪后半叶到19世纪后半叶期间,也与普通法院相互独立、自成体系,直到1875年英国颁布法院组织法,两者才合二为一。现在两种法律在诉讼程序上的差别大多已经消除,同一个法院同一个法官可以同时适用普通法和衡平法,但在高等法院内设置适用普通法的王座法庭和适用衡平法的枢密大臣法庭,普通法和衡平法之间的差别仍然存在。例如,普通法案件有陪审团参加,衡平法案件则没有;普通

---

　　① 〔德〕罗伯特·霍恩等. 德国民商法导论. 中国大百科全书出版社,1996.29;柴发邦主编. 民事诉讼法学新编. 法律出版社,1992.117~118.

　　② 沈四宝等. 国际商法. 对外经济贸易大学出版社,2002.8.

法案件采取口头辩论方式,衡平法案件则实行书面审理;有普通法律师和衡平法律师之分,甚至连法律术语都有很大的不同。普通法一般包括合同法、民事侵权行为法等,衡平法一般包括不动产法、信托法、合伙法、公司法、破产法以及遗嘱和继承法等。① 衡平法优先于普通法,是英国法律制度上的一个重要原则。英国法的主要渊源是判例法,并严格遵行 19 世纪上半叶确立起来的"先例拘束力原则"。但并不意味着所有法院的判决均形成先例,也不是所有构成先例的判决的全部内容均具有法律约束力。在判例的构成上,应着重把握下列 3 点:① 上议院的判决是具有约束力的先例,全国各级审判机关均须遵循,只有上议院本身可不受约束;② 上诉法院的判决可构成对其自身以及下级法院有约束力的先例;③ 高级法院每一个庭的判决对一切低级法院有约束力。具有约束力的判决分为判决理由和判决词中为解释判决理由所阐述的法律规则两部分,只有前者对同类案件有约束力,后者只有说服力,并非必须遵守。

　　除判例法外,英国法的另一重要渊源为成文法,包括法律和行政法规。但判例法是基础,成文法只是对判例法的修正或补充,成文法还要通过判例加以解释和重新肯定后,才能起作用。至于习惯,虽在传统上确是英国法的第三个渊源,但作用不大。因为普通法就是在吸收习惯的基础上形成的,普通法之外仍通行的习惯已经不多。

　　英国的法院体系比较复杂。除了有刑事法院和民事法院之分外,在民事法院系统中又分为高等法院和低级法院两种。前者包括上议院(上诉委员会)、上诉法院和高级法院 3 种,后者包括王冠法院、郡法院和治安法院 3 种。

　　高级法院在 1972 年改革后设有王座法庭、枢密大臣法庭(大法官法庭)和亲属法庭(家事法庭)。王座法庭又设海事与商事两个法庭;枢密大臣法庭内设公司及破产两个法庭。高级法院既审理标的额大的或者重要的一审案件,又审理不服低级法院判决的上诉案件,一般实行独任制,有陪审团参与的民事案件只是例外。上诉法院审理不服高级法院判决的上诉案件,通常采取合议制,由 3 名法官组成合议庭。如果案件涉及到具有普遍意义的重要案件,不服上诉法院判决的当事人,还可以向上议院上诉,此时,上议院才是有终审权的实际上的最高法院。有时上议院上诉委员会也受理不服海外领地和英联邦成员国最高法院判决的上诉案件,并享有终审权。郡法院和治安法院作为英国最低一级法院,分别审理辖区内争议标的 5 000 英镑以下的小额民事案件和轻微刑事案件,重罪案由治安法庭预审后送交王冠法院审理。郡法院的上诉案件由上诉法院管辖;治安法院的上述案件由王冠法院和王座法庭管辖。王冠法院也实行陪审制度。②

　　(2)美国法。美国独立之前,曾先后沦为荷兰、法国、英国的殖民地,而受英国法的影响最深。因此,虽然 1776 年美国不少州公开宣布禁止援用英国判例法,但还是不能改变美国法的判例法特性。它与英国法有许多相同之处,如以判例法为主,也有普通法

　　① 沈宗灵著. 比较法研究. 北京大学出版社,1998. 245～246.
　　② 何玉宝著. 英国合同法. 中国政法大学出版社,1999.3～10;沈四宝等. 国际商法. 对外经济贸易大学出版社,2002. 10～11.

与衡平法之分,实行陪审制度等等。但是美国实行联邦制而非英国式的君主立宪制,故在法律结构上与英国有很大差别。美国法律分为联邦法与州法两大部分,根据美国宪法所确定的准则,立法权原则上由各州行使,而联邦只在例外情况下行使立法权。但联邦的法律又高于州的法律,两者发生抵触时应适用联邦法。

美国的法律渊源类似于英国,判例法与成文法之间的关系也与英国相同,只是20世纪初叶兴起的成文法运动,导致美国成文法的数量急剧增加。不过,因商事立法权原则上归属于各州,联邦政府无法染指,但美国国内经济流转又急需统一各州商法。于是,美国诸多民间法律研究机构如美国法学会、美国律师协会、美国统一州法委员会等组织一流专家,拟定示范性的法律文本,向各州立法机关推荐。最为著名的有在1906年《统一买卖法》基础上修改形成的《统一商法典》(1952年)及其修正文本(2001年)、①《商业公司法》示范文本(1950年)及其修正版示范文本(2002年)。② 另外,为了统一判例法,美国法学会编纂整理民商法方面的判例法,汇编成册,合成《法律重述》《法院的重述》以及《州与重述》,虽不是法典,没有法律效力,但对司法机关也有重要的参考价值。

美国也有类似于英国的先例约束力原则,只是自有特色,具体表现在以下4个方面:① 在联邦法方面,须受联邦法院尤其是联邦最高法院判例的约束;② 在州法方面,上级法院特别是州最高法院的判例对下级法院有约束力;③ 联邦法院在审理涉及州法的案件时,则须受相应的州法院不违反联邦法判例的约束;④ 联邦和州的最高法院不受其先例的约束,以便依据社会经济条件的变化,扬弃过时的判例,确立新的法律原则。

由于美国实行联邦制,因而也设有联邦法院和州法院两个体系。联邦法院又分为地区法院、上诉法院和最高法院3级。前者有94个,分布在各州,实行独任制;中者有13个,实行合议制,由3位法官组成合议庭审理上诉案件;后者设在华盛顿,由8位法官和1位首席大法官9人组成,审理案件时全体法官均参与。法官由参议院选举、总统任命,实行终身制。州法院也分为初审法院和上诉审法院两级,上诉审法院包括州上诉法院和最高法院。联邦法院仅在美国宪法或国会法律明定范围内才有管辖权,其他案件均由州法院管辖。此外,还有专门受理联邦法上特殊争议的特别联邦法院,以及准司法机构如有权审理国际贸易纠纷的商务部、国际贸易委员会等。

4. 两大法系的发展趋势

(1) 大陆法系中判例的作用日益增强。大陆法国家在传统上不承认判例法的渊源,但进入20世纪以后有所变化,有的国家如德国甚至已明确宣布联邦宪法法院的判决对下级法院具有强制性约束力,日本最高法院的判例亦然。尽管大陆法国家中判例法的地位和作用迄今仍不能与英美法国家同日而语,但那种只承认成文法而无视判例

---

① ALL(美国法学会),NCCUSL(美国统一州法委员会)著,孙新强译. 美国《统一商法典》及其正式评述. 中国人民大学出版社,2004.7~20.

② 沈四宝编译. 最新美国标准公司法. 法律出版社,2006.

的历史确已改变。

（2）英美法系成文法的数量迅速扩大。美国的情况最为典型。美国早在1926年就颁布了法律汇编性质的《美国法典》，并定期修订增补。同时，通过前述统一州法委员会和美国法学会等团体拟定并向各州推荐示范法，使各州法律趋于统一。如20世纪50年代拟定的美国《统一商法典》《商业公司法》（示范文本）等，已被实行大陆法的路易斯安那州之外的所有的州所采纳。不过，在美国《统一商法典》引导之下制定的各州商法典，从一开始就仅涉及商事活动法而不包括商事组织法的内容。此外，战后以来，美国还成立了各种各样的委员会，不但被授权制定规章、条例，而且还在法院诉讼程序之外，相对独立地处理案件，并不受先例约束。英国的公司法、货物买卖与供应法、汇票法等，构成英联邦各国重要的法律渊源。所有这些，对成文法的发展均产生重要影响。

（3）两大法系取长补短，逐渐融合。除了前述在法的渊源上两大法系不断靠近外，在法律种类以及具体内容上，不同法系国家之间也尽可能互相吸收对方的科学合理部分。如美国的反垄断法、产品责任法，对大陆法系的法国、德国、日本等影响至深；日本的公司法早期仿效大陆法系的法国和德国，战后又吸收美国示范公司法的大量内容，2001年引进美国式的独立董事，2005年制定统一的公司法典时，不但取消有限公司形式，将该公司形式融合到限制股份转让的股份公司中，而且引进美国非公司类型的有限责任公司（LLC），从而形成混合型的法律制度；①而欧洲共同体法和现在的欧盟法，更是对作为大陆法系国家代表的法、德两国和作为英美法系国家代表的英国同样适用。虽然两大法系在近期不可能完全统一，但是不断交互作用，逐渐融合的趋势是不可逆转的。中国由于社会性质不同，很难归入两大法系中的哪一个，但在历史上属于大陆法系。在参与国际商事交往的过程中，应充分注意到并有效地利用这一点，在对外经贸活动中做到知己知彼，相机应对，趋利避害，以便立于不败之地。

四、中国法律制度概要

中国固然既非大陆法国家又非英美法国家，其法律制度对国际商法的产生和发展影响甚微。但是，一国参与国际商事活动，离不开本国的法律基础，中国当然也不例外。因此，了解中国法律制度的概要，也是很有必要的。

1. 中国法律制度的沿革

中国法律制度可以追溯到公元前21世纪的夏朝，而唐律为封建社会法律的集大成者，对日本、朝鲜等亚洲一些国家的法律产生过重大影响。清朝末年，开始参照欧美、日本等国的法律改造中国传统法律制度，后在民国时期形成"六法体系"，由宪法、民法、刑法、行政法、民事诉讼法和刑事诉讼法构成，目前仍在台湾省施行。

---

① ［日］江头宪治郎. 现代化的基本方针. ジュリスト. 2004－05（1267）：6～10；［日］森本滋. 关于大型公司管理运营和公司法制现代化的要纲试案（上）. 商事法务. 2004－06（1699）：5～6；于敏译. 日本公司法现代化的发展动向. 社会科学文献出版社，2004.1～5.

1949 年之前，中国共产党领导下的根据地、解放区曾制定过许多法律法规。1949 年之后，中国大陆的法制建设曾经历过 1957 年和"文化大革命"10 年间的重大挫折。1978 年以来，随着改革开放的进程，中国法律制度日趋完善。因在历史上更多地受到大陆法系的影响，中国现行法律也主要采取成文法形式，并划分为明确的法律部门，形成宪法、行政法、刑法、民法、商法、经济法、民事诉讼法、刑事诉讼法和行政诉讼法等门类齐全的比较完整的法律体系。而成文法又主要采取宪法、法律、行政法规、行政规章、地方性法规和经济特区法规、特别行政区法律等形式。另外，立法、司法和行政等法律解释，也是中国法律的一个重要渊源。判例虽原则上不构成中国法律的渊源，但中国最高人民法院对地方人民法院关于疑难案件请示的批复，对同类案件具有法律约束力。还有，《中国最高人民法院公报》上公布的典型案件，对各级人民法院也有指导意义。

2. 中国的民法、经济法和商法

对于中国民法、商法和经济法的涵义和范围，法学界争议很大。《中华人民共和国民法通则》将民法界定为"调整平等主体的公民之间、法人之间、公民和法人之间的财产关系和人身关系"的法。其他如《合同法》《物权法》《侵权责任法》《专利法》《商标法》《著作权法》等民法的特别法也相继公布。《民法通则》过于简单，与《法国民法典》这样包括2 000 余条内容的法典不能相提并论，为此，中国正酝酿起草民法典，其草案于 2003 年 12 月经全国人大常委会首次审议，计 9 编 1209 条。虽然很不成熟，从体例到内容的争议也很大，有的学者还公开表示反对现有的民法草案，呼吁重起炉灶。但不管中国民法典的走向如何，民法居于中国调整平等主体之间的财产关系和人身关系的基本法律的地位，则是毋庸置疑的。中国历史上商品经济不发达，也没有形成独立的商人阶层，清末虽曾颁行商人通则，民国改采民商合一体例，1949 年以后又实行计划经济，故并无商法充分发展的社会经济条件。中国的商法在传统上是依附于民法并作为其特别法的形式出现的。1978 年之后，又一度被囊括在所谓的经济法之中，20 世纪 90 年代以后才逐渐从经济法中分离出来。目前，属于商法范畴的《公司法》（1993 年公布，2005 年修改）、《票据法》（1995 年公布，2004 年修改）、《海商法》（1992 年）、《保险法》（1995 年公布，2009 年修改）和《企业破产法》（2006 年）已相继公布，在《民法通则》总原则的指导之下，作为民法的特别法，分别规范商事领域的一系列重要的社会关系，为中国市场经济的运行奠定了良好基础。另有大量的司法解释指导法院的商事审判实践。当然，随着 20 世纪 90 年代商法学列入政法院系 14 门主干课程，以及 2001 年中国法学会商法研究会的成立，商法学在中国的学科地位迅速提高。鉴于中国大民法的传统体例，有的学者呼吁制定商法总则或者商事通则，深圳经济特区还在 1999 年制定并于2004 年修改了名为《商事条例》、实际上为商法总则的地方性法规。不过，从法国商事公司法单独立法之后法国商法典的空洞化，到日本通过制定公司法典以实现公司法制现代化过程中重提民商合一的议题，我们反思世界上主要的民商分立国家的经验教训，并再次考察民国时期关于民商法关系的争论，对上述学者的动议就难免心存疑虑。在现有的条件下，商事通则与民法典如何协调，成为善法而非恶法的可能性有多大，民商分立与目前中国台湾式的民商合一体例究竟孰优孰劣,还有待更为广泛深入的研究,特别是不同体例的成本效益分析。中国20世纪20、30年代曾出现过对外国经济法介绍的文献,但没有引起多大的反响。后来,1979年有人又开始提出经济法的概念,主要也是介绍外国经济法的常识。而在国外,经济法一词早在1755年法国空想社会主义者摩莱里的《自然法典》中就提到过,现代意义上的经济法则形成于第一次世界大战期间的德国,意为国家规制经济活动的法律。当今世界各国均有经济法性质的法律,不过涵义有所变化,主要指国家干预和调控经济生活的法律,以反垄断法和反不正当竞争法为代表。中国自从引入经济法概念后,主流观点曾一直认为经济法是国家管理经济和经济组织协作活动中的相关法律,但其范围不断受到民法和行政法的冲击,也没有建立起坚实的理论基础,作为一个法律部门日渐衰落。在中国提出建立市场经济体制目标模式前后,不少学者认为若撇开社会制度性质,中国同西方国家的市场经济无本质区别,故应抛弃那种包罗万象的经济法观念,使经济法回归到国家干预和调控经济生活的法律的本质特征上来,实现同国际通例的接轨。这种认识有较为扎实的理论基础,也与国外经济法学的主流观点基本相同。[1]尽管诸多学者在晚近又提出国家协调关系论、宏观调控关系论、国家调制行为论等学说,[2]但经济法作为国家干预之法的本质特征,仍被中国学界基本接受。从上述内容可知,中国的民商法似乎与国际商法的关系更近、更紧密一些,因此,本书涉及到国别法时,也适当介绍中国现行的民商法制度。

　　3. 中国的法院组织

　　中国的法院组织系统包括地方各级人民法院、专门人民法院和最高人民法院。地方各级人民法院分为基层人民法院、中级人民法院和高级人民法院。专门人民法院包括军事法院、森林法院、铁路运输法院、海事法院等。上级人民法院监督下级人民法院的审判工作;最高人民法院监督地方各级人民法院和专门人民法院的审判工作。其中和国际商事活动密切相关的海事法院,相当于中级人民法院,并执行海事诉讼特别程序法,以其所在地的高级人民法院作为上诉审法院。其他国际商事纠纷案件原则上也由中级人民法院作为第一审法院,经济特区和其他经济发达地区的基层法院,也可以受理国际商事纠纷案件。普通法院曾一度设置民事审判庭、经济审判庭和知识产权审判庭,经过21世纪初的整合,统一改称民事审判庭,再分设民事审判一、二、三庭等业务庭,并根据案件类型的不同,由受理法院自己决定交由哪个庭进行审理。案件实行二审终审制,另有法院提审、当事人申诉以及上级检察院抗诉等审判监督程序,裁判的执行由各级法院的执行机构负责。

---

　　① 吴建斌.中国经济法的困扰和出路.南京大学学报(哲社版).1991(4);王保树.市场经济与经济法学的发展机遇.法学研究.1993(2);钟建华.论按国际标准完善中国经济立法.中国法学.1993(2);张传兵等.评我国经济法学新诸论.法学评论.1995(4).

　　② 李昌麒.经济法的方法、路径与视域——简评我国中青年学者对经济法理论的贡献(上).山西大学学报(哲社版).2003(3).

　　除法院组织外,国际商事纠纷可依当事人间的协议,提交中国国际经济贸易仲裁委员会和中国海事仲裁委员会,以及省辖市的仲裁委员会仲裁,其仲裁裁决书或调解书,具有终局性的法律效力,当事人也可申请人民法院执行机构强制执行。

思 考 题

1. 国际贸易统一法的新格局新在何处?
2. 英美法系和大陆法系及其主要区别。
3. 普通法和衡平法及其主要区别。
4. 英国法和美国法中的先例拘束力原则。
5. 简述中国民法、商法和经济法的关系。

第一章　商事组织法

国际商事交往中首先遇到的法律问题是在哪些主体之间发生交易,这些主体是如何设立和营运的,它们之间有何异同,应当怎样区别对待,这就是商事主体法或者商事组织法规范的范畴。当然,国际商事主体主要是公司,也有合伙、独资企业以及如中国的国有企业那样的组织形式。因此,本章在探讨商事组织的类型和立法取向之后,着重研究公司的有关问题,并兼及其他商事组织形式,以资比较。核心内容为股份有限公司法律制度。

第一节　商事组织的类型和立法取向

世界各国的商事主体,历史上都曾包括个人(自然人),而且以个人之间的商事交易为主。但是,随着商事交易规模扩大、风险增加,以及商事关系的复杂化,个人逐渐为商事组织所取代,商事组织的形式也不断演变,而且种类繁多。当然,按照日本商法典关于商业登记、商号及商业账簿的规则不适用于小商人的规定,个人仍然可以成为商事主体。[①] 中国由于尚无系统化的商事制度,对于商人身份的认定还缺乏统一的标准。中国数千万个个体工商户的属性没有明确,在 2004 年修改的《对外贸易法》中允许个人从事外贸活动,在企业破产法修改方案中,也将合伙企业的合伙人和独资企业业主纳入破产主体范围,有人甚至提出商自然人的概念,以区别于一般的自然人。可见,如何建立、完善商事主体制度,乃中国民商法制度建设中亟需解决的问题。从国际视野观察,商事组织无疑是国际商事交往中的中坚力量。对商事组织的分类标准有多种多样,而最具代表性的分类有两

---

① 吴建斌. 日本公司法规范. 法律出版社,2003.8.

个,即经济分类和法律分类。经济分类标准主要是所有制类型和行业分布,盛行于前苏联东欧各国和中国,现在的俄罗斯和东欧各国已予摒弃,在中国的转型经济时期仍为通行标准;法律分类标准主要是财产责任形式,盛行于西方市场经济发达国家,随着中国前几年"混合所有制"概念的引入,国有企业改制中"国退民进"步伐的加快,以及公司法常识的普及,已经出现按此标准分类的企业,并在数量上有快速增长的趋势。

一、商事组织的经济分类

中国在 20 世纪 50 年代对私改造完成后至 70 年代末,商事组织只有国营企业(后又相继改称为全民所有制企业、国有企业)和集体所有制企业。不过,当时的企业根本不能称之为严格意义上的商事组织,因为既没有商事立法,又没有商法观念,更没有商事组织应当具备的独立性,充其量只不过是各级政府机关的分支机构。日本东京大学著名的经营学教授小宫隆太郎就曾经说过,中国不存在真正的企业。改革开放以来,中国先后涌现出一系列新的企业类型,国家统计局在 90 年代初归纳为 9 类,即国有企业、集体企业、私营企业、个体企业、联营企业、股份制企业、外商投资企业、港、澳、台商投资企业和其他类型企业。1998 年 8 月 28 日,国家统计局、国家工商行政管理局发布《关于划分企业登记注册类型的规定》,从登记注册的角度,对中国企业进行了重新分类,形成内资企业、港、澳、台商投资企业、外商投资企业三大类型。其中,内资企业又包括国有企业、集体企业、股份合作企业、联营企业、有限责任公司、股份有限公司、私营企业、其他企业8 种。港、澳、台商投资企业包括港、澳、台合资经营企业,港、澳、台合作经营企业,港、澳、台商独资经营企业,港、澳、台商投资股份有限公司4 种。外商投资企业包括中外合资经营企业、中外合作经营企业、外资企业、外商投资股份有限公司 4 种。目前仍然没有从根本上加以改变。

1. 内资企业

包括国有企业、集体企业、股份合作企业、联营企业、有限责任公司、股份有限公司、私营企业、其他企业 8 种。

(1)国有企业是指企业全部资产归国家所有,并按《中华人民共和国企业法人登记管理条例》规定登记注册的非公司制的经济组织。不包括有限责任公司中的国有独资公司。

(2)集体企业是指企业资产归集体所有,并按《中华人民共和国企业法人登记管理条例》规定登记注册的经济组织。

(3)股份合作企业是指以合作制为基础,由企业职工共同出资入股,吸收一定比例的社会资产投资组建,实行自主经营,自负盈亏,共同劳动,民主管理,按劳分配与按股份分红相结合的一种集体经济组织。

(4)联营企业是指两个及两个以上相同或不同所有制性质的企业法人或事业单位法人按自愿、平等、互利的原则,共同投资组成的经济组织。包括国有联营企业、集体联营企业、国有与集体联营企业、其他联营企业。

(5)有限责任公司是指根据《中华人民共和国公司登记管理条例》规定登记注册,

由两个以上、50个以下的股东共同出资,每个股东以其所认缴的出资额对公司承担有限责任,公司以其全部资产对其债务承担责任的经济组织。有限责任公司包括国有独资公司以及其他有限责任公司。国有独资公司是指国家授权的投资机构或者国家授权的部门单独投资设立的有限责任公司。其他有限责任公司是指国有独资公司以外的其他有限责任公司。

(6)股份有限公司是指根据《中华人民共和国公司登记管理条例》规定登记注册,其全部注册资本由等额股份构成并通过发行股票筹集资本,股东以其认购的股份对公司承担有限责任,公司以其全部资产对其债务承担责任的经济组织。

(7)私营企业是指由自然人投资设立或由自然人控股、以雇佣劳动为基础的营利性经济组织。包括按照《公司法》《合伙企业法》《私营企业暂行条例》规定登记注册的私营有限责任公司、私营股份有限公司、私营合伙企业和私营独资企业。私营独资企业是指按《私营企业暂行条例》的规定,由一名自然人投资经营,以雇佣劳动为基础,投资者对企业债务承担无限责任的企业。私营合伙企业是指按《合伙企业法》或《私营企业暂行条例》的规定,由两个以上自然人按照协议共同投资、共同经营、共负盈亏,以雇佣劳动为基础,对债务承担无限连带责任的企业。私营有限责任公司是指按《公司法》《私营企业暂行条例》的规定,由两个以上自然人投资或由单个自然人控股的有限责任公司。私营股份有限公司是指按《公司法》的规定由5个以上自然人投资,或由单个自然人控股的股份有限公司。

(8)其他企业是指上述企业之外的其他内资经济组织。

2. 港、澳、台商投资企业

包括港、澳、台合资经营企业,港、澳、台合作经营企业,港、澳、台商独资经营企业,港、澳、台商投资股份有限公司4种。

(1)港、澳、台合资经营企业是指港、澳、台地区投资者与内地的企业依照《中华人民共和国中外合资经营企业法》及有关法律的规定,按合同规定的比例投资设立、分享利润和分担风险的企业。

(2)港、澳、台合作经营企业是指港、澳、台地区投资者与内地企业依照《中华人民共和国中外合作经营企业法》及有关法律的规定,依照合作合同的约定进行投资或提供条件设立、分配利润和分担风险的企业。

(3)港、澳、台商独资经营企业是指依照《中华人民共和国外资企业法》及有关法律的规定,由港、澳、台地区投资者在内地全额投资设立的企业。

(4)港、澳、台商投资股份有限公司是指根据国家有关规定,经外经贸部依法批准设立,其中港、澳、台商的股本占公司注册资本的比例达25%以上的股份有限公司。

3. 外商投资企业

包括中外合资经营企业、中外合作经营企业、外资企业、外商投资股份有限公司4种,除了投资主体是外国人之外,与港、澳、台商投资企业并无本质区别。

(1)中外合资经营企业是指外国企业或外国人与中国内地企业依照《中华人民共

和国中外合资经营企业法》及有关法律的规定,按合同规定的比例投资设立、分享利润和分担风险的企业。

(2) 中外合作经营企业是指外国企业或外国人与中国内地企业依照《中华人民共和国中外合作经营企业法》及有关法律的规定,依照合作合同的约定进行投资或提供条件设立、分配利润和分担风险企业。

(3) 外资企业是指依照《中华人民共和国外资企业法》及有关法律的规定,由外国投资者在中国内地全额投资设立的企业。

(4) 外商投资股份有限公司是指根据国家有关规定,经外经贸部依法批准设立,其中外资的股本占公司注册资本的比例达25%以上的股份有限公司。①

二、商事组织的法律分类

如上所述,商事组织法律分类的主要依据为财产责任形式,此外,还有投资来源、组织结构等区分依据。按法律分类标准,可将企业划分为独资企业、合伙企业、公司企业和合作社4类。几乎所有的西方发达国家,均采取法律分类标准,而且均分为上述4类企业。中国自确立市场经济体制目标模式以来,按经济类型划分的企业尽管迄今仍占重要地位,按法律类型划分的企业却也实际存在并得到立法上的认可,其数量还在不断增加,只是在统计和工商管理上尚未取得独立的地位,与经济类型企业的关系以及企业法律体系的协调统一方法也尚未明确。在工商登记实践中,往往在企业营业执照上同时标注两种类型,如有限责任公司、私营企业;股份有限公司、外商投资企业等,这正是下一步企业规范和立法取向所要研究和解决的问题。

1. 独资企业

独资企业亦称个人企业、个体商人,是指由一个出资者单独出资,并由其自己的财产对企业债务承担无限责任的经营实体。独资企业不是法人,并无法人资格,也没有独立的财产,独资企业的人格和财产与出资人混为一体,出资人以其个人所有的财产对企业的债务负责。这类企业风险很大,兴衰存亡与出资者个人的信用、能力关系密切,是人类历史上产生最早的一类企业,在当今各国的企业总数中所占比例仍然最高,但大多为小型企业,在国民经济中仅起辅助作用。应注意法律形态上的独资企业与中国的个体工商户、私营企业以及外资企业并不完全相同。个体工商户中有的一人单独投资,有的为两人或两人以上甚至全体家庭成员合伙;私营企业中有有限责任公司甚至股份有限公司;外资企业虽为外商独资,并无中方参与,但可能有两个或两个以上外商合伙,也可能采取公司形式。中国1999年制定的独资企业法,只调整规范个人独资企业,有一定的道理。

2. 合伙企业

合伙企业通常是指由两个或两个以上的合伙人通过订立协议,约定共同出资、合伙经营、共享收益、共担风险,并对合伙企业债务承担无限连带责任的营利性组织。合伙企业产

---

① 吴建斌.经济法教程(最新修订版).南京大学出版社,1999.20～24.

生于独资企业之后。独资企业经营者去世,其继承人之间约定不分割财产,在共有的基础上继续维持和经营企业,独资企业随之演变成合伙企业。这是合伙企业产生的主要途径。也有关系密切、互相信赖的亲朋好友之间依协议建立合伙企业的。除前述普通合伙外,大陆法国家还有隐名合伙,英美法国家还有有限合伙,均允许有的合伙人按约定仅以其投入合伙企业的资产为限对企业的债务承担责任,但至少必须有 1 个合伙人对企业的债务承担无限连带责任。合伙企业中的无限连带责任制度,使合伙人所承受的风险远远大于独资企业,故合伙人之间必须有高度信任关系。负无限连带责任的合伙人均有业务执行权,负有限责任的合伙人则仅有业务监督权,而隐名合伙中的隐名出资人仅就其出资,按照与出名经营人之间的约定承担相应的责任,出名人对外承担无限连带责任。另外,合伙企业规模不可能很大,经营管理事务也不会太复杂,否则势必难以长期维持。

为了克服普通合伙及有限合伙的业务执行、风险责任限制,上个世纪美国先后在普通合伙的基础上演化出有限责任合伙(LLP)、在有限合伙的基础上演化出有限责任有限合伙(LLLP),并被修改后的统一合伙法、统一有限合伙法所吸收。前者全体合伙人以合伙的全部财产对债务承担有限连带责任,资不抵债的部分,由执行特定业务的合伙人就其自己对外的合同或者侵权债务承担无限责任,其他合伙人不再承担连带责任,为专业合伙的合伙人控制风险提供更好的选择路径;与美国不同的是,英国的 LLP 也适用于其他中小企业。后者允许有限合伙中执行业务的普通合伙人仅对自己对外过失行为所产生的债务承担无限责任,而对其他普通合伙人对外过失行为所产生的债务不承担无限连带责任,为风险投资基金等提供避风港。中国除了民法通则规定的普通合伙以及合伙型联营之外,还在 1997 年公布合伙企业法并于 2006 年修订时专门增加了有限合伙以及有限责任合伙的规定,只是后者称为特殊的普通合伙企业。值得注意的是,日本在 2005 年制定公司法典的同时,以单行法的形式引进了美国的 LLP 制度,但又允许合伙人全体均可按约承担有限责任。

3. 公司

公司是依法定程序设立的营利性的社团法人。在大陆法国家传统上有无限公司、两合公司、有限责任公司、股份有限公司和股份两合公司 5 种,在英美法国家则主要有封闭式公司和开放式公司两种,相当于大陆法国家中的有限责任公司和股份有限公司,均具有独立的法人资格,明确区分公司法人财产与投资者的其他财产,股东均以其认购股份的金额或投入公司的出资额为限对公司债务承担责任,而公司以其全部资产对公司债务负责。不过,日本近年在推进公司法制现代化作业时,整合股份公司和有限公司的相关规则,将有限公司法统一到公司法典之中并作为限制股份转让的股份公司对待,实际上彻底转向英美法国家的公司分类方法,值得我们密切关注。① 至于大陆法中无限责任类型的公司,在英美法中一般不作为公司对待,而由合伙法或有限合伙法调整。

---

① [日]森本滋. 关于大型公司管理运营和公司法制现代化的要纲试案(上). 商事法务,2004 - 06 (1699):6;吴建斌等译. 日本公司法典. 中国法制出版社,2006.

不过,英国公司法中有关于无限公司的规定。① 中国的公司法目前只规范有限责任公司和股份有限公司,显然受英美法特别是美国法的影响。

正如前述,合伙企业的产生比独资企业晚,而公司又晚于合伙企业,而且几种公司类型不是同时问世的。最早出现的公司形式为无限公司。无限公司的组织机构比合伙企业完备和健全,投资者间的权利义务也较为明确和具体,有的国家至今仍然规定无限公司也具有法人资格,但与合伙企业并无本质区别。在无限公司之后出现了两合公司,它是由两人以上共同投资,其中至少有一人以上对公司债务承担有限责任,一人以上对公司债务承担无限连带责任的公司。两合公司似乎脱胎于隐名合伙或者有限合伙。两合公司为拥有资金,想投资获利却又不愿亲自经营,去冒商业风险的人,与具有经营能力,充满冒险精神而又缺乏资金的人之间携手合作,大开方便之门。但它除了部分投资者负有限责任外,其他方面无异于无限公司,无法适应高风险、高盈利的营利性事业,并未给市场经济下的企业制度带来创新和突破。

为了适应大规模的海外贸易的需要,欧洲在17世纪初叶创造出了股份有限公司形式。股份有限公司是对各国乃至世界经济最有影响的一种公司形式,是现代公司的代表。它是指由法定人数以上的股东组成,全部资产划分为均等的股份,全体股东仅就其所认购的股份金额对公司承担责任,公司以其全部资产对债务承担责任的公司。不过,早期的股份有限公司虽采取股份形式,但却由国王特许设立,如1600年成立的英国东印度公司和1602年成立的荷兰东印度公司。英国东印度公司成立时的总股本68 372英镑,股东198人,1617年增加到股本1 620 040英镑,股东954人。从1601年至1617年间,曾进行12次贸易航行。股本逐次募集,每次航行结束即退还股东,并按股分配红利。② 可见它并非现代公司法意义上的股份有限公司,只是具备了某些股份有限公司的雏形而已。荷兰东印度公司成立时的总股本为645万盾,划分为2 153股,由阿姆斯特丹商会持有56.9%,其余向全国募集。公司设股东大会作为最高权力机构,由股东大会选举出60名董事组成董事会,另选17人组成经理会主持公司日常业务,实行按股分红。其组织结构显然比英国东印度公司规范。不过,股东负有限责任的股份有限公司形式,曾一度被滥用,造成18世纪欧洲诸国股票风潮迭起,1720年英国的"南海泡沫事件"最为著名。南海公司是组建于1711年的一家特许贸易公司,1720年通过贿赂国会议员,由国会通过让其承担国债而换取某些特权的议案,而国债持有人可换取该公司的股票。然后,公司大肆宣传其海外贸易可获高额利润,吸引了大批投资者,待股价急剧上涨后,参与策划的股东乘机沽出,后来股价狂跌,很多中小投资者损失惨重。南海公司最后在1720年英国议会通过的取缔投机行为和诈骗团体法的规范下宣布破产。③ 自此以后,

---

① 董安生等编译.英国商法.法律出版社,1991.236~237.
② [苏]梁波斯基.外国经济史(资本主义时代).三联书店,1962.53;江平.公司法教程.法律出版社,1987.40;黄速建.公司论.中国人民大学出版社,1989.30~31;陈传明.比较企业制度.人民出版社,1995.33.
③ 孙丁杰.反金融欺诈与金融诈骗.中国检察出版社,1995.42~43.

人们视股份有限公司如洪水猛兽,许多国家不得不对股东仅负有限责任的公司类型严加限制,甚至干脆取消,而重新规定股东对公司债务承担无限责任。直到 1856 年英国公司法正式确认有限责任制后,股份有限公司才得到突飞猛进的发展,并被多数大规模企业所采用。现在,股份有限公司作为各国最有代表性的公司形式,在国内国际商事交往中扮演着举足轻重、不可或缺的角色。世界上一些知名度很高的大公司,如通用汽车公司、国际商用机器公司、摩托罗拉公司、英特尔公司、微软公司、松下电器公司、丰田汽车公司、新日本制铁公司、三菱重工、英荷壳牌石油公司、西门子电气公司、奔驰汽车公司、戴姆勒－克莱斯勒公司、欧洲空中客车公司等,无一不是股份有限公司。

为了规避政府的特许和不准设立有限责任性质公司的禁令,18 世纪末在有的国家出现了股份两合公司。它是由至少一个负无限责任的股东和至少一个仅就所认购股份金额对公司债务承担责任的股东所组成的公司,将两合公司的机制引入股份有限公司中,从而改变股份公司的有限责任性质,但终因其不适应市场经济高度发达的社会实际需要而不断萎缩甚至遭到淘汰,如在欧洲大陆国家,虽仍保留着股份两合公司形式,数量已经很少。日本已经在相关法律中废除股份两合公司的规定,实践中当然不再有该种公司形式。

有限责任公司出现的时间最迟。1892 年德国制定《有限责任公司法》,这种公司制度才得以正式确立。有限责任公司是指由两个以上法定人数以下的股东共同投资,所有股东仅以其认缴的出资额为限对公司承担责任,而公司以其全部资产对债务承担责任的公司。股份有限公司具有筹资方便、风险分散、组织严密等诸多优点,对大公司特别适宜。随着股份公司法律制度的完善,企业法人制度得以最终确立,从而引起了企业制度史上的一场伟大革命,其意义甚至超过了蒸汽机和电的发明。① 但因股东人数众多,股票随意转让,公司很难控制,再加上实行公示主义,不易保守商业秘密,法律上的规范也比较严格,令不少人望而却步。相比之下,有限责任公司将股份有限公司注重资金组合,与无限公司注重人的信任两者有机结合,灵活性大,适应性强,已成为市场经济社会中数量众多,实力不可小觑的另一重要公司类型。在德国,有限责任公司无论在数量还是销售额方面,均超过股份有限公司。② 不过,为了区别于股份公司,德国创制的有限公司有诸多人为刻意的印记,如出资份额的不均等性、出资份额转让的限制性等,在当年股份公司法制强行性色彩很浓的背景之下,它确实为投资者提供了更多的选择机会,从而风靡一时。但是,当今世界已经急剧变化,不但公司法的任意法呼声遍及全球,而且其任意法特性,在许多国家体现到立法实践,如美国特拉华州普通公司法,即为典型。③ 日本近年商法、公司法的大规模修改,以及制定公司法典的尝试亦然。在有大陆法传统的国家,将有限公司作为限制股份转让的股份公司,也即英美法中的封闭式公司对待,似乎更便于节约法制成本。在 1977 年出现第一个有限责任法之后,美国的有

---

① L. S. Sealy, *Company Law and Commercial Reality*, Sweet & Maxwell, 1984, p. 1.

② 张仲福. 联邦德国企业制度. 中国法制出版社,1990. 2.

③ 左羽译. 特拉华州普通公司法. 法律出版社,2001.

限责任公司大量涌现,但它并非大陆法国家法定意义上的有限责任公司,甚至不是公司,而是一种介于合伙和封闭式公司之间,并吸收两者优点的非公司企业。其最大的特点是具有高度的灵活性,可由企业成员约定责任形式等事项。①

4. 合作社

除上述公司、合伙和独资企业外,还有在法律上采取合作社形式的企业类型。合作社是指由法定人数以上的社员出资组成的,在互助的基础上,以共同经营的方式谋求社员经济利益,或提供生产和生活服务的社团法人。合作社起源于 19 世纪初的德国,并先后传入法国、日本等国。中国台湾省也有专门的《合作社法》。日本还有被称为"协同组合"的特别法上的合伙,类似于合作社。因为它有法人资格、以互助为目的、主要对内为社员提供服务、进出自由、实行 1 人 1 票制,等等。至于中国大陆 20 世纪 50 年代城乡合作社运动中出现的各种形式合作社,如农业生产合作社、手工业合作社、供销合作社、信用合作社等,还不是严格的法律意义上的合作社,而 20 世纪 80 年代末出现的股份合作企业,只是参考部分合作社和公司营运机制的一种非规范化的企业形式,很难归入特定的经济类型或法律形态,最终必将分化、归并入其他企业类型。② 90 年代上半叶中国淄博市地方国有企业改制时,曾建立某些所谓的股份合作企业,实际上称为有限公司甚至股份公司;中国江苏苏南乡镇企业第一轮改制时,有不少企业选择采取股份合作企业形式,但没有多久,又再次按照公司法的规范改成公司,并付出了昂贵的制度成本。

2006 年 10 月 31 日全国人大常委会通过的《中华人民共和国农民专业合作社法》,才重新界定了合作社的互助性及对内服务性的特性。

三、中国的立法取向和发展趋势

按照经济分类标准划分企业,虽然能在一定程度上反映商事组织的面貌,但无法判别不同类型企业的规模大小、财产实力、组织结构、投资来源特别是责任形式。因此,中国又引申出大型企业和中小型企业之分,并制定和实施不同的政策法律。管理部门林立管理事务繁多的问题随之产生,产权不清以及大量零资产甚至负资产企业长期存在并难以解决。另外,其划分标准不但不合理而且还不统一。有的按所有制关系,有的按投资者国籍,有的则按资本构成,不仅相互间交叉混淆,而且在指导思想上仍反映出旧体制、旧观念的很深烙印。如区别内资、港、澳、台商投资以及外商投资企业,从招商引资管理的角度尚有意义,从经济全球化的视角,特别是与 WTO 的国民待遇原则相协调的要求来看,就不太合适。随着企业制度改革的进一步深入,原来意义上的国有企业逐步退出竞争性行业,剩下的国有企业的性质应当为"公企业",不属于民商法调整的"私企业",而国家参股和控股企业实际上已经不是国有企业,而是公司企业,国有企业的管理也要逐步演变为国有资产、国有股权的管理,作为"私企业"的国有企业终将不复

---

① 宋永新. 美国非公司型企业法. 社会科学文献出版社,2000. 171、232~233.
② 李黎明. 中日企业法律制度比较. 法律出版社,1998. 60~61.

存在,当然也就谈不上与其他民商法调整的企业比肩并立。集体企业原本就较为复杂和混乱,近年经过改制,大部分已经名不副实或者转化成其他类型企业,比如前面提到的股份合作企业,而股份合作企业的称谓本身并没有科学依据。私营企业原来是与个体企业和集体企业相对而言的,个体企业的分类在1998年取消了,集体企业改制后,大部分由私人购买或者私人合股购买。更为重要的是,中国自20世纪90年代末提出不同经济成分相互并存,共同发展,特别是本世纪初鼓励发展混合所有制企业后,严格的所有制分类已经失去原来的意义,而私营企业又具体划分为私营独资企业、合伙企业、公司,不但可以设立有限公司,而且可以设立股份公司,适用经济分类和法律分类的双重标准,让人无所适从。前述中国企业登记机关在同一个企业的营业执照上同时注明不同的企业类型,正是上述矛盾心态的反映。联营企业的界定和投资来源有关,但又不能揭示出不同企业的本质特征,因为凡是两个以上的投资主体投资组建的企业均是"联营企业"。1998年的分类倒是将公司列入了,但不是将公司与其他类型并列而是直接将有限责任公司、股份有限公司与其他企业并列,就并不合适,因为有限责任公司和股份有限公司是公司类企业的具体形式,是公司的亚类或者子类。这是统计学上的常识性错误。至于私营企业的4类、港澳台商投资企业和外商投资企业的4类相互之间的交叉、重复所引起的混乱更是显而易见。

企业分类的混乱必然引起企业立法和分类适用上的混乱。由于中国法定的经济分类和事实上存在的法律分类所形成的企业体系处于并列状态,还在此消彼长之中,相应的企业立法也形成两个系列:一个系列由1988年公布的《全民所有制工业企业法》,1990年、1991年、1996年公布的《乡村集体所有制企业条例》《城镇集体所有制企业条例》和《乡镇企业法》,1988年公布的《私营企业暂行条例》,1993年公布2005年修订的《公司法》,1979年公布2001年修订的《中外合资经营企业法》,1988年公布、2000年修订的《中外合作经营企业法》,1986年公布2000年修订的《外资企业法》组成。另一个系列由前述《公司法》、1997年公布、2006年修订的《合伙企业法》、1999年公布的《个人独资企业法》以及作为上述3个法律尤其是公司法特别法的《中外合资经营企业法》《中外合作经营企业法》《外资企业法》、1995年外经贸部《关于设立外商投资股份有限公司若干问题的暂行规定》等法律法规组成。这种也许是中国特有的现象不可能长期存在,应当尽快予以消除。不少学者先后呼吁淡化乃至取消企业的经济分类标准,代之法律分类标准,在按财产责任形式划分企业类型的基础上,确定企业的法律制度和管理方式,以便同西方市场经济发达国家的企业分类和法律制度协调统一起来。在具体方案的设计上尚有分歧,大体有"一分法"和"两分法"之分。前者主张逐步取消所有制标准和内外资界限,将企业统一划分为公司、合伙、独资,分别用公司法、合伙企业法、独资企业法加以调整,只有对特殊的合作社企业,才划归合作社法调整。后者主张正视现实,对内资企业可采取上述办法,对外商投资企业仍保留原来的划分和相应的法律制度,只是对其中不符合WTO规则的部分加以修改,以便保持外商投资企业政策法律的连续性和稳定性。本书持前一种观点,它符合中国公司法第218条所规定的原则。既然现行法律已经规定外商投资企业符合公司条件的就适用公司法,当外商投资企业法有特别规定时,则适用其特别规定,那么,外商投资企业法作为公司法特别法的地位和性质就是相当明了,毋庸置疑的。"两分法"没有立法依据,现实中也没有必要。①

按此思路,国有企业、集体企业等经济类型符合公司条件的,依据公司法转化成公司,其他的归入合伙企业或者独资企业。而那种主要对内服务并且建立在互助基础上的企业,可以采取合作社形式。所谓的股份合作企业,最终应朝着这一方向分化组合、重新归并。这样,企业或者商事组织法框架,在大的层面上就只有4个:公司法、合伙企业法、独资企业法和合作社法。假如制定统一的企业法难度太大,可在相当长的时间内维持4个单行法的局面。新设企业,则严格按照企业法定的原则,依据上述4个法律设置和营运。当然,在商事组织法体系中,公司法永远居于核心地位(见图1-1)。

第二节 公 司

一、公司及其法律特征

英美法国家一般没有法定的公司定义,大陆法国家中的法国商事公司法亦然。但法国民法典第9编公司中,对公司的有关内容作了规定。

依其第1832条的文义,公司是由两人或数人通过契约约定共同投资,以分享由此产生的利润和经营所得的利益的营利性组织。日本商法典第2编公司第52条,以及有限责任公司法第1条,则将公司规定为依法设立的营利性的社团法人。2005年日本公司法典改概括式为列举式的公司定义。中国公司法中只有股份有限公司和有限责任公司的定义而无统一的公司定义。但是,总结归纳世界各国公司法律和理论解释,公司通常是指依法定程序设立的,以营利为目的的社团法人。公司具有营利性、法人性、社团性和依法认可性4个特征。

(1)营利性。公司是以营利为目的的经济组织,当然的商人,营利性是其本质性的特征。它不同于以社会公益为目的的公益法人,更不同于以管理社会事务为目的的国家机关。尽管公司也担负着一定的社会责任,欧美各国近年对公司社会责任的讨论还异常热烈,中国2005年修改公司法时也作了规定,公司的活动必须符合国家的经济利益和整个社会发展的需要,但营利性是基础。公司不营利即既无生存的价值,也无生存的可能。这在市场经济发达国家当无疑问,中国曾经争论了数10年,现已成社会

---

① 赵旭东.中国企业立法的现状与未来.法学研究,1992(1);董开军,李诚.论企业法律形态问题.中国法学,1992(2);吴建斌.试论中国现代企业立法体系的目标模式.法学天地,1995(3);甘培忠等.论中国现代企业制度及其法律模式.中外法学,1996(2);江平.公司法与商事企业的改革与完善.中国律师,1999(1)~(7).

中
国
企
业
分
类
及
其
立
法
体
系

第一阶段 { 国营企业 ／ 集体企业

第二阶段 { 国有企业 ／ 集体企业 ／ 私营企业 ／ 个体企业 ／ 联营企业 ／ 股份制企业 ／ 外商投资企业 ／ 港、澳、台投资企业 ／ 其他企业

第三阶段 {

(1) {

内 资 企 业 { 国有企业 ／ 集体企业 ／ 股份合作企业 ／ 联营企业 { 国有联营 ／ 集体联营 ／ 国有集体联营 ／ 其他联营 } ／ 有限责任公司 ／ 股份有限公司 ／ 私营企业 { 私营独资 ／ 私营合伙 ／ 私营有限 ／ 私营股份 } ／ 其他企业

港、澳、台投资企业 { 合资经营企业 ／ 合作经营企业 ／ 独资经营企业 ／ 股份有限公司

外 商 投 资 企 业 { 合资经营企业 ／ 合作经营企业 ／ 独资经营企业 ／ 股份有限公司

(2) { 个人独资企业（法）／ 合 伙 企 业（法）／ 公 司（法）

未来趋势 { 独资企业（法）／ 合 伙（法）／ 公 司（法）／ 合作社（法）

有限公司 { 国有独资 ／ 国有控股 ／ 外商及港、澳、台投资 ／ 其 他

股份公司 { 国有控股 ／ 外商及港、澳、台投资 ／ 其 他

[独资企业（法）／ 合 伙（法）／ 公 司（法）／ 合作社（法）]

外国商事组织分类以及立法体系————

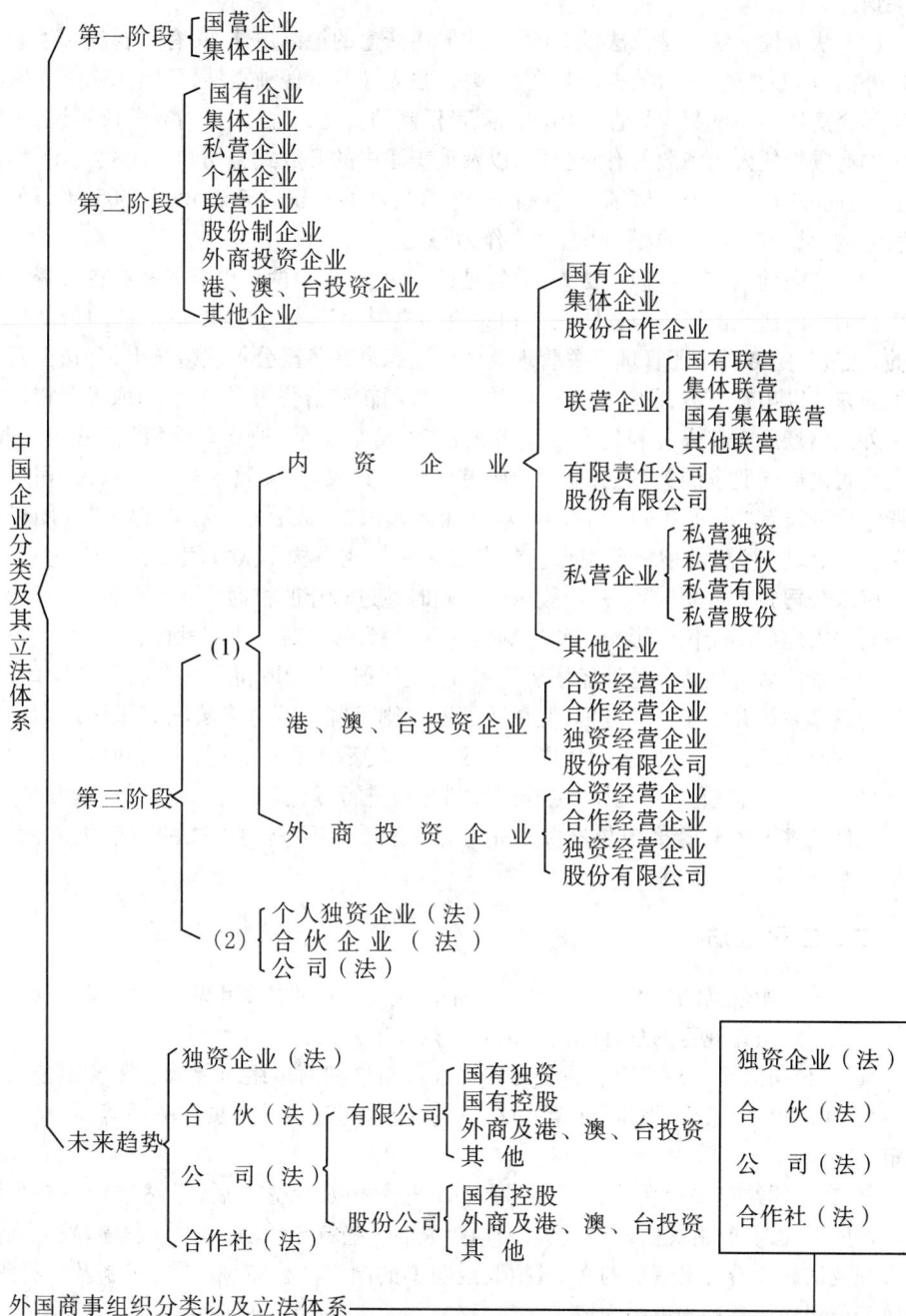

图 1-1　商事组织的分类和立法体系

的共识。

（2）法人性。法人是依法设立的，经注册而产生的拟制主体，具有除自然人生理机能以外的所有人格。法人的人格独立性、财产独立性及责任独立性，乃国际通例。撇开在实际经济生活中不起主导性作用的无限责任制的公司，其法人性尚有争议不说，大陆法中的有限责任公司和股份有限公司，以及英美法中的开放式公司和封闭式公司，均具有法人性。法人性是公司区别于合伙的一个重要法律特征。至于我国2005年新公司法引进的"公司法人格否认"规则，只能作为特例。

（3）社团性。公司不但是法人，而且是社团法人，即由两个以上的社员在投资基础上组合而成的法人团体。与社团法人相对应的是财团法人，它是以财产捐助为基础设立的，通过一定方式选任管理机关管理的法人组织。在各国公司法传统上，公司由两个以上股东共同出资组成，股东投入公司的财产权利转移给公司，并从公司取得股权。公司对外以财产所有权人的身份和名义开展活动，从事交易，独立享受权利、承担义务。而在公司内部同股东的关系上，公司的所有资产及其权益，又属于全体股东，公司在全体股东之外没有"自己独立的利益"。对于如何认识"一人公司"，学界存在"社团否定说"与"社团肯定说"两种相反观点。前者强调一个成员构不成社团，后者认为一人公司与多人公司并无本质区别，一人股东可以随时通过转让股权而形成多个股东的局面，而公司法人地位不受任何影响。此论颇为勉强，一人公司难言具有社团性。

（4）依法认可性。公司须经依法认可，登记注册，才能取得主体资格。在中国，它与其他商事主体并无实质性区别，但在西方国家则不同。西方多数国家承认所谓的事实商人，即只要以一定行为表明从事商事活动，即使不作商事登记，其活动也有法律效力，对独资企业尤为灵活。凡设立公司者，则必须进行登记注册。如公开发行股份，还须事先经证券事务监管部门核准。只是登记机关大多不是中国式的行政机关，而是法院。

二、公司立法

认可公司所依据的法律为公司法。它是调整公司的设立、组织、活动、解散及其他内外部关系的法律规范的总称。公司法有下列5个特性：

其一，公司法是一种组织法。公司法规范公司这种商事组织形式。在各国公司法中，对公司的性质、宗旨、地位、种类、组织机构、公司与其构成成员的关系等，均有具体规定。

其二，公司法是一种活动法。公司在设立过程中及成立以后，必然进行一系列活动。这些活动，有的由民法调整，但与公司相关的一些特殊活动，如设立程序、发起人制定章程及认购股份或出资额的义务、招股说明书的制作及公布、股票的印制及发行等，则属于公司法调整和规范的内容。

其三，公司法是一种制定法。公司中的有限责任制形式，并非自古有之，也不是依传统的商事习惯法形成，而是随着市场经济的发达由人类创制而成。以德国颁布有限责任公司法为标志创造出有限责任公司就是典型例子。即使在英美法国家中，虽然传统上以判例法为主要渊源，如英国在 1897 年萨洛蒙诉萨洛蒙有限公司案中确立公司人格独立原则，但英国的公司法以成文制定法为主，判例法为辅。[①]

其四，公司法包含诸多强制性规范。强制性规范是任意性规范的对称。任意性规范是指在法定范围内允许法律关系当事人自己确定相互之间权利和义务的法律规范。强制性规范则不同。它所规定的权利义务具有绝对肯定形式，不允许法律关系当事人相互协议或任意改变。公司法尤其是其中有关上市公司的规定，大多属于强制性规范，与合伙法、代理法、合同法等有明显区别。当然，各国的情况又有所不同，美国公司法的立法权分散于各州，为了吸引投资，各州在公司立法上倾向于放松事先管制，成为州公司立法典范的特拉华州普通公司法，就有很多任意性规范，而上市公司的营运，则要受到联邦证券法包括 1933 年证券法和 1934 年证券交易法限制。两者结合，有张有弛。其他国家公司法与证券法处于同一个层次，近年为了争取全球竞争中的主动地位，在公司立法上放松事先管制、强化事后监督已经成为世界趋势。[②]

最后，公司法国际统一化的趋势正在显现。公司法发端于欧洲，由于各国经济发展水平不同，政治、文化、民族习惯各异，公司制度细节差别很大，但有关公司的基本制度，却有着惊人的相似之处。特别是第二次世界大战以来，各国公司法的融合趋势不断加快，认可资本制的出现即是典型。日本公司法大量吸收美国示范公司法的内容，甚至取消有限公司类型，欧盟统一公司法制的努力，更反映出两大法系公司法规则取长补短的成果。

世界上最早的公司立法为 1673 年法国路易十四时代的商事条例中有关公司的规定。1807 年的法国商法典第 1 编商行为中的第 3 章为公司。法国现行的公司法为 1966 年商事公司法，后经多次修订。另外，法国民法典第 9 编第 1832 条至 1873 条也对公司作了规定。[③]

德国最早的公司立法始见于 1861 年的旧商法，1897 年的新商法第 2 编商事公司及隐名合伙的 1～4 章，分别规定无限公司、两合公司、股份有限公司和股份两合公司。另在 1892 年制定了世界上第一部有限责任公司法。1937 年将商法典中有关股份有限公司和股份两合公司的内容单独立法，1965 年经修订后形成新的股份公司法。现行公司法规范分布在德国商法典、德国股份公司法和德国有限责任公司法中。[④]

日本是个后起的资本主义国家，现代意义上的公司立法包含在 1890 年的旧商法中，1899 年的新商法第 2 编规定了有限公司之外的其他公司形式。1938 年颁布了有限公司法。第二次世界大战以来，除 1950 年主要围绕股份有限公司对商法进行彻底修

①　董安生等编译. 英国商法. 法律出版社,1991. 234～235.

②　冯果. 变革时代的公司立法——以台湾地区"公司法"的修改为中心考察. 南京大学学报(哲社版). 2003(2).

③　李萍译. 法国公司法规范. 法律出版社,1999. 1～2.

④　贾红梅等译. 德国股份公司法. 法律出版社,1999. 1、217、270.

订,大量吸收英美法尤其是美国公司法的规定外,其后修订过40余次。2001、2002年以引进美国式的独立董事和董事会专门委员会制度为标志的大规模修改,使得日本公司法的面貌焕然一新。① 2005年制定了统一的公司法典,将商法典中有关公司的内容、关于大型股份公司监察的商法特例法、有限公司法等归并整合到一个法典之中,并进一步吸收英美公司法的规则,甚至取消股份公司与有限公司的分类,按照股份转让是否受到限制的标准区分有限责任类型的公司,实际上相当于英美法国家中的开放式公司和封闭式公司,从而颠覆整个大陆法国家公司法的传统。另外,将法典用语改为口语体,以便通俗易懂。②

英国在19世纪以前只有关于特许公司的法律规定,1844年允许私人设立公司,1855年的公司法确立了公司的有限责任制,在公司立法史上具有划时代意义。1948年制定新公司法,经1967年、1976年、1980年、1989年大的修订和补充后,一直沿用至今。鉴于公司法全面修改的困难,英国还通过民间机构研究制订公司治理报告,以及强化证券交易所的上市规则,来指导、推动公司法的改革,促进大型开放式公司治理结构的完善。其中,1992年的凯德伯瑞报告和1995年的格林伯瑞报告最为著名。③ 1998年韩培尔委员会将上述两个报告合并为综合规范,添加到伦敦证券交易所的上市规则之中,要求所有上市公司作为上市要件,必须制作公示文件,公示是否适用综合规范中的治理原则、最佳实务规范的遵守状况以及是否遵守的理由。经多年的修改完善,英国商务部于2001年7月发表《因应竞争经济的现代公司法:最终报告》,2002年7月该部代表政府向议会提出《现代化中的公司法》议案,新的公司法典终于在2006年正式通过。

美国的公司法原来以判例法为主要渊源。公司立法权属于各州,最早为1807年纽约州公司法,而特拉华州公司法最为灵活。因此,美国纽约证券交易所以及纳斯达克交易系统的大多上市公司,均将该州作为注册地。为统一各州公司法,美国法律协会于1950年拟定的美国示范公司法,作为公司立法范本向各州推荐,2002年又经过重大修订。该范本已被美国多数州采用。以安然公司为代表的美国大型公司财务丑闻爆发后,美国社会各界迅速行动,全面检讨其公司、证券法律的制度缺陷,并很快在2002年7月制定出《萨班斯—奥克斯利法案》(Sarbanes-OxleyAct,简称SOXAct或者索克斯法案)即《公司改革法》,上述两大证券交易所也修改了上市标准,对上市公司的治理结构提出了更高的要求。2004年6月,美国上市公司会计监督委员会(PCAOB)一致投票通过了《对非美国公司的审计监督准则》,意味着自2006年7月15日起,所有在美国上市的公司(包括外国公司)都必须遵守上述公司改革法。④

---

① 吴建斌. 最新日本公司法. 中国人民大学出版社,2003.39~43;吴建斌. 近年日本商法、公司法修改评析. 日本学刊,2004(1).

② [日]江头宪治郎. 现代化的基本方针.6~10;[日]森本滋. 关于大型公司管理运营和公司法制现代化的要纲试案(上).5~6;于敏译. 日本公司法现代化的发展动向. 社会科学文献出版社,2004.1~5.

③ [加]布莱恩 R. 柴芬斯. 公司法:理论、结构和运作. 法律出版社,2001.405~409.

④ 周薇. 你"萨班斯—奥克斯利"了吗?.21世纪经济报道,2004-06-16.

　　光绪二十九年末即 1904 年 1 月 21 日清政府颁布的公司律,为中国最早的公司立法,而现代公司立法为 1929 年民国政府颁布的公司法,经2001 年11 月重大修订后仍在台湾省施行。中华人民共和国成立后,废除了国民党政府包括公司法在内的一切伪法统。1950 年和 1951 年政务院的《私营企业暂行条例》及其实施办法对大陆法国家中的 5 种公司类型均作了规定。1956 年对私改造完成后,公司立法被带有计划经济特征的企业立法所取代,直到 1979 年公布《中华人民共和国中外合资经营企业法》,才重新出现法律形态上的企业——有限责任公司。1988 年公布的《私营企业暂行条例》,也将有限责任公司作为私营企业的一种法定形式。1993 年制定《公司法》,经 1999 年、2004 年局部调整后,于 2005 年进行了重大修改并于 2006 年 1 月 1 日起正式施行,标志着中国公司法与世界主要发达国家公司法基本接轨。新法 13 章 219 条,添加删改 400 多处,仅有 20 余条未改。除了在总体思路上追随全球公司法放松事前管制,积极鼓励投资;强化事后监管,平衡各方利益;从强行法改向任意法之外,修改重点为:扩大出资形式,降低资本限额,实行分次缴纳,取消转投资限制;股份公司设立实行准则制,无需前置审批程序;允许采取定向募集方式设立;认可一人公司;完善治理结构,明确公司机关议事规则,增强了监事会职权,增加了上市公司独立董事及董事会秘书规定,明确公司董事等的忠实和勤勉义务及责任;加强了少数股东保护机制,引进股东查账权、累积投票制、股份收购请求权以及股东代表诉讼权;增加了公司法人格否认制度;明确公司僵局的解决办法;等等。大大增强了该法的可操作性。

三、公司的种类

　　在公司立法及公司法理论上,可依据不同标准,将公司分成不同种类。择要介绍如下:

　　1. 无限公司、两合公司、有限公司、股份公司、股份两合公司

　　这是大陆法系国家按照财产责任形式的不同所进行的划分。如前所述,无限公司亦称无限责任公司,是指由两个或者两个以上的股东投资组成,全体股东均对公司债务承担无限连带责任的公司。两合公司是指一个以上的股东对公司债务负无限连带责任,一个以上的股东对公司债务以出资额为限承担责任的公司。有限责任公司是指由法定人数以下的股东投资组成,全体股东均以其出资额为限对公司负责,公司以其全部资产对债务承担责任的公司。股份有限公司是指由法定人数以上的股东组成,全部公司资本划分为均等的股份,所有股东均以其认购的股份金额为限对公司负责,公司以其全部资产对债务承担责任的公司。股份两合公司是指一个以上对公司的债务承担无限责任的股东和一个以上的股东以其认购的股份金额为限对公司负责的公司。

　　2. 英美法国家按股份发行、持有和转让的方式不同,将公司分为封闭式公司和开放式公司

　　封闭式公司是指股份全部由发起人认购,股东人数有限,股份转让受到严格限制,股票也不能在证券交易所公开挂牌交易的公司。它类似于大陆法国家股份有限公司中

的非上市公司,有时也包含有限责任公司。英美法国家如英国还有保证有限公司,它允许部份股东在公司章程细则中载明担保额而无须出资即可设立公司,担保股东在保证金额范围内对公司债务承担清偿责任。① 开放式公司是指股份公开招募并可自由流通转让,股票在证券交易所公开挂牌交易,股东人数和身份不受限制的公司。它属于大陆法中的股份有限公司,有时也被称为上市公司,确切地说应相当于大陆法的股份有限公司中的上市公司。严格而言,封闭式公司中的有限公司不发行股份。不过,日本2005 年公司法改革后,两大法系公司类型的传统划分已有重大改变。

3. 大陆法国家公司法理论上按信用基础不同,将公司分为人合公司、资合公司以及人合兼资合公司

人合公司是指公司的设立和营运完全建立于股东个人信用基础之上的公司。无限公司是其典型代表。资合公司是指其设立和营运完全以股东的出资为基础而与个人信用关系不大的公司。股份有限公司为典型的资合公司。人合兼资合或者资合兼人合公司,是指其设立及营运既以股东的出资为基础,同时也注重股东个人信用的公司。有限公司即属于此。

4. 在多数国家的公司立法和公司法理论上,按一公司对另一公司股份或出资额的占有和业务控制程度,将公司分为母公司和子公司

母公司是指拥有另一公司 50% 以上股份或出资额,并直接控制其经营活动的公司。子公司是指 50% 以上的股份或出资额为另一个公司所拥有,在业务上受母公司控制,但仍具有独立法人资格的公司。

5. 在多数国家的公司立法和公司法理论上,按公司的管辖系统将公司分为总公司和分公司

总公司亦称本公司,是指依法设立的,管辖所属全部分支机构的总机构。分公司是指由总公司设立的,在经济上和法律上均无独立地位的分支机构。在通常情况下,总公司具备法人资格,而分公司则不具备法人资格,仅在总公司规定的权限内从事特定的事务,并由总公司承担法律责任。有没有法人资格,是判断子公司和分公司的决定性因素。

6. 某些国家公司法上按一公司对另一公司决策的影响程度,将公司分为控股公司和受控公司或者支配公司和从属公司

对控股公司和受控公司或支配公司和从属公司并无明确的划分标准。一般而言,一公司拥有另一公司的股份或出资额达到足以影响其股东大会表决结果的,即成为控股公司,另一公司则成为对应的受控公司。至于究竟占有多少比例,视公司大小、股份分散程度而定。支配公司与从属公司则侧重于业务上的控制和依附关系,相互之间可能有控股关系,也可能由于其他原因,假如一个公司对另外一个在法律上独立的公司直

① 董安生等编译.英国商法.法律出版社,1991. 236~237.

接或间接地施加决定性的影响,前者就成为支配公司,后者则成为从属公司。①

7. 某些国家公司法上按一公司与其他公司间资产占有和业务联系的状况,将公司分类关联公司和独立公司(企业)

独立企业是指在资产占有和利益关系上与其他公司、企业完全独立的企业。而关联公司的确认标准各国间差异很大。德国股份公司法将母公司和子公司、支配企业和从属企业、康采恩企业、参股 25% 以上的企业均列为关联公司。中国税收征收管理法第 24 条规定了"关联企业"和"独立企业"的税款征收原则,该法实施细则第 36 条,则认定在资金、经营、购销等方面存在着直接或间接的拥有或控制关系;直接或间接地同为第三者拥有或控制;其他在利益上具有相关联关系的企业、公司间,构成关联企业,并据此处罚过 1993 年 9 月"宝延风波"中的深圳宝安上海公司。但是,中国税法上的关联企业范围过于宽泛。相比之下,日本财务诸表规则第 4 条第 8 款的规定则较为合理。日本法上的关联公司是指一个公司实质拥有另一公司 20% 以上、50% 以下的表决权,并通过人事、资金、技术和交易等手段对该公司的财务和经营方针产生重大影响者。②这一标准已被中国采纳。

8. 按股东为数人还是一人,可将公司分为多元投资公司和一人公司

多元投资公司为传统公司法上的公司,有两人以上的股东共同投资,完全符合公司的社团性特征,是公司的常态。一人公司是全部股份或者出资额由一个股东持有的公司。欧洲各国早期不准设立一人公司,但公司成立之后全部股份或者出资额集中于一人,不作为公司解散的法定事由,公司可以存续下去。现在则普遍认可一人创设有限公司,股份公司仍以多元投资为通例。美国没有类似的限制,日本步美国的后尘,在1990 年修订商法和有限公司法时,始允许一人设立有限公司和股份公司。至于国有独资公司,则是中国公司法上的特殊类型,指国家授权投资的机构或者国家授权的部门单独投资设立的有限责任公司。中国另有外商投资独资公司。根据我国 2005 年新公司法,中国放开了关于一人公司的限制,明确规定法人及自然人可以设立一人公司。

9. 按公司的国籍,可将公司分为本国公司、外国公司和跨国公司

对公司国籍的认定标准很多,如注册登记地、设立行为地、住所地、主营业地、股东所在地、董事会所在地等。中国以注册登记地为准。对一国而言,具有本国法认可的法律人格的公司为本国公司,而非本国法认可成立的公司为外国公司。跨国公司则是指以本国为基地或中心,在不同国家或地区设立分支机构、子公司或其他企业形式,从事跨国性生产经营活动的经济组织。跨国公司并非严格的法律意义上的概念,也并不是一个公司,而是公司间形成的特殊关系,或者指跨国公司总部。③

① 参见德国股份公司法第 17 条。
② 张扣娣. 日本企业集团中的母子公司关系. 经济科学出版社,1993.21.
③ 江平. 公司法教程. 法律出版社,1987.232~233.

第三节　公司的设立

公司的设立是指促成公司成立并取得法人资格的一系列活动的总称。公司的设立一般涉及到设立条件、设立程序、公司章程、发起人会议或者创立大会的地位和职权、发起人责任等问题。不同种类公司的要求也不同。本节以有限责任类型的公司尤其是股份公司为例予以说明。

一、有限责任类型公司的特征

有限责任类型公司主要有有限公司和股份公司两种,英国还有保证有限公司。这里先介绍有限公司和股份公司的特征。

有限公司的特征可以归纳为以下 9 个:

一是法人性。有限公司是法人组织,对此,各国公司立法和公司法理论上并无不同。

二是股东仅负有限责任。股东仅以其所认缴的出资额为限,对公司的债务承担责任,除法定由股东负资本填补责任或法人资格被否定时负无限连带责任外,公司的债权人只能要求公司清偿,而不能对股东主张权利。

三是股东人数有上限。有限公司通常无股东人数下限规定,甚至可设立一人公司,但却有上限规定。如英国、中国不得超过 50 人。这主要是因为有限公司有一定的人合性,股东人数过多,会影响其正常营运。不过,中国台湾省公司法在 2001 年修改时将原来 21 人的上限予以取消,以减少政府干预,拓展自主权限。即便如此,有限公司的封闭性特点也决定其人数不宜过多。①

四是不能募集设立。有限公司由全体股东订立章程设立,股本由股东认足,并不向社会募集,公司也不发行股份。对股东所认缴的出资额,由公司发给出资证明或股权证或股单。股单也代表一定的财产价值,但非法律意义上的有价证券,不像股份公司股票那样自由流通转让。

五是股东出资转让有严格限制。基于有限公司的人合因素,公司中股东转让出资,须经股东会议讨论决定,在公司股东名册上登记,并修改公司章程,即使股东间相互转让出资,也要通过严格的法律程序。

六是通常实行资本确定原则。大多国家规定有限公司股东须认足章程规定的出资额并全部缴足,方可登记成立。否则,将导致设立无效,设立当时的股东和董事负连带认缴责任。授权资本制和认可资本制多适用于股份有限公司。日本就是在股份公司实

---

① 柯芳枝. 公司法论. 中国政法大学出版社,2004.543;王文宇. 公司法论. 中国政法大学出版社,2004. 505.

行授权资本制、在原有限公司及现行份额公司实行法定资本制的典型国家。① 中国外商投资企业实行一次认足,分期缴纳的折衷法定资本制。2005 年新公司法加以普遍推广。

七是设立程序简单方便。股东只要订立章程,缴足股款,公司即可成立,并无股份有限公司那样的募股程序,也无需主管部门批准。至于特定行业的批准手续,则是行业管理上的行政许可问题。中国的外商投资企业和国有独资公司设立的行政审批制度,也是特例。

八是组织结构机动灵活,可设立股东会、董事会和监事会,也可以不设,公司事务由全体股东讨论决定,由若干董事执行公司业务,若干监事负责监督事宜。例如,中国的外商投资企业和国有独资公司,就不设股东会,中外合资经营企业的董事会还是公司的最高权力机构。

九是多适用任意性规范。与股份有限公司特别是上市公司强制性规范较多明显不同。即使修订公司法大量减少对于股份公司的强制性规范,还是与有限公司多由股东自主处分权利义务有所不同。

股份公司的特征有的与有限公司相近或者类似,而与其他企业类型不同,有的则是其特有的。具体可归纳如下:

第一,最典型的法人。法人制度的萌芽在欧洲很早就出现了,但最终确立并得以完善,则有赖于股份有限公司的发展。股份有限公司坚实的财产基础、完善的组织机构、独立的法律人格、明确的责任限制,都充分体现了法人的主要特性。可以毫不夸张地说,世界上还找不到比股份公司更典型、更完备的企业法人组织。有限公司虽是法人,但并不典型。

第二,最典型的资合公司。无论在英美法国家还是大陆法国家,股份有限公司的设立和营运,均完全建立在资金组合的基础之上,至于资金由谁投入,股东的身份尊贵还是卑贱,股东个人的信用状况如何则无关紧要。通过证券交易所挂牌交易,股份可以自由转让,特定的股东瞬间转化为非股东,非股东转化为股东,这些都不影响公司自身的生产经营活动,公司的稳定性可以得到有效保证。

第三,股东负有限责任。这是与有限公司相同的法律特征,而与人合公司判然有别。股份有限公司的有限责任原则,使其在人格上完全独立于股东,股东的财产责任也限制到最小范围,对公司快速、方便地吸引投资者、增强财力、扩大规模、避免风险均有重要意义。

第四,股东达到法定人数以上。世界各国大多对股份有限公司的法定人数作出明确规定。由于设立公司需由发起人发起,故对股东最低人数的要求通常表现为规定发起人的下限。如英国、法国规定发起人不得少于 7 人,中国为 2 人以上 200 人以下。美

① 原日本商法典第 166 条第 4 款;日本有限公司法第 12 条;参见吴建斌. 日本公司法规范. 法律出版社,2003. 40、285;吴建斌等译,日本公司法典,中国法律出版社,2006. 285.

国则未作限定,法律上允许设立一人公司,德国、日本亦然,但其他国家尚未放开。相比之下,各国对其他公司的股东人数限制要宽松得多。

第五,资本划分为均等的股份。股份既是股份有限公司资本的最小单位,又是计算股东权益的最小单位。股份持有者为股东,股东权利大小依其所持有的股份多少来衡量,而全体股东持有的股份总额,即为总股本或者公司资本。当然,股份通常表现为股票,后者是前者的有价证券形式,股票和股份的关系也因此构成形式和内容的关系。股份均等化是股份有限公司与有限责任公司的重大区别之一。有限责任公司资本被划分为份额而非股份,在日本法中以"持分"和"株式"区别之。份额可以均等,也可以不均等,而且不采取股票形式。正如前述,有限责任公司股东的出资凭证,通常为股单或股权证,其流通性远不如股票,当然也不能在证券交易所公开挂牌交易。

第六,组织和行为高度规范化。股份有限公司通常规模庞大、人数众多、涉及面广、关系复杂,从设立、运行、解散、清算一系列环节,经过几百年的实践,以及无数先人的努力,已经形成了一套高度科学化、规范化的制度,其基本模式,可以超越仍有巨大差异的不同法系、不同社会政治经济制度,具有世界趋同性。

第七,实行严格的公示主义原则。公示主义原则是指上市公司必须依法将有关股东和公众投资者的切身利益的财务和营业状况,以及其他重大事项向社会公开。它是对尊重和保护企业商业秘密的一种限制,也是股份有限公司特别是上市公司的一项重要义务。各国规定上市公司应予公示的内容主要有年度报告、中期报告、董事会成员的重大变动、重大合同、诉讼情形等,便于股东和公众投资者酌情作出合理的投资决策,以及国家主管当局进行有效的监督和管理。

第八,多适用强制性规范。前述公司法为强制性规范,主要指的是公司法中有关上市公司的规定。股份公司特别是上市公司是各国公司法规范的重点对象,有关条文占公司法的绝大部分篇幅。如法国商事公司法的 509 条中,至少有 400 条涉及到股份有限公司或专门规定股份有限公司事务的,而且多数条款属于强制性规范,公司必须遵照执行。日本公司法典和中国公司法也有类似的情况。美国州法层面的公司法多倾向于设置任意性规范,以便吸引更多的公司注册,而联邦法层面的证券法对于上市公司规范较为严格。相反,关于有限责任公司的规定,则以任意性规范居多。

第九,公司财产所有权与经营权实行分离。股份有限公司作为典型的法人,通过设立股东大会、董事会和监事会来组织营运。股东大会作为公司的最高权力机关代表全体股东,行使公司财产所有权人的权力,而公司的经营管理事务,则由董事会或经理负责。虽然股东大会的决议或董事会、经理的行为均以公司的名义进行,但是在公司内部组织机构之间有着明确的所有权职能与经营权职能之分。而且,英、美、法、德、日诸国现行公司法中,均无董事必须由股东担任的限制,相反,有的国家如日本还规定公司章程中不得限制非股东担任董事,为企业管理专家执掌公司经营大权铺平道路。至于《中外合资经营企业法》规定董事会为公司的最高权力机关,应仅适用于有限责任公司。不过,在公司的对外关系上,即使大企业居多的股份有限公司,其所有权与经营权也不是分离而是统一的,只是两项权能在公司内部不同机关间适当分配,与中国国有企业改革思路中的"两权分离"根本不同。

第十,股份公开发行并可自由转让,具有开放性。与有限责任公司股东人数有限,股东转让出资也需股东会讨论决定不同,股份有限公司一般公开发行股份,认购人并不特定。即使以发起人全部认购股份的发起设立方式设立的公司,股份也可自由流通转让,如符合上市条件,还可在证券交易所公开挂牌交易。其开放程度决非有限责任公司可比。

二、设立条件

关于公司设立的条件,多数国家公司法上未作专门规定,而只是明确股东或者发起人的人数,或者最低资本限额。有的国家两方面均有要求,如法国规定发起设立的股份公司股本至少25万法郎,募集设立的股本至少150万法郎;股东人数须在7人以上;有限公司股东人数不作要求,股本原规定须在5万法郎以上,2003年8月修法时废弃最低资本金制度。① 德国在20世纪90年代取消了对股份公司人数的限制,与有限公司一样,可设立一人股份公司,而有限公司的股本要求达到25 000欧元,股份公司则是5万欧元以上。日本原规定与德国法例相同,规定有限公司股本在300万日元以上,股份公司股本在1 000万日元以上,不过在2005年也废弃最低资本金制度。② 英美法系国家一般不作规定。

中国公司法第23条规定设立有限责任公司,应当具备下列条件:股东符合法定人数,原为2人以上50人以下,现允许设立一人公司;股东出资达到法定资本最低限额,原规定以生产经营或者商品批发为主的公司人民币50万元,以商业零售为主的公司人民币30万元,科技开发、咨询、服务性公司人民币10万元,现统一为3万元;特定行业的有限责任公司注册资本最低限额有专门法规定,如期货经纪公司3 000万元以上,经纪类证券公司5 000万元以上,综合类证券公司5亿元以上,保险公司2亿元以上,全国性商业银行10亿元以上,城市商业银行1亿元以上,农村商业银行5 000万元以上;股东共同制定公司章程;有公司名称,建立符合有限责任公司要求的组织机构;有公司住所。外商投资企业的设立还有特殊要求。例如申请设立的合营企业应当能够促进中国经济的发展和科学技术水平的提高,有利于社会主义现代化建设。有下列情况之一的,不予批准:① 有损中国主权的;② 违反中国法律的;③ 不符合中国国民经济发展要求的;④ 造成环境污染的;⑤ 签订的协议、合同、章程显属不公平,损害合营一方权益的。设立外资企业,必须有利于中国国民经济的发展,能够取得显著的经济效益。有下列情况之一的,不予批准:① 有损中国主权或者社会公共利益的;② 危及中国国家安全的;

---

① 周剑龙.日本公司最低资本金制度的最新动向.中国国务院法制办、中国证监会主办"公司法修改国际研讨会".会议论文,2004-10,11篇第4页.

② 于敏译.日本公司法现代化的发展动向.社会科学文献出版社,2004.6~7.

③ 违反中国法律、法规的;④ 不符合中国国民经济发展要求的;⑤ 可能造成环境污染的。另外,自 1995 年起,中国允许外商设立投资公司,系指外国投资者在中国以独资或与中国投资者合资的形式设立的从事直接投资的公司。公司形式为有限责任公司。根据商务部 2004 年 2 月 13 日修订公布的《关于外商投资举办投资性公司的规定》,申请设立投资性公司应符合下列条件:① 外国投资者资信良好,拥有举办投资性公司所必需的经济实力,申请前一年该投资者的资产总额不低于 4 亿美元,且该投资者在中国境内已设立了外商投资企业,其实际缴付的注册资本的出资额超过 1 000 万美元,并有 3 个以上拟投资项目,或者外国投资者资信良好,拥有举办投资性公司所必需的经济实力,该投资者在中国境内已设立了 10 个以上外商投资企业,其实际缴付的注册资本的出资额超过 3 000 万美元。此时,外国投资者还可以其全资拥有的子公司的名义投资设立投资性公司。② 以合资方式设立投资性公司的,中国投资者应为资信良好,拥有举办投资性公司所必需的经济实力,申请前一年该投资者的资产总额不低于 1 亿元人民币。③ 投资性公司的注册资本不低于 3 000 万美元。申请设立投资性公司的外国投资者应为一家外国的公司、企业或经济组织,若外国投资者为两个以上的,其中应至少有一名占大股权的外国投资者符合前述第① 项规定。

在中国设立股份有限公司,应当具备下列条件:发起人符合法定人数,即 2 人以上 200 人以下;发起人认购和募集的股本达到法定资本最低限额,原规定发起设立时为 1 000 万元,募集设立时为 5 000 万元,现统一降到 500 万元;股份发行、筹办事项符合法律规定;发起人制订公司章程,募集设立时经创立大会通过;有公司名称,建立符合股份有限公司要求的组织机构;有公司住所。国有企业改建为股份公司的,发起人可以少于 2 人。可见,股份公司设立的实质性条件仍然是发起人人数和资本最低限额。应予注意的是,2005 年新公司法虽规定将股份公司资本最低限额降到 500 万元,但发起设立时为认购资本,而募集设立时为实收资本。另外,同样自 1995 年起,中国允许设立外商投资股份有限公司。它是指全部资本由等额股份构成,股东以其所认购的股份对公司承担责任,公司以全部财产对公司债务承担责任,中外股东共同持有公司股份,外国股东购买并持有的股份占公司注册资本 25% 以上的企业法人。设立外商投资股份有限公司应符合国家有关外商投资企业产业政策的规定。已设立中外合资经营企业、中外合作经营企业、外资企业,如申请转变为外商投资股份有限公司的,应有最近连续 3 年的盈利记录。由原外商投资企业的投资者作为公司的发起人(或与其他发起人)签定设立公司的协议、章程。国有企业、集体所有制企业如申请转变为外商投资股份有限公司的,还须符合以下条件:该企业至少营业 5 年并有最近连续 3 年的盈利记录;外国股东以可自由兑换的外币购买并持有该企业的股份占该企业注册资本的 25% 以上;企业的经营范围符合外商投资企业产业政策。原有股份有限公司申请转变为外商投资股份有限公司的,除符合本规定其他条款的规定外,还须符合以下条件:该股份有限公司是经国家正式批准设立的;外国股东以可自由兑换的外币购买并持有该股份有限公司的股份占公司注册资本的 25% 以上;股份有限公司的经营范围符合外商投资企业产业政策。

三、设立程序

　　有限责任公司的设立程序通常比较简单,各国多采用准则主义或者登记主义,只要符合法定的条件,股东订立章程,经全体股东签名盖章,附股东出资证明,即可向登记机关申请设立登记,有的需要在设立登记之前进行名称的预先登记,但无须在登记之前向政府主管当局申请批准。中国的国有独资公司和外商投资公司须经批准后,方可办理设立登记注册手续。以中外合资经营企业为例,一般由投资各方进行磋商,拟定合资经营意向书,中方据此主持拟定项目建议书或者可行性研究报告报请批准,中外各方商讨制订合同和章程,按规定的审批权限报批,领取企业批准证书,中外各方推派的代表组成董事会负责申办设立登记手续,领取中华人民共和国企业法人营业执照,即取得法人资格。

　　股份有限公司的设立程序通常不同于有限公司。西方国家对于股份有限公司的设立,早期采取特许主义,在经历了核准主义、准则主义阶段后,现大多采取严格准则主义,即在严格的法定成立要件和设立责任的规范下,国家一般在登记之前不进行专门审批,而只对关系到国计民生的特定公司,仍须事先核准,方可登记成立。美国《商业公司法》修正版示范文本则仅对公司登记注册提出形式要求,规定申请人或者其代理人将公司章程等文件报州务卿备案即可。① 中国2006年之前采主管机关事先审批的核准主义,从而不同于有限责任公司的准则主义。新公司法改为准则主义。

　　股份有限公司的设立方式不同,设立程序也不一样。设立方式一般分为两种,一是发起设立,二是募集设立。发起设立是指由发起人认购公司应发行的全部股份而设立公司。此时,发起人拟订发起人协议、公司章程,发起人按章程认足并缴清首次发行股份的股款后,经验资,召开发起人会议报告发起工作、修订公司章程、选任公司机关、作出公司成立决议,就可由董事会负责办理公司设立申请、登记手续,领取商业登记证或企业法人营业执照,公司正式成立,取得法人资格。与有限公司差别不大。募集设立是指由发起人认购公司应发行股份的一部分,其余向社会公开募集或者向特定对象募集而设立公司。发起人认购的最低比例,各国一般规定为25%,中国规定不得低于35%。募集设立时,除订立发起人协议和公司章程,发起人率先认购部分股份外,还要制定招股说明书或者募股章程,报经主管当局核准后予以公布,由社会公众在规定的时间内认购股份,经发起人缴纳股款、向认股人催缴股款并验资后,由发起人召集创立大会。在创立大会上,由发起人代表报告公司设立经过,作出公司设立或不设立决议。如决议设立公司,则应修改章程、选举产生董事会和监事会,英美法国家仅选任董事会成员,不设监事或者监事会,但上市公司应证券交易委员会及证券交易所的要求选任2/3以上外部独立董事,德国法中仅选任监事,董事会成员则由监事会选任,法国法中董事会和监

---

① 虞政平编译. 美国公司法规精选. 商务印书馆,2004. 11～15.

事会通常均由创立大会和公司成立后的股东大会选举产生,欧洲共同体公司法指令受德国法例的影响比较大,但也允许各国公司法设置一元制和二元制治理结构,以供公司自主选择。最后,由董事会负责办理公司的设立登记手续。日本原本于 2005 年废除募集设立方式,最后未被公司法典所采纳。

四、公司章程

公司章程是指由有限公司的股东或者股份公司的发起人订立的关于公司组织及行为基本规则的法律文件。它像一个国家的宪法那样,是公司的根本大法,属于公司的自治性规则。在大陆法国家,公司章程为独立的一个文件,内容通常包括绝对必要事项、相对必要事项和任意记载事项。前者为法律规定必须记载,若不记载或记载有误,会导致整个章程无效的事项。中者为法律条文所列举,但只有准确记载于章程方有效。若不记载或记载有误,则本身无效,但不影响章程效力的事项。后者为法律既未列举也未禁止,发起人记载于章程即生效,若不记载或记载有误,则不影响章程效力的事项。

对于有限公司章程的内容,法国未作具体规定。考虑到有限公司的人合性因素,德国有限责任公司法将其章程称为公司合同,以示与股份有限公司章程的区别。依据该法第 3 条,公司合同必须包括公司的商业名称和所在地,名称须标明有限责任公司字样或者其缩写;营业范围;股本数额;每个股东的出资额;股东的特定义务以及经营期限(如果有相关规定的话)。可见,绝对必要事项的内容居多。日本原有限公司法第 6、7 条,则详细列举了章程的绝对必要事项和相对必要事项。前者有公司目的;商号;资本总额;每股出资的金额;股东的姓名及住所;各股东出资份数;本公司所在地。后者有现物出资人的姓名、出资标的财产、其价格及抵作的出资份数;约定于公司成立后受让的财产、其价格及转让人的姓名;应由公司负担的章程公证费、代收股款的银行或信托公司收取的报酬之外的设立费用。① 现行公司法典第 576 条仅规定目的、商品等 6 项。主要适用于开放式公司美国《商业公司法》示范文本对公司章程的绝对必要事项和相对必要事项作了区分,但在《法定封闭公司附加规定》(示范文本)中并未设置例外规则。②

中国未规定有限公司章程条款的不同性质。据公司法第 25 条,有限责任公司章程应当载明下列事项:① 公司名称和住所;② 公司经营范围;③ 公司注册资本;④ 股东的姓名或者名称;⑤ 股东的出资方式、出资额和出资时间;⑥ 公司的机构及其产生办法、职权、议事规则;⑦ 公司的法定代表人;⑧ 股东会会议认为需要规定的其他事项。外商投资企业有合同和章程两份法律文件,两者结合,条款更多一些。例如,中外合资经营企业的合同应包括下列主要内容:① 合营各方的名称、注册国家、法定地址和法

---

① 吴建斌. 日本公司法规范. 法律出版社,2003.283~284.
② 虞政平编译. 美国公司法规精选. 商务印书馆,2004. 23~25、147~148.

定代表人的姓名、职务、国籍;② 合营企业名称、法定地址、宗旨、经营范围和规模;③ 合营企业的投资总额,注册资本,合营各方的出资额、出资比例、出资方式、出资的缴付期限以及出资额欠缴、股权转让的规定;④ 合营各方利润分配和亏损分担的比例;⑤ 合营企业董事会的组成、董事名额的分配以及总经理、副总经理及其他高级管理人员的职责、权限和聘用办法;⑥ 采用的主要生产设备、生产技术及其来源;⑦ 原材料购买和产品销售方式;⑧ 财务、会计、审计的处理原则;⑨ 有关劳动管理、工资、福利、劳动保险等事项的规定;⑩ 合营企业期限、解散及清算程序;⑪ 违反合同的责任;⑫ 解决合营各方之间争议的方式和程序;⑬ 合同文本采用的文字和合同生效的条件。合营企业合同的附件,与合营企业合同具有同等效力。章程前 4 条的内容与上述合同类似,第 5 条以下分别为:① 董事会的组成、职权和议事规则,董事的任期,董事长、副董事长的职责;② 管理机构的设置,办事规则,总经理、副总经理及其他高级管理人员的职责和任免方法;③ 财务、会计、审计制度的原则;④ 解散和清算;⑤ 章程修改的程序。合营合同、章程经审批机构批准后生效,其修改时亦同。中外合作经营企业合同、章程的内容又有不同。

股份公司章程的内容各国规定不尽相同,但一般包括公司名称,并注明股份有限公司或其缩写,如英国用 LTD,美国用 INC 或 LTD,法国用 S. A.,德国使用 A. G.,日本用株;公司的宗旨和目的;注册所在地;股本及每股金额;通知或公告的方法;发起人姓名、住所及认购股份数额,等等。例如,依德国股份公司法第 23 条,公司章程必须规定公司的商业名称和所在地;营业范围;股本数额;股票的票面价值和每一票面价值的股票数量,有多种股票存在的,还应说明股票的种类和每种股票的数量;发行的是记名股票还是无记名股票;董事会成员人数或者确定其人数的规则;公司的公告形式。① 日本公司法典第 27、28 条就股份公司的绝对必要和相对必要事项分别予以规定。前者有:目的;商号;总公司所在地;设立时出资的财产价额或其最低额;发起人的姓名或名称及住所等 5 项。后者则列举了以下 4 项:一是金钱以外财产出资人的姓名或名称,该财产及其价额、对出资人分配的设立时发行股份的数量(拟设立的股份公司为种类股份发行公司的,为设立时发行股份的种类、各种类的数量);二是约定股份公司成立后受让的财产、其价额及转让人的姓名或名称;三是发起人因股份公司成立而获得的薪酬及其他特别利益、发起人的姓名或名称;四是由股份公司承担的设立费用。②

中国公司法对股份有限公司章程内容也未予分类。其第 82 条规定章程应当载明下列事项:① 公司的名称及住所;② 公司经营范围;③ 公司设立方式;④ 公司股份总数、每股金额和注册资本;⑤ 发起人的姓名或者名称、认购的股份数、出资方式和出资时间;⑥ 董事会的组成、职权和议事规则;⑦ 公司法定代表人;⑧ 监事会的组成、职权和议事规则;⑨ 公司利润分配办法;⑩ 公司的解散事由和清算办法;⑪ 公司的通知和

---

① 贾红梅等译. 德国股份公司法. 法律出版社,1999. 12~13.
② 吴建斌等译. 日本公司法典. 中国法制出版社,2006.12.

公告办法;⑫ 股东大会会议认为需要规定的其他事项。

英美法国家除了公司章程之外,通常还有章程细则,有时将前者称为组织大纲,后者称为内部细则分别。前者是规定公司的基本情况和对外关系的法律文件。后者是以前者为基础订立的,处理公司内部关系的法律文件。公司组织大纲具有对抗第三人的效力,而内部细则一般只对公司内部有效,它又是对章程的补充。以英国法为例,公司组织大纲必须包括:公司名称,须注明是否为有限责任或上市公司,注册办事处和所在地;公司宗旨;股东责任的性质;股东人数、股票数额,上市公司的股本不得少于5万英镑。公司的内部细则一般包括:有关股票发行的规定;各类股份权利及股权修改方法的规定;股份证书发放的规定;催缴股款的规定;股票转让、交易和没收的规定;账务和监督的规定;资本增加和减少的规定;股东会议和选举权的规定;公司借贷权的规定;董事和公司秘书的任免和职责;公司细则的修改程序等。① 上述美国《商业公司法》示范文本也对公司章程的绝对必要事项和相对必要事项作了区分。如第2.02条第1款规定,公司章程必须包括下列内容:公司名称;授权发行股份数额;公司办公地址及代理人名称;全体发起人的名称及地址。相对必要事项则要多得多。②

五、议事机构和发起人的责任

由于设立中的公司还不是正式成立以后的公司,没有独立的商事主体资格,因而只能从事与设立事务有关的活动,不能从事营业范围内外的经营活动,有人称此时的公司为准法人。设立中公司的议事机关,在有限公司时,为签署章程的所有股东,尽管他们还不是正式的股东。在发起设立的股份公司时,为发起人会议。由于没有其他认股人,发起人会议的参加者,也就是拟订发起人协议和公司章程的全体发起人。在募集设立股份公司时,为创立大会。它是设立中的公司发起人召集,全体认股人有权参加的决定有关设立事务的临时性议事机关,类似于公司成立之后的股东大会。

创立大会一般由发起人代表召集并主持,在发行股份的股款缴足经法定的验资机构验资并出具证明后一定期限如30日内召开。中国规定创立大会应当有代表股份总数过半数的认股人出席,方可举行。创立大会行使下列职权:① 审议发起人关于公司筹办情况的报告;② 通过公司章程;③ 选举董事会成员;④ 选举监事会成员;⑤ 对公司的设立费用进行审核;⑥ 对发起人用于抵作股款的财产的作价进行审核;⑦ 发生不可抗力或者经营条件发生重大变化直接影响公司设立的,可以作出不设立公司的决议。

创立大会对前款所列事项作出决议,必须经出席会议的认股人所持表决权的半数以上通过。发起人主宰公司的设立事务,并享有某些特权,如有的国家规定只准许发起人可用非货币形式的现物出资,并限定现物的类型,中国公司法第83、27条的规定即

---

① 董安生等编译. 英国商法. 法律出版社,1991. 242 ~ 251.
② 虞政平编译. 美国公司法规精选. 商务印书馆,2004. 23 ~ 25.

是,但并未明确各自货币出资的比例,故有不周延之处。同时,发起人也承担较重的设立责任,主要有:公司设立失败,由发起人负责退还认购人已缴纳的股款;因发起设立公司失败而致认股人的损失,由发起人负责赔偿;设立失败时的所有设立费用及债务,由发起人连带偿还;设立成功而因发起人的责任致公司损失,由发起人连带赔偿;公司成立后资金和实物价额明显不足,发起人负责连带补足。设立股份有限公司的工作由发起人负责,而不是有限责任公司设立事务那样由全体股东负责。发起人除人数须符合法律规定外,有的国家或地区还将自然人排除在外,如中国股份有限公司规范意见,后在公司法中予以改变。有的则规定只限于本国法人或自然人,或外国人或在境内无住所的人不得超过一定比例,中国公司法即是;中国台湾公司法原有限制,2001 年修法时已经取消。

第四节　公司的资本

一、公司资本的涵义和意义

在传统的大陆法国家,公司的资本又称公司股本、公司注册资本,是公司成立时章程确定的、股东出资构成的并在公司登记机关登记的财产总额。它作为资合性质公司的最低财产担保基础,也是股东承担财产责任的最高限度。在英美法国家,法律通常允许公司章程确定一个股本总额,但不必在公司设立时募足,而只要募集其中的一部分后,公司即可登记成立,其余部分授权董事会根据公司的业务发展需要,在无须召开股东大会、修改章程的情况下募集。这里有一个值得思考的问题,即公司以授权资本还是认购资本承担责任? 若以认购资本承担责任,则授权资本在法律上失去意义;若以授权资本承担责任,则股东不负授权资本额度内的认购缴纳责任,他们只有权利而根本就没有义务认购公司设立时未募集的部分股份,何来相应的责任? 是否由发起人和首任或者在职董事连带募足,法律上未予明确。从公司授权资本的性质来看,应作否定回答。因为英美国家与大陆国家就公司债权人保护依据的理解有所不同,后者注重于股本数额,而前者认为公司净资产更有实际意义,由此导致大陆国家通常责令股本不实的股东以及董事对公司债权人承担连带责任,法官多按章办事;而英美国家由法官判断公司是否与股东、公司实际控制人保持独立,公司有无与其经营规模及风险相应的财产责任能力,以便确定是否给予股东等的有限责任待遇,法官多自由裁量。日本 2005 年公司法改革的一个重要内容,即是在已经实行授权资本制的基础上,取消公司最低资本限制,改为设定首缴出资以及分红扣除净资产的限额,反映出完全接受英美法国家规则的倾向。[①] 另外,欧美国家公司法上的董事经营判断原则也十分重要。公司的经营管理是

---

① 于敏译.日本公司法现代化的发展动向.社会科学文献出版社,2004.6～7、96～99.

由董事、经理实施的,而经营定会有风险,只要董事谨慎判断,即使造成损失,该董事也不承担个人责任,否则,他们会畏缩不前,创业精神扼杀殆尽。对于滥用公司人格等情形,则可直接追究行为人的责任。大陆法国家要求设立时募足并缴清已发行股份的股款,因此,发起人和首任董事的补足责任是不言而喻的。

由于两大法系的公司资本在总体上有不同的理念和规则,英美法国家公司设立条件又比较宽松,一人公司大行其道,除非正规的股份公司,否则,公司的责任能力大有疑问。我们在参与国际经济贸易交往时,对此必须予以高度重视。

二、公司资本三原则

在大陆法国家传统的公司法上,公司资本有 3 个基本的原则,即资本确定、资本维持和资本不变原则。

资本确定原则,是指公司设立时,必须将公司资本总额明确记载于公司章程,并须由股东全部认足,否则公司不能成立。这一原则又称为法定资本制。相对于英美法国家股东无需认足股份公司也可成立,而授权董事会在公司成立之后酌情发行章程中所规定的未发行完毕的股份的授权资本制,法定资本制可保证公司成立时注册资本就可全部到位,与实缴资本保持一致,充实公司的财产基础,有效防止借设立公司进行诈骗活动。但由于严格的法定资本原则缺乏授权资本制的灵活性,也容易造成公司成立之初的资金积压和浪费,故逐渐被大陆法国家所摒弃,转而采用认可资本制。在此制度下,公司资本仍须在章程中载明,但不必一次性募足,公司成立时募足法定比例以上的部分,其余授权董事会在公司成立之后的法定期限内募足。其期限,法国商事公司法第75 条、德国股份公司法第 202 条规定为 5 年。它是法定资本制与授权资本制折衷调和的产物,故又称为有限制的资本确定原则。①

资本维持原则,是指在公司存续期间必须经常保持与其资本额相当的财产,以保证公司的清偿能力,切实维护债权人的利益。为确保贯彻这一原则,各国公司法均规定了许多具体措施,如未认足第一次发行股份或未缴足股款的,发起人负连带补足责任;禁止公司以低于票面金额发行股份;不得对实物出资进行过高估价;原则上不允许公司收回或购买自己的股份等。因此,资本维持原则也称资本充实原则。

资本不变原则,是指经公司章程确定的资本总额,不得任意变动。因特殊情况需要改变,必须经过严格的法律程序。否则,不得对抗善意第三人。如果第三人对公司非法变动资本尤其是减少资本并不知情,又没有恶意,公司仍然在原股本总额内承担清偿责任。公司承担不了的,由股东填补。这一原则既是资本确定和资本维持原则的内在要求,又是其进一步深化。假若没有资本不变原则,即使公司设立时将资本确定下来,在公司存续期间又加以维持,也因资本不断变动而动摇前两个原则的根基,前两个原则将失去意义。

如前所述,大陆法国家多在有限公司和股份公司中均贯彻资本三原则,英美法国家

---

① 江平.公司法教程.法律出版社,1987. 149~150.

对开放式公司要求严格一些,对封闭式公司则比较宽松。中国的情况较为复杂。总的来说,中国实行的是法定资本制和资本三原则,公司注册资本为全体股东实际认缴或实缴并在登记机关登记的股本总额。外商投资有限责任公司,可以先注册后出资,在规定的期限内缴足。期限长短视资本总额大小而定,如 3 000 万美元以下的在 2 年内缴足,3 000 万美元以上的按个案处理。我国新公司法对一人公司及募集设立的股份公司仍实行严格的法定资本制,其他改采分期缴纳的折衷法定资本制。普通有限公司首期缴纳 20% 且不低于 3 万元、股份公司首缴 20% 即可,余款在公司成立后 2 年内缴足,投资公司放宽到 5 年,故不是认可资本制,而是比较灵活的分期交纳法定资本制。

三、资本的增加和减少

资本的增加简称增资,是指公司依法定的条件和程序,增加公司的资本总额。减少资本简称减资,是指公司依法定的条件和程序,减少公司的资本总额。

增加公司资本,虽然对公司债权人只有好处而没有坏处,但可能会影响到股东的利益。例如,一个注册资本 1 000 万元的公司,分成 1 000 万股,某股东持有 100 万股,占总股本 10%,就拥有提议召开临时股东大会的权力。当注册资本增加到 5 000 万元,原股东可以行使优先认股权,要想保持其在公司的相对地位,就必须再出资购买 400 万股,否则就有可能失去原先的权利。而假如该公司发展前途实际上并不乐观,这新买入的400 万股可能发生亏损或者扩大亏损,此时该股东将陷于左右为难的境地。因此,各国公司法大多规定公司增资,应经股东会或者股东大会审议决定,修改公司章程,并办理变更登记手续。增资的方式主要有增加股份数额而每股金额不变;增加每股金额而股份数额不变;两者同时增加 3 种。

减少资本会削弱公司的财力,加大公司经营风险,从而危及公司债权人利益,并最终影响到股东权益。因此,资本三原则中的资本不变原则,主要是限制公司任意减少资本。然而,因公司资本过剩或严重亏损,经过法定程序减少资本,反而能使公司资本与实际营运资金两相符合,只是在程序上要比增资严格。主要有:① 股东大会作出公司减资决议,且多采取特别决议方式,至少经代表有表决权的股东的 2/3 以上的多数同意方可通过,同时修改公司章程。② 通知或公告债权人,债权人组成债权人会议也要对减资进行表决。在债权人人数不多的情况下,可以个别征求债权人的意见。对不同意减资的债权人,公司要么清偿其债权,要么对其债权提供担保,否则不得减资。③ 办理减资登记手续,并进行公告。至于减资方式,相对于增资而言,也有 3 种,即减少股份数额而每股金额不变;减少每股金额而股份数额不变;股份数额和每股金额同时减少。有限公司的资本增减方式要简单得多。

四、公司股份和股票

1. 股份、股票和股权

股份通常既是股份公司资本的构成单位,又是股东权益的计算单位,因此,股份与股份公司的资本具有密切联系。公司资本总额被划分为最小的单位,每一单位完全相等,股东以其所占有这些单位即股份的多少,决定其在公司中的地位。为了管理、计算及转让的方便,股份又表现为股票。股票是指由股份有限公司发行的,表示股东所持股份并享受权利承担义务的书面凭证。因此,正如前述,股份与股票是内容和形式的关系。股份具有平等性、自由转让性等特点。

股东因持有公司的股份或出资额而享有的权利即为股权,亦称股东权。股权一般由自益权和共益权构成。自益权是指股东为自己的利益而行使的权利,如分红权、配股权、股份转让权、剩余财产分配权等即是。共益权是指股东为公司、全体股东或者某类股东的利益而行使的权利,如股东大会参与权、投票表决权、董事和监事选举权、临时股东大会提议召集权、代表诉讼提起权、公司报表查阅权等即是。日本原有限公司法第3章标题为"股东的权利和义务",具体内容有点名不副实。关于股权的规定,一般散见于各国公司法的各部分条款中,很少有系统性的规定。

2. 股份的种类

股份在各国公司法或有价证券法上有许多不同的分类标准,因而形成不同种类如普通股和特别股;记名股和无记名股;表决权股和无表决权股;额面股和无额面股;赎回股和非赎回股等。分述如下:

普通股与特别股的划分标准是其持有人所享有的权利不同。普通股是其持有人既享有表决权又享有分红权,地位与其他股东平等,并无差别待遇的股份。特别股是其持有人的某项权利不同于其他股东的股份,包括优先股和后配股。后配股亦称劣后股,在满足普通股红利分配要求之后分配公司盈余。优先股则按章程或股东大会确定的股息率,在普通股东分红之前分取股息的股份。具体又可分为累积优先股和非累积优先股,以及参加优先股和非参加优先股。累积的优先股在当年盈余不足按预先约定的股息率分配时,可将未分配部分移到下一年累积计算。参加的优先股还可在按约定的比例分得股息后,再行参加普通股的分红,股东的自益权自然比非累积或非参加的优先股大。

记名股和无记名股的划分依据是股份的证券形式股票上是否记载持有人姓名。凡记载者为记名股份,否则为无记名股份。两者发行、转让及权利行使方式不同。记名股份发行时须将股东姓名或名称载于股票,并录入公司股东名册,转让时以股东名册记载为生效条件,股东行使权利时无须出示股票。无记名股份凭交付发行和转让,但行使股权时,持有人须将股票交存公司或者托管机构。日本在1990年修订公司法时,已取消无记名股份。

表决权股与无表决权股的区别在于其持有人对股东大会议决事项有无表决权利。表决权股通常为普通股,无表决权股通常为优先股。

额面股顾名思义为股票上明确标明金额的股份,无额面股则不标明金额,仅标明在总股本中比例的股份。中国目前只发行额面股,日本原来只是将额面股及无额面股作为股份的不同形式而非不同的种类对待,并在 2001 年修改商法时取消了额面股。① 赎回股是公司按章程规定的期限收回股票,返还股款的股份,类似于公司债。非赎回股则不能赎回。

另外,在中国的《股份有限公司规范意见》中还规定有国家股、法人股、个人股和外资股之分,公司法中未作规定,现实生活中仍然存在。国家股的出路、外资股的并轨、法人股与个人股的融合,这三大历史遗留问题,是中国近年公司企业和证券市场规范和解决的难点和重点所在。在国家股、法人股与个人股虽同为普通股,但前者取得价格远低于后者,并不能在证券交易所挂牌交易流通,而公司又基本控制在非流通股股东手中的情况下,两者的目标函数往往存在很大的差异,并引起公司治理结构的扭曲和变异。彻底解决股权分置,真正实现同股同权,是中国公司法、证券法改革的方向。因难度太大,作为过渡性措施,2004 年 12 月中国证监会公布《关于加强社会公众股股东权益保护的若干规定》,就上市公司向社会公众增发新股、发行可转换公司债券、向原有股东配售股份;上市公司重大资产重组;股东以其持有的上市公司股权偿还其所欠该公司的债务;上市公司所属企业到境外上市;对社会公众股股东利益有重大影响的其他事项实行社会公众股股东的分类表决制度,须经全体股东大会表决通过,并经参加表决的社会公众股股东所持表决权的半数以上通过。2005 年 5 月开始实施股权分置改革。

3. 股份的发行和交易

股份的发行与交易,应属证券交易法的内容,如中国在证券法颁布之前,专门制定有《股票发行与交易管理暂行条例》。然而,证券法与公司法之间的关系非常密切,故有证券法是动态的公司法之称。

如前所述,公司设立方式有发起设立和募集设立两种。在发起设立时,公司全部股份均由发起人认购,股东凭缴款凭证,在公司成立之后的一定期限内到公司领取股票。募集设立时,应严格遵循公募程序,包括审批、核准程序。股份发行事宜非发起人或公司直接为之,而是发起人代表设立中的公司与证券公司订立承销协议,由后者代销或者包销。代销是指证券公司代发行人发售股份,在承销期结束时,将未售出的股份全部退还给发行人或者包销人的承销方式。包销是指证券公司将发行人的股份按约全部购入或在承销期结束时未售完的股份全部购入的承销方式,发行责任完全由证券公司承担。若发行量很大,往往由一个实力雄厚的大证券公司牵头,组成承销团。世界各国通常规定公开发行股份的公司,在连续 3 年盈利,股东人数达到一定数目如 1 000 人以上,资本额和净资产达到一定要求,方可上市交易。如上市以后业绩不佳或其他原因,不符合上市资格,则会停止挂牌交易。有的国家如日本还允许股份公司以章程设定股份转让须经公司董事会同意的限制,但这样的公司不能公开募集股份,股份也不能挂牌上市交易。② 股票作为股份的书面凭证,属于有价证券、要式证券和证权证券。为了适应现代

① 吴建斌. 最新日本公司法. 中国人民大学出版社,2003. 77~78.
② 吴建斌. 日本公司法规范. 法律出版社,2003. 53~55.

电脑自动配对交易的需要,股票除书面形式外,还可采取无纸化形式。无纸化形式的股票通过订立托管协议,由证券登记公司集中托管,股东以股票账户卡作为股权证明。纸面形式的股票一般应载明股票种类、面额、代表的股数、编号、董事长签名、公司盖章,如为记名股票,则还应载明股东姓名或名称。记名股票被盗、遗失、灭失的,股东可依公示催告程序,请求法院作出除权判决,宣告该股票失效,并申请公司补发。

正如前述,有限责任公司不能发行股票,公司成立后,应当向股东签发出资证明书,并载明下列事项:公司名称;公司登记日期;公司注册资本;股东的姓名或者名称、缴纳的出资额和出资日期;出资证明书的编号和核发日期。股东之间可以相互转让其全部出资或者部分出资。

有限公司股东向股东以外的人转让其出资时,一般设有限制,如经 1/2 以上股东同意;不同意转让的股东应当购买该转让的出资,如果不购买该转让的出资,视为同意转让。经股东同意转让的出资,在同等条件下,其他股东对该出资有优先购买权。股东依法转让其出资后,由公司将受让人的姓名或者名称、住所以及受让的出资额记载于股东名册。日本立法机关考虑到有限公司与股份转让限制的股份公司并无本质区别,故在 2005 年制定公司法时,将两类公司归并为股份转让限制的股份公司进行统一规范。①

五、公司债

公司债是指股份有限公司(在中国包括国有独资有限责任公司)通过发行有价证券的方式,向社会公众筹集资金而形成的金钱债务关系。公司债与股份的主要区别如下:

第一,持有人的地位不同。公司债确立的是一种债权债务关系,公司作为债务人,对公司债债权人的关系与其他债权人无本质区别。公司债债权人享有取息和收回本金的权利,他们非公司成员,对公司没有决策权和管理权。股份所表示的是一种所有权关系,股份持有人作为公司成员,有权通过股东大会参与公司重大事务的表决,也有权通过查阅公司账簿等监督公司业务,公司解散时还可分配剩余财产。

第二,风险责任不同。购买公司债是一种出借行为,而认购股份是一种出资行为。公司债债权人到期请求公司还本付息,至于公司经营业绩如何,是否亏损,无关债权人的利益,即使公司解散或破产,公司债债权人也先于股东得到清偿。股东与公司间并非固定的还本付息关系,它既不能请求公司退股,又得不到固定收益,公司亏损时,甚至股本都得不到保障,公司破产或解散,也只能在满足了债权人清偿要求后,方可参与剩余财产的分配,因此所承担的投资风险大于公司债债权人。

第三,利益分配不同。首先,分配的依据不同,公司债按事先约定的比率,股份则按公司盈利状况;其次,分配的方式不同,公司债为固定式,股份为浮动式;最后,分配的顺

---

① 于敏译. 日本公司法现代化的发展动向. 社会科学文献出版社,2004. 1~5.

序不同,债息在公司税前开支,列入公司的营运成本,公司债的还本在公司解散或破产时也先于股份。股份分红源于公司盈利,不列入公司成本,股东也只能参与剩余财产分配。

最后,投资期限不同。公司债和股份的购买虽都属于投资活动,但公司债一般规定有还本期限,届期由公司向公司债债权人归还本金,收回债券。股份除赎回股外,一般不规定期限,股份持有人若不转让,则与公司生死与共。

公司债的种类很多,如记名公司债、无记名公司债;担保公司债、无担保公司债;普通公司债、参与公司债;转换公司债、非转换公司债;本国公司债、外国公司债;附新股认购权公司债、信托公司债、收益公司债、延期公司债、无息公司债、序列公司债、不定期公司债、部分缴款公司债等。

公司债的发行条件,各国公司法中多有规定,有的还设置了一些限制,如公司信用良好,没有欠息历史,发行总额不得超过公司净资产或资本加公积金之和。发行程序一般由董事会或股东大会作出决议,经主管机关核准,发出发行公告,最后募集债款,购买人凭公司债应募书领取公司债券。公司债券应载明下列事项:持有姓名或名称及住所;购买日期及编号;发行总额、面额、利率、还本付息的期限和方式;发行日期。为保护公司债债权人利益,各国公司法上还规定债权人的议事机构公司债债权人会议,对涉及公司债债权人共同利益的有关事项作出决定。

第五节　公司的机关

一、公司的机关

公司机关是指表达公司这种社团法人组织意志,管理公司内外事务的机构。一般是由股东大会、董事会和监事会三机关组成。按西方国家公司法理论,公司三机关是三权分立的政治制度在经济组织中的体现,其权力分工和制约关系,反映了公司经济民主化的要求。[①]　其中,股东大会为公司最高权力机关,由股东大会选任的董事组成的董事会,是公司的业务执行决策机关,另选监事组成监事会作为公司的业务和财务监督机关。公司三机关分工配合,互相制约,保证公司营运合理化、科学化、规范化。第二次世界大战以来,由于生产的复杂化和管理的专门化,普通股东大多无暇也无力管理庞大的股份有限公司,再加上股份分散化,西方各国推行所谓的人民资本主义,更使许多股东无意过问公司事务,因此,股东大会日趋流于形式,公司大权逐渐转到董事会手中。然而,三机关之间的基本格局尚无根本性变化。只是英美法国家一般采取"一元制",不

---

① 〔日〕铃木竹雄,竹内昭夫. 公司法. 有斐阁 1989. 200;〔日〕北泽正启,浜田道代. 商法入门. 有斐阁 1991. 97~98.

设与董事会平行的监事会那样的专门监督机关,而是通过在董事会中选任内部执行董事以及外部独立董事,由独立董事组成的审计委员会、提名委员会及薪酬委员会,加上股东大会、个别股东和社会监督机构实施多重监督,2001 年美国能源巨头安然公司财务丑闻爆发之后,美国迅即颁布公司改革法,强化公司监管措施,美国证监会、纽约证券交易所、纳斯达克交易系统要求上市公司的外部独立董事达到2/3 以上,审计委员会成员的全部;德国公司法以及吸收德国法例的欧洲公司法第 5 号指令草案,规定有"二元制"治理结构,由股东大会选举产生监事会,董事由监事会选任,并对股东大会和监事会负责。有人认为德国式的公司治理结构中,监事会相当于董事会,而董事会反而成了实际上的经理会。① 法国 1966 年商事公司法中也有同样的选择性规定。日本原来规定股份公司设置三机关,但 2001、2002 年修法时,允许公司自行选择保留股东大会、董事会和监事会三机关,并通过选任外部独立监事的模式,还是撤销监事会,通过引入美国式的外部独立董事,组成专门委员会进行监督的模式。中国则在 2001 年开始要求上市公司建立独立董事制度,在保留监事会的前提下,通过在董事会中选任 1/3 以上的独立董事,改善上市公司的治理结构。究竟何种模式更为合理,不能一概而论,如何权衡公司投资者与经营者之间的关系,也成为公司治理结构研究的永恒课题。不过,中国式双重内控模式,很可能重蹈机构重叠、人浮于事的覆辙。②

二、股东和股东大会

股东会或者股东大会由公司全体股东构成。股东即为持有公司股份或者出资份额的人,可以是自然人,也可以是法人,但法人股东须指定代表人。有的国家对外国股东人数作出限制,且多为上限,中国则规定外国股东所占股份达 25% 以上时,为外商投资企业,包括外商投资有限责任公司和股份有限公司。股东与公司的关系,表现为股东凭所持股份或者出资份额所拥有的股东权与公司作为在全体股东投资财产基础上的公司财产所有权人的关系。公司作为独立的财产所有权人,参与商事交易,独立承担交易后果,又按法定的分配顺序让股东分享盈利,公司的其他财产利益,也最终归全体股东所有,但要在公司解散或破产清算后,股东才能实现其最终所有权人的权利。在公司存续期间,股东通过行使表决权、账簿查阅权等表达自己的意思,通过参与分红、配股、剩余财产分配乃至转让股份,实现自己的财产权利。

有限公司组成股东会的,有的国家如中国以列举的方式规定其权力或者职权,大多数国家不作具体列举,有的国家如德国并不具体规定股东会的权力,而是明确股东的权力和有权决定的事项。依据中国公司法第 38 条 ,股东会行使下列职权:① 决定公司的经营方针和投资计划;② 选举和更换非由职工代表担任的董事、监事,决定其报酬事项;③ 审议批准董事会的报告;④ 审议批准监事会或者监事的报告;⑤ 审议批准公司

---

① 梅慎实. 现代公司机关权力构造论(修订本). 中国政法大学出版社,2000.153.

② 吴建斌. 日本引进独立董事制度的经验及启示. 南京大学学报(哲社版),2003(2).

的年度财务预算方案、决算方案;⑥ 审议批准公司的利润分配方案和弥补亏损方案;⑦ 对公司增加或者减少注册资本作出决议;⑧ 对发行公司债券作出决议;⑨ 对公司合并、分立、变更公司形式、解散和清算作出决议;⑩ 修改公司章程;⑪ 公司章程规定的其他职权。股东以书面形式达成一致意见的,可以不开会议而直接进行书面表决,并由全体股东在决议文件上签章。而依据德国有限责任公司法第45~46条,股东在公司事务尤其是业务执行中有权决定下列事项:① 年度结算的核准和结余的使用;② 征缴股本;③ 偿还追加出资;④ 分割及收回股份;⑤ 任免业务执行人以及免除其责任;⑥ 审查和监督业务执行人的准则;⑦ 任命商务代理人和业务全权代理人;⑧ 在公司对业务执行人及股东的诉讼中代理公司。

股份公司的股东大会既是一种依法律或公司章程定期或因特定事由召开的全体股东出席的会议,又是公司非常设性的全体股东组成的权力机关。股东大会的权力在各国公司法中多有规定,如德国股份公司法第119条、中国公司法第100条,法国、日本、英国和美国则规定得较为分散。德国股东大会的权力有以下8项:① 任命除按照特别法委派的监事之外的其他监事会成员;② 结算盈余的使用;③ 减免监事和董事的责任;④ 任命结算审计员;⑤ 修改章程;⑥ 增资和减资的措施;⑦ 任命审查公司设立和业务经营过程的审计员;⑧ 解散公司。关于业务经营中的问题,只有在董事会提出要求时,股东大会才能作出决定。中国股东大会职权与有限公司股东会相同。

股东大会分年会和临时会两种。年会每年至少召开一次,且于每年年度终了后6个月内召开。两次年会之间的间隔有的国家作出限制,如英国规定不得超过15个月,美国多数州规定不得超过13个月。凡是股东大会的权力范围,股东年会均可作出决议。临时会又称特别股东会议,是根据公司特殊情况而召开的不定期股东会议。中国公司法第101条列举了6种情形,如董事人数不足法定或章程规定人数2/3时;公司未弥补的亏损达股本总额1/3时;单独或合并持有公司股份10%以上的股东请求时;董事会认为必要时;监事会提议召开时;有公司章程规定的其他情形时。公司应当在出现上述情形的2个月之内应召开临时股东大会。

股东大会由董事会召集,董事长主持。会议之前一定时间,如对记名股东在20天之前,无记名股东在30天之前发出会议通知或公告。通告应列明审议事项、会议时间、地点等。公司也可依法或章程规定,以通信(书面)表决方式,即以公告方式公布股东大会议决事项,由股东以通信方式投票表决,作出的决议和股东大会决议具有同等效力。参加股东大会或通信表决的法定人数,各国规定不一。如美国规定代表有表决权的1/3以上的股东出席,通过的决议方为有效,法国规定为25%以上,其他一般规定半数以上。根据议决事项的性质不同,股东大会要作出特别决议和普通决议。前者须由出席股东大会表决权数2/3或3/4同意方可通过,后者仅需1/2以上同意即可。为防止大股东操纵投票,有的国家规定占5%或10%以上股份的表决权打折计算,有的国家则规定累积投票制度,以保证持少数股份的股东也能选出自己的代表进入董事会。累积投票制度由美国首倡,日本等国已经仿效,中国上市公司也开始实行。它是股东大会在选举董监事会成员时,每一股份拥有与应选董监事人数相同的表决权,并可集中投给1个候选人,以保证其得到当选所必需的票数。据介绍,美国各州的公司法大体分为两类。多数州不主动给予股东累积投票权,如果公司决定要给,就须在注册证书中明确说明具体方法,称为"选择得权法"。特拉华州公司法第214条、纽约州公司法第618条的规定即属于此类型。少数州主动给予股东累积投票权,如果公司不给,就须在注册证书中明确说明股东没有这一权利,称为"选择弃权法"。①

股东会议及通过的决议应作成记录,董事签名,连同出席会议的股东签名册保存于公司。有限公司由全体出席股东签名。有限公司不设股东会的,股东会的权力由全体股东行使;中国的外商投资有限责任公司,则由董事会作为最高权力机构,囊括了公司法上股东会和董事会的权力,而股东之间的关系还有合营企业合同联结。至于国有独资公司,由于投资主体单一,又全部为国有资产的投入,因而没有股东会,不过董事会也很难成为最高权力机构。

专属于股东大会的权力,其他公司机关不得代为行使,否则因越权而无效。中国某上市公司在内部控制权争夺纠纷中,就曾经出现过由董事会增选担任常务副董事长的董事,未经股东大会选举程序,而被诉讼确认无效的案例。② 而属于股东大会的权力范围,但决议违反实体法或者程序法的规定的,也有可能导致无效或者可以撤销,甚至对由此遭到损害的股东承担赔偿责任。前者如新都酒店,股东诉请法院判决没有会计专业人士当选独立董事的董事改选决议,得到法院的支持;③中者如宏智科技,享有股东大会召集权的股东因在发给董事会的召集通知中增加议案内容,又没有履行再次请求的程序而径自开会,并剥夺董事长的股东大会会议法定主持权,而被福建高院判决会议及决议均无效。④ 后者如上海最早的上市公司之一飞乐股份发生在公司法公布之前的一个案例。1993年4月,原告通过上海证券交易所购入该公司发行的股票88 000股,同月28、29日卖出48 000股,小赚了一笔。同年5月1日,被告公司董事会在《上海证券报》上发布招集股东大会公告。股东大会采取通讯表决方式进行,要求参与表决的股东于5月7日前将有关送配股方案等事项的表决单函复公司。然而,由于被告公司在股东大会招集公告发布之日即召开股东大会,按上海证券交易所的交易规则,被告公司的股票在5月2日被停牌一天。导致其无法卖出,后低价抛出,损失8万余元,遂诉请公司赔偿。被告公司主张原告的损失与公司股东大会没有直接因果关系,而是股市行情本身逐波下跌,原告没有及时抛出所致,应由其自负,公司不应承担赔偿责任。法院判决被告偿付原告5万元。后两个案件是否正确,尚有争议,但公司股东大会违法违规的风险还是实际存在的。中国2005年修改公司法第22条就机关决议瑕疵作了规定;

---

① 胡果威. 美国公司法. 法律出版社,1999.143~147.

② 王学仁. 申华事变——中国股市疑案. 花城出版社,1998.

③ 郑小兰. 董事会选举被判无效 卢堡二度"逼宫"新都酒店. 21世纪经济报道. 2003-12-18.

④ 梅贤明,赵颖. "双头怪兽"闹剧的终结. 人民法院报,2004-07-05.

第 102 条第 2 款则细化了股东大会议事规则,它很可能由前述宏智科技案引起的完善立法措施。国外的类似纠纷更多。

我国新公司法根据宏智科技案所暴露的问题,专门规定董事长不能履行主持股东大会职务或者不履行职务的,由副董事长主持;副董事长不能履行职务或者不履行职务的,由半数以上董事共同推举 1 名董事主持。有限公司不设董事会的,股东会会议由执行董事召集和主持。股份公司董事会不能履行或者不履行召集股东大会会议职责的,监事会应当及时召集和主持;监事会不召集和主持的,连续 90 日以上单独或者合计持有公司 10% 以上股份的股东可以自行召集和主持。有限公司董事会或者执行董事不能履行或者不履行召集股东会会议职责的,由监事会或者不设监事会的公司的监事召集和主持;监事会或者监事不召集和主持的,代表 10% 以上表决权的股东可以自行召集和主持。

三、董事会

董事会是由股东会选举产生的董事(欧洲某些国家经监事会选任)组成的负责公司经营管理事务的公司机关。而董事则是由股东大会或监事会选任的,代表公司对外进行商务活动,对内管理公司事务的专门人才。欧洲国家早期规定董事直接行使董事会职权,每一个董事均可径自对外代表公司开展业务,往往引起公司管理上的混乱。美国创设董事会制后,董事会与其成员的职能被严格分开。董事会作为公司常设性的执行机构,负责公司的经营管理,而董事只能通过董事会才能参与公司的管理,决不能越过董事会自行其事。董事会又将具体的执行事务交由特定的董事,还可设置专务董事、常务董事、执行董事等在董事会授权范围内负责公司的专门事务,也可设置经理机构处理公司的日常生产经营事务。

董事有权代表公司对外进行商务活动,其权力从何而来? 这就涉及到董事与其所任职的公司之间的关系。在欧美公司法理论上,对前述两者之间的关系历来意见不一,争论不休,至今尚无定论。归纳起来,大致有 3 种观点,有的还有立法依据。德国和日本以委托代理或者代表关系为通论,依据德国民法典第 27 条第 3 款,董事会的业务执行准用关于委托的规定,日本公司法典第 330 条则明确:董事等与股份公司的关系从有关委任的规定。英国和美国以代理和信托关系为通论,也有认为是单纯代理关系或者单纯信托关系的。中国倾向于委托代理关系论,但英美法国家的主流观点似乎更加贴切一点。因为委托代理关系中,委托人对代理人的代理权限有严格限制,不利于董事贯彻经营判断原则,而董事作为公司的代理人,又可将公司事务作为信托事务进行处理,则董事虽受代理权的制约,但可以像处理信托财产那样对待公司事务,其发挥主观能动性的余地就要大得多。在全球性竞争的商业环境中,这一点至关重要。不过,撇开上述争论,无论董事与公司之间属于何种关系,均离不开相互之间的高度信任。否则,公司决不会将关系到全体股东利益以及公司兴败成亡的经营管理事务托付给董事。①

由于董事的经验、水平、能力、素质等在相当大的程度上影响董事会的效率,进而决定公司的成败,因而各国对董事任职资格等有详细规定,包括担任董事的积极资格和消极资格、选任方式、任期、解任、权力、义务和责任等。

根据美国示范公司法第 8 章第 2 条的要求,公司董事的资格可在章程或者细则中规定,并不限于本州居民,也不限于股东,除非章程或者细则对此有特别限定。英国公司法有大量关于董事消极资格的规定。② 法国没有具体规定。德国股份公司法第76 条规定,董事必须是具有完全行为能力的自然人。被判决犯罪的,自判决生效之日起 5 年内不得担任董事,拘留期间不计算在内。根据法院判决或者已经生效的行政机关决定,被禁止从事特定行业或者职业的,在禁令有效期内不得担任相关公司的董事。日本原商法典称董事的消极资格为董事的欠格事由。据此,下列人员不得成为董事:① 禁治产者或者准禁治产者;② 被宣告破产尚未复权者;③ 因犯有商法、关于股份公司监察的商法特例法、有限公司法或者中间法人法规定的罪行被处以刑罚,自其执行期满之日起或者不再执行之日起未经过 2 年者;④ 因犯有前项罪行以外的罪行被处以监禁以上的实刑,其执行期未满或者未得到不再执行的宣告者。③ 日本公司法第 331 条作了重大调整。中国公司法第 147 条规定:有下列情形之一的,不得担任公司的董事、监事、经理等高级管理人员:① 无民事行为能力或者限制民事行为能力;② 因贪污、贿赂、侵占财产、挪用财产或者破坏市场经济秩序,被判处刑罚,执行期满未逾 5 年,或者因犯罪被剥夺政治权利,执行期满未逾 5 年;③ 担任破产清算的公司、企业的董事或者厂长、经理,对该公司、企业的破产负有个人责任的,自该公司、企业破产清算完结之日起未逾 3 年;④ 担任因违法被吊销营业执照、责令关闭的公司、企业的法定代表人,并负有个人责任的,自该公司、企业被吊销营业执照之日起未逾 3 年;⑤ 个人所负数额较大的债务到期未清偿。此外,《企业法人法定代表人登记管理规定》中的消极资格更加宽泛,主要增加有下列情形之一的,不得担任企业法定代表人:① 正在被执行刑罚或者正在被执行刑事强制措施的;② 正在被公安机关或者国家安全机关通缉的;③ 因犯有其他罪被判处刑罚,执行期满未逾 3 年的;④ 法律和国务院规定的其他不能担任企业法定代表人的。

董事的选任方法大体有两种,一为股东会或者股东大会选任,一为监事会选任。如前所述,在股东会或者股东大会选任时,有的国家可以实行累积投票制。任期一般为1~5 年,前者如日本,后者如德国,但 3 年居多,可以连选连任。董事的解任权通常归属于选任机构。解任须有法定或者章程规定的理由,否则,被解任董事有权提出抗辩甚至诉讼,并要求公司赔偿其损失。

---

① 吴建斌.论董事的竞业禁止义务.南京大学中德经济法研究所年刊(1992).99.

② 董安生等编译.英国公司法. 法律出版社,1991. 262~264.

③ 吴建斌.日本公司法规范. 法律出版社,2003. 96.

　　董事的权力一般通过董事会来行使,董事会虽然是执行机关,但是现代公司的发展趋势,董事会的地位和权力越来越得到加强。如美国公司法上明确规定由股东大会行使的权力以外的权力,均由董事会行使,德国股份公司法则规定董事会在法院内外代表公司。正如前述,董事会权力能否正确行使,有赖于董事会的每个成员,而在法律上明定董事的义务和责任不但是必要的,而且也是非常重要的。各国公司法上董事的义务,归结起来主要有两个方面,一是忠实义务,一是勤勉义务,具体又细分为忠实、勤勉、竞业禁止、与公司冲突利益交易限制、不得越权义务。在学理上一般认为后 3 项是前 2 项义务的具体化。忠实义务,要求董事忠于职守,维护公司的利益,当自己的利益和公司的利益发生冲突时,应以公司的利益为重。勤勉义务亦称善良管理人的注意、合理履行技能和注意义务,要求董事在领导和处理公司业务时,应当具有一个正直的、有责任心的业务领导人的细心,对于有关公司的机密数据和秘密,特别是那些在董事会工作中了解到的经营或者商业秘密,必须做到守口如瓶。① 英国的衡平法判例有 3 个判断标准:一是对不具有专业资格和经验的非执行董事,应适用主观标准,视其是否尽了最大努力;二是对于执行董事应适用客观标准,他们只在履行了具有同类专业水平或者经验的专业人员应履行的技能和注意时才算履行义务;三是对执行董事适用推定知悉原则,即推定其有专业水平或者经验。② 竞业禁止义务,要求董事不得从事与本公司业务相同或相类似的营业,有的国家还规定不得兼任从事相同或类似业务公司的董事或经理,否则赔偿公司由此而造成的损失,或将该董事的获益归公司所有,即公司行使介入权,不过,各国均规定原则上禁止,但经股东大会、监事会或董事会决议允许者除外。与公司冲突利益交易限制义务,在日本、中国则限制董事与本公司进行交易或者向本公司借贷,主要目的是为了防止对公司可能带来的不公正后果。德国、日本在民法典上还有禁止自己代理别人和自己交易以及同时代理双方交易的规定,但不能照搬到公司法上,而是予以适当的缓和。不得越权义务要求董事严格按照法律、章程、股东大会和董事会的决议行事,在法律规定或者公司授权的范围内履行职责,不得越权。对董事越权行为的后果,公司仍然要承受下来,以保护善意第三人,但董事要对公司承担责任。对违法的董事,公司有权请求其赔偿损失,假如发生诉讼,由监事会代表公司起诉董事会和违法董事。股东有权要求公司起诉董事,假如公司不作为,欧美各国均规定具备一定条件,如持续持有公司股份 6 个月以上的股东可以提起股东代表诉讼,并由公司承担胜诉时的合理开支。关于违法董事的归责原则,日本原来多采无过错责任原则,董事责任风险太大,2005 年修法时改采过错责任原则。董事与股东和第三人之间通常不存在代理或者信托关系,故一般不直接承担法律责任,但董事从事侵权行为责任重大,有故意或者重大过失的,受害股东可以对侵权董事提起直接诉讼,第三人也可要求董事承担单独责任或者与公司承担连带赔偿责任。其归责原则多采过错责任或者过错推定责任原则。

①　参见《德国股份公司法》第 93 条。
②　董安生等编译. 英国商法. 法律出版社,1991. 268～270.

此外,有的国家还规定董事等不得篡夺公司商业机会的义务,中国 2005 年修改公司法时也引进了该规则。

　　董事会通常应由 3 名以上的董事组成,中国规定有限公司董事会成员 3 人以上,股份公司 5 人以上组成,作为公司的常设性执行机关,在董事中选任的董事长主持下开展工作,董事长为公司法定代表人。董事会和董事长的职权由法律明文规定。如中国公司法第 109、47 条采取列举方式:股份公司董事会对股东大会负责,行使下列职权:① 负责召集股东大会,并向股东大会报告工作;② 执行股东大会的决议;③ 决定公司的经营计划和投资方案;④ 制订公司的年度财务预算方案、决算方案;⑤ 制订公司的利润分配方案和弥补亏损方案;⑥ 制订公司增加或者减少注册资本的方案以及发行公司债券的方案;⑦ 拟订公司合并、分立、解散或者变更公司形式的方案;⑧ 决定公司内部管理机构的设置;⑨ 决定聘任或者解聘公司经理,并根据经理的提名,决定聘任或者解聘公司副经理、财务负责人及其报酬事项;⑩ 制定公司的基本管理制度;⑪ 章程规定的其他职权。董事长的职权以事务性的居多,如中国公司法第 110 条。美国规定除依法由股东大会行使的权力外,公司其他权利概由董事会执掌。董事会对公司业务方面的重要问题,召开董事会议讨论决定。会议也分董事年会和临时董事会,前者每年至少召开两次,后者因公司业务需要而召开。会议由董事长召集并主持,应在会议之前一定时间通知董事,通知也要写明议程、时间、地点等内容。出席会议董事的最低法定人数为 1/2 或 2/3,出席会议的董事每人有一票表决权,不同于股东大会按股份计算表决权。一般事项采取半数以上同意通过的普通决议,特别事项采取 2/3 以上同意通过的特别决议。董事会会议应作成议事录,由出席董事签名保存。董事对签名负责,例如,按中国公司法第 49、113 条,董事会应当对会议所议事项的决定作成会议记录,出席会议的董事和记录员在会议记录上签名。董事应当对董事会的决议承担责任。董事会的决议违反法律、行政法规或者公司章程、股东大会决议,致使公司遭受严重损失的,参与决议的董事对公司负赔偿责任。但经证明在表决时曾表明异议并记载于会议记录的,该董事可以免除责任。

　　关于独立董事制度,通常涉及到其性质及独立性或者无关联性的要求、独立董事的功能定位、独立董事的一般职权及特别职权、独立董事的激励机制、独立董事的责任及其限制、独立董事的执业风险及其保障等方面。在国外,独立董事制度是从外部无关联董事逐步发展演变而来的,商法、公司法或者交易所上市、交易规则对上述几个方面作出或者原则或者详细的规定,缘于英美法系公司法弥补无内部监督机构的缺漏之需。欧盟公司法指令确定双层制及单层制公司治理结构的选择性规则,只有在并无监事会的单层制公司中设立外部非执行董事(相当于独立董事),并要求其人数在董事会中占多数。① 日本 2001、2002 年修改商法、公司法时,将欧盟公司法的选择制和美国的董事会独立专门委员会制结合起来,授权大型公司自主选择采用原来的三机关制(不同于

　　① 刘俊海译. 欧盟公司法指令全译. 法律出版社,2000.108、118.

德国、欧盟的双层制)或者美国的单一董事会制,但一方面强制要求监事会中引入半数以上外部独立监事,另一方面又硬性规定单层制中设置由 3 人以上董事组成的审计、提名、薪酬委员会,其外部独立董事也要达到半数以上。中国 2001 年证监会要求上市公司引入独立董事制度后,到 2003 年年底,1 300 多个上市公司极大部分已经按照规定选任了 1/3 以上的独立董事,并在公司法修改方案中予以法定化,但因其在公司中居于少数派的地位,又无法定的董事会专门委员会作为工作平台,与监事会并立的制度安排也导致两者的关系难以理顺,故实施成效有待检验。

另外,公司一般设经理,由董事会聘任或者解聘。经理对聘任机构负责,行使法定或者章程规定的职权。依据中国公司法第 50、114 条的规定,公司经理行使下列职权:① 主持公司的生产经营管理工作,组织实施董事会决议;② 组织实施公司年度经营计划和投资方案;③ 拟订公司内部管理机构设置方案;④ 拟订公司的基本管理制度;⑤ 制定公司的具体规章;⑥ 提请聘任或者解聘公司副经理、财务负责人;⑦ 决定聘任或者解聘除应由董事会聘任或者解聘以外的负责管理人员;⑧ 董事会授予的其他职权。经理列席董事会会议。中国公司法修改后,有限公司经理为任意机构,章程可对经理职权另设规定。

四、监事会

监事会又称监察委员会,是公司中对公司财务会计或者业务活动和财务会计进行监督的机关。监事会多由 3 人以上监事组成,有的国家不采取会议制形式,而是设置监察人行使监督职能。而有限公司通常由监事或者监察人行使监督权。

监事或监察人则由股东大会选任,可以是股东,也可以是律师、会计师等专业人士,欧洲国家如德国、法国规定须由职工选任 1/3 以上 1/2 以下的监事。但监事或监察人不得由公司董事、经理等兼任,以保证监督的公正性。监事会成员的任期一般与董事相同,日本则比董事的任期长,罢免权在选任机构。

监事会的权限有的国家限于财务会计事务,有的国家包括业务活动,有的国家如日本曾规定 1 亿日元股本以下的公司监督公司的财务会计;5 亿日元股本以上的公司则同时监督财务会计和业务活动。根据中国新公司法第 119、54、55 条规定,监事会、不设监事会公司的监事行使下列职权:① 检查公司财务;② 对董事、高级管理人员执行公司职务的行为进行监督,对违反法律、行政法规、公司章程或者股东会决议的董事、高级管理人员提出罢免的建议;③ 当董事、高级管理人员的行为损害公司的利益时,要求董事、高级管理人员予以纠正;④ 提议召开临时股东会会议,在董事会不履行本法规定的召集和主持股东会会议职责时召集和主持股东会会议;⑤ 向股东会会议提出提案;⑥ 依照公司法第 152 条对损害公司利益的董事、高级管理人员提起诉讼;⑦ 公司章程规定的其他职权。另外,监事可以列席董事会会议,并对董事会决议事项提出质询或者建议。还有,监事会、不设监事会的公司的监事发现公司经营情况异常,可以进行调查;必要时,可以聘请会计师事务所等协助其工作,费用由公司承担。股份公司监事会行使职权所必需的其他费用也由公司承担。

在实行双层董事会制的德国以及其他欧洲国家,监事会的权力要大得多。据德国股份公司法第 84 条以下规定,监事会有权任命非由职工推派的董事会成员以及董事长;有权同时也有义务监督执行业务;有权查看和检查公司的账簿、文件以及财产物品,特别是公司的现金、有价证券和商品库存;有权委托结算审计员进行审计;有权为公司的利益需要而召集股东大会;有权规定某种业务须经监事会同意方能进行,如与董事会的意见相左,董事会可要求股东大会表决,表决以 3/4 多数的特别决议方式进行。另外,董事会应当在年度账目和情况报告编成之后立即呈交给监事会,并附上董事会向股东大会提出的盈余分配建议。监事会审查上述报告和建议并将结果书面报告给股东大会,同时转交董事会。还有,董事会应就下列事项向监事会作出报告: ① 企业计划(特别是金融、投资和人事计划)中的预定营业政策和其他原则问题,每年至少报告 1 次; ② 公司的盈利性,特别是自有资本的盈利性,在监事会审议年度报告时提交; ③ 业务的进展,特别是销售额,以及公司的状况,每年至少提交 1 次; ④ 可能对公司的盈利性或者偿付能力具有重要意义的业务。监事会可以随时要求董事会报告有关公司的各种业务情况、有关同关联企业法律上和业务上的关系,以及有可能对公司状况具有重大影响的企业的业务进展情况。① 日本规定设置董事会审计委员会的公司不设监事会,有一定的道理。

第六节　公司的其他问题

一、公司的财务会计

公司的财务会计,本属公司的内部事务,涉及公司的商业秘密,外界不得而知,他人也无权干预。但是,为了让股东充分了解公司的真实情况,各国法律均对公司的财务会计的有关问题,如会计报表的形式、种类、编制方法、送交或者公布时间等设置若干强制性规则。各国通常规定,所有公司均须依法建立财务会计制度,在每一会计年度终了时制作财务会计报告,并依法审查验证。有限责任公司应当按照公司章程规定的期限将财务会计报告送交各股东。股份有限公司的财务会计报告应当在召开股东年会的一定期限如中国规定 20 日以前置备于本公司,供股东查阅,而上市公司必须公告其财务会计报告。

1. 财务会计报告及其公示

财务会计报告是指企业对外提供的反映企业某一特定日期的财务状况和某一会计期间的经营成果、现金流量等会计信息的文件。它包括会计报表及其附注和其他

---

① 　贾红梅等译. 德国股份公司法. 法律出版社,1991. 47~48、52~54、70~71、105~107.

应当在财务会计报告中披露的相关信息和资料。会计报表至少应当包括资产负债表、利润表、现金流量表等报表。资产负债表是指反映企业在某一特定日期的财务状况的会计报表。利润表是指反映企业在一定会计期间的经营成果的会计报表。现金流量表是指反映企业在一定会计期间的现金和现金等价物流入和流出的会计报表。附注是指对在会计报表中列示项目所作的进一步说明，以及对未能在这些报表中列示项目的说明等。

正如前述，上市公司的财务会计报告实行公示主义。在每年年度终了后，由董事会负责编制并审议，在德国还要经监事会审议后，置备于公司本部，供股东查阅，经股东大会审议通过，报送主管机关、证券交易所，并在规定的报刊上公告。上市公司的中期报告也实行相应的制度。例如，中国证监会就对年度报告、中期报告的内容与格式有详细的规定。

2. 公积金制度

各国公司法均规定有公积金制度。公积金又称储备基金，是指公司为了增强自身的财力，扩大经营规模，预防意外风险，依照法律或公司章程规定从资产或者盈余中提取的积累资金。主要分为法定公积金和任意公积金。法定公积金依法强制提取，依其来源不同，又分为盈余公积金和资本公积金。盈余公积金是指公司在分配股利前按一定比例从盈余中提取的公积金，幅度从5%至25%不等。中国为不低于10%，法定公积金达到股本50%以上时可不再提取。资本公积金是指直接由资本或资产增值以及其他原因所形成的公积金。资本公积金的构成通常有：股票溢价额、资产增值额、因合并而取得其他企业的净资产额等。以股票溢价额为例，假如某公司的股票面值为每股1美元，其发行价为12美元，其中1美元为发行成本，1美元为股本，另外10美元的溢价，就可以作为资本公积金处理。任意公积金又称特别盈余公积金，是指公司根据章程规定或股东大会决议在法定公积金之外自愿提取的公积金。公积金一般用于应付公司的突发事件、弥补营业亏损等，当公积金达到一定数额后，经股东大会讨论决定，有的国家还须经主管当局批准，可以转为红利或者红股分配。

3. 盈余分配顺序

公司经营所得和其他所得，依法缴纳所得税后的利润即为公司盈余。公司盈余的分配顺序大体为：

（1）弥补历年亏损。

（2）提取法定公积金。

（3）提取任意公积金。

（4）支付优先股股息。

（5）支付普通股红利。

依公司法的规定，公司分配当年税后利润时，应当提取利润的10%列入公司法定公积金。公司法定公积金累计额为公司注册资本的50%以上的，可不再提取。公司的法定公积金不足以弥补上一年度公司亏损的，在提取法定公积金之前，应当先用当年利润弥补亏损。公司在从税后利润中提取法定公积金后,经股东会决议,可以提取任意公积金。公司弥补亏损和提取公积金后所余利润,有限责任公司按照股东的出资比例分配,股份有限公司按照股东持有的股份比例分配。公司违法分配者,公司的债权人有权要求股东返还,并追究董事的相应责任。

二、公司的合并、分立、组织变更和修改章程

公司的合并、分立、组织变更和修改章程,均须由公司的股东会或者股东大会作出决议,并且是特别决议,由占公司股东表决权数的 2/3 或者 3/4 以上同意方能通过。有的国家规定在前 3 种情形下须由债权人同意。当然,公告程序都是必须的。德国、日本等规定章程须公证的,修改时亦同。

1. 公司的合并

公司合并是指两个或者两个以上的公司组合成一个公司的行为。公司合并可以采取吸收合并和新设合并两种形式。吸收合并是一个公司吸收其他公司的合并行为。此时,吸收的公司存续,被吸收的公司消灭,可以用 A + B = A 或者 B 来表示。新设合并是两个以上公司组合成一个新的公司的合并行为。此时,诞生一个全新的公司,而原来的合并各方均归于消灭,可以用 A + B = C 来表示。

公司合并,应当由合并各方签订合并协议,并编制资产负债表及财产清单。公司应当自作出合并决议之日起一定期限如中国的 10 日内通知债权人,并于 30 日内在报纸上公告。债权人自接到通知书之日起 30 日内,未接到通知书的自公告之日起一定期限如 45 日内,有权要求公司清偿债务或者提供相应的担保。不清偿债务或者不提供相应担保的,公司不得合并。公司合并时,合并各方的债权、债务,应当由合并后存续的公司或者新设的公司承继。

2. 公司的分立

公司分立是指一个公司通过重新组合,变成两个或者两个以上公司的行为。公司分立的重组方向和轨迹,正好与公司合并相反。其形式,相对于公司合并也有两种,即派生分立和新设分立。前者是一个公司通过分出其一部分设立一个或者数个新的公司,原公司继续存在的分立方式。可以用 A 或者 B = A + B 来表示。后者是一个公司通过分割设立一个或者数个新的公司,原公司不复存在的分立方式。可以用 A = B + C 来表示。

公司分立时,应当编制资产负债表及财产清单。公司应当自作出分立决议之日起一定期限如中国的 10 日内通知债权人,并于 30 日内在报纸上公告。债权人自接到通知书之日起 30 日内,未接到通知书的自公告之日起一定期限如 45 日内,也有权要求公司清偿债务或者提供相应的担保。不清偿债务或者不提供相应担保的,公司不得分立。可见,其债权人的保护程序应与公司合并完全一样。但新公司法上未予明确。公司分立时,原公司财产作相应的分割。公司分立前的债务按所达成的协议由分立后的公司承担。

公司合并或者分立,登记事项发生变更的,应当依法向公司登记机关办理变更登记;公司解散的,应当依法办理公司注销登记;设立新公司的,应当依法办理公司设立登记。

3. 公司的组织变更

公司的组织变更是指公司从一种法律形态转变为另一种法律形态。通常为相同或者类似责任形式的公司之间的变更,如无限公司与两合公司之间的变更,两合公司与股份两合公司之间的变更,有限公司与股份公司之间的变更等等。有的国家法律规定只能发生相同或者类似责任形式的公司之间的变更,而禁止不同责任形式的公司之间的变更,如果将原来的无限公司变为有限公司,则原公司解散,设立新的公司,那就不是公司变更的问题了。中国原公司法只规定有限公司变更为股份公司,而没有股份公司变更为有限公司的相反规定,这种单向限定似乎不合常理,2005 年修改公司法时予以补充完善。

依据中国公司法第 9 条,有限责任公司变更为股份有限公司,应当符合公司法规定的股份有限公司的条件,并依照公司法有关设立股份有限公司的程序办理。反之亦然。有限责任公司依法经批准变更为股份有限公司时,折合的股份总额应当相等于公司净资产额。有限责任公司依法经批准变更为股份有限公司,为增加资本向社会公开募集股份时,应当依照公司法有关向社会公开募集股份的规定办理。有限责任公司依法变更为股份有限公司的,原有限责任公司的债权、债务由变更后的股份有限公司承继。

三、公司的解散和清算

公司作为法人,与自然人一样,有生就有死。有时因破产而死,那是破产法一章讨论的问题,在此仅介绍解散和清算问题,主要围绕着中国公司法进行。公司解散的原因有:① 公司章程规定的营业期限届满或者公司章程规定的其他解散事由出现;② 股东会或股东大会决议解散;③ 因公司合并或者分立需要解散;④ 依法被吊销营业执照、责令关闭或被撤销;⑤ 法院依法判令出现公司僵局的公司解散。因除第 3 项事由解散的,应当在 15 日内成立清算组,有限责任公司的清算组由股东组成,股份有限公司的清算组由董事会或股东大会确定其人选;逾期不成立清算组进行清算的,债权人可以申请法院指定有关人员组成清算组,进行清算。法院应当受理该申请,并及时指定清算组成员,进行清算。

清算组在清算期间行使下列职权:① 清理公司财产,分别编制资产负债表和财产清单;② 通知、公告债权人;③ 处理与清算有关的公司未了结的业务;④ 清缴税款;⑤ 清理债权、债务;⑥ 处理公司清偿债务后的剩余财产;⑦ 代表公司参与民事诉讼活动。清算组应当自成立之日起 10 日内通知债权人,并于 60 日内在报纸上公告。债权人应当自接到通知书之日起 30 日内,未接到通知书的自公告之日起 45 日内,向清算组申报其债权。债权人申报其债权,应当说明债权的有关事项,并提供证明材料。清算组应当对债权进行登记。清算组在清理公司财产、编制资产负债表和财产清单后,应当制定清算方案,并报股东会或者有关主管机关确认。公司财产能够清偿公司债务的,分别支付清算费用、职工工资、社会保险费用和法定补偿金,缴纳所欠税款,清偿公司债务。公司财产按前款规定清偿后的剩余财产,有限责任公司按照股东的出资比例分配,股份有限公司按照股东持有的股份比例分配。清算期间,公司存续,但不得开展与清算无关的经营活动。公司在未依法清偿之前,不得分配给股东。

清算组在清理公司财产、编制资产负债表和财产清单后,发现公司财产不足清偿债务的,应当立即向法院申请宣告破产。公司经法院裁定宣告破产后,清算组应当将清算事务移交给法院。

公司清算结束后,清算组应当制作清算报告,报股东会、股东大会或者人民法院确认,并报送公司登记机关,申请注销公司登记,公告公司终止。

四、外国公司的分支机构

欧洲国家的公司法一般不对外国公司设置专门规定,美国示范公司法中也只有外地公司的规定。日本公司法典设有专章规范外国公司。中国公司法第 11 章规定的则是"外国公司的分支机构","外国公司是指依照外国法律在中国境外设立的公司"。

日本法原来规定,外国公司要在日本进行连续性交易时应确定其在日本的代表人并设置营业所。该营业所应予登记和公告,方式和条件与日本本国同类公司或者分公司相同,即基本上实行国民待遇。[1] 2005 年改为仅确定驻日代表人,并至少 1 人在日本有住所。

依中国公司法,外国公司依法可在中国境内设立分支机构,从事生产经营活动。具体要向中国主管机关提出申请,并提交其公司章程、所属国的公司登记证书等有关文件,经批准后,向公司登记机关依法办理登记,领取营业执照。外国公司属于外国法人,其在中国境内设立的分支机构不具有中国法人资格。外国公司对其分支机构在中国境内进行经营活动承担民事责任。必须在中国境内指定负责该分支机构的代表人或者代理人,并向该分支机构拨付与其所从事的经营活动相适应的资金。经批准设立的外国公司分支机构,在中国境内从事业务活动,必须遵守中国的法律,不得损害中国的社会公共利益,其合法权益受中国法律保护。外国公司撤销其在中国境内的分支机构时,必须依法清偿债务,按照公司法有关公司清算程序的规定进行清算。未清偿债务之前,不得将其分支机构的财产移至中国境外。

第七节　其他企业组织形式

公司之外的其他企业类型,如前所述,在欧美各国不外乎独资企业、合伙企业和合

---

[1]　吴建斌. 日本公司法规范. 法律出版社,2003. 214～217.

作社,而后两者与公司同样具有社团性。中国的企业类型较为混乱,但国有企业仍然是比较有代表性的非公司企业类型。据此,本节拟扼要介绍另两类社团性企业与公司的关系,然后选取独资企业、合伙企业和国有企业,归纳其主要规则。

一、其他社团性企业与公司的关系

正如前述,公司之外的社团性企业为合伙企业和合作社,因此,我们依次探讨合伙企业、合作社与公司的关系。

合伙企业是由独资企业发展而来的,公司又脱胎于合伙企业,故人合公司与合伙企业并无本质区别。合伙企业与公司在4个方面有相似之处: ① 均以营利为目的;② 两人以上共同投资,具有社团性,中国的国有独资公司以及欧美、日本的一人公司只是特例;③ 原则上以出资比例分配盈利;④ 人合公司中的无限责任股东与合伙企业中合伙人的责任相同。但是,合伙企业与公司尤其是典型意义上的公司毕竟存在巨大差别,主要表现为以下4个方面:

（1）法律地位不同。公司是法人,而合伙企业不是法人。公司在人格上完全独立于股东,合伙企业在人格上则与合伙人混为一体。在此点上,资合公司与合伙企业的区别更为明显。如果处理法院的诉讼事宜,合伙企业作为原告或者被告,由合伙人取代合伙企业的位置,或者与合伙企业作为共同原告或者共同被告。而公司股东在通常情况下不能取代公司的原被告地位,公司是公司,股东是股东,两者之间的主体资格完全独立。

（2）成立的基础不同。合伙是合伙人之间的合同行为,以出资人的合意为基础,多由任意性规范调整。合伙企业的设立,合伙人的加入和退出,均须由全体合伙人同意并修改合同。公司成立的基础是章程行为,只要符合法定的公司成立条件,订立章程,公司就可成立。公司的发起人和全体股东,必须遵守公司法中的强制性规范。在资合公司中,股东的加入和退出无需全体股东同意,也不必修改章程,但新加入的股东仍须受章程的约束。前述德国有限责任公司法将公司章程改为公司合同,虽然反映了德国法理念上的某种变化,但仅仅涉及到有人合因素的公司。

（3）成员的财产责任不同。合伙企业中的合伙人对合伙债务负无限连带责任,而公司股东在英美法国家及中国负有限责任。无限责任使合伙人的个人财产与合伙企业的财产不能完全分离,合伙企业财产不足偿付其债务时,以合伙人的个人财产抵偿;连带责任使每一个合伙人均有义务就整个合伙企业的债务负责清偿,然后再向其他合伙人请求给付其应承担的部分。这样虽有利于保障债权人的利益,但合伙的风险因此而大大增加。相反,公司的有限责任制将股东个人财产和公司财产严格分开,使股东的责任限定在可预见的最小范围内,公司却可以积聚巨额资金,从事大规模的生产经营活动,其整体效益远远大于股东分散资金的效益。有限合伙中的有限合伙人则另当别论。

（4）企业财产权属不同。合伙企业不是法人,没有企业所有的财产,合伙人投入的财产通常仍归合伙人个人所有,合伙经营积累的财产则归合伙人共有。公司是法人,股东投入的财产归公司所有,股东从公司中取得股权,股权有所有权的因素,但其本身并非所有权,公司以其财产所有权人的身份和名义从事活动,然后依法向股东分配股息红利,公司解散时,股东可按持股比例分得剩余财产,公司作为财产所有权主体消灭,股东收回财产所有权,在公司中的股权也随之消灭。

合作社与公司的相似之处在于:① 均是营利性经济组织;② 均具有法人资格;③ 均有一定人数的成员,具有社团性;④ 均有出资份额并按资分配。但是,合作社与公司之间的差别也显而易见:

(1) 经营性质不同。合作社经营主要为社员提供服务并在互助的基础上谋求社员的经济利益。公司经营面向社会公众,也不以互助为基础,无特定限制。中国的供销合作社经过几十年的发展变化,已经失去其特点,这也是其近年陷入困境的重要原因之一。

(2) 财产基础要求不同。合作社成员虽须出资,但合作社本身没有资本额限制,也可随时增加或减少,它的股本通常是不确定的。公司资本额一般有法定限额,大陆法国家中还有严格的资本确定原则,并且不能任意增减,拥有充实的财产基础。

(3) 分配形式不尽相同。合作社除采取一定比例投资分配外,可主要采取按劳分配形式。公司则主要按股东的出资比例分配盈余。可见,按劳分配为主还是按资分配为主,只不过是不同企业形式的投资、分配方式的差异,与社会经济制度并无必然联系。

(4) 收回出资的方式不同。合作社成员的出资不得转让,但可退还股金。而公司正相反,股东可转让股份或出资额,但不得要求退股,法律明确规定收回股份的情形除外。可见,合作社对出资的灵活性很大,同时也远没有公司那样规范。

二、独资企业

对独资企业的法律规范,各国差异较大。有的依据民法、有的依据商法、有的依据商事惯例,但在总体上比较宽松,即使制定成文法的国家,具体规则也多依据商业习惯,并且充斥着大量任意性规定。下面主要依据1999年《中华人民共和国个人独资企业法》的有关规定进行简要介绍。

如前所述,个人独资企业是指在中国境内依法设立,由一个自然人投资,财产为投资人个人所有,投资人以其个人财产对企业债务承担无限责任的经营实体。个人独资企业投资人对本企业的财产依法享有所有权。设立登记时明确以其家庭共有财产作为个人出资的,应当依法以家庭共有财产对企业债务承担无限责任。

设立个人独资企业应当具备下列条件:① 投资人为一个自然人;② 有合法的企业名称;名称应当与其责任形式及从事的营业相符合;③ 有投资人申报的出资;④ 有固定的生产经营场所和必要的生产经营条件,企业以其主要办事机构所在地为住所;⑤ 有必要的从业人员。

个人独资企业投资人可以自行管理企业事务,也可以委托或者聘用其他具有民事行为能力的人负责企业的事务管理。投资人委托或者聘用他人管理个人独资企业事务,应当与受托人或者被聘用的人签订书面合同,明确委托的具体内容和授予的权利范围。受托人或者被聘用的人员应当履行诚信、勤勉义务,按照与投资人签订的合同负责个人独资企业的事务管理。

投资人对受托人或者被聘用的人员职权的限制,不得对抗善意第三人。投资人委托或者聘用的管理个人独资企业事务的人员不得有下列行为:① 利用职务上的便利,索取或者收受贿赂;② 利用职务或者工作上的便利侵占企业财产;③ 挪用企业的资金归个人使用或者借贷给他人;④ 擅自将企业资金以个人名义或者以他人名义开立账户储存;⑤ 擅自以企业财产提供担保;⑥ 未经投资人同意,从事与本企业相竞争的业务;⑦ 未经投资人同意,同本企业订立合同或者进行交易;⑧ 未经投资人同意,擅自将企业商标或者其他知识产权转让给他人使用;⑨ 泄露本企业的商业秘密;⑩ 法律、行政法规禁止的其他行为。

个人独资企业有下列情形之一时,应当解散;① 投资人决定解散;② 投资人死亡或者被宣告死亡,无继承人或者继承人决定放弃继承;③ 被依法吊销营业执照;④ 法律、行政法规规定的其他情形。解散时,由投资人自行清算或者由债权人申请法院指定清算人进行清算。投资人自行清算的,应当在清算前15日内书面通知债权人,无法通知的,应当予以公告。债权人应当在接到通知之日起30日内,未接到通知的应当在公告之日起60日内,向投资人申报其债权。个人独资企业解散后,原投资人对个人独资企业存续期间的债务仍应承担偿还责任,但债权人在5年内未向债务人提出偿债请求的,该责任消灭。

个人独资企业解散的,财产应当按照下列顺序清偿:① 所欠职工工资和社会保险费用;② 所欠税款;③ 其他债务。清算期间,个人独资企业不得开展与清算目的无关的经营活动。在清偿债务前,投资人不得转移、隐匿财产。个人独资企业财产不足以清偿债务的,投资人应当以其个人的其他财产予以清偿。清算结束后,投资人或者人民法院指定的清算人应当编制清算报告,并于15日内到登记机关办理注销登记。

三、合伙企业

1. 合伙企业的设立

合伙企业概念见前所述,设立合伙企业,应当具备下列条件:① 有两个以上合伙人,并且都是依法承担无限责任者,中国原来只允许普通合伙,而没有规定有限合伙或者隐名合伙,2006年增设有限责任合伙和有限合伙;② 有书面合伙协议,这是合伙的基础;协议包括企业的名称和主要经营场所的地点、合伙目的和经营范围、经营期限、合伙人的姓名及其住所、合伙人出资的方式和数额以及缴付出资的期限、利润分配和亏损分担办法、合伙企业事务的执行、入伙与退伙、合伙企业的解散与清算、违约责任、争议的解决方式;合伙协议经全体合伙人签名、盖章后生效;③ 有各合伙人实际缴付的出资;出资形式可以是货币、实物、土地使用权、知识产权或者其他财产权利;对货币以外的出资需要评估作价的,可以由全体合伙人协商确定,也可以由全体合伙人委托法定评估机构进行评估;经全体合伙人协商一致,合伙人也可以用劳务出资,其评估办法由全体合伙人协商确定;④ 有合伙企业的名称;⑤ 有经营场所和从事合伙经营的必要条件。

2. 合伙企业的财产

合伙企业存续期间,合伙人的出资和所有以合伙企业名义取得的收益均为合伙企业的财产。合伙企业的财产由全体合伙人依法共同管理和使用。合伙企业进行清算前,除法律明定的外,合伙人不得请求分割合伙企业的财产,但合伙人在合伙企业清算前私自转移或者处分合伙企业财产的,合伙企业不得以此对抗不知情的善意第三人。

合伙企业存续期间,合伙人向合伙人以外的人转让其在合伙企业中的全部或部分财产份额时,须经其他合伙人一致同意。合伙人之间转让在合伙企业中的全部或部分财产份额时,应当通知其他合伙人。合伙人依法转让其财产份额的,在同等条件下,其他合伙人有优先受让的权利。

经全体合伙人同意,合伙人以外的人依法受让合伙企业财产份额的,经修改合伙协议即成为合伙企业的合伙人,依照修改后的合伙协议享有权利,承担责任。

合伙人以其在合伙企业中的财产份额出资的,须经其他合伙人一致同意。未经其他合伙人一致同意,合伙人以其在合伙企业中的财产份额出资的,其行为无效,或者作为退伙处理;由此给其他合伙人造成损失的,依法承担赔偿责任。

3. 合伙企业的事务执行

各合伙人对执行合伙企业事务享有同等的权利,可以由全体合伙人共同执行合伙企业事务,也可以由合伙协议约定或者全体合伙人决定,委托一名或者数名合伙人执行合伙企业事务。执行合伙企业事务的合伙人,对外代表合伙企业。其他合伙人不再执行合伙企业事务,但有权监督执行事务的合伙人,检查其执行合伙企业事务的情况。合伙人为了解合伙企业的经营状况和财务状况,有权查阅账簿。业务执行人应当依照约定向其他不参加执行事务的合伙人报告事务执行情况以及合伙企业的经营状况和财务状况,其执行合伙企业事务所产生的收益归全体合伙人,所产生的亏损或者民事责任,由全体合伙人承担。合伙企业的利润和亏损,由合伙人依照合伙协议约定的比例分配和分担;合伙协议未约定利润分配和亏损分担比例的,由各合伙人平均分配和分担。合伙协议不得约定将全部利润分配给部分合伙人或者由部分合伙人承担全部亏损。

合伙协议约定或者经全体合伙人决定,合伙人分别执行合伙企业事务时,合伙人可以对其他合伙人执行的事务提出异议。提出异议时,应暂停该项事务的执行。如果发生争议,可由全体合伙人共同决定。被委托执行合伙企业事务的合伙人不按照合伙协议或者全体合伙人的决定执行事务的,其他合伙人可以决定撤销该委托。合伙人依法或者按照合伙协议对合伙企业有关事项作出决定时,除法律规定或者合伙协议另有约定外,经全体合伙人决定可以实行一人一票的表决办法。

合伙人不得自营或者同他人合作经营与本合伙企业相竞争的业务,不得从事损害本合伙企业利益的活动。除合伙协议另有约定或者经全体合伙人同意外,合伙人不得同本合伙企业进行交易。合伙企业的下列事务必须经全体合伙人同意:① 处分合伙企业的不动产;

② 改变合伙企业名称;③ 转让或者处分合伙企业的知识产权和其他财产权利;④ 向企业登记机关申请办理变更登记手续;⑤ 以合伙企业名义为他人提供担保;⑥ 聘任合伙人以外的人担任合伙企业的经营管理人员;⑦ 依照合伙协议约定的有关事项。

4. 合伙企业与第三人的关系

合伙企业对合伙人执行合伙企业事务以及对外代表合伙企业权利的限制,不得对抗不知情的善意第三人。

合伙企业对其债务,应先以其全部财产进行清偿。合伙企业财产不足清偿到期债务的,各合伙人应当承担无限连带清偿责任。以合伙企业财产清偿合伙企业债务时,其不足的部分,由各合伙人按照约定比例,用其在合伙企业出资以外的财产承担清偿责任。合伙人由于承担连带责任,所清偿数额超过其应当承担的数额时,有权向其他合伙人追偿。合伙人个人财产不足清偿其个人所负债务的,该合伙人只能以其从合伙企业中分取的收益用于清偿;债权人也可以依法请求法院强制执行该合伙人在合伙企业中的财产份额用于清偿。对该合伙人的财产份额,其他合伙人有优先受让的权利。

5. 入伙和退伙

新合伙人入伙时,应当经全体合伙人同意,并依法订立书面入伙协议,原合伙人应当向新合伙人告知原合伙企业的经营状况和财务状况。入伙的新合伙人与原合伙人享有同等权利,承担同等责任。入伙协议另有约定的,从其约定。入伙的新合伙人对入伙前合伙企业的债务承担连带责任。

合伙协议约定合伙企业的经营期限的,有下列情形之一时,合伙人可以退伙:① 合伙协议约定的退伙事由出现;② 经全体合伙人同意退伙;③ 发生合伙人难于继续参加合伙企业的事由;④ 其他合伙人严重违反合伙协议约定的义务。合伙协议未约定合伙企业的经营期限的,合伙人在不给合伙企业事务执行造成不利影响的情况下,可以退伙,但应当提前30日通知其他合伙人。合伙人擅自退伙的,应当赔偿由此给其他合伙人造成的损失。合伙人有下列情形之一的,当然退伙:① 死亡或者被依法宣告死亡;② 被依法宣告为无民事行为能力人;③ 个人丧失偿债能力;④ 被人民法院强制执行在合伙企业中的全部财产份额。合伙人有下列情形之一的,经其他合伙人一致同意,可以决议将其除名:① 未履行出资义务;② 因故意或者重大过失给合伙企业造成损失;③ 执行合伙企业事务时有不正当行为;④ 合伙协议约定的其他事由。对合伙人的除名决议应当书面通知被除名人。被除名人自接到除名通知之日起,除名生效,被除名人退伙。被除名人对除名决议有异议的,可以在接到除名通知之日起30日内,向人民法院起诉。

合伙人退伙的,其他合伙人应当与该退伙人按照退伙时的合伙企业的财产状况进行结算,退还退伙人的财产份额。退伙时有未了结的合伙企业事务的,待了结后进行结算。退伙人在合伙企业中财产份额的退还办法,由合伙协议约定或者由全体合伙人决定,可以退还货币,也可以退还实物。退伙人对其退伙前已发生的合伙企业债务,与其他合伙人承担连带责任。合伙人退伙时,合伙企业财产少于合伙企业债务的,退伙人应当依法分担亏损。

合伙企业登记事项因退伙、入伙、合伙协议修改等发生变更或者需要重新登记的，应当于作出变更决定或者发生变更事由之日起15日内，向企业登记机关办理有关登记手续。

6. 特殊合伙企业

如前所述，英美国家早有有限合伙形式，美国还在普通合伙及有限合伙基础上衍生出有限责任合伙(LLP)和有限责任有限合伙(LLLP)。有限合伙中至少有1个对合伙债务承担有限责任的不执行合伙业务的合伙人。普通合伙中的有限责任合伙允许对某一合伙人、员工等在提供专业服务时的错误、不作为、过失、低能力的或渎职的行为所产生的侵权与违约责任，所有合伙人以全部合伙资产为限对其债务承担连带责任，超过合伙资产总额的未偿付债务由过失合伙人承担无限责任，其他合伙人不再承担连带责任。它特别适合于律师、会计师、资产评估师等专业人员组建的企业。有限责任有限合伙与有限合伙一样，主要适用于风险投资行业，它将有限合伙与有限责任合伙的优势相结合，不仅作为有限合伙人的出资人受有限责任的保护，作为普通合伙人的基金管理人也享有有限责任合伙中普通合伙人有条件的有限责任的保护，即他们仅对自己的过失给风险投资企业造成的损失承担无限责任，而对其他普通合伙人在管理风险投资基金过程中产生的过失不承担连带责任。

（1）特殊的普通合伙企业。

特殊的普通合伙企业，是指一个合伙人或者数个合伙人在执业活动中因故意或者重大过失造成合伙企业债务的，应当承担无限责任或者无限连带责任，其他合伙人以其在合伙企业中的财产份额为限承担责任的合伙企业。合伙人在执业活动中非因故意或者重大过失造成的合伙企业债务以及合伙企业的其他债务，由全体合伙人承担无限连带责任。当然，在合伙企业内部，其他合伙人仍有权请求该合伙人按照合伙协议的约定对给合伙企业造成的损失承担赔偿责任。可见，中国特殊的普通合伙企业的合伙人享受有限责任保护的范围小于美国法。特殊的普通合伙企业应当建立执业风险基金、办理职业保险。执业风险基金用于偿付合伙人执业活动造成的债务。执业风险基金应当单独立户管理，具体管理办法由国务院规定。

（2）有限合伙企业。

有限合伙企业，是指由对企业债务承担无限责任的普通合伙人，与对企业债务承担有限责任的合伙人组成的合伙企业。对于有限合伙企业，中国新合伙法增设了专章规定。

依据新法，除法律另有规定的之外，有限合伙企业由两个以上50个以下合伙人设立，其中至少有一个普通合伙人。

设立有限合伙企业，也应签订合伙协议，该协议除了符合有关普通合伙协议的规定之外，还应载明下列事项：① 普通合伙人和有限合伙人的姓名或者名称、住所；② 执行事务合伙人应具备的条件和选择程序；③ 执行事务合伙人权限与违约处理办法；④ 执行事务合伙人的除名条件和更换程序;⑤ 有限合伙人入伙、退伙的条件、程序以及相关责任;⑥ 有限合伙人和普通合伙人相互转变程序。应予注意的是,有限合伙人不得以劳务出资。其原因与承担有限责任的公司股东不得以劳务出资的原因相同。

有限合伙企业由普通合伙人执行合伙事务。执行事务合伙人可以要求在合伙协议中确定执行事务的报酬及报酬提取方式。有限合伙人不执行合伙事务,不得对外代表有限合伙企业。第三人有理由相信有限合伙人为普通合伙人并与其交易的,该有限合伙人对该笔交易承担与普通合伙人同样的责任。有限合伙人未经授权以有限合伙企业名义与他人进行交易,给有限合伙企业或者其他合伙人造成损失的,该有限合伙人应当承担赔偿责任。但是,有限合伙人的下列行为,不视为执行合伙事务:① 参与决定普通合伙人入伙、退伙;② 对企业的经营管理提出建议;③ 参与选择承办有限合伙企业审计业务的会计师事务所;④ 获取经审计的有限合伙企业财务会计报告;⑤ 对涉及自身利益的情况,查阅有限合伙企业财务会计账簿等财务资料;⑥ 在有限合伙企业中的利益受到侵害时,向有责任的合伙人主张权利或者提起诉讼;⑦ 执行事务合伙人怠于行使权利时,督促其行使权利或者为了本企业的利益以自己的名义提起诉讼;⑧ 依法为本企业提供担保。

有限合伙企业仅剩有限合伙人的,应当解散;有限合伙企业仅剩普通合伙人的,转为普通合伙企业。

新法还对有限合伙企业的利润分配;有限合伙人的自我交易、竞业行为、财产转让、债务清偿以及强制执行;入伙、退伙;合伙人资格承受、合伙人身份转换等作了专门规定。

值得一提的是,日本 2005 年在公司法典中引入美国有限责任企业(LLC)的同时,引入了 LLP;中国 2006 年 8 月 27 日修改的合伙企业法增设了有限合伙企业与特殊的普通合伙企业即有限责任合伙形式。两国立法不约而同地对 LLLP 采取排斥态度,很难找到正当理由。

四、国有企业

中国国有企业的法律依据主要有《全民所有制工业企业法》和《全民所有制工业企业转换经营机制条例》,并且实际上以后者为主。

1. 国有企业的权利和义务

国有企业是依法自主经营、自负盈亏、独立核算的社会主义商品生产和经营单位。企业依法取得法人资格,以国家授予其经营管理的财产承担民事责任。

企业的财产属于全民所有,国家依照所有权和经营权分离的原则授予企业经营管理。企业对国家授予其经营管理的财产享有占有、使用和依法处分的权利。企业根据政府主管部门的决定,可以采取承包、租赁等经营责任制形式。这就是所谓的国有企业所有权与经营权相分离原则。"转制条例"还专门对企业经营权以及具体内容作了规定。企业经营权是指企业对国家授予其经营管理的财产享有占有、使用和依法处分的权利。由此可见,经营权是一种由所有权派生的,并依附于所有权的没有完全独立地位的权利,几近于物权中的他项权。具体细化为生产经营决策权、产品和劳务定价权、产品销售权、物资采购权、进出口权、投资决策权、留用资金支配权、资产处置权、联营和兼并权、劳动用工权、人事管理权、工资和奖金分配权、内部机构设置权、拒绝摊派权。这些在欧美各国不言而喻的企业权利,中国虽有明确的法律规定,实践中还是很难落实。企业的国有制本身就决定了"两权"不可能得到完全的、真正的分离。

企业必须完成指令性计划;履行依法订立的合同;保障固定资产的正常维修,改进和更新设备;遵守国家关于财务、劳动工资和物价管理等方面的规定,接受财政、审计、劳动工资和物价等机关的监督;保证产品质量和服务质量,对用户和消费者负责;提高劳动效率,节约能源和原材料,努力降低成本;加强保卫工作,维护生产秩序,保护国家财产;贯彻安全生产制度,改善劳动条件,做好劳动保护和环境保护工作,做到安全生产和文明生产。同时应当加强思想政治教育、法制教育、国防教育、科学文化教育和技术业务培训,提高职工队伍的素质;支持和奖励职工进行科学研究、发明创造,开展技术革新、合理化建议和社会主义劳动竞赛活动。

2. 国有企业的治理结构

国有企业实行厂长经理负责制,党组织起保证监督作用,同时实行职工代表大会等民主管理形式。

厂长的产生,除国务院另有规定外,由政府主管部门根据企业的情况决定采取政府主管部门委任或者招聘,或者职工代表大会选举。前者须征求职工代表的意见,免职或者解聘时亦然;后者须报政府主管部门批准,职工代表大会罢免时亦然。

企业建立以厂长为首的生产经营管理系统。厂长在企业中处于中心地位,对企业的物质文明建设和精神文明建设负有全面责任。厂长是企业的法定代表人。厂长领导企业的生产经营管理工作,行使下列职权:① 依照法律和国务院规定,决定或者报请审查批准企业的各项计划。② 决定企业行政机构的设置。③ 提请政府主管部门任免或者聘任、解聘副厂级行政领导干部,法律和国务院另有规定的除外。④ 任免或者聘任、解聘企业中层行政领导干部,法律另有规定的除外。⑤ 提出工资调整方案、奖金分配方案和重要的规章制度,提请职工代表大会审查同意。提出福利基金使用方案和其他有关职工生活福利的重大事项的建议,提请职工代表大会审议决定。⑥ 依法奖惩职工;提请政府主管部门奖惩副厂级行政领导干部。

企业设立管理委员会或者通过其他形式,协助厂长决定企业的重大问题,包括:① 经营方针,长远规划和年度计划,基本建设方案和重大技术改造方案,职工培训计划,工资调整方案,留用资金分配和使用方案,承包和租赁经营责任制方案。② 工资列入企业成本开支的企业人员编制和行政机构的设置和调整。③ 制订、修改和废除重要规章制度的方案。管理委员会由企业各方面的负责人和职工代表组成,厂长任管理委员会主任。

职工有参加企业民主管理的权利,有对企业的生产和工作提出意见和建议的权利;有依法享受劳动保护、劳动保险、休息、休假的权利;有向国家机关反映真实情况,对企业领导干部提出批评和控告的权利。女职工有依照国家规定享受特殊劳动保护和劳动保险的权利。职工代表大会是企业实行民主管理的基本形式,是职工行使民主管理权力的机构。职工代表大会的工作机构是企业的工会委员会。企业工会委员会负责职工代表大会的日常工作。职工代表大会行使下列职权:① 听取和审议厂长关于企业的经营方针、长远规划、年度计划、基本建设方案、重大技术改造方案、职工培训计划、留用资金分配和使用方案、承包和租赁经营责任制方案的报告,提出意见和建议。② 审查同意或者否决企业的工资调整方案、奖金分配方案、劳动保护措施、奖惩办法以及其他重要的规章制度。③ 审议决定职工福利基金使用方案、职工住宅分配方案和其他有关职工生活福利的重大事项。④ 评议、监督企业各级行政领导干部,提出奖惩和任免的建议。⑤ 根据政府主管部门的决定选举厂长,报政府主管部门批准。

3. 企业和政府的关系

按照政企职责分开的原则,政府依法对企业进行协调、监督和管理,为企业提供服务。为确保企业财产所有权,政府及其有关部门分别行使下列职责:① 考核企业财产保值、增值指标,对企业资产负债和损益情况进行审查和审计监督;② 根据国务院的有关规定,决定国家与企业之间财产收益的分配方式、比例或者定额;③ 根据国务院的有关规定,决定、批准企业生产性建设项目,按规定由企业自主决定的投资项目除外;④ 决定或者批准企业的资产经营形式和企业的设立、合并(不含兼并)、分立、终止、拍卖,批准企业提出的被兼并申请和破产申请;⑤ 根据国务院的有关规定,审批企业财产的报损、冲减、核销及关键设备、成套设备或者重要建筑物的抵押、有偿转让,组织清算和收缴被撤销、解散企业的财产;⑥ 依照法定条件和程序,决定或者批准企业厂长的任免(聘任、解聘)和奖惩;⑦ 拟订企业财产管理法规,并对执行情况进行监督、检查;⑧ 维护企业依法行使经营权,保障企业的生产经营活动不受干预,协助企业解决实际困难。

政府应当采取下列措施,加强宏观调控和行业管理,建立既有利于增强企业活力,又有利于经济有序运行的宏观调控体系:① 制定经济和社会发展战略、方针和产业政策,控制总量平衡,规划和调整产业布局;② 运用利率、税率、汇率等经济杠杆和价格政策,调控和引导企业行为;③ 根据产业政策和规模经济要求,引导企业组织结构调整,实现资源合理配置;④ 建立和完善适应商品经济发展的企业劳动人事工资制度、财务制度、成本制度、会计制度、折旧制度、收益分配制度和税收征管制度,制定考核企业的经济指标体系,逐步将企业职工的全部工资性收入纳入成本管理;⑤ 推动技术进步,开展技术和业务培训,为企业决策和经营活动提供信息、咨询。

政府应当采取下列措施,培育和完善市场体系,发挥市场调节作用:① 打破地区、部门分割和封锁,建立和完善平等竞争、规则健全的全国统一市场;② 按照国民经济发展总体规划和布局,统筹规划、协调和建立生产资料市场、劳务市场、金融市场、技术市场、信息市场和企业产权转让市场等,促进市场体系的发育和完善;③ 发布市场信息,加强市场管理,制止违法经营和不正当竞争。

政府应当采取下列措施建立和完善社会保障体系:① 建立和完善养老保险制度,

实行基本养老保险、企业补充养老保险、职工个人储蓄养老保险相结合的制度;② 建立和完善职工的待业保险制度,使职工在待业期间能够得到一定数量和一定期限的待业保险金,保证其基本生活;③ 建立和完善医疗保险、工伤保险和生育保险等保险制度。

政府应当采取下列措施为企业提供社会服务:① 发展和完善与企业有关的公共设施和公益事业,减轻企业的社会负担;② 建立和发展会计师事务所、审计事务所、职业介绍所、律师事务所、资产评估机构和信息、咨询服务机构等社会服务组织;③ 完善劳动就业服务体系,培训待业人员,帮助其再就业;④ 健全劳动争议仲裁制度,及时妥善处理劳动纠纷,维护企业和职工的合法权益;⑤ 协调企业与其他单位的关系,保障企业的正常生产经营秩序。

思 考 题

1. 如何按国际通行惯例完善中国商事组织分类及其立法?

2. 什么是公司? 公司有哪些法律特征?

3. 简述股权与公司法人财产所有权的关系。

4. 股份公司的法律特征。

5. 公司章程的性质及其与公司法的关系。

6. 发起人的地位和责任。

7. 中国公司资本制度的改革。

8. 公司法人格否认法理在中国的实践。

9. 公司债与股份的主要区别。

10. 公司治理结构模式比较。

11. 公司董事的义务和责任。

12. 如何理解上市公司独立董事的功能定位?

13. 上市公司独立董事责任限制。

14. 中国新公司法上少数股东保护的主要规则。

15. 合伙的不同形态。

16. 国有企业与股份公司两权分离的主要区别。

第二章　合　同　法

本章介绍合同法的有关内容。合同法是关于国际商事主体之间交往规则的最重要法律。除公司属章程行为以外,几乎所有的国际商事关系均由合同联结。正如第一章所介绍的那样,德国有限责任公司法中已将公司章程改为公司合同,英美法国家甚至从来就视章程为合同的一种,合同的普遍性由此可见一斑。本章侧重于合同的订立、效力、履行、变更和转让、消灭、违约责任等内容,最后涉及到合同的担保,同时对各国的规定作适当比较。

第一节　概　　述

一、什么是合同

何谓合同这一问题乍看似乎不言而喻,甚至无需回答,事实上并不那么简单,因为中国有中国的定义,别国有别国的概念。英美法国家与大陆法国家之间,同一法系的不同国家之间存在一定差异,很难作出统一的概括。

英美法在传统上认为合同是一种具有法律约束力的允诺。例如,根据《美国合同法重述(Ⅱ)》对合同的解释,它是"一个允诺或一系列的允诺,对于违反这种允诺,法律给予救济,或者法律以某种方式承认履行该允诺乃是一项义务"。美国著名法学家、前哈佛大学法学院院长庞德甚至认为:"在商业社会里,财富多半是由允诺组成的"。大陆法中的法国视合同为合意或者协议的一种。法国民法典第1101条即规定:"合同是一人或数人对另一人或数人承担给付某物、作或不作某事的义务的一种合意。"①德国法中并无专门的合同定义,而是将合同作为法律行为的组成部分。法律行为则是指当事人之间为了发生私法上的效果而进行的一种合法行为。中国法认为合同是一种协议。如中国民法通则第 85 条规定:"合同是当事人之间设立、变更、终止民事关系的协议"。作为民法特别法的《中华人民共和国合同法》第 2 条规定"合同是平等主体的自然人、法人、其他组织之间设立、变更、终止民事权利义务关系的协议"。需要指出的是,根据美国《统一商法典》最新文本所下的定义,合同是当事人之间协议所产生的全部法律义务。而协议又是当事人明示或者默示证明的事实上的合意。② 尽管各国对合同的认识分歧很大,却均将当事人就合同中的权利义务达成一致意思,作为合同成立的基本标志,合同是一种合意或者协议的理解比较贴切。

18 世纪法国启蒙思想家卢梭的《社会契约论》,曾作为法国大革命的强大精神武器,至今仍风靡西方世界。在商事领域,特别是国际间的商事交往,更是离不开契约也即合同的联结作用。比如,一国商人到另一国推销商品,就可能与代理商签订代销或经销合同,如直接设立分公司、子公司或合资公司销售,还有可能订立土地和房屋买卖或者租赁合同、合资经营企业合同、雇员聘用合同等等,涉及到更多、更为复杂的合同关系。可以毫不夸张地说,没有合同,国际商事关系将无从建立,国际商事活动也将寸步难行。如果说中国旧体制下行政指令在国内经济活动中曾起相当大作用的话,在国际商事交易中,则主要靠合同联结各种商事关系。

二、合同的种类

合同的分类标准很多,下面介绍按常见的分类标准所形成的合同类型。

1. 双务合同和单务合同

这是大陆法国家按当事人承担合同义务的不同状况所进行的分类。双务合同是指双方当事人均向对方承担合同义务的合同。单务合同是指只有一方当事人向对方承担合同义务,权利方没有相应义务的合同。前者如买卖合同,后者如赠与合同。

2. 双方合同和单方合同

这是英美法国家按当事人双方还是单方必须履行合同义务所进行的分类。双方合同是指一方当事人将其允诺交换另一方当事人允诺的合同。单方合同是指一方当事人将其允诺交换另一方当事人的作为或者不作为的合同。前者双方均须履行其允诺,后

---

① 法学词典(增订版). 上海辞书出版社,1994.576 ~ 577;董安生等编译. 英国商法. 法律出版社,1991.1;冯大同. 国际商法. 中国对外经济贸易出版社,1991. 39;A·G·盖斯特. 英国合同法与案例. 中国大百科全书出版社,1998.1 ~ 3;何宝玉. 英国合同法. 中国政法大学出版社,1999. 38 ~ 41;王军. 美国合同法. 中国政法大学出版社,1996.1 ~ 4;杨桢. 英美契约法论(修订版). 北京大学出版社,2000.1;王利明. 合同法新论·总则. 中国政法大学出版社,2000.2 ~ 4.

② ALL(美国法学会),NCCUSL(美国统一州法委员会)著. 孙新强译. 美国《统一商法典》及其正式评述.11 ~ 12.

者只有立约人须履行其允诺,另一方当事人没有作为或者不作为的义务,如悬赏。

3. 有偿合同和无偿合同

这是按当事人从合同中取得利益是否支付代价所进行的分类。有偿合同是指一方当事人按约从对方取得利益时应当支付代价的合同。无偿合同是指一方当事人按约从对方取得利益时并不支付代价的合同。商事交易合同以有偿为常态,无偿为例外。

4. 诺成合同和实践合同

这是按合同成立的依据不同所进行的分类。诺成合同是指以当事人双方意思表示一致为成立要件的合同。实践合同是指除当事人双方达成合意之外,以交付合同标的物为成立要件的合同。在现代商事交易中,两者的界限并不明显。

5. 要式合同和不要式合同

这是按法定或者约定对合同的形式是否有特殊要求所进行的分类。要式合同是指法律规定或者当事人约定采取特殊形式的合同。不要式合同是指法律没有规定或者当事人没有约定采取特殊形式的合同。商事交易合同以不要式为常态,要式为例外。英国法中的简单合同属于不要式合同,盖印合同和记录合同属于要式合同。

6. 有名合同和无名合同

这是按合同名称是否由法律明确规定所进行的分类。有名合同亦称典型合同,是指法律明确规定其名称及规则的合同。中国合同法规定的买卖合同等 15 种合同即是。无名合同亦称非典型合同,是指法律没有规定名称及规则的合同。

7. 实定合同和射幸合同

这是按在订立时能否确定合同的法律后果所进行的分类。实定合同亦称确定合同,是指在订立时即能确定合同的法律后果的合同。射幸合同是指在订立时不能确定合同的法律后果的合同。如保险合同、赌博合同、博彩合同等即是。

8. 束己合同和涉他合同

这是按合同是否对当事人以外的第三人具有法律效力所进行的分类。束己合同是指合同所约定的权利义务只对合同当事人有效,于第三人无关的合同。涉他合同是指合同所约定的权利义务不但对当事人有效,而且也涉及到第三人利益的合同。包括为第三人利益的合同和由第三人履行的合同。

9. 明示合同和默示合同

这是按当事人是否通过明确的意思表示签定合同所进行的分类。明示合同是指当事人通过语言、文字等方式明确地表达签订合同的意愿,从而达成合意的合同。默示合同是指当事人之间没有明确的意思表示,而是从当事人的行为中推定合同成立的合同。

10. 一次性给付合同和连续给付合同

这是按当事人的给付是否一次性完成所进行的分类。一次性给付合同是指当事人的给付义务一次性履行的合同,如特定物的买卖合同。连续给付合同是指当事人的给付义务在一定期限内分次性履行的合同,如定期供货合同、租赁合同等。

此外,还有主合同和从合同;转移财产的合同、完成工作的合同和提供服务的合同;

有效合同、效力待定合同、无效合同、可撤销合同和不能强制履行的合同等分类。主合同的权利义务可以独立存在;从合同以主合同权利义务的存在为其权利义务存在条件,如保证合同。转移财产的合同约定转移标的物的财产权利;完成工作的合同约定一方当事人完成一定的工作并向对方交付工作成果;提供服务的合同约定一方当事人向对方提供一定的服务。有效合同依法成立并对当事人产生法律约束力;效力待定合同在当事人之间虽有合同关系但效力尚未确定;无效合同在当事人之间虽有合同关系但没有法律约束力;可撤销合同由创设合同关系的当事人决定合同的效力;不能强制履行的合同因合同本身的缺陷或者已过时效而不能通过法院强制执行。① 美国《统一商法典》主要规范货物买卖合同、租赁合同、担保合同等,中国合同法上的有名合同有 15 种,它们是:买卖合同,供用电、水、气、热力合同,赠与合同,借款合同,租赁合同,融资租赁合同,承揽合同,建设工程合同,运输合同,技术合同,保管合同,仓储合同,委托合同,行纪合同,居间合同。

三、合同法例

西方国家合同法分为英美法与大陆法两大法律体系。英美法国家的合同法原则主要体现在判例法中,传统上没有统一的成文法典。英国的 1893 年货物买卖法在 1979 年修改后,又经 1994 年修改颁布,定名为《1994 年货物买卖和供应法》,主要涉及货物买卖合同的有关规定。② 前述美国《统一商法典》,作为向各州推荐的法律范本,被各州吸收到商法典中,涉及的主要合同为货物买卖合同。1932 年的《美国合同法重述(Ⅰ)》和 1980 年的《美国合同法重述(Ⅱ)》主要是对合同判例的总结归纳,对美国法学界尤其是法院法官的影响很大。另外,作为全球互联网的发源地,美国的电子商务立法走在世界各国的前列,大部分州均制定了电子商务法,立法的重心主要围绕电子签章、电子合同、电子记录的法律效力展开。1997 年克林顿鉴署公布了《全球电子商务框架》,1999 年 7 月美国统一州法全国委员会制定了《统一计算机信息交易法》和《统一电子交易法》,作为示范法向各州推荐。而美国法律协会也不甘落后,于 1999 年公布《数字签名指南》,2000 年初,美国通过《国际与国内商务电子签章法》,承认电子签名或者数字签名的法律效力。此外,美国还积极参与电子商务的国际立法活动,1998 年 5 月向联合国国际贸易法律委员会提交了《国际电子交易公约》建议草案。③ 大陆法国家则不同。大陆法国家的合同法采取成文法形式,只不过没有独立的合同法典,而是在民法典中包含有关合同的内容。如法国民法典第 3 卷中对合同的总则和分则作了详细规

① 董安生等编译. 英国商法. 法律出版社,1991. 2~12;何宝玉. 英国合同法. 中国政法大学出版社,1999. 38~41;杨桢. 英美契约法论(修订版). 北京大学出版社,2000. 7~16. 王利明等. 合同法新论·总则. 中国政法大学出版社,2000. 33~45.

② 吴冠雄. 英国货物买卖法的新发展——评介《1994 年货物买卖和供应法》. 中外法学,1999(1).

③ 张楚. 美国电子商务法评析. 法律科学,2000(2).

定,条款几乎占整个民法典的一半。德国民法典不但在总则中用法律行为概括规定合同的共性问题,而且在第 2 编"债务关系法"中对合同之债及其种类作了具体规定,比法国民法典更系统,更严谨,更详尽。此外,法国、德国、日本等国还在商法典的商行为部分,对各种商事活动中的合同关系作了规定。

中国曾在 1986 年公布《中华人民共和国民法通则》、1981 年至 1987 年先后公布经济合同法、涉外经济合同法和技术合同法,另有专门法规定中外合资经营企业合同、中外合作经营企业合同、技术引进合同等。1999 年 3 月 15 日全国人大通过《中华人民共和国合同法》。该法分总则、分则和附则三大部分,23 章 428 条。除在分则中对前述15 类有名合同作出规定外,总则中包括一般规定、合同的订立、合同的效力、合同的履行、合同的变更和转让、合同的权利义务终止、违约责任、其他规定。该法充分发挥专家立法的优势,又广泛征求各方意见,既反映了中国原有合同立法和司法实践以及理论研究的丰硕成果,也吸收了国际公约、国际惯例以及其他国家合同法的成功经验。它的发布施行,标志着中国经济合同法、涉外经济合同法和技术合同法三足鼎立局面的终结,并确立了与联合国国际货物买卖合同公约、国际商事合同通则以及有关国际贸易惯例协调衔接的、体现 21 世纪法制精神的统一合同法律制度,对中国国内国际的经济贸易活动产生重大影响。中国未来制定民法典,以取代过于粗疏的民法通则,以合同法为主的债法和 2007 年审议通过的物权法,必将成为该法典的两个重要支柱。

在国际立法层面,综合性的国际合同统一法还没有形成。1980 年《联合国国际货物买卖合同公约》仅仅是货物买卖合同方面的国际立法,国际商会的《1990 年国际贸易术语解释通则》以及《2010 年国际贸易术语解释通则》,也是局限于传统的国际贸易领域中的国际惯例。这些国际立法和国际惯例属于下一章买卖法的内容。

国际统一私法协会 1994 年制定、2004 年修改的《国际商事合同通则》,为国际商事合同提供了示范法和通行惯例。它在许多方面重申了《联合国国际货物买卖合同公约》的内容,同时弥补了该公约因难以协调不同国家、不同法系之间的差异而造成的空白和含混。例如,通则涵盖所有商事合同而非仅限于货物买卖合同;将诚信原则扩及到缔约阶段而非限于合同的解释;扩充或者增加关于合同成立、合同效力、履行艰难、免责条款、违约罚金的规定;增加关于当事人协助义务、区别特定结果达成义务、最妥善的努力义务的规定。① 为了适应日益繁荣的国际商事活动及高科技手段在国际贸易中的广泛应用,《国际商事合同通则》在 2004 年进行了全面修改,增加了代理权、第三方权利、抵销、权利转让、义务转移和合同转让以及时限等 5 章内容。另外,在第 1 章增加了有关不一致行为的第 8 条规定,在第 5 章增加了有关协议解除的第 9 条规定。② 1998 年

---

① [意]米切尔·波乃尔.国际商事合同通则与国际货物销售合同公约.民商法论丛(第 13 卷),651～659.

② 商务部条约法律司编译.国际商事合同通则.法律出版社,"2004 年版前言",1.

欧洲合同法委员会公布的《欧盟合同法原则》,也具有示范法和惯例性质。①

第二节　合同的订立

合同作为当事人之间的合意,首先要通过订立才能产生,而合同的订立往往涉及到合同能力、对价和约因、要约和承诺过程、合同形式、合同内容、合同的解释、格式条款的特殊要求甚至缔约过失责任等问题。

一、合同能力

合同能力亦称缔约人能力或者合同主体资格,是各国法律中关于合同当事人主体资格的有关规定。在通常情况下,国际条约不对合同能力作出规定,而是留待国内立法予以解决。无论大陆法还是英美法国家,均对意欲订立合同的当事人条件或资格进行明确而严格的规定,只有符合条件的人才能订立有效合同,并承担相应的合同权利和义务,具体包括自然人和法人两方面的规定。

对于自然人缔结合同的能力,各国主要对未成年人和精神病患者作限制性规定。例如,德国民法典规定未满 7 岁的儿童、因精神错乱不能自主决定意志者、禁治产者因为无行为能力,所订合同无效。法国也有类似的规定。禁治产是指成年人因痴愚、疯癫或者心神丧失,不能处理自己的事务,经本人或其亲属请求法院宣告其丧失行为能力,禁止其处理自己的财产。大陆法国家民事法律中普遍对禁治产制度设有规定。不过,日本为了应对老龄化社会所带来的孤寡老人的特殊保护问题,通过 1999 年底修改民法,在整合原有禁治产以及准禁治产制度的基础上,创设了成年监护制度,包括法定监护制度中的监护(相当于禁治产)、保护(相当于准禁治产)和新设的辅助制度,以及任意监护制度,同时取消无能力人的概念,而统一表述为限制能力人,一方面扩大保护范围,另一方面缓和行为能力的限制,以便尊重民事主体的自由处分权利,灵活处理社会实际的不同情况。② 法国民法典中还有解除亲权的制度。据此,不到 21 岁的未成年人因结婚而解除亲权;年满 16 岁的未成年人虽未结婚,也可由父母请求监护法官宣告解除亲权,成为民事行为能力人,但不得从事商业活动。英美法中没有禁治产和解除亲权制度,而是直接规定未成年人、精神病人和酗酒者的缔约能力。英国原规定 21 岁为成年人,1969 年修改家庭法时降为18 岁。未成年人订立的合同视不同情形,可能产生 4 种法律效果。属受让必需品的合同及为未成年人利益而订立的教育合同有效。未成年人订立的,对其具有延续性或永久

① ［意］米切尔·波乃尔.国际商事合同通则与欧洲合同法原则的关系.民商法论丛(第 13 卷),660 ～673;韩世远译.欧洲合同法原则.民商法论丛(第 12 卷),831 ～866.

② ［日］山本敬三著.解亘译.民法讲义Ⅰ总则.北京大学出版社,2004.30 ～33;日本民法第 7—20 条,参见http://www.houko.com.

性利益,并对其产生延续性责任的合同,在未成年期间和成年后的合理期间,未成年人有权撤销。美国法中关于成年人年龄规定与英国法相似,为18岁,但各州有差异。美国法认为未成年人所缔结的合同绝大部分无效。但需由未成年人在未成年期间或成年后一段合理时间内否认。在合同已履行或部分履行的情况下,未成年人及其相对人通常可请求返还财产,因而不同于英国的处理规则。在美国法中,未成年人就必需品包括教育所订的合同,亦有法律约束力。精神病人或神经不健全的人所订的合同一律无效。一时害了精神病的人,一旦神经恢复正常,可以追认或否认其以前订立的合同。但是,在订立合同时,缔约一方对另一方患精神病一无所知,很有诚意,也没有占神经不健全者的便宜,就不得否认合同。神经不健全者就必需品订立的合同,则有法律效力。一个因喝醉酒而无法理解交易性质的人,应与精神病人同等对待。在酒醒后,他可以追认一个未履行的合同,或否认一个已履行的合同,但须对必需品的购买合同负有义务。英国法中也对精神病人和醉酒者的合同能力进行严格限制。他们必须同时证明缔约时确实不了解自己交易行为及合同的性质,对方明知其无能力缔约的,方能主张合同无效。

中国民法通则将自然人的民事行为能力分为3类,即完全民事行为能力、限制民事行为能力和无民事行为能力。前者为18岁以上或16岁以上不满18岁但以自己的劳动收入为主要生活来源的人;中者为10岁以上的未成年人和不能完全辨认自己行为的精神病人,可从事与其心智发展状况相适应的民事活动;后者为不满10岁的未成年人和不能辨认自己行为的精神病人,其从事的民事行为包括订立的合同无效。必须指出的是,除智力成果的转让和许可、零星中介等特殊活动外,中国法中的自然人通常不具备商事主体资格,未经登记不得以从事营利性活动为职业,更不得从事国际商事交易,否则无效。如前所述,由于中国尚无系统化的商事制度,对于商人身份的认定还缺乏统一的标准。在2004年修改的《对外贸易法》中允许个人从事外贸活动,在企业破产法修改方案中,也将合伙企业的合伙人和独资企业业主纳入破产主体范围,有人甚至提出商自然人的概念,以区别于一般的自然人。可见,如何建立、完善商事主体制度,乃中国民商法制度建设中亟需解决的问题。法人是由法律所创造的拟制主体。法人的合同主体资格,在商事交易中主要表现为公司的合同能力。公司一旦成立,即取得不同于其成员的独立人格,有其独立财产并可承担独立责任。除非公司的股东或董事滥用公司法人形式以达到其非法目的,方可否定公司的法人人格,适用撩开公司面纱或法人格否定的原则,追究相关人员的责任,让其承担公司所无力承担的债务。与自然人不同的是,法人的行为能力与其权利能力完全一致,而权利能力源于法律规定或由章程确定。以英国为例,现行主要有特许公司、专门法公司和注册公司3种公司形式。前者的合同能力取决于特许状的规定,中者依据有关专门法案,后者依公司法由公司组织章程即公司大纲确定。其他国家除没有或很少特许公司外,其他两种公司合同能力与英国法基本相同。中国法人尤其是企业法人的合同能力以登记机关核准的营业执照所确定的经营范围为限。只是特殊的经营范围如金融、期货、保险、旅游、餐饮、娱乐、交通等,须事先取得主管部门核准许可,方可作为章程的业务范围报登记机关登记。法人超越特许经营范围的行为无效,但越权经营的法人仍应对相对人承担法律责任。除非相对人明知并具有同样过错。

二、对价和约因

在英美国家普通法上多称对价,但有时与约因互通。法国法中称为约因,李浩培先生等翻译的《法国民法典》则称为原因。① 英美法中的对价是指根据协议已经履行或将要履行义务的当事人由此得到某种利益,或者接受义务履行的当事人为此而遭受某种损失的事实要素,是对履行义务一方当事人的某种回报。通俗地说,是允诺人利用其允诺进行议价从而得到的某种东西,是购买对方某种允诺的代价。对价在传统上是特定形式如英美法国家签字蜡封(现代社会中为盖印)式之外合同的必备要素。2000 年美国《统一商法典》第 2—205 条才彻底改变有约束力的要约须有对价支持的规则。② 英美法将对价分为待履行的对价、已履行的对价和过去的对价 3 种。前者为当事人双方在合同中互相允诺在将来履行的对价,如约翰和琼斯约定 3 天后一手交钱一手交货,此时的交钱和交货均属于待履行的对价。中者为当事人一方得到对方当事人的允诺或者应对方当事人的请求,才作出某种允诺或者作出某种行为。此时,已依约履行的义务,构成另一方当事人承担相应履行义务的对价,如约翰按约交给琼斯 100 美元,琼斯在收钱后 3 天内交货,琼斯收到的钱款即是已履行的对价。悬赏广告中悬赏广告人的允诺也是此后特定相对人作出约定行为的已履行的对价。后者为一方当事人在对方作出允诺之前,或者未经对方当事人的请求,即已完成某种行为,简言之,过去的对价是允诺之前已全部履行完毕的义务。如约翰自愿将琼斯的一批货物从利物浦运到伦敦交付给琼斯,事先根本没有约定运费。琼斯允诺在卖完后 10 天内付给约翰 100 英镑,货运行为即是 100 英镑给付的过去的对价。待履行的对价和已履行的对价可有效成立,过去的对价不构成有效的对价,这就是英美法上"过去的对价不是对价"原则。

一项有效的对价必须符合各种条件:① 对价必须合法。如英国曾在 1860 年皮尔斯诉布鲁克斯案中,判决马车制造商卖给妓女的马车因后者从事不道德职业而无效,原告无权收回被告的欠款。② 对价必须具有真实价值,但毋需完全等价。若对价很不充分,以至于形成显失公平的合同,美国《统一商法典》第 2—302 条规定法院可拒绝强制执行。③ ③ 过去的对价不能构成有效的对价,因为两个对价之间不属同一个法律关系。④ 已经存在的义务或法律上的义务不能作为对价。如公司开发研究人员的科技发明为公司创造重大效益,公司可予以奖励,发明人不能在法律规定或者聘用合同约定

---

① 李浩培等译. 法国民法典. 商务印书馆,1979. 151.

② ALL(美国法学会),NCCUSL(美国统一州法委员会)著. 孙新强译. 美国《统一商法典》及其正式评述. 中国人民大学出版社,2004. 60 ~ 61.

③ ALL(美国法学会),NCCUSL(美国统一州法委员会)著. 孙新强译. 美国《统一商法典》及其正式评述. 中国人民大学出版社,2004. 73.

之外强行向公司索要额外报酬;刑警抓获罪犯,也不能作为其获取薪金之外报酬的理由。⑤ 部分支付不能作为偿还全部债务的有效对价。这是 1602 年英国 Lord Coke 法官所创立的普通法规则,即平内尔规则。但这一规则受到 1947 年英国 Denning 法官所确立的禁反言规则的制约。禁反言规则也称禁止翻悔规则,是指如果某人以其言行取得他人信任,他人已经据此行事,法律就不允许该人对其言行进行反悔。美国《统一商法典》第 2—209 条第 1 款则明确规定改变现存合同的协议,无须对价支持也具有约束力。① ⑥ 放弃有效的诉权构成对价。⑦ 对价必须来自受允诺人包括其代理人。

法国民法典对约因设有专门规定。对约因的理解见仁见智,一般而言,法国民法中的约因有两种含义,一是指当事人订立合同的理由或者其所追求的最直接的目的;二是指当事人通过合同所企图达到的最终最根本的目的。前者为"近因",后者为"远因"。② 就买卖合同而言,买卖合同的标的就是买方所追求的直接目的,卖方的直接目的则是取得金钱。至于标的物自用还是馈赠他人,金钱用于生产还是消费抑或偿债,则属于最终目的。"约因"一词多在前者意义上使用。显然,双务合同中有两个约因,或当事人之间有相互给付关系。按法国民法典 1131 条规定,凡是无约因、基于错误约因或不法约因的债不发生效力。德国、日本民法典、瑞士债务法典等虽同属大陆法国家成文法,但并无约因的规定。德国民法典 812 条中对不当得利有所规定。所谓不当得利是指无法律上的原因,取得他人的财产或其他利益。取得方依法必须将其归还真正的所有人。不当得利制度实际上从反面确立了无对价或合法的约因的合同无效的原则,可收到与英美法和法国法异曲同工之效。

三、要约

一项合同通常需要经过要约和承诺的过程,方可订立。要约是订立合同的第一步,故先予讨论。要约是一方当事人希望和他人订立合同的一种意思表示。美国《统一商法典》将其表述为"邀请以当时情形下任何合理的方式或媒介承诺"。《国际商事合同通则》第 2.1.2 条的定义更为具体:"一项订立合同的建议,如果十分确定,并表明要约人在得到承诺时受其约束的意旨,即构成要约。"《欧洲合同法原则》第 2—201 条规定的意思相近。其中,提出要约的一方称为要约人,其相对方称为受要约人。要约可采取书面形式,也可采取口头或行为等其他方式,但特定国家的特定合同除外。要约应具备下列条件:

第一,要约人必须明确表达愿意按要约的内容与对方订立合同的意思。要约不是简单的商品介绍,让对方了解情况而向自己发出要约,而要明确表示按所提条件同对方签约的意思。否则,就不是要约,而是要约引诱或要约邀请。要约引诱发出后,即使对

---

① ALL(美国法学会),NCCUSL(美国统一州法委员会)著.孙新强译.美国《统一商法典》及其正式评述.中国人民大学出版社,2004. 67.

② 尹田.法国现代合同法.法律出版社,1995. 152～153.

方完全接受其内容,合同也不能成立,而要等到发出要约引诱方承诺后,合同才成立。因此,中国合同法第 15 条规定,要约邀请是希望他人向自己发出要约的意思表示。另外,要约须向特定人发出,否则为广告,广告一般不能构成要约,中国法即规定寄送的价目表、拍卖公告、招标公告、招股说明书、商业广告等为要约邀请。只有在商业广告的内容符合要约规定时才视为要约。《欧洲合同法原则》的规定更明确、合理一些:要约可以向一个或者多个特定的人或者向公众作出。一项由职业性供应人以公开的广告或者价目表或者以商品展示的方式作出的以特定价格供应商品或者服务的建议,被推定为是按此价格出售商品或者提供服务的要约,直至库存商品售罄或者供应人提供此项服务的能力用完。各国通常承认悬赏广告的要约效力。悬赏广告是指发布人声明对于完成特定行为的人,将给予一定报酬的广告。悬赏广告的发布人为要约人,而完成特定行为的人为承诺人,其行为一旦完成,合同就成立,要约人有义务支付约定报酬,常见的有寻人启事、寻物启事。中国天津市曾发生过因寻物启事引起的诉讼案,经二审法院调解结案,调解书首次确认悬赏广告的效力,要约人承担了部分给付责任。①

第二,要约的内容必须明确、肯定。要约传送到受要约人处,一旦被无条件接受,合同即告成立。而合同应包含当事人双方的主要权利义务。合同经当事人要约和承诺而成立后,如要增加、减少或修改其内容,必须经过新的协商。因此,要约内容应是包括合同的主要条件,如标的、价款、数量、履行的时间、地点和方式等,如中国合同法第 12 条所列举的内容。但是,美国统一商法典对要约要件的规定比较灵活:如货物买卖合同的要约须明确货物的数量或计量方法,其他可以日后确定,发生争议后,由法院依所谓合理的依据确定。中国民法通则第 88 条也有类似的规定。由此看来,要约的内容起码包括标的和数量或者确定数量的方法,否则,受要约人一旦承诺,当事人双方的权利义务关系仍然无法确定下来,合同也就不能成立。至于其他条件,则均可在合同成立之后予以补充。

第三,要约必须送达受要约人才能生效。要约的生效时间不同于承诺,两大法系间存在着严重的分歧,大陆法国家认为到达生效,英美法国家认为投邮生效。对于要约,各国均认为到达受要约人才生效,要约也只有送达受要约人,才能让其知晓内容,并作出承诺与否的决定。如果一方当事人约翰向另一方当事人琼斯发出以下要约:购买电脑 100 台,每台 1 000 美元,总计 10 万美元,免费送货,而琼斯在收到该要约之前以完全相同的条件向约翰发出卖出要约,双方在收到之前,要约不发生效力。采用数据电文形式订立合同,收件人指定特定系统接收数据电文的,该数据电文进入该特定系统的时间,视为到达时间;未指定特定系统的,该数据电文进入收件人的任何系统的首次时间,视为到达时间。② 要约的效力不同于承诺的效力。要约通常仅约束要约人,对受要约

---

① 中国最高人民法院公报编辑部.最高人民法院公报·典型案例全集.警官教育出版社,1999.395 ~ 397.

② 中华人民共和国合同法第 16 条。

人而言,一般没有约束力,受要约人没有义务答复,更没有义务承诺。但日本、德国商法中有例外规定,即惯常客户的要约,怠于拒绝者视为承诺。要约对要约人的约束力问题,实际上就是要约在到达受要约人之后作出承诺之前,要约人是否可以撤销或者更改要约。对此,两大法系以及大陆法中的法、德两国均有不同规定。英美普通法认为,要约原则上对要约人没有约束力,在受要约人作出承诺之前,要约人随时可以撤销要约,除非要约有对价支持或采取特定形式(如签字蜡封或者盖印)。因为英美法传统中视要约为允诺,无对价或无特定形式的允诺无效。但是,英美法中的这一传统对受要约人缺乏应有的保障,极不适应现代经济生活,为此,英国在 1937 年就曾提出修改对价原则的动议,承认明确约定有效期限的要约的约束力,只是迄今仍未形成正式法律。前述美国《统一商法典》已形成了新的规则,即要约即使没有对价支持,对要约人仍具有约束力。法国法原则上认为受要约人作出承诺之前,要约人可撤销要约,但如果在要约有效期内或一段合理期限之内不适当地撤销要约,须对受要约人承担损害赔偿责任。德国法则不同。德国法认为要约原则上对要约人具有约束力,除非要约中注明不受拘束的词语。但注明要约人不受拘束的要约就不成其为要约,而变成了要约引诱。中国合同法中已经详细规定了合同订立程序,根据其第 18 条,要约可以撤销。撤销要约的通知应当在受要约人发出承诺通知之前到达受要约人。接着又规定:有下列情形之一的,要约不得撤销:① 要约人确定了承诺期限或者以其他形式明示要约不可撤销;② 受要约人有理由认为要约是不可撤销的,并已经为履行合同作了准备工作。

由于要约送达受要约人时才能生效,故一项要约即使是不可撤销的,也可以撤回。但是,撤回要约的通知应当在要约到达受要约人之前或者与要约同时到达受要约人。要约失效的情形,主要有 5 种:一是要约有效期间已过,未规定有效期的,则“依通常情形可期待承诺到达的期间”或“合理的时间”已过,具体由法院确定;二是被要约人撤回或撤销;三是被受要约人拒绝;四是被受要约人变更,形成反要约;五是因出现法定的事由,如约定的标的物灭失、遭政府禁运、承诺前当事人丧失行为能力。中国合同法第 20 条有类似规定。

四、承诺

承诺是指受要约人同意要约内容的一种意思表示。对要约进行承诺的具体方式,通常为依法或者按约发出承诺通知,但有时也可以按交易习惯或者合同约定以其他方式作出,如发货行为、服务行为等。《国际商事合同通则》即规定:受要约人做出的声明或者以其他行为表示同意一项要约,即构成承诺。沉默或者不作为本身不构成承诺。《欧洲合同法原则》的规定几乎相同。而美国《统一商法典》第2—206条第 2 款特别规定:“要约所要求的履行以合理的承诺方式开始实施,但在合理时间内未将承诺通知要

约人的,要约人可以视其要约已过承诺期。"①一项有效的承诺应具备下列条件:

第一,承诺必须由受要约人或其代理人作出,无代理权的第三人向要约人所作出的同意要约内容的意思表示,对受要约人没有拘束力。这是合同相对性所要求的基本规则。

第二,承诺必须在要约的有效期限内进行,未规定有效期的在合理期限内作出。在通常情况下,过期或迟到的"承诺"不是有效的承诺,而是一项新的要约或者称反要约,须经原要约人承诺后,合同方可成立。某些国际的、国家的或者超国家的合同规则中有例外规定时,按例外规定执行。要约以信件或者电报作出的,承诺期限自信件载明的日期或者电报交发之日开始计算。信件未载明日期的,自投寄该信件的邮戳日期开始计算。要约以电话、传真等快速通讯方式作出的,承诺期限自要约到达受要约人时开始计算。要约以面谈方式作出的,应当即时作出承诺,但当事人另有约定的除外。②

第三,承诺应与要约的内容相一致。英美普通法认为,承诺对于要约,就像镜子反映物体那样毫无二致,否则就不是承诺而是反要约,形成所谓的镜像规则。大陆法国家也大体如此。但美国统一商法典对此已有所改变,采取了比较灵活的做法。据美国《统一商法典》第2—207条的规定,在商人之间,如果受要约人在承诺中附加了某些条款,承诺仍可有效,这些条款构成合同的组成部分,但以下情形除外:① 要约明确规定承诺必须符合原要约条款的;② 附加条款或者冲突条款实质上改变了要约的;③ 要约人在收到有关此类条款的通知后于合理时间内提出异议的。③ 这些规则对联合国国际货物买卖合同公约、国际商事合同通则、欧洲合同法原则甚至中国合同法均有影响。

第四,承诺的传递方式应符合要约的要求。如要约规定传递方式的,承诺应采取限定的或更为快捷、安全的方式;如未予规定,则采取同样的或更为快捷的方式。否则,承诺的效力将受到影响,甚至导致整个合同不能成立。

对于邮寄承诺的生效时间,大陆法系和英美法系有完全不同的规定。英美法国家实行投邮主义或投邮生效原则,即在以邮寄信函方式承诺时,承诺一经投邮立即生效,即使表示承诺的信函在传递过程中灭失,也不影响合同的成立。奉行投邮主义的主要目的,在于缩短要约人可以撤销要约的时间,增强对受要约人的保障。但是,采取即时同步的传递方式,仍实行到达主义。大陆法系中的德国明确奉行到达主义或到达生效原则,即受要约人作出承诺后,该承诺到达要约人时才生效,合同也在此时成立。德国民法典第130条所规定的"对于相对人以非对话方式所作的意思表示,于意思表示到达于相对人时发生效力",即有此意。联合国合同公约、国际商事合同通则、欧洲合同法

① ALL(美国法学会),NCCUSL(美国统一州法委员会)著. 孙新强译. 美国《统一商法典》及其正式评述. 中国人民大学出版社,2004. 61.

② 中华人民共和国合同法第24条;国际商事合同通则第2.1.7条。

③ ALL(美国法学会),NCCUSL(美国统一州法委员会)著. 孙新强译. 美国《统一商法典》及其正式评述. 中国人民大学出版社,2004. 63.

原则亦采取到达主义。但法国和日本对邮寄承诺生效时间的认定,与英美法系相似。日本民法典第 526 条规定异地承诺实行投邮生效原则;法国法律虽无明文规定,但在司法实践中推定适用投邮主义。中国合同法规定,承诺通知到达要约人时生效。承诺不需要通知的,根据交易习惯或者要约的要求作出承诺的行为时生效。采用数据电文形式订立合同,收件人指定特定系统接收数据电文的,该数据电文进入该特定系统的时间,视为承诺到达时间;未指定特定系统的,该数据电文进入收件人的任何系统的首次时间,视为承诺到达时间。

承诺是否可以撤回,完全取决于承诺生效时间。英美法国家及部分大陆法国家实行投邮主义,承诺一经投邮即生效,合同也因此而成立,故承诺不可撤回;德国实行到达主义,在承诺送达要约人之前不生效力,故承诺仍可以撤回,但撤回承诺的通知必须先于或与承诺同时到达要约人。此原则也为联合国合同公约和国际商事合同通则所采纳。中国合同法第 27 条亦规定:承诺可以撤回。撤回承诺的通知应当在承诺通知到达要约人之前或者与承诺通知同时到达要约人。

另外,为了尽可能促进当事人之间达成交易,国际上普遍承认,在某些情况下,即使不符合通常的承诺有效条件,承诺也能生效。联合国合同公约、国际商事合同通则、欧洲合同法原则和中国合同法均规定 3 种情况。

其一,受要约人超过承诺期限发出承诺,要约人及时地、毫不迟延地通知受要约人该承诺有效的,则该承诺虽然过期仍然有效,合同据此成立。例如,A 指定6 月30 日为承诺其要约的最后期限。B 的承诺于 7 月 3 日送达 A,A 仍然想与 B 订立合同,愿意"接受"B 的逾期承诺,并且立即通知了 B 虽然该通知于 7 月 8 日才送达 B,但合同还是在 7 月 3 日而非 7 月 8 日成立。对受要约人的逾期承诺,要约人沉默的,承诺不生效,合同也不能成立。

其二,受要约人在承诺期限内发出承诺,按照通常情形能够及时到达要约人,但因其他原因承诺到达要约人时超过承诺期限的,除要约人及时通知受要约人因承诺超过期限不接受该承诺的以外,该承诺有效。在上例中,B 知道航空信件传递到 A 通常需要7 天,于 6 月 20 日寄信承诺,由于 A 所在国的邮政部门罢工或者遇到暴风雪延误航班,致使盖有邮戳日期的信件在 7 月 30 日才送达到。要约人 A 没有通知 B 要约已经失效。B 的承诺虽然逾期仍然有效,合同于 7 月 30 日成立。因此,对由于受要约人之外的原因而迟到的承诺,要约人沉默的,承诺生效,合同也能成立。只有当要约人明确表示反对时,才不构成承诺。

其三,承诺对要约的内容作出非实质性变更的,除要约人及时表示反对或者要约表明承诺不得对要约的内容作出任何变更的以外,该承诺有效,合同的内容以承诺的内容为准。在中国合同法中,有关合同标的、数量、质量、价款或者报酬、履行期限、履行地点和方式、违约责任和解决争议方法等的变更,是对要约内容的实质性变更。例如,A 向B 订购一台机床,准备在其厂房内调试。B 声明接受要约的条款,但增加了 B 希望参加调试的条款,它不对要约作出"实质性"变更,因此可以构成合同的一部分,除非 A 毫不迟延地拒绝。如果 B 一方面声明接受要约的条款,但增加了仲裁条款,则对要约作出"实质性"变更,此时 B 的意思表示构成反要约。下面一个案例,可以形象地说明变更的承诺的效力。A 为荷兰进口商,B 为中国出口商,双方签约买卖一批农副产品。某年 10 月 7 日,B 通过传真向 A 发出要约如下:"报 300 吨 C514(产品代号),即期装船,不可撤销即期信用证付款,每吨 CIF 鹿特丹 US＄1 900,10 月 25 日以前电复有效。"A 于 10 月 22 日复电如下:"贵司 10 月 7 日发盘,我司接受 300 吨,即期装船,不可撤销即期信用证付款每吨 CIF 鹿特丹 US＄1 900。除通用单证外,需提供产地证、植物检疫证明书、适合海洋运输的良好包装。"因传 C514 的主要产地巴西遭到严重自然灾害,国际市场价格急剧上涨。B 于 10 月 25 日回电称:"贵司 22 日复电已知悉,但是十分抱歉,由于国际市场价格发生变动,在收到贵司接受电报之前,货已售出。"A 认为其 10 月 22 日的承诺已经生效,合同也已经成立,双方须受合同约束,B 要么按照约定价格履行合同,要么偿付国际市场价格和合同约定价格的差额。被告只好向原告支付差价以了结纠纷。在通常情况下,承诺一旦生效合同即可成立。当事人采用合同书形式订立合同的,自双方当事人签字或者盖章时合同成立。当事人采用信件、数据电文等形式订立合同的,可以在合同成立之前要求签订确认书。签订确认书时合同成立。而中国合同法第 36、37 条有两个例外规定:一是法律、行政法规规定或者当事人约定采用书面形式订立合同,当事人未采用书面形式但一方已经履行主要义务,对方接受的,该合同成立。二是采用合同书形式订立合同,在签字或者盖章之前,当事人一方已经履行主要义务,对方接受的,该合同成立。该法第 140 条就买卖合同也设定了例外规定,即买卖合同的标的物在订立合同之前已为买受人占有的,合同生效的时间为交付时间。此处的"合同生效",实际上是指合同成立。合同成立的地点对于双方当事人具有重要意义。虽然中国法中已经不再将合同成立的地点作为诉讼管辖的一个依据,但是,在国际商事纠纷特别是国际货物买卖合同纠纷诉讼管辖的确定,合同缔结地仍然是一个很重要的联结因素。因此,中国法中予以明确的规定:承诺生效的地点为合同成立的地点。采用数据电文形式订立合同的,收件人的主营业地为合同成立的地点;没有主营业地的,其经常居住地为合同成立的地点。当事人另有约定的,按照其约定。当事人采用合同书形式订立合同的,双方当事人签字或者盖章的地点为合同成立的地点。在实践中,如果签字或者盖章的地点不一致的,最后的签字或者盖章的地点为合同成立的地点。

五、合同的形式

正如前述,依合同的形式要求不同,可将合同分为要式合同与不要式合同两种,前者须按法定的形式订立,否则不生效力或不能强制执行;后者无特别要求。商事合同以不要式为通例。联合国合同公约、国际商事合同通则、欧洲合同法原则、美国统一商法典、中国合同法均没有对合同的形式作出特别的限制。

英国法中有盖印合同即原先的签字蜡封式合同(亦称契据合同或书面要式合同)、简式合同(包括书面合同、口头合同、默示合同)、记录合同和准合同。盖印合同必须采取书面形式并签名盖章。凡是无对价因素的合同、地产转让及土地权益在 3 年以上的租借合同、英国船舶或其中份额的转让合同以及注册公司的组织章程,必须为盖印合同。简式合同是以对价为成立要件的合同。其中的书面合同须以书面形式作成,否则无效或不能强制执行。如票据、海上保险合同、抵押证券合同、债务承认不采取书面形式者无效;而担保合同、土地买卖或以其他方式处分土地权益的合同,以及金钱借贷合同,非以书面形式作为证据者,不能强制执行。口头合同是当事人依法以口头语言、电话等方式明示内容和条款的合同。只要基于明示,主要内容明确,无需任何特别形式即可有效成立。默示合同是指非依当事人明确表示,而是依法律推定或引申当事人双方意图而形成的合同。包括法定默示合同,如货物买卖合同中的安全性默示担保;依事实推定的默示合同,如乘客与承运人间关于准时性和安全性的默示合同。记录合同是指通过法庭裁判、具结和其他强制措施确定当事人间具有债权债务关系而形成的合同,自记入案卷之时起生效。准合同是指依照法律所确定的不当得利、无因管理等原因在相对人间产生债务关系而形成的合同。准合同关系虽无特定形式,权利人仍可依法向义务人追偿。前述以书面形式作为证据,否则不能强制执行的合同规定,源于 1677 年的英国反欺诈法。① 美国各州也有类似的法律,在内容上大同小异,多规定不动产买卖合同、履行期超过 1 年的合同、担保合同和价金超过 500 美元的货物买卖合同非采取书面形式者,不能强制执行。

法国法规定赠与合同、夫妻财产合同、债务代偿合同、抵押合同等经公证方能有效成立,否则原则上无效。特殊书面合同不具备书面形式的无效,它们是:营业资产买卖合同、房屋推销合同、私人住宅建设合同、发明专利许可或者转让合同。实践合同未交付约定标的的,合同并不成立和生效。不动产买卖合同未经公告及登记、不动产租赁合同未经登记,不能对抗第三人。② 德国法中的要式合同只限于极少数合同类型,如赠与合同必须公证,土地转让合同必须登记,否则无效。其余均以不要式为原则。

中国法中关于合同形式的规定,主要有以下几种情况:① 不必采取书面形式的合同,主要适用于国内民事流转;② 应当采取书面形式的合同,主要是国际货物买卖合同、技术进出口合同、融资租赁合同、技术开发合同、技术转让合同、建设工程合同、证券承销合同等;③ 须经批准生效的合同,主要为中外合资经营企业合同、中外合作经营企业合同和中外合作开采自然资源合同,以及公司发起人协议等;④ 以登记为对抗要件的合同,如记名股票和债券转让合同、不动产转让合同、车船转让合同等;⑤ 以登记为生效条件的合同,如物权法上规定的特定合同等。

六、合同的内容

合同的内容是指当事人双方在合同中约定的权利和义务。合同的内容通常不是由

---

① 董安生等编译. 英国商法. 法律出版社,1991. 2～12.
② 尹田. 法国现代合同法. 法律出版社,1995. 183～194.

法律加以直接规定,而是由当事人双方约定。《国际商事合同通则》第 5 章"合同的内容"、《欧洲合同法原则》第 6 章"内容与效果",实际并非规定合同应包含哪些内容,而是规定确定合同内容的方法。例如,按《国际商事合同通则》,① 各方当事人的合同义务可以是明示的,也可以是默示的。默示的义务源于合同的性质与目的;各方当事人之间确定的习惯做法和惯例;诚实信用和公平交易原则;合理性。② 每一方当事人应与另一方当事人合作,如果一方当事人在履行其义务时,有理由期待另一方当事人的合作。③ 如果一方当事人的义务涉及获得某一特定的结果,则该方当事人有义务获得此特定结果;如果一方当事人的义务涉及在履行某一项活动中应尽最大的努力,则该方当事人有义务尽一个与其具有同等资格的、通情达理的人在相同情况下所应尽的义务。在程度的把握上,应考虑以下因素:合同中明确规定义务的方式;合同的价格以及合同的其他条款;获得预期结果时通常所涉风险程度;另一方当事人影响义务履行的能力。

英国 1977 年《不公平合同条款法》要求合同条款明确、肯定、完整,不能自相矛盾。英国法中合同条款的类型,主要有条件条款和保证条款;无名条款和标准(格式)条款;明示条款和默示条款;免责条款。英美法中的条件涵义有三:一是合同中的重要的、根本性的条款;二是合同中的约定事项包括明示条件和默示条件;三是当事人双方约定的决定合同生效与否的不确定事件。作为与保证相对应的条件,取第一种涵义。合同当事人一方违反条件的,对方有权解除合同,并要求赔偿损失。担保是指合同中的次要的、辅助性的条款,并非指附属于主合同的从合同。与违反条件不同的是,违反担保时,对方当事人不能以此为由拒绝履行其合同义务,即无权解除合同,而只能请求损害赔偿。美国则已摒弃"条件"和"担保"分类。无名条款亦称中间性条款,是指兼具条件和担保性质,但又无法仅仅从其条款的性质上加以确认,而要根据违约所造成的实际后果进行推定的条款。如果违约的后果严重到影响另一方当事人的实质性利益,该当事人有权解除合同,否则只能请求赔偿损失。与美国法中划分重大违约和轻微违约的依据以及处理规则有异曲同工之妙。标准(格式)条款是指事先印制好的、已经采取标准化形式的合同条款。又分为两种。一是示范合同,它是根据法规、惯例或者公设机构核准的形式和内容确定的合同,对当事人并无强制性效力,具有较大的修改、添加余地,只是可免去当事人从头洽商和草拟的麻烦。二是附合合同,它是当事人为了重复使用而预先拟定,并在订立合同时并不与对方协商,对方要么接受从而签约,要么拒绝的合同。提供格式合同的一方当事人往往有较强的经济实力,合同中也往往包含对自己有利、对对方不利的内容,故法律上要设定某些限制。明示条款是指以口头、书面、摘记等形式明确表示出合同内容的条款。在英美法系的判例法中,口头合同的条款根据双方当事人的知识状况以及是否依赖对方的陈述来确定。书面合同的条款遵循所谓的口头证据规则,它是指双方当事人通过书面形式订立合同时,其权利义务关系应当全部记录在合同之中,因此,如果对合同内容发生争议的,法院不允许用口头证据增加、更改合同的内容,也不允许作出与合同条款相互矛盾的口头解释,除非能够提出充分的反证。默示条款是指根据法律、合同中有关明示条款的约定或者当事人的行为推断出的不言自明、理当存在的条款。英国法中的默示条款有 5 种：实现合同的商业效用所必不可少的条款；在商业习惯中不言而喻的条款；当事人之间约定俗成的交易惯例；特定行业中的交易惯例；法律推定形成的默示条款。免责条款是指当事人双方的合同中预先约定的在某种意外情况下限制或者免除当事人合同责任的条款。但是，免责条款必须遵循成文法和判例法的限制。①

中国法对合同条款并非按性质或者作用，而是按经济含义进行分类。依据中国合同法第 12 条，合同的内容由当事人约定，一般包括以下条款：当事人的名称或者姓名和住所；标的；数量；质量；价款或者报酬；履行期限、地点和方式；违约责任；解决争议的方法。该法分则所列举的买卖合同等 15 类合同，还有更加详细的规定。而国际货物买卖合同则通常包括：首部或者序言、主文、结尾 3 个部分。首部应当载明合同的名称、编号；签约时间和地点；签约各方的名称、国籍、住所等。主文应当包括货物名称、品质规格、数量、价格、包装、装运、保险、支付、检验、不可抗力、法律适用、仲裁条款。结尾主要载明合同所用文字以及各种文字的效力、缔约各方代表签字盖章。

此外，不仅仅在英国，现代各国及国际商事交易活动中，通常由大公司事先印制好标准合同，将交易双方的权利义务等事项拟定下来，如另一方同意签字，合同就成立，很少讨价还价的余地。如前所述，这种附合合同在英国为标准合同的一种，在东欧被称为共同条件，在德国被称为一般交易条件，因由一方当事人事先印制，故往往明显偏重于保护提供方的利益。为维护合同关系的公平性，各国多对其作出某些限制，并采用"模糊条款解释规则"进行解释，即对其中意思含糊的条款，作不利于拟定人的解释。共同条件一般可作为当事人双方合同的一部分，但有的国家如德国规定一些特殊行业的共同条件须经政府主管部门批准，其他行业的也要由法院监督和解释。共同条件违反法律或公共政策，显著地不适当限制拟定人责任或加重相对人负担的无效。德国还在1976 年专门制定了《一般交易条款规制法》。中国合同法对格式条款也有原则性规定：首先，采用格式条款订立合同的，提供格式条款的一方应当遵循公平原则确定当事人之间的权利和义务，并采取合理的方式提请对方注意免除或者限制其责任的条款，按照对方的要求，对该条款予以说明。其次，格式条款具有合同法所规定的无效情形的，或者提供格式条款一方免除其责任、加重对方责任、排除对方主要权利的，该条款无效。再次，格式条款和非格式条款不一致的，应当采用非格式条款。最后，对格式条款的理解发生争议的，应当按照通常理解予以解释。对格式条款有两种以上解释的，应当作出不利于提供格式条款一方的解释。这就是上述国际上通行的"模糊条款解释规则"。

有的学者将合同条款分为提示性条款、主要条款、普通条款以及格式条款和免责条款等几种。提示性条款是指法律中规定的对当事人订立合同起示范作用的合同条款，

---

① 杨桢. 英美契约法论(修订版). 北京大学出版社,2000. 254～269；何宝玉. 英国合同法. 中国政法大学出版社,1999. 312～321；王军. 美国合同法. 中国政法大学出版社,1996. 220～231；董安生等编译. 英国商法. 法律出版社,1991. 46～69.

如上述中国合同法第 12 条。主要条款是指合同所必须具备的条款,包括法定和约定的必备条款,根据每一个合同的具体情况决定。如买卖合同的标的和数量。普通条款是指合同主要条款以外的条款。格式条款和免责条款如前所述。合同条款反映出双方当事人的权利和义务,前述合同内容就是由合同权利和合同义务构成的。合同权利亦称合同债权,是指债权人根据法律或者合同的规定向债务人请求给付的权利。它是一种请求权、给付受领权和相对权。合同义务是指债务人根据法律或者合同的规定向债权人作为或者不作为的责任。合同义务分为给付义务、附随义务和间接义务,还有先合同义务和后合同义务。给付义务又分为主给付义务和从给付义务。前者是指合同关系所固有的、必要的、决定合同类型的基本义务。后者是指没有独立意义,只有补助主给付义务的功能,无法决定合同类型,但可以确保债权人的利益能够获得最大满足的义务。如交货时附产品合格证。附随义务是指由诚实信用原则所派生的,并依据合同性质、目的和交易习惯应当履行的义务,如通知、协助、保密等义务。间接义务是指非违约方采取措施防止损失扩大的义务。中国民法通则第 114 条有所规定。先合同义务是指当事人在合同订立过程中,基于诚实信用原则而产生的说明、告知、注意以及保护等义务,违反这些义务即构成下述缔约过失责任。后合同义务是指在合同关系消灭之后,当事人依据诚实信用原则所负的作为或者不作为义务。中国合同法第 92 条有所规定。①

七、合同的解释

当合同条款不清楚或重大缺漏,而当事人双方又各执一词时,就会出现法院如何解释的问题。例如,1920 年美国纽约州法院审理的切芒钢铁公司诉默塞里尤铣床公司案中,对合同约定的计量单位吨(ton),卖方竭力主张为美制的短吨(short ton),每吨2 000 磅;买方则竭力主张为英制的长吨(long ton),每吨 2 240 磅。② 究竟如何解释合同,西方国家中在传统上有意思说和表示说两种对立方法,前者亦称主观说,强调探求表意人的真实意思,而不拘泥于合同中的文字;后者亦称客观说,以当事人表示出来的意思作为解释合同的依据,而不问其内心意思究竟是什么。《国际商事合同通则》第 4章"合同的解释"、《欧洲合同法原则》第 5 章"解释"均采取意思说:合同应根据当事人各方的共同意图予以解释;一方当事人的陈述和其他行为,如果另一方当事人已知或者不可能不知道其意图,应根据其意图来解释。如果上述方法不行,对一方当事人的陈述或者其他行为,应根据一个与当事人具有同等资格的、通情达理的人在处于相同情况下所应有的理解来解释。《欧洲合同法原则》还特别强调这种解释的结果即使与合同的字面含义不同,也在所不问。法国法是采取意思说的代表。依据《法国民法典》第 1156条以下,在解释合同上,应当探究缔约当事人的意思,而不拘泥于合同的字面意思。合同文字可能有两种解释时,应当采取最适合于合同目的的解释。有歧义的文字,依合同

---

① 王利明等. 合同法新论·总则(修订版). 中国政法大学出版社,2000. 211~217.
② 王军. 美国合同法. 中国政法大学出版社,1996. 232.

订立地的习惯予以解释。但是,解释时应当有利于债务人并力求使合同发生效力。德国法原则上采取意思说,但有时也考虑表示说。依据《德国民法典》第133条,解释意思表示,应探求当事人的真实意思,而不得拘泥于所用的词句,几乎与《欧洲合同法原则》的规定相同。但在现代商业社会中,人们往往援用《德国民法典》第157条,按客观标准解释合同条款。该条的规定为:"对合同的解释,应遵守诚实信用的原则,并考虑交易上的习惯。"①英美法原则上采取表示说,但有时也考虑意思说。

中国合同法除前述对格式条款采取国际上通行的"模糊条款解释规则"之外,在第125条之中,对合同条款的解释规则作了规定:"当事人对合同条款的理解有争议的,应当按照合同所使用的词句、合同的有关条款、合同的目的、交易习惯以及诚实信用原则,确定该条款的真实意思。合同文本采用两种以上文字订立并约定具有同等效力的,对各文本使用的词句推定具有相同含义。各文本使用的词句不一致的,应当根据合同的目的予以解释。"可见,基本上采取表示说或者客观说。

八、缔约过失责任

缔约过失责任亦称缔约责任或者先合同责任,是指在合同订立的过程中,一方因违背诚实信用义务致使另一方信赖利益的损失,所应承担的损害赔偿责任。缔约过失责任的基本特点是过失发生在合同订立过程中;一方违背其诚实信用义务;造成对方的信赖利益损失。三者构成一个统一的整体。②

缔约过失责任作为既不同于违约责任,又不同于侵权责任的一种特殊法定责任,由德国著名法学家耶林首次提出。1861年耶林在《耶林学说年报》第4卷发表《缔约上过失,合同无效与未臻完全时之损害赔偿》一文,全面阐述了缔约过失理论,填补了合同形成阶段双方当事人法律关系调整方面的空白,对《德国民法典》《意大利民法典》《希腊民法典》等均有重大影响。英美法中没有缔约过失,但在普通法上承认当事人违反诚信义务的过失责任,同时保护当事人的信赖利益,合同当事人因信赖对方的允诺而支付的代价或者费用,有权请求对方赔偿。《欧洲合同法原则》第2章专门设置了"磋商责任"一节,规定当事人有磋商自由,对没有达成合意不负责任。但如果一方当事人所为磋商或者终止磋商有悖于诚实信用,则对由此给对方当事人造成的损失负责。一方当事人在没有真实意图与对方当事人达成合意的情况下从事磋商或者继续进行磋商,则为有悖于诚实信用。如果在磋商过程中一方当事人透露了秘密信息,无论事后是否达成合同,另一方当事人均有义务予以保密并不得利用该秘密进行营利。

中国法中的缔约过失责任,有人追溯到经济合同法和民法通则有关无效合同以及可撤销合同后果即返还财产、赔偿损失的规定。但主导性的意见认为始于新合同法的第42、43条。依据合同法第42条,当事人在订立合同过程中有下列情形之一,给对方

①　[德]罗伯特·霍恩等.德国民商法导论.中国大百科全书出版社,1996. 79~81.

②　王利明.违约责任论(修订版).中国政法大学出版社,2000.706~714.

造成损失的,应当承担损害赔偿责任:① 假借订立合同,恶意进行磋商;② 故意隐瞒与订立合同有关的重要事实或者提供虚假情况;③ 有其他违背诚实信用原则的行为。合同法第43条则规定:当事人在订立合同过程中知悉的商业秘密,无论合同是否成立,不得泄露或者不正当地使用。泄露或者不正当地使用该商业秘密给对方造成损失的,应当承担损害赔偿责任。

第三节　合同的效力

合同的效力对能否确定双方当事人的权利义务关系至关重要。合同当事人的意思表示达成一致,并符合生效要件的,合同即可产生约束当事人的法律效力,此为有效合同;合同虽然成立,但因欠缺生效条件,有待于条件成就或者由当事人补充、善后,方能生效的,为效力待定合同;合同虽然成立,如当事人因错误或者在被欺诈、胁迫等情况下作出有悖于其本意的意思表示,或者发生违法等情形,则所订合同无效或者可以撤销。各国法律在这些方面均有规定,并存在着不少差别,现扼要介绍如下:

一、有效合同

如上所述,合同即是合意或者合同的本质即是合意,合同法的目的就是赋予当事人的合意以法律约束力。在《法国民法典》第1134条中,甚至将合同效力提升到法律效力的高度:"依法订立的合同,对于缔约当事人双方具有相当于法律的效力。"中国合同法第8条则规定:"依法成立的合同,对当事人具有法律约束力。"可见,有效合同就是依法成立并对当事人双方产生法律约束力的合同。

有效合同必须具备合同的生效要件,亦即使得已经成立的合同产生法律效力所应具备的法律条件。一般来说,合同的生效要件为:① 行为人具有相应的民事行为能力(内容在上一节已作阐述);② 当事人的意思表示真实(下述无效合同和可撤销合同部分进行探讨);③ 不违反法律和行政法规的强制性规定;④ 不违反社会公共利益;⑤ 符合法定或者约定的特定形式。

二、效力待定的合同

效力待定的合同主要有附条件的合同、附期限的合同、主体不合格的合同、欠缺代理权的合同、无处分权的合同等几种。

1. 附条件的合同

正如前述,英美法中的条件有3个涵义,其中之一是指当事人双方约定的决定合同生效与否的不确定事件,包括对流条件、先决条件和后决条件。对流条件是指当事人一方的履行与对方的履行互为条件。先决条件是指将某约定事项作为对方履行义务的前提,该事项不发生,合同不成立也不生效,相当于大陆法中的停止条件。后决条件是指将某约定事项作为对方履行义务消灭的前提。与先决条件相反,后决条件成就时,合同义务消灭,相当于大陆法中的解除条件。中国合同法第 45 条规定,当事人对合同的效力可以约定附条件,附生效条件的合同,自条件成就时生效。附解除条件的合同,自条件成就时失效。当事人为自己的利益不正当地阻止条件成就的,视为条件已成就;不正当地促成条件成就的,视为条件不成就。

2. 附期限的合同

附期限的合同,其效力也不确定。这里的期限,是指当事人约定的作为合同生效或者终止条件的时间。因此,附期限的合同也是附条件的合同的一种。依据所附期限对合同效力的影响,分为生效期限和终止期限。生效期限亦称始期或者延缓期限,是指合同的效力在期限到来之时才发生,此前合同虽然成立,但效力处于停止状态。终止期限亦称终期或者解除期限,是指合同的效力自期限到来时消灭。中国合同法第 46 条规定:"当事人对合同的效力可以约定附期限。附生效期限的合同,自期限届至时生效。附终止期限的合同,自期限届满时失效。"

3. 主体不合格的合同

主体不合格的合同主要是指缺乏合同能力或者主体资格的人订立的合同,包括无行为能力人订立的合同和限制民事行为能力人依法不能独立订立的合同。中国民法通则第 58 条曾规定为无效,法律强制干预合同效力的范围过大。按其他各国法例,上述主体不合格的合同一般均列入效力待定的合同范围。中国合同法作出调整,以扩大市场经济社会中当事人处分合同权利义务关系的权利。依据中国合同法第 47 条,限制民事行为能力人订立的合同,经法定代理人追认后,该合同有效,但纯获利益的合同或者与其年龄、智力、精神健康状况相适应而订立的合同,不必经法定代理人追认。相对人可以催告法定代理人在一个月内予以追认。法定代理人未作表示的,视为拒绝追认。合同被追认之前,善意相对人有撤销的权利。撤销应当以通知的方式作出。纯获利益是指对当事人只有权利或者好处,而没有义务或者坏处,如受赠、免费接受教育等。催告是指债权人向债务人请求履行合同的通知。在合同没有明确规定具体日期的情况下,债权人必须向债务人催告,才能使债务人承担延迟履行的责任。德国、法国等均有规定,只是对催告的方式法国规定须采取书面形式,德国则口头催告也可。

4. 欠缺代理权的合同

代理既是一种商行为又是一种法律关系或者法律制度,具体内容在第 4 章予以介绍。在过去很长时间内中国法均规定无权代理的合同无效,现在合同法中进行了调整。据该法第 48 条,行为人没有代理权、超越代理权或者代理权终止后以被代理人名义订立的合同,未经被代理人追认,对被代理人不发生效力,由行为人承担责任。相对人可以催告被代理人在一个月内予以追认。被代理人未作表示的,视为拒绝追认。合同被追认之前,善意相对人有撤销的权利。撤销应当以通知的方式作出。

与此同时,中国合同法第 49、50 条对表见代理和越权代表作了规定。表见代理亦称表示代理,是指行为人虽然没有代理权,但在客观上表现出某些特定情形,使得相对人有理由相信其有代理权,并因此与行为人进行交易或者签订合同。德国、日本、中国台湾等国家和地区均承认表见代理的法律效力。英美法中的不容否认的代理制度与大陆法中的表见代理制度相近。中国法规定:行为人没有代理权、超越代理权或者代理权终止后以被代理人名义订立合同,相对人有理由相信行为人有代理权的,该代理行为有效。代表行为与代理行为不同,代理行为要受到委托人授权范围的限制,代表行为无须被代表的法人或者其他组织的同意,因为被代表的法人等的人格已经吸收了法定代表人的人格,法定代表人具有当然的对外代表效力。这是保护善意第三人、维持和更好地促进交易的需要。依据中国合同法第50条,法人或者其他组织的法定代表人、负责人超越权限订立的合同,除相对人知道或者应当知道其超越权限的以外,该代表行为有效。

5. 无处分权的合同

无处分权的合同是指行为人在没有取得处分他人财产权利的情况下签订的处分他人财产的合同。例如,A从B处租住房屋后,A没有征得B的同意,即将该房屋卖给C。又如,A为B保管一幅名画,在B并不知道的情况下,A将该画送给C。根据罗马法以及欧洲国家早期的规则,无处分权的合同没有法律效力。但是,这种制度逐渐被善意取得制度所取代。善意取得是指受让人因善意而取得无权处分人所处分的他人的动产的,可以取得该动产的权利。① 中国在司法实践中对善意取得制度是认可的。中国最高人民法院《关于贯彻执行〈中华人民共和国民法通则〉若干问题的意见(试行)》第89条规定:"共同共有人对共有财产享有共同的权利,承担共同的义务。在共同共有关系存续期间,部分共有人擅自处分共有财产的,一般认定无效。但第三人善意、有偿取得该项财产的,应当维护第三人的合法权益;对其他共有人的损失,由擅自处分共有财产的人赔偿。"可见,无处分权的合同在原则上无效,只有在例外情况下才适用善意取得制度。依据中国合同法第51条,无处分权的人处分他人财产,经权利人追认或者无处分权的人订立合同后取得处分权的,该合同有效。该项规定没有涉及到善意取得问题。

三、可撤销的合同

可撤销合同与下述无效合同往往不易区分,各国法律的规定以及学理上的归纳差异颇大,中国法上也有很多变化。有的学者甚至将两者均视为无效合同,只是无效合同为自始、当然无效,而可撤销合同在当事人撤销后才变得无效。本书还是将两者分开阐述,并从可撤销合同入手。可撤销合同大体上分为表意瑕疵的合同和显失公平的合同。表意瑕疵的情形主要有错误、欺诈、胁迫、乘人之危、不当影响、心中保留。

1. 错误

合同法上的错误是指行为人因对其行为的性质、对方当事人、标的物的品质等事实存在误解而作出的与其真实意思不一致的意思表示。

---

① 孔祥俊. 合同法教程. 中国人民公安大学出版社,1999. 210.

在大陆法系,作为影响合同生效之错误,必须具备以下构成要件:① 有意思表示;② 内心的意思与表示不一致;③ 表意人不知其内心意思与表示不一致;④ 错误必须达到严重的程度,即足以影响到表意人是否作出意思表示;⑤ 错误由表意人自己的原因所致;⑥ 判断错误是否存在的时间,以意思的表示成立之时为准。

关于错误致合同何种影响,主要有两种立法例。德国和法国都规定错误人可以撤销合同,但《德国民法典》第119、122 条规定对信其意思表示有效而遭受损害的相对人、第三人应负赔偿责任,赔偿数额不超过相对人、第三人于意思表示有效时应得利益的数额,受害人若明知或可得知或因过失不知有错误存在时,表意人不负赔偿责任;《法国民法典》仅规定了合同可撤销,未就赔偿责任作明确规定。

至于表意人对错误的发生有过错是否影响错误对合同的效力,各国立法表现出了较大的差异。中国台湾民法要求表意人于错误的发生无过失,否则不得因错误撤销合同;日本民法则规定,表意人若有重大过失,不得因错误主张合同无效;德国民法则与众不同,认为有无过失对表意人行使撤销权不发生影响。

上述所谓错误都是基于表意人自身的原因所致,此外,在德国还有传达错误的规定。这种错误是由于传达人误传表意人的意思表示所致。又分两类:一类是形式的误传,指误递已成立的意思表示,如甲书信两封,派人分递乙、丙,结果送信人交错了收件人。此时适用意思表示尚未到达的规定,不属法律所要规范的传达错误。另一类是实质的误传,是传达错了表意人意思表示的内容,如误传买为卖,代理人将琼斯错写为约翰,电报局将一误译成十。这是法律所要规范的传达错误。根据《德国民法典》第120 条,错误传达在法律上的效力与错误一样。传达人对错误传达是否存在过失以及是否知情,都不会影响传达错误的效果。

英国法上的"错误"包含了大陆法上的错误、误解和诈欺等多重含义。错误对于合同效力的影响,在普通法和衡平法上有所差别。在普通法中,错误有可能不影响合同的效力,也有可能导致合同无效。如果当事人一方基于自己的原因发生了错误认识,且并未导致当事人产生实质性误解,合同效力不受影响。主要有以下几种情形:① 当事人基于自身原因表达意思出现某种错误,如在租赁合同中,出租人某甲将租金1 000 英镑误书为100 英镑而提起诉讼。法院认为尽管出租方可能基于误解而发生错误,但承租人并不知情也没有误解,故该合同中的错误纯属单方错误而非协议错误,从而裁定合同仍然有效。② 当事人的错误仅是基于对交易含义的共同错误解释而产生的,如双方对合同标的物类别或品质发生的共同错误认识。③ 当事人自己判断上产生的错误或误解,如当事人对合同标的物的估价或用途发生判断上的失误。④ 当事人一方因对其履约能力估计错误而产生的双方误解,如房屋建筑商基于对其履约能力的过高估计而订立了建设工程承包合同,但事后发现其不具履约能力。① 此时,双方当事人均须履行合同。可导致合同无效的错误通常有以下几种情形:① 当事人对合同根本性质的误解。

---

① 董安生等编译. 英国商法. 法律出版社,1991. 991~992.

当事人在基于他人的诈欺行为而对成立的合同性质发生错误认识时,其所签署的合同无效。② 对某些特定当事人身份的误解。当事人对合同对方身份的误解一般并不影响合同的生效,但假如对方身份为订立合同所考虑的实质性要素,知其不具备某种身份就不会签约时,则可能导致合同无效。③ 当事人双方对合同标的相互误解。即当事人一方认为合同标的物为甲物,而对方认为是乙物,双方实际并未形成合意,合同因此而无效。因第三人疏忽引起当事人相互误解时亦然。④ 当事人对合同标的物是否存在发生的共同误解。这种共同误解不同于上文的互相误解,后者是当事人对合同既存标的物发生不一致的认识,前者是当事人双方均认为不存在的合同标的物已存在。它也不同于对标的物质量的误解,后者一般不导致合同无效。⑤ 当事人一方对合同标的物发生了错误认识,而对方确知或应知其发生了误解,由此成立的合同无效。如甲误将乙拍卖的亚麻当作大麻高价购买,乙应知此出价是基于误解做出,合同因此无效。

衡平法对合同法上的错误情形提供了较为灵活多样的救济方式。不同情形的错误对合同产生不同的影响,救济效果也有不同。① 关于合同性质的误解。在普通法上,当事人基于他人诈欺而签署合同文件时,只有在其证明自己已尽了非常合理的注意时,法律才予以救济。衡平法则在因疏忽而被欺诈并于合同上签字时,只要不存在善意第三人信赖该合同的情况,受害人就享有撤销合同的权利。② 关于主体身份的误解。普通法只有在被误解的主体身份关涉合同的实质时,才通过宣告合同无效来救济表意错误的人。衡平法则在有关错误不涉及合同实质时,赋予受诈欺而表意错误的人以撤销合同的权利,但不得对抗善意第三人。③ 关于当事人自身表示错误。普通法一般认为其不影响合同生效。衡平法则对此予以限制,认为不影响合同生效的情形仅限于对方当事人不知,否则错误人可以提出合同不可强制执行的抗辩。④ 关于合同标的物品质的错误。根据普通法规则,当事人对合同标的物品质的认识错误,不属根本性错误,并不导致合同无效。衡平法则认为,只要错误严重,当事人可撤销合同。⑤ 衡平法还有两种独特的错误救济制度,即废止与纠正。前者是指基于错误订立的合同终止履行,但并不自始无效,而由法院促使当事人再行谈判或将错误造成的损失分配给当事人。后者是指法院命令当事人以书面协议修正合同使其表达清楚并得以执行。不过,首先知悉他人错误的一方当事人不得纠正;仅依口头协议自身的错误不得纠正;超过合理期限的不得纠正;有可能损及第三人的不得纠正。

美国学者通常认为错误是与事实不一致的意志状态。错误对合同生效的影响因种类不同而有所区别。凡当事人基于自身原因出现的单方面的错误,不论是关于法律方面的还是事实方面的,也不论是签署文件的本质方面的还是对方当事人身份方面的,因相对人并无过错,故不影响合同的效力,错误人也得不到任何救济。如果对方当事人明知或应该知道有错误仍与错误人订立合同的,则所订的合同不可强制执行。如果当事人双方均有错误,则要根据错误的内容和程度判断其对合同生效的影响。法律错误一概不影响合同的生效,事实错误则视其是否是实质性的而定。非实质性错误,对合同生效无任何影响;实质性的错误要么使合同不成立,要么使合同无效。此外,对于当事人双方其他方面没有错误,但在以书面形式表达时未能反映当事人意思的表示错误,法院将给予更改的救济,以使其符合当事人的意图。

中国法中没有关于错误的规定,但民法通则规定的重大误解则包括大陆法上的错误和误解两种情形。在中国因重大误解而签订的合同属于可变更或者可撤销合同。何为重大误解,中国最高人民法院《关于贯彻执行〈中华人民共和国民法通则〉若干问题的意见(试行)》第71条规定:"行为人因对行为的性质、对方当事人、标的物的品种、质量、规格和数量等的错误认识,使行为的结果与自己的意思相悖,并造成较大损失,可以认定为重大误解"。应予注意的是,变更和撤销重大误解合同的权利不能由一方当事人向对方直接行使,而只能向法院或仲裁机关申请。否则,对方当事人有权拒绝。至于表意人与传达人之间的关系如何处理,尤其是因误传而给表意人造成损失的情况下如何处理,《意见》第77条只是规定:"意思表示由第三人义务传达,而第三人由于过失传达错误或者没有传达,使他人造成损失的,一般可由意思表示人负赔偿责任。但法律另有规定或双方另有约定的除外"。在此只涉及到义务传达人传达错误或者没有传达时的责任承担问题,而对有偿传达的情况未作规定,这有待立法部门补充完善。另外,对于错误人在有过失的情形是否影响其行使合同的变更或撤销请求权,立法未作规定,司法部门也没有解释,这就涉及到误解人有过失的情形如何解决的问题。依学者见解,重大误解是由误解者自己的故意或过失造成的,应丧失这一权利。①

2. 欺诈

欺诈亦称诈欺,是指一方当事人故意告知对方虚假情况,或故意隐瞒真实情况,诱使对方当事人作出错误意思表示的行为。

大陆法规定对合同生效有影响的欺诈必须符合以下要件:① 有欺诈行为,即以不真实的事项而作真实的表示;② 诈欺人为诈欺行为是故意的,这包括使相对人陷入错误的故意和使相对人基于该错误而为一定意思表示的故意,不过,德国学者认为,一方有告知义务而忽略不为告知时,亦得构成诈欺;③ 诈欺行为致表意人陷于错误,表意人基于错误认识而为意思表示,也即诈欺行为与表意人所陷入的错误及因此而为意思表示有因果关系;④ 诈欺行为必须达到有悖于诚实信用的程度。

诈欺对合同生效有何种影响?各国立法的规定较为一致,一般都认定:① 表意人因相对人诈欺而为意思表示的,有权撤销其意思表示,但不得对抗善意第三人。这里所谓第三人,是指不知(包括明知和可得而知)诈欺的事实,因诈欺之意思表示而与表意人有利害关系之人。② 表意人因第三人之诈欺行为而向相对人为意思表示,若相对人对诈欺之事实不知(包括明知和可得而知),则不得撤销其意思表示(《德国民法典》第123条,《日本民法典》第96条)。与虚伪表示和错误一样,在涉及的交易对安全有较高要求时,表意人因受诈欺而享有的撤销权也要受到限制,如认股行为于公司成立后不得以诈欺为由撤销。

---

① 王家福,梁慧星主编.中国民法学·民法债权.法律出版社,1991.335.

英国对这一问题的规定比较零乱,在对错误的规范中包括诈欺情形,见前所述;而另外一些情形则在错误陈述中有所体现。在英国错误陈述是指一方当事人(或其代理人)向另一方当事人(或其代理人)所作的引导其订立合同的不真实陈述,其范围要比大陆法中更大。在大陆法系,因相对人陈述事实不真实的原因致合同无效的情形仅有诈欺一种,而英国的错误陈述不仅包括了诈欺情形,还包括当事人过失或无过失作不实陈述,因而不能将二者等同。

构成错误陈述的一般要件有:① 错误陈述必须是陈述人就事实作出的不真实陈述,对法律的不实陈述不构成误述。但在某些情形下,对法律的适用、诉讼和解办法的效果以及除欧共体(欧盟)法以外的外国法等作不实陈述也属误述;对事实发表不真实的一般性见解或意向时,不构成误述,如商业广告中出现一些不真实的吹嘘、夸耀。除非当事人能充分有效地证明误述人一般性见解或意向属诈欺性陈述。② 错误陈述必须是在合同订立前做出的,并且足以引导对方当事人与自己或第三人签订合同。③ 错误陈述的对象必须是想与错误陈述者订立合同的当事人,对完全无关的旁听者不构成误述。但如果误述人是有意引导旁观者缔约而为之,则也构成误述。④ 错误陈述必须是在实际上对订立合同产生了作用,并已导致了合同的签订。如果当事人一方没有相信或依赖误述人的误述,而是依赖自己的技能、判断、调查或另行咨询,则误述并未产生效力从而不会导致合同无效。

关于沉默是否构成错误陈述这一问题,英国普通法一般认为其不构成错误陈述,在某些特殊情形下,判例和立法则要求当事人对与合同有关的事实加以说明,否则,要承担错误陈述的责任。这些特殊情形主要有以下几种:① 当事人在缔约谈判过程中所陈述的事实是真实的,但在合同正式订立之前,因情势发生变化,致原来真实的事实变得不真实时,则不论对方是否询问,该事实陈述人必须主动更正陈述,否则将构成误述。② 当事人所陈述的具体事实看起来是真实的,但由于其他某些限制性因素从而在整体上改变了该具体事实的真实性时,陈述人负有指示有关限制性因素的义务。若陈述人对此予以隐藏或向对方暗示所述受限制的具体事实就是问题的全部,则构成误述。如甲公司在其募股通知中称,该公司自1991年到1997年每年股东都分有红利,这一具体事实的陈述是真实的,但未提及在这期间税率降低和公司公积金等因素才使得公司勉强分红。之后因此涉讼时,法庭裁定,由于甲公司没有揭示其商业亏损的事实,而这事实又属限定股东分红的实质性因素,故其陈述已构成误述。③ 在法律要求绝对真诚的合同中,当事人对有关事实必须如实主动陈述,不得保持沉默,否则即构成误述。如在保险合同,投保人有义务向保险人陈述一切有关具体风险的事实,使保险人决定是否接受投保,并根据风险大小决定保险费,投保人隐瞒有关事实或对此保持沉默的,由此订立的合同属可撤销合同,保险人享有撤销权。

一般而言受害当事人一方都享有合同撤销权。但是,根据英国法的规定,受害人在下列情形下丧失撤销权:① 受害人明知有错误陈述仍确认该合同时,不得再行撤销合同。在诉讼时效期间内,受害人未对合同行使撤销权的,亦视为其已确认合同。② 当事人无法通过撤约使其财产关系恢复原状时合同也不得撤销。③ 在善意第三人有偿获得合同权利时,受害人无权撤销合同。

与英国学者不同,美国学者将诈欺与错误陈述作了区分。诈欺的构成要件有:① 一方当事人明知并故意给予对方当事人虚假信息或对给予信息是否真实漠不关心;② 期待所给予的信息被对方依赖;③ 对方无辜依赖了虚假信息并受到了损害。错误陈述与诈欺最大的区别就在于前者是非故意的、无辜的表示。按照法律规定,诈欺通常只限于事实问题。如仅限于发表意见或吹嘘,尽管可能不真实,但不构成诈欺。陈述当时并不存在的意图应属诈欺,但之后改变了其意志并且阻止了被期待效果的发生,则不为诈欺。关于法律后果的陈述也不能算作诈欺,因为当事人应依赖自己的知识来理解法律的规定。但如果当事人之间存在特殊关系,如律师与当事人,则可能被认为是诈欺。基于诈欺订立的合同,受害一方有撤销权。而在错误陈述情况下,除非其成了引诱一方当事人与之订立合同的因素,否则错误陈述不影响合同生效,错误陈述引诱了一方与另一方订立合同,受害一方得撤销由此订立的合同。

对于沉默,法律的一般原则也是不认定它为诈欺或错误陈述,因为一方当事人没有义务为了另一方的利益作说明,而应由其自己决定他需要了解什么。但在下列两种情形之下,法律有例外规定:① 当事人之间已存在一种信赖关系,有诚实义务的一方不得就涉及合同的实质性事实保持沉默,这相当于英国的推定错误陈述。② 在无上述依赖关系的陌生人之间,关于某些对合同至关重要的事实,法院认为知此事实的一方当事人若不予揭示则可能导致合同不公平时,该当事人不得就此保持沉默,这相当于英国实际错误陈述。对上述情形,法律将因当事人违反揭示事实义务而宣告合同无效。

学者还就不属故意诈欺或错误陈述的隐瞒(即当事人一方不是主动阻止另一方发现某种事实,而仅是不愿意揭示事实)与沉默区别论述。认为隐瞒是一种较沉默稍严重的不揭示事实的形式。一般情况下,它也不导致诈欺或错误陈述的后果。但有两种例外:① 对于货物存在一般谨慎者通过合理检查或测验不能显示的隐蔽瑕疵,出卖人有揭示义务,否则法院根据买方的请求得宣告合同无效。② 与沉默一样,在当事人之间已存在信赖关系的,有诚实义务的一方也应主动揭示事实,不得隐瞒。

中国前述司法解释第68条对欺诈行为作了下列界定:"一方当事人故意告知对方虚假情况,或者故意隐瞒真实情况,诱使对方当事人作出错误意思表示的,可以认定为欺诈行为。"根据该界定,欺诈行为是指一方当事人故意告知对方虚假情况,或者故意隐瞒真实情况,诱使对方当事人作出错误意思表示的行为。这样,构成欺诈必须以故意为主观要件,过失不构成欺诈。所谓欺诈的故意,是指一方有意识地告知对方虚假情况或者隐瞒真实情况。换言之,欺诈的故意体现在行为人有意通过其虚假的行为而妨碍对方意思表示的自由,至于其是否因此而使自己或第三人取得了财产上的不当收益或者使对方遭受财产上的损失,则在所不问。而要构成故意这一主观要件,只要求行为人告知对方虚假情况或者隐瞒真实情况是有意识地为之即可。另外,故意隐瞒真实情况应当与正当的沉默区分开来,区分的标准是行为人是否有告知的义务,存在这一义务才谈得上是否故意隐瞒真实情况。至于如何判断具有告知义务,则应根据具体情况而定。通常应包括下列情形:法律规定的告知义务;合同约定的告知义务;交易习惯上的告知义务;根据诚实信用原则所产生的告知义务。另外,针对近年商品房买卖合同纠纷中出现的开发商欺诈行为,最高人民法院在 2003 年 4 月发布的《关于审理商品房买卖合同纠纷案件适用法律若干问题的解释》第 8 条、第 9 条中专门规定,假如商品房买卖合同订立后,出卖人未告知买受人又将该房屋抵押给第三人,或者商品房买卖合同订立后,出卖人又将该房屋出卖给第三人,导致商品房买卖合同目的不能实现的,无法取得房屋的买受人可以请求解除合同、返还已付购房款及利息、赔偿损失,并可以请求出卖人承担已付购房款 1 倍以下的赔偿责任。假如出卖人订立商品房买卖合同时,故意隐瞒没有取得商品房预售许可证明的事实或者提供虚假商品房预售许可证明,或者故意隐瞒所售房屋已经抵押的事实,或者故意隐瞒所售房屋已经出卖给第三人或为拆迁补偿安置房屋的事实,导致合同无效或者被撤销、解除的,买受人可以请求返还已付购房款及利息、赔偿损失,并可以请求出卖人承担已付购房款 1 倍以下的赔偿责任。

3. 胁迫

胁迫是指使他人发生恐怖为目的的行为。影响合同效力的胁迫须具备下列要件:① 有胁迫行为存在。② 胁迫人须有胁迫的故意,这包括有使相对人产生恐惧的意思和使其因恐惧而为一定意思表示的意思。③ 表意人因受胁迫而产生恐惧,并在恐惧的作用下为迎合胁迫人的意思而为意思表示。④ 所为之胁迫是不当或违法的。《德国民法典》第 123 条明文规定,胁迫须以违法为要件。违法之胁迫包括目的违法、手段违法以及目的和手段皆违法。只要目的手段有一项违法,即构成胁迫。

关于胁迫对合同生效有何种影响,大陆法各国立法较为一致,均认定受胁迫的表意人可以撤销其意思表示,这与诈欺情形相同。但在规范胁迫的意思表示涉及第三人时,与诈欺情形有别。《德国民法典》第 123 条、《日本民法典》第 96 条都在第一款将胁迫与诈欺情形一起规定为不得撤销的效果,但在接下来的款项上,仅就诈欺涉及善意相对人和善意第三人不得撤销的例外情形设有规定,而未对胁迫作相应规定。

英美法中的胁迫是指一方当事人针对另一方的人身实施暴力威胁行为。胁迫对象既包括当事人本人,也包括当事人的家属或近亲属。至于因胁迫订立的合同之效力,则有两种可能,一为无效,一为可撤销。而何种情形下宣告合同无效或可撤销,则无明显的标准,一切视合同的具体情况由法院根据其裁量权定夺。

在最近的司法实践中,英美法院经常援引胁迫原则来救济经济胁迫(Economic duress)事件。所谓经济胁迫,是指一方当事人以经济上或商业上的压力等非暴力手段迫使处于劣势的对方当事人与之订立合同的行为。构成经济胁迫须具有两个要件,一是存在某种压制或支配受害方当事人意志的经济事实,并因此破坏了当事人之间的协议性质;二是这种压力是不合法甚至是违法的,如以违反或不履行合同相威胁。但如果一方仅利用对方的弱点订立合同,则不是非法的。此外,如果一方提出新的要求,而对方在权衡了优劣之后,并未对此提出抗议时,应视为其已接受对方要求,对方的胁迫不算非法。因此,即使存在经济压力,只要施加压力的当事人并没有迫使对方接受对其明显不利的合同,或者这一经济压力并未影响对方当事人自主缔约的平等地位,则不构成经济胁迫,所订合同应视为有效。

在中国,胁迫是指以给他人的人身或者财产造成损害为要挟,迫使对方作出不真实的意思表示的行为。前述最高人民法院的司法解释第 69 条规定:"以给公民及其亲友的生命、荣誉、名誉、财产等造成损害或者以给法人的荣誉、名誉、财产等造成损害为要挟,迫使对方作出违背真意的意思表示,可以认定为胁迫行为。"中国合同法规定,一方以胁迫手段订立合同,当事人另一方有权请求变更或者撤销,而如所订立合同损害国家和社会利益,则合同无效,这与大陆法及英美法系基本一致。

4. 不当影响

这是英美法的特有规定,是为了弥补英美法中胁迫制度适用范围过窄的缺陷而建立的制度。所谓不当影响,通常指当事人基于非正当的间接压力和引诱,使对方被迫订立合同。其与胁迫的区别在于,不当影响通常是采取精神上、智力上或道义上的间接形式实施,而不使用暴力或以暴力相威胁。依衡平法理论,不论事实上的影响为何种形式,只要按公平原则来看它已经限制了一方自主判断和自主缔约,使当事人在缔约中丧失了平等地位,即构成不当影响。受不当影响的当事人有权诉请撤销合同。

根据当事人之间是否有特殊关系,不当影响可区分为两类:第一类为推定的不当影响,这主要是指当事人间存有特殊关系,法律推定他们所订立的合同存在不当影响,如家长与子女之间、律师与当事人之间、受托人与委托受益人之间、监护人与被监护人之间、教师和学生之间、医院与病人之间等订立的合同。这类合同只有占有优势的一方当事人证明对另一方并未施加不当影响,另一方完全是依独立的意志缔约时才有效成立。如果占有优势一方当事人明知对方当事人是受到第三人施加的不当影响才与之订立合同的,则合同效力和举证责任与他自己施加的不当影响情况完全等同。第二类为实际的不当影响,指当事人之间虽不存在特殊关系,但一方之所以与对方缔约是基于依赖对方并受到其引诱和压力的实际影响。实际的不当影响并非由法院预先推定而确立,而是基于当事人诉讼才确立的。存在实际不当影响的举证责任由处于劣势一方当事人提出。

不当影响一旦成立,无论是推定的还是实际的,处于劣势的一方当事人享有撤销权。但在下列情形下,其撤销权丧失:① 在不当影响过去后或产生推定不当影响的关系已终止后,有情况表明其已确认了所订合同;② 迟延维护其权利;③ 善意第三人有偿获得合同权利的。

由于中国现实生活中确有影响合同当事人缔约地位、使当事人为瑕疵意思表示的不当影响存在,如医生与病人之间、家长与子女之间、教师与学生之间、律师与当事人之间等,立法有必要将其纳入规范。对不当影响的认定标准,英国法的有关规定可资借鉴。应注意把握以下两点:一是当事人一方受到了非正当的间接压力或引诱驱使;二是该压力或引诱已限制了其自主判断和自由缔约的意志,致使为于其不利的瑕疵意思表示。对具体不当影响的认定,则需区别当事人之间有否特殊关系。凡存有诸如家长与子女、医生与病人、律师与当事人或教师与学生等关系的当事人之间订立的合同,只要处于劣势一方提出异议,则推定有不当影响存在,除非对方能反证其对另一方并未施加不当影响,另一方完全是依独立的意思缔约。若当事人之间无上述特殊关系,而是基于其他因素使一方当事人受到不当影响,则受害方须负责任,不能认定不当影响存在。

5. 乘人之危

这是中国特有的一种规定。中国合同法第 54 条第 2 款规定:"一方乘人之危,使对方在违背真实意思的情况下订立的合同,受害方有权请求人民法院或者仲裁机构变更或撤销。"前述中国最高人民法院司法解释第 70 条规定:"一方当事人乘对方处于危难之机,为牟取不正当权益,迫使对方作出不真实的意思表示的,可以认定为乘人之危"。据此,乘人之危可有两种解释。广义的解释是仅仅考虑原因而不考虑后果,即只要是乘人之危,不管合同的权利义务是否显失公平,只要违背相对人的意愿,都构成乘人之危的合同。狭义的解释则指不仅违背相对人意愿,且合同的权利义务显失公平。从中国《民法通则》和《合同法》的立法体例来看,作广义的解释比较恰当。因为显失公平本身是一种由某种原因造成的结果,而欺诈、胁迫、乘人之危、重大误解都可以成为导致显失公平的原因,《合同法》在将这些事由规定为可撤销合同类型的同时,另外又将显失公平作为另一个独立的可撤销合同的事由,从而采取了原因立法和结果立法相结合的立法体例。从原因行为与结果行为之间的关系来看,确有一些结果行为未能为原因行为所包括,同样也有一些原因行为无法包括的结果行为,这就决定了仅从原因立法或者仅从结果立法都不能完全解决问题,而同时从原因和结果出发又造成对行为的归纳产生重合,于是有必要确定原因立法和行为立法的关系。其实,这种关系不难处理,即可以将原因行为看作特别规定,结果行为看作一般规定,凡可以纳入原因行为的,不再纳入结果行为,原因行为不能包括的,纳入结果行为。换言之,欺诈、胁迫、乘人之危、重大误解所导致的显失公平不再单独按照显失公平的合同认定,而分别归入其具体的行为,除此之外的显失公平合同归入该法第 54 条第 1 款第 2 项的显失公平合同。

6. 心中保留

这是大陆法的特有规定,中国及英美法都没有。心中保留在德国又称"意思保留"。它是指当事人一方在缔约过程中,向对方作出不真实的意思表示。构成心中保留必须具备以下要件:① 一方当事人为内容有法律价值的意思表示并使人感觉其愿受表示意思之拘束。若当事人明显无受法律拘束的意思,如预期他人不会信其意思表示为戏谑或说大话,则不构成心中保留。② 当事人表示的意思与内心效果意思不一致,如无赠与的意思而为赠与要约。③ 当事人认识到其真意与表示意思不一致仍为意思表示。凡符合以上要件之意思表示,即构成心中保留。基于心中保留而成立的合同,各国民法一般视为有效,只是在相对人知表意人有心中保留时,合同才无效。

从有关国家民法的规定看,对心中保留的规范在整体上体现了表示主义为主,兼顾意思主义的立场。但具体规范上,又有细微的差别。这主要表现在心中保留致合同无效的情形,《德国民法典》第 116 条规定在相对人知表意人有保留时,表意人之意思表示无效。而《日本民法典》第 93 条规定在相对人已知或可得知表意人真意时,该意思表示无效。可见,日本民法较之德国民法倾向于意思主义,后者则重视交易上的安全。

鉴于现实生活中心中保留的现象较为普遍,故中国法中应当增加相关规定,一则使人们对这种普遍的社会现象有所认识,二则为因此发生的纠纷提供救济。不过,根据大陆法系有关国家的规定,对心中保留的规范必须注意解决这样两个问题:一是有否必要采取德国民法的做法,在真意保留之外,另规定非诚意之意思表示;二是心中保留之表意人的意思表示无效,是要求相对人明知表意人有心中保留,还是要求相对人可得知。由于心中保留这种意思表示既不同于诈欺,又不同于双方通谋的虚伪表示,当事人一般并无恶意,有时即便有某种不愿或不宜表露的内心意思存在,但相对人据以行为的乃是表示出来的意思,通常不会直接损害对方,因而没有必要对心中保留人过于苛求,否则可能导致对表意人而言显失公平的后果。因此原则上采取表示主义,即认为心中保留之表示有效,同时对相对人是否知道表意人有心中保留的情形,偏重于意思表示。故中国民法对"心中保留"作规范时,可以这样规定:当事人一方为意思表示于心中有真意保留时,其意思表示仍有效;但相对方明知或可知表意人真意时,该意思表示无效。

7. 显失公平

显失公平制度起源于罗马法,在罗马法中曾规定了买卖的价金完全由当事人决定。而查士丁尼法典中,创制了"短少逾半规则"。据此,买卖价金少于标的物价值一半时,出卖人可以解除合同,返还价金并请求返还标的物。[①]《法国民法典》完全继承罗马法,在第 1674 条中明确规定:如出卖人因低价所受损失超过不动产价金 7/12 时,有权请求取消买卖,即使出卖人在契约中有放弃取消买卖的请求权的明白表示且已声明赠与此项超过价金的价值者,亦同。从而确立了显失公平的具体标准。当然这一规定的适用范围很狭窄,仅限于不动产买卖合同的出卖人及未成年人。《德国民法典》第 138 条规定:法律行为系乘他人穷困、无经验、缺乏判断能力或意志薄弱,使其为对自己或第三人的给付作财产上的利益的约定或担保,而此种财产上的利益比之于给付,显然为不相称者,该法律行为无效。可见该法律并未采用具体的衡量标准,而是采纳了一种抽象标准,并且认为该类合同应宣告无效,而不是被撤销。在英美法国家,特别强调对显失公平合同中的受害人的保护。根据衡平法,如果合同内容显失公平且"触动了法官的良知",则该合同不能得到执行。新的《美国统一商法典》第 2—302 条明确规定:如果法院发现合同或合同的任何条款在制订时显失公平,可以拒绝强制执行,仅执行显失公平部分之外的其他条款,或限制显失公平条款的适用以避免显失公平的后果。[②]这是英美法第一次在制定法中明确规定显失公平制度。《美国合同法重述(Ⅱ)》第

① 梁慧星. 民法. 四川人民出版社,1989. 137.

② ALL(美国法学会),NCCUSL(美国统一州法委员会)著. 孙新强译. 美国《统一商法典》及其正式评述. 中国人民大学出版社,2004. 73.

208 条明确规定：如果合同或其条款在签订之时是显失公平的，法院可判拒绝履行合同，或判履行合同中除去公平条款的其余条款，也可以限制任何显失公平条款的实施以避免产生任何显失公平的结果。可见，显失公平制度已成为英美合同法特别是美国合同法的一个重要制度。中国也确定了显失公平制度。中国合同法第 54 条第 2 款规定：在订立合同时显失公平的，当事人一方有权请求人民法院或者仲裁机构变更或撤销。民法通则第 59 条也规定：民事行为显失公平的，一方当事人有权请求人民法院或仲裁机关予以变更或者撤销。

至于如何确定为显失公平，各国各有规定。如前述古罗马确定的"短少逾半规则"，法国民法典第 1674 条也规定了显失公平的具体标准。在美国 1969 年琼斯诉明显信贷公司案中，法院认为合同价等于零售价的 3 倍，构成显失公平。中国至今未能量化。前述中国最高人民法院司法解释第 72 条则泛泛规定：一方当事人利用优势或对方没有经验，致使双方的权利与义务明显违反等价有偿原则的，可以认定为显失公平。由此可以总结出中国构成显失公平的主客观条件如下：① 显失公平的客观要件，就是当事人在给付与对待给付之间失衡或利益不平衡。② 显失公平的主观要件则包括下述两种情形：一是一方利用优势。所谓利用优势，是指一方利用其经济上的优越地位，而使对方难以拒绝对其明显不利的合同条件，如大企业利用其优势制订了不公平的标准合同条款，迫使消费者予以接受。二是利用对方没有经验。所谓无经验是指欠缺一般的生活经验或交易经验，而不包括特殊的经验。可见，显失公平的衡量标准虽然具有客观性，但其中隐含了当事人表意的不真实性。

四、无效合同

西方各国标榜和崇尚契约自由，意谓任何有缔约能力的人，均可按他们的意愿自由地缔结合同，并规定依法缔结的合同，对当事人具有相当于法律的效力。但是，几乎所有国家均规定依法订立的合同才有效，凡是违反国家法律，以及善良风俗、公共秩序或社会公共利益的合同，即使为当事人意思表示一致的产物，也没有法律效力。

英美法中违法合同分为成文法所禁止和有悖于普通法的合同两类，学理上又划分为违反公共政策的合同、不道德的合同和违法的合同 3 种。前者是指损害公共利益，违背某些成文法所规定的政策或目标，或旨在妨碍公众健康、安全、道德以及社会福利的合同，解释上相当灵活。不道德的合同是指违背社会公认的道德标准的合同。违法的合同则将违反法律规定的合同全部包括在内。大陆法国家对违法合同集中规定在民法典中，其中法国法认为合同标的违法和约因违法均构成合同非法；德国法则概括性规定"法律行为违反法律上的禁止者无效"。中国合同法第 52、53 条明确规定：一方以欺诈、胁迫的手段订立合同，损害国家利益；恶意串通，损害国家、集体或者第三人利益；以合法形式掩盖非法目的；损害社会公共利益；违反法律、行政法规的强制性规定的合同无效。同时，合同中包括造成对方人身伤害的；因故意或者重大过失造成对方财产损失的免责条款无效。下面择要予以阐述。

1. 恶意串通的合同

恶意串通在两大法系均无明确的规定,但大陆法系有其特有的虚伪表示的概念,专指表意人对于非真意有认识,且与相对人通谋而为的意思表示。可见虚伪表示除应具备心中保留的要件外,还必须具备另一要件,即表意人与相对人通谋为之。所谓通谋,是指表意人与相对人互相故意为非真意之表示,相对人不仅要知道表意人有非真意,并且还要就表意人非真意之表示作出迎合。对于基于虚伪表示订立的合同,各国民法一般认定其于当事人间为无效,所订合同如符合生效要件则应为有效。虚伪表示涉及第三人的,其效力则视情形而定。对于恶意第三人应认定无效;但对善意相信虚伪表示为有效的第三人,则不得以无效对抗之。中国虽然没有虚伪表示这一概念,但《民法通则》和《合同法》中关于"恶意串通"和"以合法形式掩盖非法目的"的规定与之有异曲同工之妙。对于何为恶意,立法未予明确,司法部门也没有相应的解释。通观民法惯例及各国的规定,恶意是指当事人明知其合同将会对国家、集体或者第三人造成损害的主观状态。至于恶意是否还需具有希望损害他人的主观状态,也即是否还有动机上的要求,则是无关紧要的。因为在恶意行为的构成上还有"损害国家、集体或者第三人利益"的客观要件。

2. 以合法形式掩盖非法目的的合同

以合法形式掩盖非法目的的合同是一种形式上合法而内容上违法的合同,或者是通过实施表面上合法的行为来达到或者掩盖非法的目的,属于隐匿合同的一种。因之而订立的合同属无效合同。在这种合同中,当事人在形式上所达成的协议并非其真正的意思,而非法目的才是其追求的真正目标,其合法形式不过是掩盖其非法目的的一种手段。例如,在中国禁止法人间相互借贷的情况下,法人之间通过联营方式实现借贷的目的,联营一方投入资金,收取保底"利润",不参与经营,该联营合同就是以合法联营形式达到非法借贷资金的目的。

3. 损害社会公共利益的合同

社会公共利益与公共秩序或公共政策,应为同一涵义。规定合同不得违背社会公共利益或公共秩序,称为公共利益保留原则,在国际商事交往中具有重要意义。判断损害社会公共利益的合同无效是维护公共利益的重要表现,也是各国通行的原则。例如,《法国民法典》第6条规定:个人不得以特别约定违反有关公共秩序和善良风俗。《德国国民法典》第138条第1项规定:违反善良风俗的法律行为无效。在英美法则以公共政策代替公序良俗作了相应规定。在私法自治甚嚣尘上的时代,公序良俗原则就是对意思自治原则进行限制,而在社会本位日益强化的现代社会,公序良俗原则更有其突出的作用。中国无论《民法通则》还是《合同法》,都将维护公共利益(不得损害公共利益)作为基本原则,该原则的法律地位相当于西方国家的公序良俗原则。《合同法》第52条第4项将损害社会公共利益的合同规定为无效合同,这与各国通行做法比较一致。

损害社会公共利益的合同与其他无效合同的关系如何划分?这一问题在各国均存

在,因为无论违反公序良俗还是违反社会公共利益,其判断标准都是非常模糊的,如对于《德国民法典》138条中"善良风俗"的含义,德国法院采纳的界定标准是"所有正义和公正的人所具有的正派感"。如根据这一非常模糊概括的标准来定,任何无效合同都可直接或间接地归于损害公序良俗或公共秩序的合同。从中国《合同法》第52条第4项规定看,凡是第52条规定的无效合同都具有直接或间接损害公共利益的属性。因此,司法实践中的做法是,能直接归纳入具体的无效合同事由的,应当首先按具体事由认定,不能归纳入具体无效合同而又有害社会公共利益的事由,则以社会公共利益原则对之进行调整。

4. 违反法律强制性规定的合同

这里所指是狭义的违法合同,因为从广义上来说,所有的无效合同都是违法的合同,而因为违反法律、行政法规强制性规定的合同,则当属狭义的无效合同。中国对此有一个演化的过程。《民法通则》第58条第1款第5项规定"违反法律或者社会公共利益的"行为为无效民事行为。《经济合同法》第7条第1款规定"违反法律和国家政策、计划的合同"无效。该规定于1993年修改为"违反法律和行政法规的合同",即将违反"国家政策、计划"的部分删除。《技术合同法》第21条第1项规定"违反法律、法规或者损害国家利益、社会公共利益的"合同无效,该法将违反法律、法规的合同规定为无效,而对法规未限制为行政法规。该法实施细则解释为违反法律、法规禁止性规定的行为无效。《合同法》第52条第5项规定提高了所违反的法律的层次,即必须是法律和行政法规,违反地方性法规、行政规章和其他规范性文件的合同并不包括在内。同时,必须违反强制性规定,而违反任意性规定的行为虽然也违法,但未必当然导致无效的法律后果。

依据2009年最高人民法院关于适用《中华人民共和国合同法》若干问题的解释(二)第14条,合同法第52条第(五)项规定的"强制性规定",是指效力性强制性规定。国内法学界通常认为,效力性规定是指法律及行政法规明确规定违反该类规定将导致合同无效的规范,或者虽未明确规定违反之后将导致合同无效,但若使合同继续有效将损害国家利益和社会公共利益的规范。此类规范不仅旨在处罚违反之行为,而且意在否定其在民商法上的效力。与此相对应的是管理性规范,它是指法律及行政法规未明确规定违反此类规范将导致合同无效的规范。此类规范旨在管理和处罚违反规定的行为,但并不否认该行为在民商法上的效力。

至于中国合同法规定一方以欺诈、胁迫的手段订立合同,损害国家利益的合同无效,体现了国家利益特别保护的原则;合同中包括造成对方人身伤害的;因故意或者重大过失造成对方财产损失的免责条款无效,但并不一定导致整个合同无效。例如,从事高度危险作业的企业与其雇员签订所谓的"生死合同",约定雇员在任何情况下发生伤亡事故,均由其本人负责,则该条款无效。又如,某企业制造的轿车存在事故隐患,但在使用说明书或者买卖合同中标明其对一切行车事故不承担任何责任,则该条款也无效。

五、不同效力合同的后果

合同符合法律规定即产生对当事人双方的约束力,不履行合同义务的一方须负违约责任,详见后述。合同非法时,按各国惯例,因合同无效,既不产生权利也不产生义务,故任何一方均无权要求对方履行,也不能请求赔偿损失,除非证明受对方欺诈、胁迫。中国法的处理规则不同。中国法规定无效的合同或者被撤销的合同自始没有法律约束力。合同部分无效,不影响其他部分效力的,其他部分仍然有效。合同无效、被撤销或者终止的,不影响合同中独立存在的有关解决争议方法的条款的效力。合同被确认无效后,已经取得或约定取得的财物返还对方,一方过错致对方损失的赔偿损失。若双方当事人恶意串通,假借签订合同损害国家、集体或者第三人利益的,除确认合同无效外,还应当追缴双方非法取得的财产收归国家所有或者返还第三人,并可视情节轻重,依法给予训诫、罚款或拘留等处罚;发现有经济犯罪的,移交公安、检察机关查处。

合同的撤销权由当事人一方通过请求法院或者仲裁机构来行使,但如果当事人请求变更的,受理法院或者仲裁机构不得撤销。有下列情形之一的,撤销权消灭:① 具有撤销权的当事人自知道或者应当知道撤销事由之日起 1 年内没有行使撤销权;② 具有撤销权的当事人知道撤销事由后明确表示或者以自己的行为放弃撤销权。

第四节　合同的履行

当事人在合同中设定了各种各样的权利和义务,目的只有一个,即是为了履行。有人将合同比喻为设计图或者计划书,其中规定了当事人实施的不同阶段以及相应规则,当事人据此达到他们预定的目标。缔约者愿意遵守和执行这些计划,也希望别人同样如此,只是借助法律手段而已。[①] 合同的履行是指债务人全面地、适当地完成其合同义务,债权人的债权得到全部实现。合同的履行不仅是合同法律效力的主要内容,而且也是合同法的核心,因为它是其他一切合同法律制度的延伸和归宿。[②] 英、美、法、德、日等国一般不对合同履行作出系统规定。《国际商事合同通则》第 6 章、《欧洲合同法原则》第 7 章、《中华人民共和国合同法》第 4 章,则对合同的履行设有专门规定,《欧洲合同法原则》第 6 章"内容与效果"部分也有所涉及。比较而言,中国法的规定最为全面,大体包括合同履行的原则、附随义务、合同条款的补缺、涉他合同的履行规则、合同履行中的抗辩权、合同保全等内容。下面进行扼要介绍。

---

① [德]罗伯特·霍恩等.德国民商法导论.中国大百科全书出版社,1996. 97~98.
② 苏惠祥.中国当代合同法论.吉林大学出版社,1992.146.

一、一般规则

1. 合同履行的原则及附随义务

合同履行的原则除诚实信用、平等、公平等一般原则之外,还有合同履行的专属原则,主要有:适当履行原则、协作履行原则和经济合理原则。适当履行原则亦称正确履行原则或者全面履行原则,是指当事人根据合同所约定的标的、数量和质量,在适当的履行期限和地点,以适当的履行方式,全面完成合同义务。协作履行原则是指当事人不仅适当地履行自己的义务,而且应当根据诚实信用原则协助对方当事人履行其义务。例如,当债务人履行给付时,债权人应当适当受领;为债务人的交货创造条件、提供方便;当合同不能履行时,应当积极采取措施避免或者减少损失。经济合理原则是指当事人在履行合同义务时,应当讲求经济效益,力争付出最小的成本,获取最大的合同利益。① 中国合同法第 60 条所规定的"当事人应当按照约定全面履行自己的义务",即为适当履行原则。至于同条第 2 款"当事人应当遵循诚实信用原则,根据合同的性质、目的和交易习惯履行通知、协助、保密等义务"的规定,包含了协助履行原则。当然,它也是一种附随义务。

2. 合同条款的补缺

合同当事人双方在缔约时,应尽可能将权利义务关系规定得明确、具体,既消除歧义,又避免疏漏,为正确履行打下扎实的基础,但在实践中往往很难做到。此时,就发生如何补充合同的疏漏和缺陷的问题。依据《美国统一商法典》第 1 - 205 条,当事人之间的交易过程和当事人所从事的行业或者贸易中的行业惯例,或者当事人知道或者应当知道的行业惯例,导致合同条款产生特定含义,并对合同条款起到补充或者限制作用。中国合同法第 61 条则规定:合同生效后,当事人就质量、价款或者报酬、履行地点等内容没有约定或者约定不明确的,可以协议补充;不能达成补充协议的,按照合同有关条款或者交易习惯确定。

假如当事人就有关合同内容约定不明确,依照上述办法仍不能确定的,《国际商事合同通则》第 5.1.6 ~ 5.1.8 条规定用下列办法确定:① 如果合同中既未规定也无法根据合同确定履行的质量的,则一方当事人有义务使其履行的质量达到合理的标准,并且不得低于此情况下的平均水平;② 如果合同未规定价格,也无如何确定价格的规定,在没有任何相反表示的情况下,应采用签约时可比较的通常价格或者合理的价格;如果合同的价格应由一方当事人确定,而且此定价又明显地不合理,则不管合同中是否有任何条款的相反规定,均应以一个合理的价格予以代替;如果价格应由一个第三人来确定,而该第三人不能或不愿确定该价格,则应采用一个合理的价格;如果确定价格需要参照的因素不存在,或已不再存在或已不可获得,则应取最近似的因素作为替代;③ 对于一

---

① 王利明等. 合同法新论·总则(修订版). 中国政法大学出版社,2000. 319 ~ 321.

个未定期的合同,任何一方当事人可通过在事先一段合理的时间内发出通知,终止该合同。① 《欧洲合同法原则》规定履行的质量至少要达到中等质量;履行的期限为合理的时间,但期限不定的合同可由任何一方当事人作出合理期限的通知而终止,与《国际商事合同通则》基本相同;履行的地点在新版《国际商事合同通则》中未予涉及,而《欧洲合同法原则》明确为签约时的营业地,并且与合同有最密切的联系。在没有营业地的情况下,惯常居所地视为营业地。

中国合同法第62条有如下规则: ① 质量要求不明确的,按照国家标准、行业标准履行;没有国家标准、行业标准的,按照通常标准或者符合合同目的的特定标准履行。② 价款或者报酬不明确的,按照订立合同时履行地的市场价格履行;依法应当执行政府定价或者政府指导价的,按照规定履行。③ 履行地点不明确,给付货币的,在接受货币一方所在地履行;交付不动产的,在不动产所在地履行;其他标的,在履行义务一方所在地履行。④ 履行期限不明确的,债务人可以随时履行,债权人也可以随时要求履行,但应当给对方必要的准备时间。⑤ 履行方式不明确的,按照有利于实现合同目的的方式履行。⑥ 履行费用的负担不明确的,由履行义务一方负担。

3. 涉他合同的履行

涉他合同的定义已如前述。包括为第三人利益的合同或者向第三人给付的合同。根据合同相对性原则,合同关系仅仅是合同当事人之间的权利和义务关系,仅仅对合同当事人产生法律约束力,合同不能对当事人以外的第三人赋予权利或者设定义务,这是债权区别于物权的最重要的特点。随着社会经济关系的不断发展,实践中出现了大量的涉他合同,如担保合同、保险合同等,就不仅仅约束合同当事人,对第三人也产生法律的约束力,合同相对性原则的绝对化受到了很大的冲击,尽管如此,合同相对性原则仍然为通例。

中国合同法第64、65条规定:当事人约定由债务人向第三人履行债务的,债务人未向第三人履行债务或者履行债务不符合约定,应当向债权人承担违约责任。当事人约定由第三人向债权人履行债务的,第三人不履行债务或者履行债务不符合约定,债务人应当向债权人承担违约责任。

二、合同履行中的抗辩权

抗辩权亦称异议权,是指对抗请求权或者否认对方权利主张的权利。抗辩权的种类很多,如票据抗辩权、先诉抗辩权等。合同履行中的抗辩权主要有同时履行抗辩权、后履行抗辩权、履行瑕疵抗辩权、不安抗辩权等。

1. 同时履行抗辩权

它是指双务合同的当事人在合同中没有约定先后履行顺序的,一方当事人在对方未为对待给付之前,可以拒绝履行自己的合同义务的权利。同时履行抗辩权是由诚实

---

① 商务部条约法律司编译. 国际商事合同通则. 法律出版社,2004. 245~253.

信用原则和合同的牵连性引申出来的权利,它主要是为了平衡当事人之间的权益,增进双方合作,维护交易秩序。其适用条件为:同一双务合同中当事人双方互负债务;双方债务均已届期;任何一方均未履行;对方能够履行对待给付。同时履行抗辩权属于延期的抗辩权,并不产生消灭对方请求权的法律效力。因此,无论英美法系还是大陆法系,均对此有所限制,只有在对方发生重大违约时才能行使。按照中国合同法第66条,当事人互负债务,没有先后履行顺序的,应当同时履行。一方在对方履行之前有权拒绝其履行要求。

2. 后履行抗辩权

它是指双务合同的当事人在合同中约定先后履行顺序的,按约后履行的一方当事人在对方未履行之前,可以拒绝履行自己的合同义务的权利。其适用条件有:当事人双方互负义务;有先后履行顺序;先履行一方发生不履行或者不完全履行的情形。这是诚实信用原则和适当履行原则的具体化。中国合同法第67条规定:当事人互负债务,有先后履行顺序,先履行一方未履行的,后履行一方有权拒绝其履行要求。

3. 履行瑕疵抗辩权

它是指双务合同的一方当事人在对方履行不符合合同约定的要求时,可以拒绝其履行要求的权利。这也是诚实信用原则和适当履行原则的具体化。因为既然合同已经作出约定,当事人双方均有义务切切实实依据合同的各个条款执行,以维护合同的严肃性,并保证当事人完全实现合同权利,一方当事人任何不符合合同约定的履行,均有可能损害对方的权利,所以应当给予对方相应的处置权。按照中国合同法第66、67条,一方在对方履行债务不符合约定时,有权拒绝其相应的履行要求。先履行一方履行债务不符合约定的,后履行一方有权拒绝其相应的履行要求。第71、72条则针对具体情况设置相应的规定:债权人可以拒绝债务人提前或者部分履行债务,但提前或者部分履行不损害债权人利益的除外。债务人提前或者部分履行债务给债权人增加的费用,由债务人负担。

4. 不安抗辩权

它是指双务合同中按约应当先履行义务的一方当事人在对方签约后出现财产状况恶化或者明显减少,有难为对待给付之虞,极有可能危及其债权的实现时,通过请求对方履行或者提供担保仍未保障权利,可以中止履行其自己的合同义务的权利。不安抗辩权是大陆法国家的制度,与英美法国家的预期违约或者先期违约制度相近。预期违约是指一方当事人在合同约定的履行期限到来之前,即以书面、口头或行动表明其届时将不履行合同。两者实际上是有重大区别的,因此,中国合同法中同时引进了这两种制度。[①] 依据中国合同法第68、69条,应当先履行债务的当事人,有确切证据证明对方有下列情形之一的,可以中止履行:① 经营状况严重恶化;② 转移财产、抽逃资金,以逃避债务;③ 丧失商业信誉;④ 有丧失或者可能丧失履行债务能力的其他情形。当事人

---

① 两者的联系和区别参见王利明等. 合同法新论·总则(修订版). 中国政法大学出版社,2000. 352~361.

没有确切证据中止履行的,应当承担违约责任。当事人依照前述规定中止履行的,应当及时通知对方。对方提供适当担保时,应当恢复履行。中止履行后,对方在合理期限内未恢复履行能力并且未提供适当担保的,中止履行的一方可以解除合同。

三、合同保全

1. 概念

合同保全,是指为了防止债权人的债权因债务人的财产不当减少而遭受到危害,法律允许债权人不受合同相对性的约束,对债务人或者第三人采取保全措施。合同保全具有对外效力,能够拘束合同相对人和相关的第三人。

合同保全不同于违约责任、合同担保、债权人自力救助、财产保全。违约责任的内容见本章第7节,它是一方当事人在对方违约后的一种消极保障制度,而合同保全与违约没有必然联系。合同担保的内容见本章第8节,它是合同的对内效力,不同于合同保全的对外效力;它由合同约定,不同于合同保全来源于法律的规定;它在对方当事人违约时才能实现权利,合同保全无须违约作为前提条件;它的适用较合同保全广泛、有效。债权人自力救助是指债权人在紧迫情况下通过依法扣留债务人的财产来保护债权的措施。它的实施对象为相对人及其财产,而合同保全及于第三人;它一般不经过诉讼程序,而合同保全通常要经过诉讼程序;它适用于情况紧迫、来不及求助公力时,而合同保全并不要求情况紧迫。财产保全是指法院在案件受理前或者诉讼过程中,为了保证判决的执行,或者避免财产遭受损失,而对当事人的财产或者争议的标的物所采取的查封、扣押、冻结等措施。它是程序法上的规则,而不同于合同保全的实体法上的规则,具体措施也不一样。

2. 代位权

代位权是指因债务人怠于行使其到期债权,对债权人造成损害的,债权人可以向法院请求以自己的名义代为行使债务人债权的权利。代位权最早起源于罗马法,《法国民法典》中正式确定为民法制度。据该法第1166条,除权利和诉权专属于债务人之外,债权人得行使其债务人的一切权利和诉权。日本和意大利民法典也有相应规定。代位权的成立要件有:债权人对债务人的债权合法;债务人对第三人的债权合法;债务人的债权并非专属于债务人;债务人的债权已到期;债务人怠于行使债权;债务人的懈怠行为对债权人的债权有害。

在代位权的行使过程中,对债权人而言,其债务人的债务人为次债务人,债权人代债务人向次债务人行使债权,既不用债务人的名义,也无须债务人的同意,债权人将次债务人作为被告向法院提起代位权诉讼,可以将债务人列为第三人,未列的,法院可以追加债务人为第三人。代位权的后果按各国通例应归属于债务人,而且债权人没有优先受偿权。根据中国合同法第73条,因债务人怠于行使其到期债权,对债权人造成损害的,债权人可以向人民法院请求以自己的名义代位行使债务人的债权,但该债权专属于债务人自身的除外。代位权的行使范围以债权人的债权为限。债权人行使代位权的必要费用,由债务人负担。可见,并未明确代位权后果的归属问题。中国最高人民法院《关于适用〈中华人民共和国合同法〉若干问题的解释(一)》第 20、21 条规定:"债权人向次债务人提起的代位权诉讼经人民法院审理后认定代位权成立的,由次债务人向债权人履行清偿义务,债权人与债务人、债务人与次债务人之间相应的债权债务关系即予消灭。""在代位权诉讼中,债权人行使代位权的请求数额超过债务人所负债务额或者超过次债务人对债务人所负债务额的,对超出部分人民法院不予支持。"另外,该司法解释还确定:在代位权诉讼中,债权人胜诉的,诉讼费由次债务人负担,从实现的债权中优先支付。中国法中这种突破合同相对性原则,并且有别于其他国家的规定,目的在于方便当事人,并更快地解决长期存在的"三角债"等顽症。

3. 撤销权

撤销权亦称撤销诉权或者废罢诉权,是指因债务人放弃其到期债权或者无偿转让财产,对债权人造成损害的,债权人可以请求法院撤销债务人行为的权利。撤销权的成立要件有:债务人实施一定的处分财产的行为;债务人的处分行为已经生效;债务人的处分行为对债权造成了损害;债务人或者第三人有主观上的恶意。依据中国合同法第74、75 条,因债务人放弃其到期债权或者无偿转让财产,对债权人造成损害的,债权人可以请求人民法院撤销债务人的行为。债务人以明显不合理的低价转让财产,对债权人造成损害,并且受让人知道该情形的,债权人也可以请求人民法院撤销债务人的行为。撤销权的行使范围以债权人的债权为限。债权人行使撤销权的必要费用,由债务人负担。撤销权自债权人知道或者应当知道撤销事由之日起 1 年内行使。自债务人的行为发生之日起 5 年内没有行使撤销权的,该撤销权消灭。

另外,按照现行司法解释,债权人依法提起撤销权诉讼时只以债务人为被告,未将受益人或者受让人列为第三人的,人民法院可以追加该受益人或者受让人为第三人。债权人行使撤销权所支付的律师代理费、差旅费等必要费用,由债务人负担;第三人有过错的,应当适当分担。

第五节　合同的变更和转让

合同变更有狭义和广义之分,前者是指在不改变主体的前提下,当事人就原合同的内容进行修改或者补充而形成新的权利和义务关系。后者是指合同的主体发生变化,即合同当事人向第三人全部或者部分转让其合同权利、合同义务或者合同权利和义务。可见,合同主体的变化又有债权人的变化、债务人的变化以及两者均发生变化,并相应形成合同权利的转让、合同义务的转让,以及合同权利义务的概括转让。

一、合同变更

如前所述,合同的主体不变,当事人双方在合同成立之后,完全履行之前改变原先的权利义务关系,形成新的权利义务关系,即是狭义的合同变更。合同变更原则上须经当事人协商达成新的合意,但在特殊情况下,一方当事人也可不经对方同意,径自请求法院或者仲裁机构予以变更,如重大误解、显失公平等可撤销合同的当事人,可以不请求纠纷处理机构撤销合同,而是请求变更双方业已确定的权利义务关系。不过,这种变更不能通过当事人自力救助的方式实现,除非另一方当事人同意,而一经对方同意,则自然形成协议变更。合同的变更,既可以用新的合同完全取代旧的合同,也可以在保持旧的合同效力的基础上,就某些条款进行修改和补充,原有合同和补充条款一并生效。中国合同法第77、78条规定,当事人协商一致,可以变更合同。法律、行政法规规定变更合同应当办理批准、登记等手续的,依照其规定。当事人对合同变更的内容约定不明确的,推定为未变更。原则上,合同的成立和生效需要采取批准、登记等特定方式的,变更时亦同。

二、合同转让

如前所述,合同转让是指合同当事人一方将合同权利、合同义务或者合同的权利和义务全部或者部分地转让给第三人的行为。合同转让具有下列特点:并不改变合同中原有的权利和义务,即合同内容原封不动;合同主体发生变化,即起码有一方当事人被替换;通常涉及到第三人。这三者也正是合同转让与合同变更的不同之处。合同转让的要件有:以合法有效的合同关系为前提;符合法定程序和手续;转让双方达成合意。

1. 合同权利的转让

合同权利的转让亦称合同债权的转让,是指合同债权人依约向第三人转让全部或者部分合同债权的行为。合同权利转让的要件,除了合法以及符合社会公共利益等一般要件之外,是否要求符合特殊要件,各国有 3 种立法例,即自由主义、同意主义和通知主义。自由主义认为合同权利的转让仅凭转让双方的合意即可,无须通知债务人,也不必征得债务人的同意,为德国和美国所采纳。同意主义限定债权人得到债务人的同意,方可转让合同债权,为中国民法通则所采纳(第91条)。通知主义要求债权人应当将合同权利转让的事实告知债务人,但不必征得其同意,为法国、日本所采纳。中国合同法改采通知主义。据该法第80条,债权人转让权利的,应当通知债务人。未经通知,该转让对债务人不发生效力。这样既尊重债权人处分债权的自由,又避免债务人因对转让事宜不知情而可能遭受的不利益。由于转让通知一经到达立即生效,因而债权人不得撤销,但经受让人同意的除外。

合同权利转让的效力还有以下几个方面的体现:① 债权人转让权利的,受让人取得与债权有关的从权利,但该从权利专属于债权人自身的除外。② 债务人接到债权转让通知后,债务人对让与人的抗辩,可以向受让人主张。③ 债务人接到债权转让通知时,债务人对让与人享有债权,并且债务人的债权先于转让的债权到期或者同时到期的,债务人可以向受让人主张抵销。另外,中国合同法中对合同权利转让有所限制:根据合同性质不得转让;按照当事人约定不得转让;依照法律规定不得转让的,合同权利不得转让。

2. 合同义务的转让

合同义务的转让亦称债务承担,是指合同的债权人、债务人和第三人之间达成合意,将原合同的债务转由第三人承担的行为,包括全部转让和部分转让两种情形。债务承担与第三人代替履行不同。后者是指第三人与原合同债权人、债务人没有达成转让债务的合意,作为合同的当事人,但自愿代替债务人履行债务。中国合同法中只有债务承担的规定,并未涉及到第三人代替履行,应予弥补。

合同义务的转让,可以通过第三人与债权人或者债务人之间的协议进行,前者一般无须征得债务人同意,而后者则必须得到债权人的同意。转让一经生效,新的债务人即替代原来的债务人,成为合同的当事人,原来的债务人将退出合同关系。按中国合同法中第84~86条,债务人将合同的义务全部或者部分转移给第三人的,应当经债权人同意。债务人转移义务的,新债务人可以主张原债务人对债权人的抗辩。债务人转移义务的,新债务人应当承担与主债务有关的从债务,但该从债务专属于原债务人自身的除外。

合同义务的部分转让将形成并存的债务承担,即原来的合同债务人并未脱离合同关系,而由第三人加入进来,与原来的合同债务人共同对债权人承担债务。依据转让协议的约定不同,可由第三人承担按份债务或者连带债务。

3. 合同的概括转让

合同权利义务的概括转让,是指原合同当事人一方将自己在合同中的权利和义务一并转让给第三人,由第三人概括地继受原合同的全部权利和义务的行为。概括转让可以按约或者依法进行,并适用合同权利转让和合同义务转让的相关规定。依据中国合同法中第88条,当事人一方经对方同意,可以将自己在合同中的权利和义务一并转让给第三人。当事人订立合同后合并的,由合并后的法人或者其他组织行使合同权利,履行合同义务。当事人订立合同后分立的,除债权人和债务人另有约定的以外,由分立的法人或者其他组织对合同的权利和义务享有连带债权,承担连带债务。

第六节   合同的消灭

合同的消灭在中国合同法中称为合同权利义务关系的终止,是指合同关系在客观上不复存在。英美法中没有债的总的概念,故有专门关于合同消灭的法例。大陆法没有关于合同消灭的专门规定,而是将其包括在债的消灭之中。中国既有关于债的消灭的规定,类似于大陆法,也有关于合同终止的专项规定。

大陆法各国对债的消灭的规定大同小异,而法国民法典列举的原因最多,包括消偿、抵销、混同、取消、免除、更新、标的物灭失、解除条件成就和时效完成9种;德国、日本法例为5种,即消偿、抵销、提存、免除和混同。在英美法中合同消灭的情形直观而具体,主要有当事人协议、履行、违约、依法规定 4 种。中国合同法中采德国、日本等大陆法国家的法例,另将合同解除也作为合同消灭的原因之一。依据中国合同法第 91 条,有下列情形之一的,合同的权利义务终止:① 债务已经按照约定履行;② 合同解除;③ 债务相互抵销;④ 债务人依法将标的物提存;⑤ 债权人免除债务;⑥ 债权债务同归于一人;⑦ 法律规定或者当事人约定终止的其他情形,如法律规定的诉讼时效期间已过。现将合同消灭的原因分述如下:

一、清偿

清偿是指债务人向债权人履行债的内容的行为,也即债权人依据合同的约定实现债权目的的行为。此处清偿与履行意义相同。当债权人接受债务人的清偿时,债和合同的关系即告消灭。各国法律一般允许由债务人以外的第三人向债权人清偿债务,即代为清偿,但如果债的性质决定着须由债务人亲自履行的,第三人就不能代为履行。第三人在为债务人清偿了债务之后,便在法律上取得债权人的债权,可以债权人的身份,向债务人要求偿付,这就是代位求偿权。清偿的标的物应依合同约定,如以替代物清偿,须征得债权人同意。英美法中也承认合同因当事人履行而消灭。合同规定的双方义务全部履行完毕,如货物买卖合同中已钱货两讫,借款合同中已还本付息,工程建设合同中工程已交付使用,款项全部结清,则双方当事人间的合同关系即告消灭。履行是合同消灭的主要原因。

对于清偿的费用,如包装费、运送费、邮汇费、信汇费、通知费等等,在既无约定也无法定时,通常由债务人负担,但因债权人迟延受领、地点变更等原因导致的费用,由债权人自负。

对于清偿地点,如为特定物,应在缔约时该特定物所在地交付;如为其他债务,法国、德国规定为债务成立时债务人的住所地清偿,称为往取债务;日本规定为债权人现时的住所地清偿,称为赴偿债务。中国货物买卖合同依据不同的履行方式,确定不同的履行地,自提为供方所在地、送货为需方所在地、托运为承运人所在地。当然,各国均规定合同约定清偿地时从合同约定。

有时还会发生清偿抵充的问题。所谓清偿抵充,是指债务人对同一债权人负有数宗同类债务,而债务人的履行不足于清偿全部债务时,决定该履行抵充哪些债务的情形。清偿抵充可以由当事人约定。当事人未约定的,由清偿人指定。除此之外,实行法定抵充:应尽先抵充到期债务;尽先抵充无担保债务;担保相等的,债务人因清偿获益最多的尽先抵充;债务人因清偿获益相等而清偿期相同的,按比例抵充。①

此外,中国合同法第 92 条还规定了后合同义务:合同的权利义务终止后,当事人应当遵循诚实信用原则,根据交易习惯履行通知、协助、保密等义务。

---

① 　王利明等. 合同法新论·总则(修订版). 中国政法大学出版社,2000. 550~551.

二、合同解除

合同解除,是指在已经有效成立的合同具备合同解除的条件时,合同关系归于消灭。对于解除方式,有两种立法体例:一是当然解除主义,一是当事人意思表示主义。前者是指凡符合合同解除条件的,合同即自行解除,无须当事人作出意思表示。该法例为日本等国所采纳,因对当事人的合同处分权干预过多,故存在明显的弊病。后者是指在合同解除条件具备时,因当事人一方或者双方的意思表示而解除合同。经当事人的意思表示解除合同又分为两种:一是通过当事人双方协商一致的方式而解除合同;二是通过享有法定或者约定解除权的一方当事人向对方发出解除合同的通知,不管对方是否同意,自通知到达时即解除合同。在英美法中合同因双方当事人的协议而消灭,就包括了合同解除的情形。当事人协商就消灭原合同中的权利义务关系达成一致,新协议取代原合同,是常见的方式。也可由新的当事人加入到原合同关系,从而更新合同。另外,可依合同约定的条件成就与否,决定合同是否消灭。先决条件不成就,合同不生效;后决条件成就,合同归于消灭。合同也可因违约而消灭。英美法中并非将任何违约行为都作为合同消灭的原因,一方当事人违反担保或轻微违约时,另一方当事人无权解除合同,合同并不消灭。只有当一方当事人违反条件或者重大违约或者联合国国际货物买卖合同公约所称的根本性违约时,另一方行使解除合同权,才能产生合同消灭的后果。

依据中国合同法中,当事人可以约定解除合同。分两种情况,一是当事人协商一致,可以解除合同。二是当事人可以约定一方解除合同的条件。解除合同的条件成就时,解除权人可以解除合同。中国合同法第 94 条对法定解除合同问题作了规定:有下列情形之一的,当事人可以解除合同:① 因不可抗力致使不能实现合同目的;② 在履行期限届满之前,当事人一方明确表示或者以自己的行为表明不履行主要债务;③ 当事人一方迟延履行主要债务,经催告后在合理期限内仍未履行;④ 当事人一方迟延履行债务或者有其他违约行为致使不能实现合同目的;⑤ 法律规定的其他情形。当事人一方依法主张解除合同的,应当通知对方。合同自通知到达对方时解除。对方有异议的,可以请求法院或者仲裁机构确认解除合同的效力。法律、行政法规规定解除合同应当办理批准、登记等手续的,依照其规定。

法律规定或者当事人约定解除权行使期限,期限届满当事人不行使的,该权利消灭。法律没有规定或者当事人没有约定解除权行使期限,经对方催告后在合理期限内不行使的,该权利消灭。

合同解除后,尚未履行的,终止履行;已经履行的,根据履行情况和合同性质,当事人可以要求恢复原状、采取其他补救措施,并有权要求赔偿损失。可见,中国合同法中既承认合同解除向将来发生效力,又承认其溯及既往的效力。同时,合同的权利义务终止,不影响合同中结算和清理条款的效力。

三、抵销

抵销,是指当事人双方互负债务时,以其各自的债权抵充债务,使双方的债务在等额的范围内归于消灭。如甲乙之间互负债务,其中甲欠乙20万元,乙欠甲10万元,并约定2012年12月1日到期,届时不必由甲先还乙20万元,然后乙再还甲10万元,而是可将甲乙互欠10万元部分抵销,直接由甲还乙10万元以了结全部债权债务关系。在当事人互负债务的情况下,抵销可大大简化清偿手续,以收便利之效。若债务人破产,债权人行使抵销权,可保障其债权的有效实现。

按照产生的依据不同,抵销可分为法定抵销和约定抵销两种。由法律规定构成要件,条件成就时仅凭当事人一方的意思表示即可发生抵销效力的,为法定抵销。该当事人的权利为抵销权。依据当事人双方的合意而发生的抵销称为约定或者合意抵销。法定抵销的要件有:双方当事人互负债务、互享债权;双方债务的给付种类相同;清偿期限已经届至。合意抵销完全依约进行。

中国合同法规定,当事人互负到期债务,该债务的标的物种类、品质相同的,任何一方可以将自己的债务与对方的债务抵销,但依照法律规定或者按照合同性质不得抵销的除外。当事人互负债务,标的物种类、品质不相同的,经双方协商一致,也可以抵销。当事人主张抵销的,应当通知对方。通知自到达对方时生效。抵销不得附条件或者附期限。

四、提存

提存,是指由于债权人的原因致使债务人无法向其交付合同标的物时,债务人将该标的物交付给提存部门而消灭合同。提存一般基于下列原因:债权人无正当理由拒绝受领;债权人下落不明;债权人死亡尚未确定继承人;债权人丧失民事行为能力尚未确定监护人。《德国民法典》对提存有明确规定。中国民法通则虽未予明确,但中国最高人民法院《关于贯彻执行〈中华人民共和国民法通则〉若干问题的意见(试行)》第104条规定:"债权人无正当理由拒绝债务人履行义务,债务人将履行的标的物向有关部门提存的,应当认定债务已经履行。"中国合同法中的规定更为详细,中国还加入了《国际提存公约》。中国的《提存公证规则》对提存的条件、程序有详细规定。提存对债权人和债务人的效力主要有三:一是免除债务人的责任;二是风险转移给债权人;三是提存所发生的费用由债权人承担。

根据中国合同法第101条以下的规定,有下列情形之一,难以履行债务的,债务人可以将标的物提存:① 债权人无正当理由拒绝受领;② 债权人下落不明;③ 债权人死亡未确定继承人或者丧失民事行为能力未确定监护人;④ 法律规定的其他情形。标的物不适于提存或者提存费用过高的,债务人依法可以拍卖或者变卖标的物,提存所得的价款。标的物提存后,除债权人下落不明的以外,债务人应当及时通知债权人或者债权人的继承人、监护人。标的物提存后,毁损、灭失的风险由债权人承担。提存期间,标的物的孳息归债权人所有。提存费用由债权人负担。债权人可以随时领取提存物,但债权人对债务人负有到期债务的,在债权人未履行债务或者提供担保之前,提存部门根据债务人的要求应当拒绝其领取提存物。

债权人领取提存物的权利,自提存之日起 5 年内不行使而消灭,提存物扣除提存费用后归国家所有。

五、免除

免除,是指由债权人免除债务人的债务,使债权债务关系归于消灭。法国、德国、瑞士法规定,免除是双方的法律行为,债权人不能单方面采取行动,而是要经债务人同意方能生效。日本、中国以及中国台湾法则认为由债权人单方面的行为即可生效,从而导致债的关系的消灭。依据第 105 条,债权人免除债务人部分或者全部债务的,合同的权利义务部分或者全部终止。

一旦债权人作出免除的意思表示,即产生债的消灭的效果,债权人不得撤销免除的意思表示,但破产法规定的恶意放弃债权以逃避破产财产责任等情况除外。另外,在中国免除债务如涉及国家利益,应经有关政府部门同意。

六、混同

混同,是指由于特定原因致使债权与债务同归于一人,致使原债权债务关系失去存在的基础。混同的原因主要有民法上的继承,导致债权债务同属于一个;商法上的继受如合并导致债权人与债务人同归于一人;债权转让或债务承担等特定继受使债权与债务同归于一人。因混同而导致债和合同关系消灭,其效力不仅及于主债权,也及于从债权,主权利消灭,从权利如担保权、利息债权等也归于消灭。但若将票据关系中的权利与义务集于一身,并不产生债的消灭的后果。英美法中合同依法而消灭,如合并即产生混同的法律效果。

中国合同法第 106 条规定:债权和债务同归于一人的,合同的权利义务终止,但涉及第三人利益的除外。

七、诉讼时效

时效是指依照法律的规定,在一段期限内,由于一定事实状态持续存在而引起民事法律关系消灭或发生的一种法律制度。大陆法国家将时效分为取得时效和消灭时效两种。前者是关于取得物的所有权的制度,即某些特定物品的占有人在取得时效期限届满后,即取得该物的所有权。后者是关于诉权的制度,即债权人在诉讼时效期间不行使权利,其诉权(胜诉权)即归于消灭。英美法中只有后者的法例,但称作诉讼时效,中国亦然。

大陆法将消灭时效即诉讼时效分为普通期间和特别期间两种,前者法国、德国为30 年,日本为 20 年,后者多为 2 年,最短的为 6 个月,如法国法中对工人工资、旅馆及饭店的食宿费的请求权。英国盖印合同为 12 年,简式合同为 6 年,人身伤害赔偿请求权为 3 年。美国各州对书面合同的诉讼时效期间多为 10 年,口头合同为 5 年或 6 年,货物买卖合同在美国统一商法典中规定为 4 年。中国民法通则中规定的最长诉讼时效期间为 20 年,一般为 2 年,国际货物买卖合同为 4 年,与联合国国际货物买卖公约的规定相同。技术进出口合同也是 4 年。如中国合同法中第 129 条规定:因国际货物买卖合同和技术进出口合同争议提起诉讼或者申请仲裁的期限为 4 年,自当事人知道或者应当知道其权利受到侵害之日起计算。因其他合同争议提起诉讼或者申请仲裁的期限,依照有关法律的规定。另外,对短期诉讼时效期间规定为 1 年,适用于人身受到伤害要求赔偿的;出售质量不合格的商品未声明的;延付或者拒付租金的;寄存财物被丢失或损毁的等几种情况。

诉讼时效的起算时点对合同是否消灭,债权人的权利能否实现关系很大。一般而言,债权人的权利何时可行使,诉讼时效就从何时计算。但是,诉讼时效可依法中止、中断和延长。在诉讼时效期限内,由于发生某种不以当事人自己意志为转移的事故,阻碍其向法院起诉,则法律允许中止诉讼时效的进行,待该事故消除之后,时效期间再继续进行。诉讼时效的中止原因多为不可抗力或行为能力限制,且发生在时效期间届满前 6 个月内。在诉讼时效期限内,如发生法律规定的某种情事,则依照法律的规定,以前已经过的时效期间不再计算,待法定中断的情事终结之后,诉讼时效重新开始计算。导致时效中断的情事主要有主张权利、起诉、承认债务、部分履行。有特殊情况的,法院可以延长诉讼时效期间。

第七节 合同的违约责任

世界各国法律以及国际立法、国际惯例均认为,合同一经依法订立,对双方当事人都具有法律约束力,任何一方都必须严格按合同规定全面、适当地履行义务,否则即构成违约,并承担相应的法律责任,以便使非违约方得到适当的救济。

一、违约责任及其构成要件

违约责任亦称违反合同的民事责任,是指当事人因违反合同义务所承担的民事责任。违约责任是合同法中的核心内容,因为在合同法中,有债务必有责任,无责任的债务,乃是一种空洞的概念而失去其法律上的意义。[①] 违约责任的特点是:① 有当事人不履行合同义务的事实;② 只能发生于合同当事人之间,即具有相对性;③ 以补偿性为主;④ 可以由当事人约定;⑤ 是民事责任的一种,与侵权责任组成民事责任的基本

---

① 林诚二. 论债之本质与责任. 中兴法学. 1978(13);转引自王利明. 违约责任论(修订版). 中国政法大学出版社,2000.1.

内容。

违约责任的构成要件,是指在何种情况下,违约当事人才承担违约责任。不同的责任形式,其构成要件也有差异。当然,有违约行为是违约责任的必要条件,是否同时要求违约方具有过错甚至造成损害,则各个国家有不同规定,学理上也有各种各样的解释。

违约是指合同当事人没有履行合同或者没有完全履行合同义务的行为。按照《牛津法律大辞典》的归纳,违约是指由一方当事人不合理拒绝或者不履行合法或者强制性的合同义务。通常表现为拒绝履行、不履行、迟延履行或者不当履行等形式。违约的原因多种多样,千差万别。有的为当事人过失,如货物运输承运人未切实做好防雨防潮措施,货物在运输途中淋雨受潮变质;有的是当事人故意,如货物买卖合同卖方见市价上涨,将合同约定的货物高价转卖而违约;有的是当事人意志之外的原因使然,如成品入库正要按约待运,被突如其来的山洪冲毁,致使卖方无法如期交货。

对于违约责任的归责原则,大陆法和英美法国家分别实行过错责任原则、过错推定原则和无过错责任原则。大陆法认为违约的构成要件,不但包括合同义务人有不履行义务的事实,而且存在归责于他的过错,还要在两者之间有因果关系,如违约方的相对人要求其赔偿损失,则须证明违约造成了这些损失。例如,依据《德国民法典》第276条,债务人必须对故意的或者过失的不当行为负责,即对任何形式的过错负责,但是对于纯属意外事件的违反履行义务不承担责任。①《法国民法典》第1147条规定:凡债务人不能证明其不履行债务系由于不应归其个人负责的外来原因时,即使在其个人方面并无恶意,债务人对于其不履行或者迟延履行债务,如有必要,应进行损害赔偿。法国法中虽然并未直言"过错",但在合同法理论上通常认为实行过错责任原则,并且进一步将过错分为欺诈性过错、不可原谅的过错、重大过错以及一般过错。在欺诈性过错中,一方有欺诈另一方的故意。不可原谅的过错仅适用于运输合同和雇佣合同的承运人和发生工伤事故。重大过错为性质特别严重以致于完全摧毁合同存在基础。其他的为一般过错,一般过错的责任可以减轻。② 英美法则不同,只要当事人没有履行在合同中约定的义务,即使没有过错也构成违约,并应承担相应的法律责任,除非存在法定或者约定的免责事由。在现代合同法中,通常采纳过错推定的归责原则。它是指违约当事人一方假如不能证明自己对违约行为不存在过错,则在法律上推定其有过错,并承担相应的违约责任。美国合同法理论中的"凡没有正当理由而不履行合同中的全部或部分承诺者,构成违约",即是此意。《欧洲合同法原则》第8·101条规定:只要一方当事人没有履行合同债务,而且该不履行并无免责事由,则另一方当事人可寻求法律规定的任何救济方式。《国际商事合同通则》第7.4.1条也规定:任何不履行均使受损害方取得单独的损害赔偿请求权,或者与其他救济手段一并行使的损害赔偿请求权,除非不

① [德]罗伯特·霍恩. 德国民商法导论. 中国大百科全书出版社,1996. 122.
② 尹田. 法国现代合同法. 法律出版社,1995. 302~310.

履行可根据本通则的规定予以免责。

中国在 3 个合同法三足鼎立时期,曾在《经济合同法》的第 29 条中明确规定实行过错责任原则,明显受到大陆法国家的影响:由于当事人一方的过错,造成经济合同不能履行或者不能完全履行,由有过错的一方承担违约责任;如属双方的过错,根据实际情况,由双方分别承担各自应负的违约责任。《民法通则》第 111 条实际上已经放弃了过错责任原则。《合同法》第 107 条进一步明确:"当事人一方不履行合同义务或者履行合同义务不符合约定的,应当承担继续履行、采取补救措施或者赔偿损失等违约责任。"结合免责条件等相关规定,中国已将过错推定原则确定为一般归责原则,只是在特定情况下实行过错责任原则,如双方违约时按照双方各自的过错分担责任。可见,美国法的影响比较大。

在一方当事人的违约不是由于自己的原因,而是由于第三人的原因造成时,应该怎么办,这是实践中经常遇到的问题。中国合同法根据合同相对性原则,在第 121 条中作出如下规定:当事人一方因第三人的原因造成违约的,应当向对方承担违约责任。当事人一方和第三人之间的纠纷,依照法律规定或者按照约定解决。

至于判定违约的时间界限,英美法中比较严格。凡合同规定履行期限,债务人届时不履行;合同未规定履行期限,债务人在合理的期限内不履行,即构成违约。德国、法国等大陆法国家中则有不同于上述规则的催告制度。如前所述,催告是指债权人向债务人请求履行合同的通知。在合同没有明确规定履行日期的情况下,债权人必须向债务人催告,才能使债务人承担延迟履行的责任。值得一提的是,大陆法中的催告制度与民事诉讼法中的公示催告程序有本质区别。前者为实体法范畴,后者属程序法范畴,是对票据、有价证券被盗、遗失、灭失者的一种司法救济方式。他们可依法向法院提出公示催告请求,由法院受理后发出公告,让权利人申报权利。除权利人申报权利而终结公示催告程序,转入普通民事诉讼程序外,申报权利期限届满,法院作出除权判决,宣布相应票券丧失权利。中国没有将催告制度作为合同履行以及确定违约责任时间界限的一个普遍适用的规则。

二、违约形式

对违约形式的规定,英美法和大陆法差异很大。英国法规定违反条件、违反担保、违反中间性条款、先期违约和履行不可能 5 种形式;美国法规定重大违约和轻微违约两种形式;德国法规定给付不能和给付延迟两种;法国法规定不履行和延迟履行两种,与德国法类似;中国法规定不履行和不完全履行两种。

英美法中的条件的 3 个涵义已如前述,作为违约形式的条件是指合同中的重要的根本性的条款。合同当事人一方违反条件的,对方有权解除合同,并要求赔偿损失。违反担保是指违反合同的次要的、附属性条款。与违反条件不同,违反担保时,对方当事人不能以此为由拒绝履行其自己的合同义务,即无权解除合同,他只能在履行了其应承担的合同义务后,再向违约方请求损害赔偿。违反中间性条款是英国近年发展起来的一种新的违约类型。它不是根据合同条款本身的重要性来确定对方是否有权解除合同，而是依违约的性质和后果来确定补救方法，具体由法官灵活掌握，以克服违反条件和违反担保的传统分类所带来的不便。美国则已摒弃"条件"和"担保"的分类，而将违约分为轻微违约和重大违约两种情形。前者是指债务人在履约中虽有缺点，但债权人已获得主要利益。后者是指由于债务人没有履行或履行合同有缺陷，致使债权人依约本应得到的主要利益落空。重大违约实际上相当于违反条件，轻微违约则类似于违反担保，处理规则也基本相同。只是英国法侧重于合同的事先约定，美国法侧重于合同的事后结果。先期违约是指一方当事人在合同约定的履行期限到来之前，即以书面、口头或行动表明其届时将不履行合同。一方先期违约的，另一方有权解除合同并索赔，而不必等到履行期届至。履行不可能是指债务人因种种原因不可能履行其合同义务，包括自始不能和嗣后不能。自始不可能履行的合同无效，在当事人间不产生权利和义务。事后不可能若因不可归责于当事人的事由所致，当事人间也没有权利和义务。

德国法中的给付不能包括自始不能与嗣后不能，类似于英美法中的履行不可能，但处理规则有所不同。自始不能的合同原则上无效，但一方当事人在缔约时明知或应知该标的不可能履行的，对不知情的另一方当事人负有损害赔偿责任。嗣后不能则以债务人过失为承担责任要件。给付延迟是指债务人在债务已届履行期且可能履行的情况下，并未按期履行其合同义务。给付延迟的法律后果，也实行过错责任原则。法国法的规定与德国法大同小异。

联合国国际货物买卖合同公约主要规定了根本性违反合同和非根本性违反合同，以及预期违约等形式。显然受英美法的影响大一些。《国际商事合同通则》设有"不履行"一章，并将其定义为"指一方当事人未能履行其在合同项下的任何义务，包括瑕疵履行或迟延履行。"《欧洲合同法原则》则只泛泛规定不履行，而并未对不履行的具体情形作出进一步的规定。

中国法上不履行和不完全履行的分类则没有严格的法律意义，因为依据这一分类是无法确定违约方的责任程度的。此外，中国合同法第108条参照英美法例，对预期违约或者先期违约作了规定：当事人一方明确表示或者以自己的行为表明不履行合同义务的，对方可以在履行期限届满之前要求其承担违约责任。至于承担何种违约责任，则视具体情况而定。

三、违约的救济方法

救济是指一方合法权利被他方侵害时，法律上对受损害方所作的补偿。这种补偿当然是从权利方或者非违约方而言的，对违约方来说，则是对其违约行为的一种制裁，因此，违约救济和违约责任，只不过是同一个问题的两个不同的侧面而已。世界各国的违约救济方法不尽相同，但主要有实际履行、损害赔偿、违约金、定金、禁令、中止履行合同和解除合同等几种。

1. 实际履行

作为违约救济方法的实际履行,在中国合同法中称为继续履行,是指在一方不履行合同义务时,另一方当事人有权要求违约方仍按合同约定履行义务。英美普通法中无实际履行这一救济方法,但在衡平法中可作为一种例外的救济方法,仅在损害赔偿不能满足债权人要求时适用。德国法中将实际履行作为一种主要的救济方法,债权人原则上均可请求法院判令违约的债务人实际履行合同义务,只是在实践中很少有人提起实际履行之诉。法国法将实际履行作为一种可供选择的救济方法,但限于合同仍可履行时,并属于给付财产之债。否则,只能采取其他的救济方法。中国民法通则对实际履行有明确规定,中国合同法中将其改称为继续履行,内涵也有所变化。其中,合同法第107条概括规定:当事人一方不履行合同义务或者履行合同义务不符合约定的,应当承担继续履行……等违约责任。合同法第109条以下予以具体化:当事人一方未支付价款或者报酬的,对方可以要求其支付价款或者报酬。当事人一方不履行非金钱债务或者履行非金钱债务不符合约定的,对方可以要求履行,但有下列情形之一的除外:① 法律上或者事实上不能履行;② 债务的标的不适于强制履行或者履行费用过高;③ 债权人在合理期限内未要求履行。质量不符合约定的,应当按照当事人的约定承担违约责任。对违约责任没有约定或者约定不明确,依法仍不能确定的,受损害方根据标的的性质以及损失的大小,可以合理选择要求对方承担修理、更换、重作、退货、减少价款或者报酬等违约责任。

2. 损害赔偿

损害赔偿,是指当事人一方违反合同规定的义务并给对方造成损失,依法由违约方给予补偿。它是对违约的一种主要救济方法,为各国法律所普遍采纳。而在赔偿的依据、方法、范围等方面尚有差别。

大陆法国家中损害赔偿须依据3个条件,即有损害事实;有归责于债务人的原因;损害的发生与债务人违约间有因果关系。英美法则认为一方当事人一旦违约,对方即可要求损害赔偿,无需证明违约方有过错,也无需以实际损害为前提。中国法原则上无须过错,但要有实际损害。损害赔偿的方法有回复原状和金钱赔偿两种。德国法以回复原状为原则,而以金钱赔偿为例外。法国法正相反,以金钱赔偿为原则,而以回复原状为例外。英美法基本上采取金钱赔偿的方法,称为金钱上的回复原状,以便在金钱所及的范围内,使权利受到损害的一方处于合同得到履行时同样的地位。中国法与英美法相近。

对于损害赔偿的范围,大陆法认为应包括违约所造成的实际损失和可得利益损失。前者是由合同明确规定,因债务人的违约而直接受到损害的利益。后者是债权人在合同履行的情况下本应可以获取,而因债务人的违约所丧失的利益。以货物买卖合同为例,卖方交付不合格品,买方未取得合格品为直接损失,此合格品转售的利润为间接损失。英美法原则上要求因违约而受到损害的一方,在经济上能处于合同得到履行时同等的地位。债权人可索赔的损失包括按照违约的一般过程自然发生的损失;当事人在缔约时已预见或应预见到的因违约而产生的损失。中国民法通则第112条对损害赔偿范围作了原则规定。根据中国最高人民法院的解释,损失范围应包括财产的毁损、减少、灭失和为减少或者消除损失所支出的费用,以及合同如能履行可以获得的利益。但是,赔偿的责任不得超过违约一方在订立合同时应当预见到的因违反合同可能造成的损失。"可预见的损失"没有确定的衡量标准,故一方在缔约时应将违约的严重后果告知对方,或双方事先在合同中约定。中国合同法已确认上述原则:按照其第112、113条,"当事人一方不履行合同义务或者履行合同义务不符合约定的,在履行义务或者采取补救措施后,对方还有其他损失的,应当赔偿损失。""当事人一方不履行合同义务或者履行合同义务不符合约定,给对方造成损失的,损失赔偿额应当相当于因违约所造成的损失,包括合同履行后可以获得的利益,但不得超过违反合同一方订立合同时预见到或者应当预见到的因违反合同可能造成的损失。经营者对消费者提供商品或者服务有欺诈行为的,依照《中华人民共和国消费者权益保护法》的规定承担损害赔偿责任。""消法"的第49条规定对经营者的欺诈行为,消费者除有权要求返还外,可以获得与合同价款相等数额的赔偿。

不过,当事人有前述所谓的减损责任。中国合同法中第119条明确:当事人一方违约后,对方应当采取适当措施防止损失的扩大;没有采取适当措施致使损失扩大的,不得就扩大的损失要求赔偿。当事人因防止损失扩大而支出的合理费用,由违约方承担。

3. **违约金**

违约金,是指为了保证合同的履行,当事人双方事先在合同中约定当一方违约时,应向对方支付的金钱。大陆法中有惩罚性违约金和补偿性违约金之分,德国规定为惩罚性违约金,债权人除依约向违约方要求支付违约金外,还可请求损害赔偿。法国规定为补偿性违约金,由当事人在缔约时预先约定,一旦违约,债权人可要求违约方支付,但不允许同时请求损害赔偿。英美法认为合同双方当事人地位完全平等,一方违约,另一方只能要求赔偿,而不能加以惩罚,但允许当事人预先约定损害赔偿金额。另外,依各国法例,违约金或预先约定赔偿金额过高或过低,当事人可请求法院酌情增减。为了统一国际间预定赔偿金额的规定,联合国国际贸易法委员会制定了《关于在不履行合同时支付约定金额的合同条款的统一规则》,由联合国大会在1983年决议向各国推荐。该规则确认国际合同中预定赔偿金额有效,一方违约并有过错时,另一方有权取得之。当其数额不足以补偿损失时,另一方还有权要求损害赔偿,直至补足损失。

中国《经济合同法》规定的违约金,既有惩罚性,又有补偿性,但《涉外经济合同法》只规定预定损害赔偿违约金。统一的合同法采后者法例。依据该法第114条,当事人可以约定一方违约时应当根据违约情况向对方支付一定数额的违约金,也可以约定因违约产生的损失赔偿额的计算方法。约定的违约金低于造成的损失的,当事人可以请求人民法院或者仲裁机构予以增加;约定的违约金过分高于造成的损失的,当事人可以请求人民法院或者仲裁机构予以适当减少。当事人就迟延履行约定违约金的,违约方支付违约金后,还应当履行债务。

根据前述最高院关于合同法适用司法解释(二)第 27 条以下的规定,当事人通过反诉或者抗辩的方式,请求人民法院依照合同法第 114 条第 2 款的规定调整违约金的,人民法院应予支持。假如当事人请求人民法院增加违约金的,增加后的违约金数额以不超过实际损失额为限;增加违约金以后,当事人又请求对方赔偿损失的,人民法院不予支持。假如当事人主张约定的违约金过高请求予以适当减少的,人民法院应当以实际损失为基础,兼顾合同的履行情况、当事人的过错程度以及预期利益等综合因素,根据公平原则和诚实信用原则予以衡量,并作出裁决。当事人约定的违约金超过造成损失的 30% 的,一般可以认定为合同法第 114 条第 2 款规定的"过分高于造成的损失"。

4. 定金

定金,是指债务人为了保证合同的履行,按约预先给付债权人的一定数额的金钱。当事人可以约定一方向对方给付定金作为债权的担保。债务人履行债务后,定金应当抵作价款或者收回。给付定金的一方不履行约定的债务的,无权要求返还定金;收受定金的一方不履行约定的债务的,应当双倍返还定金。定金应当以书面形式约定,其数额限于主合同标的额的 20% 以内。当事人在定金合同中应当约定交付定金的期限,定金合同从实际交付定金之日起生效。中国合同法第 115 条即规定:当事人可以依照《中华人民共和国担保法》约定一方向对方给付定金作为债权的担保。债务人履行债务后,定金应当抵作价款或者收回。给付定金的一方不履行约定的债务的,无权要求返还定金;收受定金的一方不履行约定的债务的,应当双倍返还定金。

不过,中国合同法第 116 规定:"当事人既约定违约金,又约定定金的,一方违约时,对方可以选择适用违约金或者定金条款。"这就引发出损害赔偿、违约金与定金如何协调的问题。因为按中国合同法第 112 条以下的规定,损害赔偿和违约金之间是选择性的关系,而违约金和定金之间也是选择性的关系,那么,损害赔偿与定金之间能否同时选择? 理论上虽然存在争议,答案应当是肯定的。

5. 禁令

禁令是指在英美法国家的某些特殊案件中,由法院发布的禁止当事人从事特定行为的命令。它是英美衡平法上的救济方法,仅适用于下列两种情况:一是采取一般的损害赔偿的救济方法不足以补偿债权人的损失;二是禁令符合公平合理的原则。

有学者将英美法中的禁令分为履约指令(Specific Performance)、最后禁令(Final Injunction)、中间禁令(Interlocutory Injunction)等类型。中间禁令又有迈尔瓦禁令(Mareva Injunction or Freezing Injunction)和安敦皮勒禁令(Anton Piller Injunction)。履约指令是指由法院发布的强制违约方履行合同积极义务的命令。最后禁令是指由法院发布的禁止当事人从事合同约定的消极义务的命令,如禁止被告继续利用通过与原告签约所获悉的商业秘密来牟利。中间禁令是指由法院发布的维持诉讼双方当事人现状,以便于诉讼顺利进行或者保证判决能够执行的命令。迈尔瓦禁令亦称冻结禁令,是指由法院发布的禁止当事人处分资产,以便保证原告将来胜诉时可以顺利执行判决,实际取得败诉方的资产的命令。安敦皮勒禁令是指由法院发布的允许原告进入被告处进行搜查、拍照、扣押的命令。通常由申请人的律师在有关司法人员的陪同下进行,适用面比较窄。自1999年4月26日之后,该种禁令改为搜查令(Search Order)。①

中止履行合同与解除合同在前述相关内容中已作介绍,此处不再赘述。

四、责任竞合

中国合同法第122条规定:"因当事人一方的违约行为,侵害对方人身、财产权益的,受损害方有权选择依照本法要求其承担违约责任或者依照其他法律要求其承担侵权责任。"该条涉及到责任竞合或者请求权竞合的问题。

竞合,是指因某种法律事实的出现,导致产生两种或者两种以上的权利并在相互之间发生冲突的现象。责任竞合是竞合的一种,指因某种法律事实的出现,导致产生两种或者两种以上的责任并在相互之间发生冲突。民法中的责任竞合主要表现为违约责任和侵权责任的竞合。应当如何处理责任竞合?法国法采取禁止竞合制度,不允许合同当事人将另一方当事人的违约行为视为侵权行为,侵权责任只能产生于合同关系之外。德国法承认竞合并允许当事人选择请求权,但一项请求权的实现会导致另一项请求权的消灭。英国法实行有限制的诉讼制度,当被告的行为既违约又侵权时,允许原告选择侵权之诉的诉讼形式还是违约之诉的诉讼形式。中国的规定与德国法相近。在违法行为发生后,允许受害人选择适用的法律以及不同的请求权,对受害人的保护将更为充分,对不法行为的制裁也更为有力。②

1999年最高人民法院关于适用《中华人民共和国合同法》若干问题的解释(一)第30条进一步明确了司法实践中请求权竞合处理规则:债权人依照合同法第122条的规定向人民法院起诉时作出选择后,在一审开庭以前又变更诉讼请求的,人民法院应当准许。对方当事人提出管辖权异议,经审查异议成立的,人民法院应当驳回起诉。

五、免责条件

正如前述,对有效成立的合同,当事人在一般情况下均有义务履行,否则要承担违约责任。但在特殊情况下,如合同订立以后发生了当事人无法预料的情事,导致合同无法履行,或虽可履行但大大增加当事人的负担,产生极不公平的结果。对此,法律上作为例外原则来处理,形成所谓的情势变更、合同落空和不可抗力制度。

1. 情势变更

情势变更亦称情事变更或者情势变迁原则,是指合同成立后,作为合同关系基础的情事,由于不可归责于当事人的原因,发生了非缔约当初所能预料得到的变化,如仍坚持原来的法律效力,将会产生显失公平的结果,有悖于诚实信用原则,因此应将合同变

---

① 详细内容参见杨宜良等.禁令.中国政法大学出版社,2000.
② 王利明等.合同法新论·总则(修订版).中国政法大学出版社,2000. 620~640.

更以至解除的制度。情势变更作为大陆法中的一项重要制度,虽多无明文规定,但为各国所认可,并应用于司法实践。中国司法实践中已将情势变更制度作为特例运用。不过,情势变更原则的适用范围并无定则,极难把握,故在司法实践中不能轻易援用。中国合同法草案中原来列入了关于情势变更的规定,但在最终审议时被删除了。这当然有利于限制法官的司法裁量权,但同时给艰难情事的处理留下了立法上的空白。

因此,在合同法公布近10年后,前述最高院关于合同法适用司法解释(二)第26条对其作了明确规定:合同成立以后客观情况发生了当事人在订立合同时无法预见的、非不可抗力造成的不属于商业风险的重大变化,继续履行合同对于一方当事人明显不公平或者不能实现合同目的,当事人请求人民法院变更或者解除合同的,人民法院应当根据公平原则,并结合案件的实际情况确定是否变更或者解除。不过,在3天后,最高院又在关于正确适用《〈中华人民共和国合同法〉若干问题的解释(二)》服务党和国家的工作大局的通知中又强调:对于上述解释条文,各级人民法院务必正确理解、慎重适用。如果根据案件的特殊情况,确需在个案中适用的,应当由高级人民法院审核。必要时应提请最高人民法院审核。

2. 合同落空

合同落空是指在合同成立之后,非由于当事人自身的过失,而是因某种意外事件致使当事人在缔约时所谋求的商业目标受到挫折。在这种情况下,对于尚未履行的合同义务,当事人可免除履行的责任。它是英美法中类似于情势变迁的概念。英国法中导致合同落空的情事大体有标的物灭失;合同因法律修改而变为非法;情况发生根本性变化;政府实行封锁禁运或进出口许可证制度等。美国合同法重述对合同落空有学理解释,而美国统一商法典第2~615条则具体规定了不履行合同的免责条件:如果由于发生了缔结合同时作为基本前提条件而设想其不会发生的特殊情况;由于卖方以善意遵守了外国或本国政府的法令,致使合同实在难以履行。

3. 不可抗力

不可抗力是指当事人在缔结合同时不能预见、不能避免并不能克服的客观情况。由于情势变迁和合同落空在国际上没有统一的认定标准,解释起来弹性极大,因而在国际商事交往中,应在合同中约定不可抗力,以此作为违约的免责条件。不可抗力分为由自然原因和社会原因引起的两类,前者包括地震、暴风、火灾、洪水等,后者包括战争、罢工、政府禁运等,各国解释不同,应在合同中明确约定具体范围和种类。

不可抗力事件可引起全部免责、部分免责和延迟履行合同三种法律后果。但是,因不可抗力而不能履行或不能完全履行合同的一方当事人,应及时通知对方以减轻其损失,并在合理期限内提供相关证明。中国合同法第117、118条对此有明确规定:因不可抗力不能履行合同的,根据不可抗力的影响,部分或者全部免除责任,但法律另有规定的除外。当事人迟延履行后发生不可抗力的,不能免除责任。当事人一方因不可抗力不能履行合同的,应当及时通知对方,以减轻可能给对方造成的损失,并应当在合理期限内提供证明。

第八节　合同的担保

为了保障合同当事人的权利,实践中往往要考虑让合同义务人提供担保。合同担保是指为了保证合同能够得到切实履行,由当事人依法或者按约所采取的保证措施。除即时清结的合同外,合同从缔结到完全履行往往经过一定时日,义务方因故不履行或者不完全履行合同时,权利方虽可追究其违约责任,但义务方无力履行或者破产的,权利方仍不免遭受损失,合同的担保制度就可解除权利方的后顾之忧。因此,各国法律均对担保制度作出明确规定,而担保方式不尽相同。中国民法通则规定了保证、抵押、定金和留置等 4 种债的担保方式,《中华人民共和国担保法》则又增加了"质押",物权法中又改称为质权。其中,保证和定金属于债权担保方式,其他 3 种属于物权担保方式。2000 年 12 月 8 日最高人民法院关于适用《中华人民共和国担保法》若干问题的解释,就中国司法实践中担保合同纠纷的处理规则,进行了较为详细的规定。中国物权法通过后,有关物权担保的规则,以物权法规定为准。

担保也是一种合同关系,只是具有附随性或者从属性。当事人之间原来的合同为主合同,担保合同为从合同。在通常情况下,主合同关系具有独立的地位和法律效力,不受从合同关系是否存在以及是否有效的影响。从合同关系则不同,主合同关系有效,从合同关系不一定有效,主合同关系无效,从合同关系必然无效。当事人在合同中作出特别约定的,以约定的为准。

至于担保合同无效的后果,各国法律不尽相同。依据上述中国最高院的司法解释,主合同有效而担保合同无效,债权人无过错的,担保人与债务人对主合同债权人的经济损失,承担连带赔偿责任;债权人、担保人有过错的,担保人承担民事责任的部分,不应超过债务人不能清偿部分的1/2。主合同无效而导致担保合同无效,担保人无过错的,担保人不承担民事责任;担保人有过错的,担保人承担民事责任的部分,不应超过债务人不能清偿部分的1/3。担保人因无效担保合同向债权人承担赔偿责任后,可以向债务人追偿,或者在承担赔偿责任的范围内,要求有过错的反担保人承担赔偿责任。

一、保证

保证是指保证人和债权人约定,当债务人不履行债务时,保证人按照约定履行债务或者承担责任的行为。又有一般保证和连带责任保证两种。当事人在保证合同中明确约定,当债务人不能履行债务时,保证人才承担保证责任的,为一般保证。一般保证的保证人在主合同纠纷未经审判或者仲裁,并就债务人财产依法强制执行仍不能履行债务前,对债权人可以拒绝承担保证责任,也即保证人拥有先诉抗辩权。当事人在保证合同中约定保证人与债务人对债务承担连带责任的,为连带责任保证;保证合同中明确约定保证人在被保证人不履行债务时承担保证责任,且根据当事人订立合同的本意推定不出为一般保证责任的,视为连带责任保证。当事人对保证方式没有约定或者约定不明确的,按照连带责任保证承担保证责任。当事人在主合同规定的债务履行期届满没有履行债务的,债权人可以要求债务人履行债务,也可以要求保证人在其保证范围内承担保证责任。可见,连带责任保证的保证人没有先诉抗辩权。在保证期间,债权人许可债务人转让债务的,应当取得保证人书面同意,保证人对未经同意转让的债务,不再承担保证责任。债权人与债务人协议变更主合同的,应当取得保证人书面同意,未经保证人书面同意,保证人不再承担保证责任。

一般保证的保证人与债权人未约定保证期间的,保证期间为主债务履行期届满之日起6个月。在前述规定或者合同约定的保证期间,债权人未对债务人提起诉讼或者申请仲裁的,保证人免除保证责任。连带责任保证的保证人与债权人未约定保证期间的,债权人有权自主债务履行期届满之日起6个月内要求保证人承担保证责任。在前述规定或者合同约定的保证期间,债权人未要求保证人承担保证责任的,保证人免除保证责任。

企业法人的分支机构未经法人书面授权或者超出授权范围与债权人订立保证合同的,该合同无效或者超出授权范围的部分无效,债权人和企业法人有过错的,应当根据其过错各自承担相应的民事责任,债权人无过错的,由企业法人承担民事责任。

主合同当事人双方串通、骗取保证人提供保证的,以及主合同债权人采取欺诈、胁迫等手段,使保证人在违背真实意思的情况下提供保证的,保证人不承担民事责任。

二、抵押

抵押是指债务人或者第三人不转移财产的占有,将该财产作为债权的担保。债务人不履行到期债务或者发生当事人约定实现抵押权的情形时,债权人有权就该财产优先受偿。其中,用财产抵押的债务人或者第三人为抵押人,债权人为抵押权人,提供担保的财产为抵押财产。

可以抵押的财产为:① 建筑物和其他土地附着物;② 建设用地使用权;③ 以招标、拍卖、公开协商等方式取得的荒地等土地承包经营权;④ 生产设备、原材料、半成品、产品;⑤ 正在建造的建筑物、船舶、航空器;⑥ 交通运输工具;⑦ 法律、行政法规未禁止抵押的其他财产。抵押人可以将前款所列财产一并抵押。经当事人书面协议,企业、个体工商户、农业生产经营者可以将现有的以及将有的生产设备、原材料、半成品、产品抵押,债务人不履行到期债务或者发生当事人约定的实现抵押权的情形,债权人有权就实现抵押权时的动产优先受偿。以建筑物抵押的,该建筑物占用范围内的建设用地使用权一并抵押。以建设用地使用权抵押的,该土地上的建筑物一并抵押。抵押人未依照此规定一并抵押的,未抵押的财产视为一并抵押。乡镇、村企业的建设用地使用权不得单独抵押。以乡镇、村企业的厂房等建筑物抵押的,其占用范围内的建设用地使用权一并抵押。下列6项财产不得抵押:一是土地所有权;二是法律规定可以抵押之外的耕地、宅基地、自留地、自留山等集体所有的土地使用权;三是学校、幼儿园、医院等以公益为目的的事业单位、社会团体的教育设施、医疗卫生设施和其他社会公益设施;四是所有权、使用权不明或者有争议的财产;五是依法被查封、扣押、监管的财产;六是法律、行政法规规定不得抵押的其他财产。

抵押合同应当采取书面形式,一般包括以下内容:第一,被担保债权的种类、数额;第二,债务人履行的期限;第三,抵押物的名称、数量、质量、状况、所在地、所有权归属或者使用权归属;第四,担保的范围。中国遵循国际上通行的禁止流质的规则,即明定抵押权人在债务履行期届满前,不得与抵押人约定债务人不履行到期债务时抵押财产归债权人所有。

关于抵押登记的效力,经物权法的调整,规定如下:第一,以建筑物和其他土地附着物,建设用地使用权,以招标、拍卖、公开协商等方式取得的荒地等土地承包经营权以及正在建造的建筑物抵押的,应当办理抵押登记。抵押权自登记时设立。第二,以生产设备、原材料、半成品、产品,交通运输工具,或者正在建造的船舶、航空器抵押的,抵押权自抵押合同生效时设立,未经登记,不得对抗善意第三人。第三,企业、个体工商户、农业生产经营者以现有的以及将有的生产设备、原材料、半成品、产品等动产抵押的,应当向抵押人住所地的工商行政管理部门办理登记。抵押权自抵押合同生效时设立;未经登记,不得对抗善意第三人。此外,这样的抵押不得对抗正常经营活动中已支付合理价款并取得抵押财产的买受人。第四,订立抵押合同前抵押财产已出租的,原租赁关系不受该抵押权的影响。抵押权设立后抵押财产出租的,该租赁关系不得对抗已登记的抵押权。第五,抵押权人可以放弃抵押权或者抵押权的顺位。抵押权人与抵押人可以协议变更抵押权顺位以及被担保的债权数额等内容,但抵押权的变更,未经其他抵押权人书面同意,不得对其他抵押权人产生不利影响。第六,债务人以自己的财产设定抵押,抵押权人放弃该抵押权、抵押权顺位或者变更抵押权的,其他担保人在抵押权人丧失优先受偿权益的范围内免除担保责任,但其他担保人承诺仍然提供担保的除外。

债务人不履行到期债务或者发生当事人约定的实现抵押权的情形,抵押权人可以与抵押人协议以抵押财产折价或者以拍卖、变卖该抵押财产所得的价款优先受偿。协议损害其他债权人利益的,其他债权人可以在知道或者应当知道撤销事由之日起一年内请求人民法院撤销该协议。抵押权人与抵押人未就抵押权实现方式达成协议的,抵押权人可以请求人民法院拍卖、变卖抵押财产。抵押财产折价或者变卖的,应当参照市场价格。

同一财产向两个以上债权人抵押的,拍卖、变卖抵押财产所得的价款依照下列规定清偿:① 抵押权已登记的,按照登记的先后顺序清偿;顺序相同的,按照债权比例清偿;② 抵押权已登记的先于未登记的受偿;③ 抵押权未登记的,按照债权比例清偿。

物权法第 203 条以下还就最高额抵押权作了规定。所谓最高额抵押权,是指为担保债务的履行,债务人或者第三人对一定期间内将要连续发生的债权提供担保财产,债务人不履行到期债务或者发生当事人约定的实现抵押权的情形,抵押权人有权在最高债权额限度内就该担保财产优先受偿。其特殊规则如下:其一,最高额抵押权设立前已经存在的债权,经当事人同意,可以转入最高额抵押担保的债权范围。其二,最高额抵押担保的债权确定前,部分债权转让的,最高额抵押权不得转让,但当事人另有约定的除外。其三,最高额抵押担保的债权确定前,抵押权人与抵押人可以通过协议变更债权确定的期间、债权范围以及最高债权额,但变更的内容不得对其他抵押权人产生不利影响。其四,有下列情形之一的,抵押权人的债权确定:约定的债权确定期间届满;没有约定债权确定期间或者约定不明确,抵押权人或者抵押人自最高额抵押权设立之日起满二年后请求确定债权;新的债权不可能发生抵押财产被查封、扣押;债务人、抵押人被宣告破产或者被撤销;法律规定债权确定的其他情形。

三、设质

设质是指为担保债务的履行,债务人或者第三人将其动产或者权利出质给债权人占有,或者将其财产权利办理出质登记而作为债权的担保。债务人不履行到期债务或发生当事人约定实现质权的情形时,债权人有权就该动产或者权利优先受偿。分动产质押和权利质押。动产质押,是指债务人或者第三人将其动产移交债权人占有,将该动产作为债权的担保。债务人不履行到期债务或发生当事人约定实现质权的情形时,债权人有权就该动产优先受偿。权利质押,是指债务人或者第三人将权利凭证交债权人占有,或者将其财产权利办理出质登记而作为债权的担保。债务人不履行到期债务或发生当事人约定实现质权的情形时,债权人有权就该权利优先受偿。前述债务人或者第三人为出质人,债权人为质权人,交付的动产或者出质的权利为质押财产。

出质人和质权人应当以书面形式订立质权合同,并一般包括以下内容:① 被担保债权的种类、数额;② 债务人履行债务的期限;③ 质押财产的名称、数量、质量、状况;④ 担保的范围;⑤ 质押财产交付的时间;中国同样规定质权合同禁止流质。质权自出质人交付质押财产时设立。质权人有权获取质押财产的孳息。但允许合同另行约定。

质权人负有妥善保管质押财产的义务。因保管不善致使质押财产毁损或者灭失的,质权人应当承担赔偿责任。质权人的行为可能使质押财产毁损、灭失的,出质人可以要求质权人将质押财产提存,或者要求提前清偿债务而返还质押财产。质物有损坏或者价值明显减少,足以危害质权人权利的,质权人有权要求出质人提供相应的担保。出质人不提供的,质权人可以拍卖或者变卖质押财产,并与出质人通过协议将拍卖、变卖所得的价款提前清偿债务或者提存。债务人履行债务或者出质人提前清偿所担保的债权的,质权人应当返还质押财产。债务人不履行到期债务或发生当事人约定实现质权的情形的,可以与出质人协议以质押财产折价,也可以就拍卖、变卖质押财产所得的价款优先受偿。

下列权利可以出质:① 汇票、支票、本票;② 债券、存款单;③ 仓单、提单;④ 可以转让的股权;⑤ 可以转让的注册商标专用权,专利权、著作权等知识产权中的财产权;⑥ 应收账款;⑦ 法律、行政法规规定可以出质的其他财产权利。

以汇票、支票、本票、债券、存款单、仓单、提单出质的,当事人应当订立书面合同。

质权自权利凭证交付质权人时设立;没有权利凭证的,质权自有关部门办理出质登记时设立。上述权利凭证的兑现日期或者提货日期先于主债权到期的,质权人可以兑现或者提货,并与出质人协议将兑现的价款或者提取的货物提前清偿债务或者提存。

以基金份额、股权出质的,当事人应当订立书面合同。以基金份额、证券登记结算机构登记的股权出质的,质权自证券登记结算机构办理出质登记时设立;以其他股权出质的,质权自工商行政管理部门办理出质登记时设立。基金份额、股权出质后,不得转让,但经出质人与质权人协商同意的除外。出质人转让基金份额、股权所得的价款,应当向质权人提前清偿债务或者提存。

以注册商标专用权、专利权、著作权等知识产权中的财产权出质的,当事人应当订立书面合同。质权自有关主管部门办理出质登记时设立。知识产权中的财产权出质后,出质人不得转让或者许可他人使用,但经出质人与质权人协商同意的除外。出质人转让或者许可他人使用出质的知识产权中的财产权所得的价款,应当向质权人提前清偿债务或者提存。

以应收账款出质的,当事人应当订立书面合同。质权自信贷征信机构办理出质登记时设立。应收账款出质后,不得转让,但经出质人与质权人协商同意的除外。出质人转让应收账款所得的价款,应当向质权人提前清偿债务或者提存。

四、留置

留置是指债权人依法按照合同约定占有债务人的动产,债务人不履行到期债务的,债权人有权留置已经合法占有的债务人的动产,并有权就该动产优先受偿。上述债权人为留置权人。占有的动产为留置财产。债权人留置的财产,应当与债权属于同一法律关系,但企业间留置的除外。此为商人留置权的特例。因保管合同、运输合同、加工承揽合同发生的债权,债务人不履行债务的,债权人有留置权。

依据中国物权法第 233 条以下的规定,留置财产为可分物的,留置财产的价值应当相当于债务的金额。留置权人有权收取留置财产的孳息,上述孳息应当先充抵收取孳息的费用。留置权人与债务人应当约定留置财产后的债务履行期间;没有约定或者约定不明确的,留置权人应当给债务人两个月以上履行债务的期间,但鲜活易腐等不易保管的动产除外。债务人逾期未履行的,留置权人可以与债务人协议以留置财产折价,也可以就拍卖、变卖留置财产所得的价款优先受偿,而留置财产折价或者变卖的,应当参照市场价格。债务人可以请求留置权人在债务履行期届满后行使留置权;留置权人不行使的,债务人可以请求人民法院拍卖、变卖留置财产。留置财产折价或者拍卖、变卖后,其价款超过债权数额的部分归债务人所有,不足部分由债务人清偿。同一动产上已设立抵押权或者质权,该动产又被留置的,留置权人优先受偿。留置权人对留置财产丧失占有或者留置权人接受债务人另行提供担保的,留置权消灭。另外,留置权人负有妥善保管留置财产的义务;因保管不善致使留置财产毁损、灭失的,应当承担赔偿责任。

定金的有关内容已在违约救济部分予以介绍,此处略去不提。

思 考 题

1. 简述 5 组不同的合同分类。
2. 要约及其生效条件。
3. 悬赏广告的性质及法律效力。
4. 如何理解过期或者更改的承诺的效力？
5. 缔约过失责任。
6. 效力待定合同的具体情形。
7. 表意瑕疵合同有哪些？
8. 合同履行中的抗辩权。
9. 合同保全方式。
10. 有哪些原因导致债或者合同的消灭？
11. 简论违约的归责原则。
12. 违约的形式有哪些？
13. 违约救济方法有哪些？
14. 合同责任竞合时权利方应当如何选择救济方式？
15. 一般保证与连带责任保证的主要区别。
16. 中国物权法有关物权担保的主要规则。

第三章 买 卖 法

　　买卖法中的问题很多,也很复杂,各国法律差异较大,本章围绕买卖法中的核心,即货物买卖合同,以联合国国际货物买卖合同公约为基本依据,结合相关国家法例和主要国际惯例,着重介绍关于买卖法的具体规定。买卖中的产品责任问题虽属合同责任之外的范畴,涉及到侵权法,因在实际生活中异常重要,既不忍舍去,又不便归入其他部分,故也列入本章内容。

第一节　概　　述

一、大陆法国家的买卖法法例

　　大陆法国家的买卖法均采取成文法形式,但法国、日本、德国实行民商分立原则,除在民法典中规定买卖法的内容外,在商法典的商行为中还对商事买卖作出特别规定;意大利民法典和瑞士债务法典,则包括了商法的全部内容,实行典型的民商合一原则。中国台湾则又不同,既不是纯粹的民商分立,也不是纯粹的民商合一,而是以民法典涵盖商法总则和商行为的主要内容,但关于商法方面的具体制度又以专门的商事法律的形式出现,如现行独立的公司法、票据法、海商法、保险法即是。

二、英美法国家的买卖法法例

　　英美法国家既没有民法和商法之分,又没有专门的民法典和商法典。关于买卖法的内容,主要体现在普通法中,但也有一些成文法,如英国1893年制定1994年修订的货物买卖法,就是典型的专门调整买卖关系的单行法规,不过1994年改称为货物销售与提供法。

美国从英国法例,实行判例法,1906 年统一买卖法为示范法性质的法律范本,曾为大多数州的立法所采纳。1952 年公布美国统一商法典,在吸收统一买卖法主要内容的基础上,对货物买卖以及与货物买卖相关的问题作出全面规定,2002 年做了重大修订,虽仍属于示范法性质,现已为除适用大陆法的路易斯安那州之外的其他州所采纳,它对其他国家的货物买卖立法、联合国国际货物买卖合同公约及国际贸易惯例均产生很大影响。

三、中国的货物买卖法法例

中国在传统上虽属于大陆法,但因大陆和台湾尚未统一,香港和澳门分别于1997 年和 1999 年实现回归,仍作为特别行政区保留资本主义制度和法律传统,即英美法和葡国法。仅就中国大陆而言,由于体制原因,民法制度尚不健全,商法更是极不发达。原来的经济合同法及其实施细则、民法通则涉及到货物买卖合同的有关问题,合同法分则部分的第 9 章即是"买卖合同",列于所有有名合同的首位。

货物买卖除涉及私法性质的合同法问题外,还有大量属于公法性质的货物买卖管理法内容,特别在中国,经过 30 余年的改革开放,经济生活的各个方面正在与世界经济融合,和国际贸易有关的管理规则也正在与 WTO 的规则相协调,但不管怎样,货物买卖管理规则仍将存在,只是这些规则包括纯粹对内的规则受 WTO 规则的影响越来越大。不过,本章一般不涉及货物买卖管理法的内容。

四、关于国际货物买卖的国际公约

1930 年由罗马国际统一私法协会主持拟定,并在 1964 年海牙会议上正式通过国际货物买卖统一法公约和国际货物买卖合同成立统一法公约,分别于 1972 年 8 月 23 日生效,由于此两个公约深受大陆法传统的影响,与英美法的习惯相距甚远,内容也极其繁琐、艰涩、难懂,因而参加国有限,无法达到统一国际货物买卖法的预期目的。早在1964 年,联合国国际贸易法委员会就开始酝酿合并上述两公约,1969 年还成立了专门工作小组,1978 年完成修订草拟工作,起名为联合国国际货物买卖合同公约,于1980 年维也纳联合国外交会议上讨论通过,中国与其他 61 个国家的代表参加了会议并投了赞成票,1986 年 12 月中国向联合国秘书长递交关于该公约的核准书,成为其缔约国。该公约于 1988 年 1 月 1 日正式生效。该公约共有 101 条,包括适用范围、合同的成立、货物买卖和最后条款 4 个部分。核准参加该公约的国家,迄今已经达 80 个,其中主要有:中国、美国、加拿大、法国、德国、日本、意大利、奥地利、荷兰、丹麦、芬兰、挪威、瑞士、瑞典、匈牙利、南斯拉夫、俄罗斯联邦、白俄罗斯、乌克兰、墨西哥、阿根廷、智利、埃及、叙利亚、新加坡、澳大利亚等。在发达国家中,英国尚未加入。缔约国的当事人间订立国际货物买卖合同,如合同中没有明确约定不适用该公约,该公约将当然适用,但缔约国声明保留的条款除外。

值得注意的是,中国在核准该公约时,对公约第 1 条第 1 款 b 项和第 11 条,即公约的适用范围及合同的形式提出了保留。关于合同的形式,该公约第 11 条规定:买卖合同无须以书面订立或者书面证明,在形式方面也不受其他条件的限制。中国加入时考虑到对外开放不久,国际交往的经验有待积累,而且国际贸易涉及到的问题广泛而复杂,采取书面形式既比较慎重,又便于执行,决定对非书面形式提出保留,也即只承认采取书面形式的国际货物买卖合同有效,后来的《中华人民共和国涉外经济合同法》坚持这一做法。中国合同法虽然在原则上采取不要式主义,但中国当事人缔约而不采取书面形式的国际货物买卖合同,对合同当事人仍然没有法律约束力。

为了尽可能扩大公约的适用范围,该公约除了规定其适用于营业地处于不同缔约国当事人之间的买卖合同之外,还规定对非缔约国当事人之间订立的买卖合同,如果依据国际私法规则导致该合同适用某一个缔约国的法律,即仍适用该公约。例如,缔约国中国的 A 公司,与另一个缔约国美国的 B 公司签订货物买卖合同,其中对法律的适用未作规定,该合同就适用公约。这是公约规定的前一种情形,在缔约当时 A 和 B 双方就可以清楚地了解合同所适用的法律,以便作出正确的选择。后一种情形则不同。例如,缔约国中国的 A 公司,与非缔约国英国的 C 公司签订货物买卖合同,其中对法律的适用也未作规定,该合同究竟适用不适用公约,在缔约当时就不太清楚。如果依据国际私法规则导致适用 D 法,由于 D 不是公约的缔约国,该合同将不适用公约;而假如推导的结果适用德国法或者法国法,由于该两国均为缔约国,则该合同将不适用德国法或者法国法,而是适用公约。这么复杂的推导和转换过程对中国的大多数人来说实难应对,故中国只承认前者,而对后者提出保留,以便将复杂的问题简单化:作为缔约国的中国的商人,与另一个缔约国的商人缔约的,如合同未排斥对公约的适用,则当然适用公约的规定。

从公约的适用引申出国际货物买卖合同法律适用的一般规则:首先由当事人约定合同适用的法律;其次是在合同未作约定时,缔约国的当事人之间的合同适用公约;再次为前两者以外的情形,一般依据与合同有最密切联系的原则确定合同所适用的法律。中国合同法第 126 条即规定:"涉外合同的当事人可以选择处理合同争议所适用的法律,但法律另有规定的除外。涉外合同的当事人没有选择的,适用与合同有最密切联系的国家的法律。"但是,"在中华人民共和国境内履行的中外合资经营企业合同、中外合作经营企业合同、中外合作勘探开发自然资源合同,适用中华人民共和国法律。"确定与合同有联系甚至密切联系的办法,主要是根据国际私法的规则,通过寻找合同的联结因素并进行衡量、考察,综合判定。合同的联结因素很多,如缔约地、履行地、出卖人所在地、买受人所在地、货物的装卸地、货物的交付地、货款的支付地、处理争议机构的所在地等等。某一个合同的联结因素通常不止一个,而且与合同联系紧密的程度也不同,原告可以选择对其最为有利的法律。

五、国际贸易惯例

国际贸易惯例作为国际商法的渊源之一,已在导论中作过介绍。它是国际货物买卖合同双方当事人经常引用的,确定他们之间权利义务关系的规则。其主要形式为国际贸易术语或价格术语,采用价格术语可简化交易手续、缩短谈判过程、节省业务费用,故在国际商事交易中被广泛采用。但由于历史和地理原因,同一个价格术语在不同国家,甚至同一国家的不同港口有不同的解释,常常引起当事人之间的争执,从而阻碍国际商事交易的正常进行。有鉴于此,国际上某些团体一直致力于对国际贸易术语的统一解释工作,并产生了几个影响比较大的解释和规则,即 1932 年华沙—牛津规则,1941 年美国对外贸易定义,2010 年国际贸易术语解释通则以及 2007 年跟单信用证统一惯例。前两个有一定局限性,如 1932 年华沙—牛津规则仅仅涉及 CIF 合同,故很少被采用;1941 年美国对外贸易定义包含了 CIF、FOB 等 6 种价格术语,除在美洲国家有较大的影响外,作用不及国际贸易术语解释通则。后一个涉及结算问题,本书不作专门介绍。国际贸易术语解释通则在国际贸易领域内应用最广泛,影响也最大。它最早于1936 年由国际商会制定,经 1953 年、1967 年、1980 年、1990 年、2000 年多次修订,最后形成2010 年国际贸易术语解释通则,以不断适应迅速发展和变化的国际贸易新情况。例如,1980 年版本引入 FCA 术语,以适应集装箱运输兴起后多式联运的需要。1990 年版本允许采用电子数据交换(EDI)信息取代传统的纸面单证,并总结归纳出 13 种价格术语,分为4 种最基本的类型:从出卖人仅在其自己的所在地将货物交付买受人的第一组 E 字组术语 EXW 开始,随后是出卖人应将货物交付买受人所指定的承运人的第二组F 字组术语 FCA、FAS 和 FOB,接着是出卖人负责订立运输合同但并不承担因货物装船后或者启运后因事故导致货物灭失或者损坏的风险的第三组 C 字组术语 CFR、CIF、CPT 和 CIP,最后是出卖人必须承担将货物运至目的地的一切费用和风险的第四组 D字组术语 DAF、DES、DEQ、DDU 和 DDP。

2000 年版本稍有调整,2010 年版本则将贸易术语统一归纳为 2 大类 11 种,以不断适应迅速发展和变化的国际贸易新情况。具体而言,主要是考虑到关税贸易区的不断增加、电子商务的广泛使用以及更受关注的货物运输中的安全和变化等问题,2010 年国际贸易术语解释通则在 2000 年版本的基础上,更新、强化了"交货"规则,并以两个新的术语 DAT 和 DAP 替代了 2000 年版本中的 DAF、DES、DEQ 和 DDU。见表 3 – 1。

表 3 – 1　2010 年国际贸易术语解释通则项下贸易术语分类表

一、适用于任何运输方式的术语规则		二、仅适用于海运和内河运输的术语规则	
EXW	工厂交货	FAS	船边交货
FCA	货交承运人	FOB	船上交货
CPT	运费付至	CFR	成本加运费
CIP	运费及保险费付至	CIF	成本、保险费加运费
DAT	目的地交货		
DAP	所在地交货		
DDP	完税后交货		

　　第一类中的七种术语适用于一切运输方式,包括多种运输方式。它们甚至可适用于没有海上运输的情形,但须谨记这些术语能够用于船只作为运输的一部分的情形。

　　第二类中的四种术语,卖方交货点和货物运至买方的地点均是港口,所以只适用于"海上或内陆水上运输"。其中后三个术语,删除了原来"越过船舷"的交货标准,并以货物"装上船"取而代之。这样更加准确地反应了现代商业现实,避免了以往风险围绕"船舷"这条虚拟垂线的不确定性。

　　1. EXW 是指卖方只要将货物在约定地点,通常是卖方所在地,交给买方处置即可。卖方交货后,所有与货物有关的出口清关手续、风险、费用及责任都转由买方承担。

　　2. FCA 是指卖方只要将货物在指定的地点交给由买方指定的承运人,并办理了出口清关手续,即完成交货。

　　3. CPT 是指卖方向其指定的承运人交货,支付货物运至目的地的运费,但交货后的风险及费用由买方承担。

　　4. CIP 的交货责任及风险承担与 CPT 相同,此外,卖方还必须负责订立货物运输保险合同并支付保险费。CIP 是两个涉及保险的术语之一,其中有关问题基本与 CIF 的相同。

　　5. DAT 是指卖方在指定的目的地或目的港的集散站卸货后将货物交给买方处置即完成交货,术语所指目的地包括港口。卖方应承担将货物运至指定的目的地或目的港的集散站的一切风险和费用(进口费用除外)。该术语替代了 2000 年版本中的 DEQ。

　　6. DAP 是指卖方在指定的目的地交货,只需做好卸货准备无需卸货即完成交货。其所指的到达车辆包括船舶,目的地包括港口。卖方应承担将货物运至指定的目的地的一切风险和费用(进口费用除外)。该术语替代了 2000 年版本中的 DAF、DES 和 DDU 三个术语。

　　7. DDP 是指卖方在指定的目的地,办理完进口清关手续,将在交货工具上尚未卸下的货物交与买方,完成交货。该术语下卖方承担的责任最大。

　　8. FAS 是指卖方在指定的装运港将货物交到船边,即完成交货。该术语将 1990 年版本中由买方办理出口清关手续的义务,改为由卖方办理。

　　9. FOB 是当货物在指定的装运港装上船,卖方即完成交货。在 FOB 术语下,卖方交付运输,但运输合同是由买方办理的,运输途中的风险也由买方承担。它是最常用的贸易术语之一。

　　10. CFR 是指在装运港货物装上船,卖方即完成交货,卖方必须支付将货物交运至指定的目的港所需的运费和费用。但交货后货物灭失或损坏的风险,以及由于各种事件造成的任何额外费用,即由卖方转移到买方。

　　11. CIF 下的交货责任及风险承担与 CFR 相同,此外,卖方还必须办理买方货物在运输途中灭失或损坏风险的海运保险,并承担相应费用。①

中国对外贸易实践中最常用的价格术语为 CIF、FOB、CFR,并依据 2010 年通则进行解释。至于有关国际结算的跟单信用证统一惯例,本书不予介绍。

第二节　买卖双方的权利和义务

一、买卖双方权利义务关系的确立

货物买卖在私法上表现为买卖合同关系。买卖合同是出卖人转移标的物的所有权于买受人,买受人支付价款的合同。买卖合同关系自当事人双方签约开始。我们以国际货物买卖合同为主来予以说明。

国际货物买卖合同双方权利义务关系的确立,实际上就是合同成立的问题。中国外贸实践中,根据联合国国际货物买卖合同公约以及国际惯例的规定,一般通过发盘、还盘、接受的程序缔结合同。发盘即是发价或第 2 章中的要约;还盘即是反要约,接受即是承诺。通过电报、电传、传真、信件签订协议时,当接受的函电到达发盘人时合同成立;如一方当事人要求签订确认书的,须在签订确认时,合同方告成立。销售确认书一式两份,通常由一方邮寄对方,交换签字,作为合同正式成立的依据。另外,法律规定批准成立的合同,未经批准,合同双方当事人之间的权利义务关系不能确立。中国合同法对此有详细规定,此处不予赘述。联合国国际货物买卖合同公约将要约规定为向一个或一个以上的特定人提出的内容十分确定,并表明要约人有在其要约一旦得到承诺,就将受其约束的意思的订立合同的建议。要约的 3 个构成要件与第 2 章略有不同,公约要求要约应向一个或一个以上的特定人提出;要约的内容必须十分确定,即至少包括货物的名称、货物的数量或确定数量的方法、货物的价格或确定价格的方法;要约人须有当其要约被承诺时即受其约束的意思。中国外贸公司在实践中附有保留条件的虚盘不是要约,而是要约邀请,只有实盘才能产生对方一旦接受,合同即告成立的后果。公约第 15 条第 1 款规定,要约于到达受要约人时生效。但紧接着在第 2 款中又规定,一项要约,即使是不可撤销的要约,都可以撤回,只要撤回通知于该要约到达受要约人之前或与其同时送达受要约人。对于要约撤销的问题如第 2 章所述,英美法与大陆法存在分歧,而公约将两大法系的不同原则加以折衷调和,以第 16 条规定了如下处理方式:在合同成立以前,要约可以撤销,但撤销通知须于受要约人作出承诺之前送达受要约人。应注意此处受要约人承诺的时间以作出之时,而不是到达要约人时为准,若是信函则实行投邮主义原则,以限制要约人可以撤销其要约的时间,保护受要约人的正当权

---

① 参见吴建斌、肖冰、彭岳:《国际商法(第二版)》,高等教育出版社 2010 年版,第 167 页以下,该部分内容由肖冰教授撰写。

益。与此同时,公约规定如在要约中已载明承诺的期限,或以其他方式表示它是不可撤销的;受要约人有理由信赖该项要约是不可撤销的,并已本着对该项要约的信赖行事,则要约一旦到达受要约人,即不得撤销。这一规定已经吸收进中国的合同法。

要约因被拒绝、被要约人撤销、承诺期限届满、合理期限已过而终止,公约的规定与各国法例和贸易习惯无异。

关于承诺的定义规定在公约第 18 条中。据此,凡受要约人作出声明或以其他行为对一项要约表示同意,即为承诺。承诺的方式主要有三:一是口头形式,二是书面形式,三是发货或付款的行为。对要约保持缄默通常不能视为承诺。

承诺何时生效直接关系到何时成立合同,因而在国际货物买卖合同关系中显得异常重要,而两大法系间的巨大差异,更加显示出公约相关规定的意义。有鉴于此,公约第 18 条第 2 款在承诺的定义之后明确规定,对要约所作的承诺,应于表示承诺的通知到达要约人时生效。这表明承诺通知在传递中可能发生的风险,完全由受要约人承担,可见与大陆法尤其是德国法的规定相一致。但是,对口头要约必须立即予以承诺方能生效;若据要约或当事人间的习惯做法,受要约人以作出某种行为表示接受要约,而毋需向要约人发出承诺通知的,则作出该行为即为承诺,合同也在承诺生效时成立。这是公约第 18 条第 3 款对承诺生效时间的特别规定。

另外,公约还就对要约的内容作了变更的承诺和逾期的承诺,分别作了规定。据公约第 19 条,对要约表示承诺时,如对要约的内容做了添加、限制或者更改,应视为对要约的拒绝,并构成反要约。但如果那些添加、限制或者更改,在实质上并不变更该要约的条件,则除要约人在不过分迟延的期限内提出异议外,仍可作为有效的承诺,合同仍可成立。公约所列举的实质性条件为 6 项,即价格、付款、数量与质量、交货的时间与地点、当事人赔偿责任范围、争议的解决方法,接近于中国合同法中的合同主要条款。公约之所以这样规定,是为了避免在国际商事交易中因承诺的内容与要约略有出入,就影响到合同的有效成立,故而采取较为灵活的办法。对于逾期即超过要约规定的有效期限或合理时间的承诺,公约第 21 条规定原则上无效,但若要约人认为其有效,并及时通知受要约人,则逾期承诺仍可视为有效,并以该逾期承诺实际到达要约人的时间为合同的成立日期。另外,若载有逾期承诺的信件或者其他书面文件表明,按照其寄发情况,只要传递正常,本应能及时送达要约人的,则此项逾期承诺仍应认为有效,除非要约人毫不迟延地通知受要约人,表明其要约因逾期承诺而失效。

承诺不得撤销,否则构成违约,但可撤回,只要撤回的通知在承诺生效之前或同时送达要约人。

二、出卖人的主要义务

根据国际货物买卖合同公约的规定,出卖人的义务主要有 3 项,即交付合同约定的货物;提交与货物有关的单据;将货物的所有权转移给买受人。

1. 交货的时间和地点

关于交货的时间与地点,各国法律规定不尽相同,但有一个原则,即若在合同中已有约定,则须按合同执行。若合同未予明确,按公约规定,以下列方式处理:合同涉及货物运输,则出卖人只需将货物交给第一承运人以运交买受人,即已履行了交货义务,风险也由出卖人转移给买受人。合同不涉及货物的运输,则若合同出售的货物为特定物,或者是从某批特定的存货中提取的货物,或者是尚待加工生产或制造的未经特定化的货物,而双方在缔约时已经知道货物存放在某个地点或在某地生产制造,则出卖人应在该地点交货。在其他情况下,出卖人应在缔约时的营业地点将货物交给买受人处置。若双方在合同中约定适用价格术语,则按该价格术语确定交货地点。另外,若合同涉及货物运输,出卖人还应承担在货物上标明买受人名称和地址,并在提单上载明以买受人为收货人或货物运到目的地时应通知某一买受人,即有将货物特定化的义务。若出卖人未将货物确定在合同项下,就须向买受人发出具体注明此项货物的发货通知。若出卖人有义务安排货物的运输,则须负责订立必要的运输合同,用适当的运输工具,按通常的运输条件,将货物运到指定地点。若出卖人无义务对货物的运输办理保险,则须在买受人提出要求时,向买受人提供一切投保用的必要资料,以便买受人能够投保。在交货时间上首先从约定。若合同规定了一段交货期间,出卖人有权决定但限在这一期限内任何一天交货。在其他情况下,出卖人应在缔结合同后的一段合理时间内交货。至于何谓合理时间,则依交易情况来确定,与英美法例相近。

中国合同法第138条以下对买卖合同的交货时间和地点规定如下:出卖人应当按照约定的期限交付标的物。约定交付期间的,出卖人可以在该交付期间内的任何时间交付。当事人没有约定标的物的交付期限或者约定不明确的,可以达成补充协议或者按照交易习惯确定。否则,双方随时可以履行或者要求履行,但应当给对方必要的准备时间。

出卖人应当按照约定的地点交付标的物。当事人没有约定交付地点或者约定不明确,依合同法第61条仍不能确定的,适用下列规定:① 标的物需要运输的,出卖人应当将标的物交付给第一承运人以运交给买受人;② 标的物不需要运输,出卖人和买受人订立合同时知道标的物在某一地点的,出卖人应当在该地点交付标的物;不知道标的物在某一地点的,应当在出卖人订立合同时的营业地交付标的物。

2. 提交货物单据

关于提交与货物有关的单据,公约紧接着规定上述内容的第31至33条之后,在第34条中作了规定。单据主要包括提单、保险单、商业发票、领事发票、产地证书、重量证书、品质检验证书等。公约规定,若出卖人有义务移交有关货物的单据,他必须按照合同约定的时间、地点和方式移交。若出卖人在上述时间以前已经办理了移交手续,则可在此时间届满以前对单据中任何不符合合同之处加以修改,但不得因此而使买受人遭受不合理的不便或者承担不合理的开支,而且买受人保留公约规定的损害赔偿请求权。

中国合同法第135、136条也规定,出卖人应当履行向买受人交付标的物或者交付提取标的物的单证,并转移标的物所有权的义务。出卖人应当按照约定或者交易习惯向买受人交付提取标的物单证以外的有关单证和资料。

3. 权利担保义务

出卖人应当负有对货物的权利担保义务。权利担保是指出卖人应保证对其所售货物享有合法的权利,没有侵犯任何第三人的权利。它包括:出卖人保证在其出售的货物上不存在任何未曾向买受人透露的担保物权;出卖人保证其所售货物没有侵犯他人的权利,包括知识产权,这是国际通例,公约第 41、42 条也有明确规定。公约要求出卖人所交付的货物必须是第三人不能提出任何权利或请求的货物,除非买受人同意在受制于这种权利或请求的条件下,收取该项货物。同时,出卖人所交付的货物,必须是第三人不能根据工业产权或其他知识产权提出任何权利或请求的货物。但由于国际货物买卖合同所涉及的知识产权问题比较复杂,因而公约对侵权责任作了许多限制。具体为:出卖人在缔约时已知买受人打算将该项货物转售到某一国家,则对于第三人依据该国法律所提出的有关知识产权的权利请求,应对买受人承担责任。在任何其他情况下,出卖人对第三人根据买受人营业地所在国法律所提出的有关侵犯知识产权的请求,应对买受人承担责任。相反,若在缔约时买受人已知或不可能不知第三人会对货物提出有关侵犯知识产权的权利或请求,则出卖人对由此而引起的后果不承担责任。若第三人所提出的有关侵犯知识产权的权利或请求,是因出卖人按买受人提供的技术图纸、图案或其他规格为其制造产品而引起的,则出卖人对此不承担责任。另外,买受人在已知或应知第三人对货物的权利或请求后,应在合理时间内通知出卖人。否则,买受人就不能让出卖人承担相应责任,除非买受人能提出未及时通知的合理理由。

中国合同法第 132 条规定,出卖人出卖的标的物,应当属于出卖人所有或者出卖人有权处分。法律、行政法规禁止或者限制转让的标的物,依照其规定。该法第 150 条以下还规定,除法律另有规定之外,出卖人就交付的标的物,负有保证第三人不得向买受人主张任何权利的义务。买受人有确切证据证明第三人可能就标的物主张权利的,可以中止支付相应的价款,但出卖人提供适当担保的除外;买受人订立合同时知道或者应当知道第三人对买卖的标的物享有权利的,出卖人不承担前述权利担保义务。可见,没有专门涉及知识产权的权利担保问题。

4. 品质担保义务

关于出卖人的品质担保义务,在大陆法中称为货物的瑕疵担保义务,买受人有权要求出卖人所售货物没有瑕疵。只有在买受人缔约时已知瑕疵者除外。英美法中的规定更为详尽。① 中国也不但有民法通则、合同法、广告法、反不正当竞争法、消费者权益保护法、产品质量法中的相关规定,而且还出现了不少关于产品质量或品质说明不实的案例,如 1995 年 12 月 7 日北京市朝阳区人民法院判决的日本索尼彩电品质说明不实案,同月 18 日北京市宣武区人民法院判决的纪念毛泽东诞辰 100 周年金表质量纠纷

---

① 冯大同. 国际商法. 中国对外经济贸易出版社,1991. 199～200.

案等。①

按照公约第 35 条的规定,出卖人所交货物质量、规格、包装等须符合合同规定。除双方当事人另有约定外,出卖人所交货物应适用于同一规格货物通常使用的用途;应适用于订立合同时买受人曾明示或默示地通知出卖人的特定用途,除非情况表明买受人并不依赖出卖人的技能和判断力,或者这种依赖对他来说是不合理的;应与出卖人向买受人提供的样品和模型相同;应按同类货物通用的方式装入容器或包装,如无此种通用方式,则应按足以保全和保护货物的方式装入容器或包装。另外,对那些货物风险和所有权从出卖人转移于买受人时没有显现出的缺陷,公约也规定出卖人承担相应责任,如保修期内的产品质量问题,产品须试用、运行若干期间或经科学鉴定以后,才能确定是否符合合同约定的,在法定或约定情形出现时,出卖人仍应对该质量问题承担责任。

中国合同法中的规定主要有如下内容:出卖人应当按照约定的质量要求交付标的物。出卖人提供有关标的物质量说明的,交付的标的物应当符合该说明的质量要求(第 153 条)。当事人对标的物的质量要求没有约定或者约定不明确的,适用合同法第 61、62 条的规定(第 154 条)。凭样品买卖的当事人应当封存样品,并可以对样品质量予以说明。出卖人交付的标的物应当与样品及其说明的质量相同(第 168 条)。凭样品买卖的买受人不知道样品有隐蔽瑕疵的,即使交付的标的物与样品相同,出卖人交付的标的物的质量仍然应当符合同种物的通常标准(第 169 条)。出卖人应当按照约定的包装方式交付标的物。对包装方式没有约定或者约定不明确,依合同法第 61 条仍不能确定的,应当按照通用的方式包装,没有通用方式的,应当采取足以保护标的物的包装方式(第 156 条)。

5. 货物的检验

检验对确定货物质量至关重要,故在公约第 38、39 条作了专门规定。依据公约第 38 条第 1 款,"买受人必须在按情况实际可行的最短时间内检验货物或由他人检验货物"。检验时间通常由合同约定,不在约定或合理期间检验,视为买受人认可出卖人所交货物的质量,从而丧失索赔权。而检验人应有权威性,如中国的商检机构。公约第 38 条第 2、3 款对检查地点规定为:在合同涉及货物运输的情况下,买受人可以在货物到达目的地后进行检验。若货物在运输途中改运或买受人必须再发运货物,没有合理机会进行检验,而出卖人在缔约时已知或应知这种改运或再发运的可能性,则检验可推迟到货物到达新的目的地后进行。经检验货物不符合合同规定,买受人在法定或约定的期限内通知出卖人,如无法定或者约定期限,须在发现或理应发现此种情况后的一段合理时间内通知买受人。在任何情况下,若买受人不在实际收到货物之日起两年内将货物不符合合同的情况通知出卖人,则丧失声称货物不符合合同的权利,除非这一期限与合同约定的保证期限不符。公约的上述规定,确切地说实际上为买受人的义务。

中国合同法中对货物的检验设置了第 157、158 条规定:买受人收到标的物时应当

---

① 分别参见服务导报.1995 - 12 - 22;扬子晚报.1995 - 12 - 21.

在约定的检验期间内检验。没有约定检验期间的,应当及时检验。当事人约定检验期间的,买受人应当在检验期间内将标的物的数量或者质量不符合约定的情形通知出卖人。买受人怠于通知的,视为标的物的数量或者质量符合约定。当事人没有约定检验期间的,买受人应当在发现或者应当发现标的物的数量或者质量不符合约定的合理期间内通知出卖人。买受人在合理期间内未通知或者自标的物收到之日起两年内未通知出卖人的,视为标的物的数量或者质量符合约定,但对标的物有质量保证期的,适用质量保证期,不适用该两年的规定。出卖人知道或者应当知道提供的标的物不符合约定的,买受人不受前述规定的通知时间的限制。可见,与公约的规定大体相同。

三、买受人的义务

买受人的主要义务为支付货款和收取货物两项。对此,联合国国际货物买卖合同公约规定在第 3 部分第 3 章中。其中,支付货款又涉及到履行必要的付款手续、确定货物的价格、付款的时间和地点等问题。收取货物又包括配合出卖人交货和接收货物两项义务。

公约第 54 条规定买受人应按照合同或法律、规章的要求,采取为支付货款所必需的步骤及手续,如申请银行开出信用证或银行保函,在实行外汇管制的国家还须依法申请取得相应外汇或外汇额度。若合同中未确定价格,则应按订立合同时该货物在有关贸易中的类似情况下的通常价格确定货物的价格。若货物的价格按重量确定,则按净重计算,货物的包装不计入内,这是公约第 56 条中的原则规定。

公约第 57 条则规定了合同约定不明确时的付款地点为出卖人的营业地。如出卖人有一个以上的营业地点,则应在与该合同及其履行关系最密切的那个营业地点付款。若凭移交货物或其单据付款,则应在移交货物或单据的地点付款。中国外贸实践中经常采用 CIF、FOB、CFR 术语,交单与付款同时进行,也在同一地点进行。公约未对交单地点作出统一规定,按惯例,若采取银行信用证的付款方式,出卖人通常向设在出口地(出卖人营业地)的议付银行提交有关的装运单据,并凭单据付款;若采取跟单托收的支付方式,出卖人应通过托收银行在买受人的营业地点向买受人提交有关的装运单据,并凭单付款。[①] 买受人必须按合同和规定的日期付款,而毋需出卖人提出任何要求或办理任何手续,与德国法中的催告制度大相径庭。若付款时间不明确,则买受人应当在出卖人按合同和公约的要求将货物或代表货物所有权的装运单据移交买受人处置时付款,合同涉及到货物的运输,出卖人可以在发货时订明条件,规定必须在买受人付款时,方可将货物或代表货物所有权的装运单据提交给买受人。买受人在未有机会检验货物以前,没有义务付款,除非这种检验机会与双方当事人约定的交货或支付程序相抵触。如采取 CIF 条件成交时,就会出现凭单付款在前,货物检验在后的状况。检验后发现货物与合同约定不符,再采取相应的补救措施。

---

① 冯大同. 国际商法. 中国对外经济贸易出版社,1991.210.

中国合同法中规定,买受人应当按照约定的数额支付价款。对价款没有约定或者约定不明确的,适用合同法第 61、62 条规定。买受人应当按照约定的地点支付价款。对支付地点没有约定或者约定不明确,依合同法第 61 条仍不能确定的,买受人应当在出卖人的营业地支付,但约定支付价款以交付标的物或者交付提取标的物单证为条件的,在交付标的物或者交付提取标的物单证的所在地支付。买受人应当按照约定的时间支付价款。对支付时间没有约定或者约定不明确,依合同法第 61 条仍不能确定的,买受人应当在收到标的物或者提取标的物单证的同时支付。出卖人多交标的物的,买受人可以接收或者拒绝接收多交的部分。买受人接收多交部分的,按照合同的价格支付价款;买受人拒绝接收多交部分的,应当及时通知出卖人。分期付款的买受人未支付到期价款的金额达到全部价款的 1/5 的,出卖人可以要求买受人支付全部价款或者解除合同。出卖人解除合同的,可以向买受人要求支付该标的物的使用费。

第三节　违约补救方法

世界上两大法系中的违约补救方法,包括中国合同法中的相应规定,在上一章中已作详细介绍,本章不再重复。联合国国际货物买卖合同公约中将违约的救济方法置于异常重要的位置,涉及第 3 部分第 1 ~ 3 章和第 5 章的众多条款,除专门规定什么是根本性违约外,还分别就出卖人违约时买受人的救济方法、买受人违约时出卖人的救济方法,以及买卖双方均可采用的救济方法作了专章规定。

一、买卖双方均可采取的救济方法

公约主要对损害赔偿、预期违约、根本性违约时的撤销合同以及对分批交货合同的违约救济方法作了规定。

1. 损害赔偿

损害赔偿是公约所规定的主要救济方法,而且不受采取其他救济方法的影响,也毋需证明违约方的过错,可见与大陆法国家如法国、德国的规定差异较大,而在一定程度上反映了英美法的规则。至于损害赔偿的原则及责任范围,公约第 74 条规定为:"一方当事人违反合同应负的损害赔偿额,应与另一方当事人因他违反合同而遭受的包括利润额在内的损失额相等。这种损害赔偿不得超过违反合同一方在订立合同时,依照他当时已知道或者理应知道的事实和情况,对违反合同预料到或理应预料到的可能损失。"与此同时,公约第 77 条又规定:"声称另一方违反合同的一方,必须按情况采取合理措施,减轻由于另一方违反合同而引起的损失,包括利润方面的损失。如果他不采取这种措施,违反合同一方可以要求从损害赔偿中扣除原可以减轻的损失数额。"中国合同法以及其他一些国家的国内法规定与该规定基本一致。

2. 中止履行合同

公约规定在一方当事人预期违约时,另一方当事人有权中止合同履行。预期违约的概念已如前述,是指在合同规定的履行期到来之前,已有根据预示合同的另一方当事人显然将不履行其大部分重要合同义务。公约第 71 条规定:如果订立合同后,另一方当事人由于下列原因显然将不履行其大部分重要义务,一方当事人可以中止履行义务:① 他履行义务的能力或他的信用有严重缺陷;② 他在准备履行合同或履行合同中的行为。如果出卖人在上述的理由明显化以前已将货物发运,他可以阻止将货物交付给买受人,即使买受人持有其有权获得货物的单据。中止履行义务的一方当事人不论是在货物发运前还是发运后,都必须立即通知另一方当事人,如经另一方当事人对履行义务提供充分保证,则他必须继续履行义务。实际上,公约的规定包括逾期违约的救济方法和不安抗辩权。

3. 撤销合同

根本性违约的概念如前所述,按公约原意,它是指一方当事人违反合同的结果,使另一方当事人蒙受损害,以至于实际上剥夺了他根据合同有权期待得到的东西,除非违反合同的一方并不预知而且一个同样通情达理的人处于该种情况下也没有理由预知会发生这种结果。依据公约,若一方当事人根本性违约,另一方有权撤销合同,并有权要求损害赔偿或采取其他的救济方法,否则无权撤销合同,这同美国法对重大违约和轻微违约规定不同的救济方法极其相近。公约第 72 条的规定是这样的:① 如果在履行合同日期之前,明显看出一方当事人将根本性违约,另一方当事人可以宣告合同无效。② 如果时间许可,打算宣告合同无效的一方当事人必须向另一方当事人发出合理的通知,使他可以对履行义务提供充分保证。③ 如果另一方当事人已声明将不履行其义务,则上述规定不适用。这里的宣告合同无效之意,实为行使合同撤销权,因为合同撤销以后将自始无效。

4. 分批交货时的救济方法

依据公约第 73 条,在分批交货合同中,若一方当事人不履行对其中任何一批货物的义务,便对该批货物构成根本性违约,则另一方当事人可宣告合同对该批货物无效,但不能撤销整个合同。若一方当事人不履行任何一批货物的义务,使另一方当事人有充分理由断定对今后各批货物将会发生根本性违约,则另一方当事人可在一段合理时间内宣告合同今后无效,但不能否认此前已履行义务的各批货物的效力。若各批货物是互相依存的,不能单独用于双方当事人在缔约时所设想的目的,则买受人宣告合同对任何一批货物的交付为无效时,可同时宣告合同对已交付的或今后的各批货物均为无效。因为对买受人而言,出卖人部分交货,而非全部交货,会导致买受人失去对整个合同项下的货物的使用价值,所以,不撤销整个合同必定难以弥补其损失。

二、出卖人违反合同时买受人的救济方法

按照联合国国际货物买卖合同公约第 3 部第 2 章第 3 节的规定,如出卖人不履行

其在合同和公约中的任何义务,包括不交货、延迟交货以及所交货物不符合合同约定,则买受人有权采取要求出卖人实际履行、要求出卖人交付替代货物、要求出卖人修补货物、要求出卖人在宽展期内履行、撤销合同、要求出卖人减价、出卖人自付费用对不履行义务作出补救、拒收出卖人的提前或超量交货、出卖人部分交货时要求退货或减价或索赔以至于撤销整个合同、请求损害赔偿等补救方法。

1. 实际履行

实际履行是公约第 46 条所规定的救济方法,但如买受人已采取了与此相抵触的其他救济方法,如宣告撤销合同,则不能再要求出卖人依照合同规定履行其义务。此外,公约第 28 条规定,当一方当事人要求另一方当事人履行某项义务时,除非法院依照其法院所在地国的法律,对不属于该公约调整范围的类似买卖合同愿意作出实际履行的判决,否则法院没有义务作出判决要求当事人实际履行,以调和两大法系在实际履行问题上的分歧。

2. 交付替代货物

按公约第 46 条第 2 款的规定,若出卖人所交货物不符合合同约定,并构成根本性违约,则买受人有权要求出卖人另交一批符合合同要求的货物,以替换那些与合同不符的货物。这实际上是一种变相的实际履行,买受人行使此项权利时,须在通知出卖人所交货物不符合合同时提出或在其后一段合理的时间内提出请求。

3. 修补货物

若出卖人所交货物不符合合同的情况并不严重,尚未构成根本性违约,只需出卖人加以修理,即可使之符合合同要求,则买受人可要求出卖人予以修理。按公约第 46 条第 3 款的规定,如果货物不符合同,买受人可以要求出卖人通过修理对不符合同之处做出补救,除非他考虑了所有情况之后,认为这样做是不合理的。修理的要求也必须在通知出卖人所交货物不符合合同时提出,或者在该项通知发出后一段合理时间内提出。

4. 延期履行

按公约第 47 条第 1 款的规定,如出卖人未按合同约定时间履行,买受人可规定一段合理的额外时间让出卖人履行其义务,此时买受人行使的是一种选择权,买受人可以给予出卖人一个宽展期,也可以不给,但一般仅在出卖人未如期交货构成根本性违约时,买受人才能不给宽展期,而直接行使撤销合同的权利。另外,同条第 2 款规定买受人在宽展期内不能采取任何其他补救方法。但是,买受人不因此丧失损害赔偿请求权。

5. 撤销合同

公约规定在出卖人不履行合同或公约规定的任何义务,已构成根本性违约;在买受人规定的合理的额外时间内,出卖人仍不交货,或声明其将在该额外时间内不交货的情况下,买受人有权宣告撤销合同。此外,公约还规定,如出卖人已交付货物,买受人即丧失宣告撤销合同的权利,除非买受人在出卖人迟延交货后的一段合理时间内宣告撤销合同。在迟延交货之外的其他违约情况下,买受人必须在已知或应知该违约情事后的一段合理时间内宣告撤销合同,否则将永远失去宣告撤销合同的权利。

6. 减价

根据公约第50条的规定,若出卖人所交货物与合同不符,无论买受人是否已经支付货款,买受人均可要求减价,减价幅度按实际交付的货物在交货时的价值与符合合同的货物在同一时间的价值的比例计算。但是,如果出卖人已经按照公约规定对任何不履行义务做出补救,或者买受人拒绝接受出卖人履行补救义务,则买方不得要求减价格。

7. 自费补救

公约第48条规定,除买受人撤销合同之外,即使在合同约定的交货日期之后,出卖人仍可自付费用,对任何不履行义务作出补救,但不得给买受人造成不合理的不便或迟延。出卖人在采取补救措施时应通知买受人,买受人则应在获悉后的合理时间内作出答复。否则,出卖人即可按其通知的内容履行其义务,而买受人不得采取与此相抵触的救济方法。

8. 部分交货的补救

出卖人部分交货时违约,买受人有权要求退货或减价或赔偿,以至于撤销整个合同。公约第51条规定,出卖人漏交货物或已交货物部分不符合合同约定,买受人只能就违约的部分采取相应的补救措施,而不能宣告撤销合同或拒收全部货物,除非出卖人的行为已构成根本性违约。

9. 提前或超量交货的补救

拒收出卖人的提前或超量交货,是公约第52条所规定的出卖人提前或超量交货时,买受人可以行使的一种选择权,但只能拒收超量的部分,也只能在合同约定的交货日期之前拒收。若超量部分与合同约定部分不易分割,且未构成根本性违约或按商业惯例不得不全部收下,买受人可要求损害赔偿。构成根本性违约时,买受人可拒收该整批货物。

中国合同法第162条以下也有类似的规定:出卖人多交标的物的,买受人可以接收或者拒绝接收多交的部分。买受人接收多交部分的,按照合同的价格支付价款;买受人拒绝接收多交部分的,应当及时通知出卖人。标的物为数物,其中一物不符合约定的,买受人可以就该物解除,但该物与他物分离使标的物的价值显受损害的,当事人可以就数物解除合同。出卖人分批交付标的物的,出卖人对其中一批标的物不交付或者交付不符合约定,致使该批标的物不能实现合同目的的,买受人可以就该批标的物解除。出卖人不交付其中一批标的物或者交付不符合约定,致使今后其他各批标的物的交付不能实现合同目的的,买受人可以就该批以及今后其他各批标的物解除。买受人如果就其中一批标的物解除,该批标的物与其他各批标的物相互依存的,可以就已经交付和未交付的各批标的物解除。

10. 损害赔偿

如前所述,损害赔偿是公约所规定的一种最主要的救济方法。若出卖人违约,买受人可要求损害赔偿,而且,买受人的索赔权不因已采取其他救济方法而丧失。公约第

74 条规定：一方当事人违反合同应负的损害赔偿额,应与另一方当事人因他违反合同而遭受的包括利润在内的损失额相等。这种损害赔偿不得超过违反合同一方在订立合同时,依照他当时已知道或理应知道的事实和情况,对违反合同预料到或理应预料到的可能损失。公约第 75、76 条还对买卖合同情况下的损害赔偿额计算方法作了详细而具体的规定：如果合同被宣告无效,而在宣告无效后一段合理时间内,买受人已以合理方式购买替代货物,或者出卖人已以合理方式把货物转卖,则要求损害赔偿的一方可以取得合同价格和替代货物交易价格之间的差额以及依据第 74 条可取得的任何其他损害赔偿。如果合同被宣告无效,而货物又有时价,要求损害赔偿的一方,如果没有根据第 75 条规定进行购买或转卖,则可以取得合同规定的价格和宣告合同无效时的时价之间的差额以及按照第 74 条规定可取得的任何其他损害赔偿。但是,如果要求损害赔偿的一方在接收货物之后宣告合同无效,则应适用接收货物时的时价,而不适用宣告合同无效时的时价。为上述目的,时价指原应交付货物地点的现行价格,如果该地点没有时价,则指另一合理替代地点的价格,但应适当地考虑货物运费的差额。①

三、买受人违反合同时出卖人的救济方法

买受人违约的形式主要有不付款、延迟付款、不收取以及延迟收取货物。联合国国际货物买卖合同公约在第 3 部分第 3 章第 3 节中,对买受人违约时出卖人的救济方法作了简明扼要的规定,具体可归纳为：要求买受人实际履行;要求买受人在宽展期内实际履行;撤销合同;要求买受人支付利息;请求损害赔偿 5 种。除出卖人有权要求买受人就欠款部分支付利息外,其他几种救济方法及处理规则,与前述出卖人违约时买受人的救济方法中相应部分类似。

中国合同法只提及延期付款的问题：该法第 167 条规定,分期付款的买受人未支付到期价款的金额达到全部价款的 1/5 的,出卖人可以要求买受人支付全部价款或者解除合同。出卖人解除合同的,可以向买受人要求支付该标的物的使用费。相比较而言,英美法中的规定要复杂、详尽得多,可参见《1994 年英国货物销售与提供法》《美国统一商法典》的有关部分内容。英国 1994 年的法律修改,主要涉及到 4 个方面：一是将默示条款中的适销品质改为令人满意的品质;二是明确出卖人违反有关货物品质的默示条款,而后果非常轻微,以致于买受人拒收不合适,则买受人不得拒收并撤销合同;三是澄清买方检验货物的权利与接受货物之间的关系,明确在获取合理的时间和机会检验货物之前,买受人即使接收了货物,仍有权拒绝接受;四是赋予买受人在整项合同之下拒收部分货物的权利。②

① 江平.商法全书.中国广播电视出版社,1995.1446;冯大同.国际商法.中国对外经济贸易出版社,1991.226～227.
② 吴冠雄.英国货物买卖法的新发展——评介《1994 年货物买卖和供应法》.中外法学,1999(1).

第四节　货物所有权和风险的转移

货物所有权和风险转移的依据和界限,在国际商事交往中直接涉及到当事人的切身利益和基本义务,故有关国家的法律、国际公约和国际商事惯例多有具体规定。

一、英国货物买卖法的规定

英国法认为,货物所有权的转移对风险负担及保险利益具有决定意义,并直接影响到对违约所能采取的救济方法。具体对特定物和非特定物买卖设置不同的处理规则。在特定物买卖中,所有权何时转移完全取决于双方当事人的约定,若合同未予明确约定,则由法院酌情确定缔约双方的意旨。非特定物的买卖,在将货物特定化之后,其所有权才转移于买受人。所谓特定化是指将处于可交付状态的货物无条件地划拨于合同项下的行为。但是,如出卖人在合同中特别声明在其所提条件如买受人付款以前,保留对货物的处分权,则在该条件满足以后,货物的所有权才转移于买受人,而不论该货物是特定物还是非特定物,也不论该货物是否已经特定化。这一条款在法律上称为所有权保留条款,中国合同法中也有类似的规定。

在风险转移问题上,英国实行由物主承担风险的原则,即将风险转移同所有权转移结合在一起,所有权何时转移,货物的风险同时转移,而不论货物是否已经交付。

二、美国统一商法典的规定

美国法虽和英国法同属于一个法系,但在货物所有权转移和风险转移以及两者之间的关系上,与英国法大相径庭。美国法在原则上也认为将货物特定在合同项下之前,货物的所有权不发生转移。美国统一商法典第2-401条就规定,除双方当事人另有特别约定外,货物所有权在出卖人完成实际交货义务的时间和地点转移给买受人,而不论出卖人是否存在担保权益,或是否保留货物所有权凭证。[①]

美国法中将货物风险转移问题与所有权转移分离开来,原则上以交货时间来确定风险转移的时间,而不管货物的所有权或所有权凭证是否已经转移于买受人。

三、法国民法典的规定

法国民法典第1583条规定,货物买卖合同一经缔结,即使尚未交货和付款,标的物的所有权即从出卖人转移于买受人。但在实践中,若合同未予约定,则在种类物特定化之后,或附条件的买卖待买受人确认后,所有权转移于买受人。至于货物风险转移,也

---

① ALL(美国法学会),NCCUSL(美国统一州法委员会)著.孙新强译.美国《统一商法典》及其正式评述.中国人民大学出版社,2004.131.

同英国一样实行物主承担风险的原则。

四、德国民法典的规定

德国法虽与法国法同属一个法系,但在货物所有权转移和风险转移及其两者的关系上,也存在重大分歧。德国法认为,动产所有权转移须以交付标的物为必要条件。若出卖人有义务交付物权凭证,则在交付凭证时发生货物所有权的转移。而不动产的所有权转移标志为主管机关登记在册。至于确定货物风险转移的时间依据,则与美国法相同,即何时交货,风险即在此时由出卖人转移于买受人,而不论货物所有权在此时是否已经由出卖人转移于买受人。

五、联合国合同公约的规定

由于各国在货物所有权转移问题上的法律规则差异极大,很难统一协调,故联合国国际货物买卖合同公约对货物所有权由出卖人转移于买主的时间、地点和条件等未作任何规定,而将侧重点放在货物风险转移问题上,并借鉴美国法的原则,以交货时间确定风险转移的时间。具体内容见于该公约第66～70条。

首先,公约允许当事人在合同中约定货物风险转移的时间和条件。其次,在第66条中明确货物风险由出卖人转移于买受人后,非由于出卖人的原因发生灭失或损坏,买受人仍须付款,即对货物的风险承担全部责任。再次,当货物买卖合同涉及运输时,则依约将货物交付给第一承运人以运交给买受人时起,风险即转移给买受人。但若合同约定于特定地点将货物交付给承运人,则在交付时转移货物风险。出卖人有权保留控制货物处分权的单据,但并不影响风险的转移。第四,按公约第68条的规定,当货物在运输途中出售时,从合同订立时起,风险就转移给买受人,但若情况表明有需要时,则从货物交付给签发载有运输合同单据的承运人起,风险转移给买受人。但是,若出卖人在订立买卖合同时已知或应知货物已发生灭失或损坏,而他又对买受人隐瞒这一事实,则这种损失应由出卖人承担。这是因为这种损失自始存在,而且是由于出卖人的故意隐瞒而造成买受人不知情,当然不应由买受人负责。第五,货物买卖合同不涉及运输时,则从买受人收受货物或迟延受领货物时起,风险即转移于买受人。但是,在出卖人所交货物特定化之前,不得视为货物已交给买受人处置,风险也不由出卖人转移于买受人。最后,在出卖人根本违反合同时,即使货物风险原则上已转移于买受人,也不妨碍买受人有权采取包括撤销合同在内的各种救济方法。

六、国际贸易惯例的有关规定

专门规定 CIF 条件的华沙—牛津规则第6条,对货物所有权转移的时间和条件有明确规定:货物所有权转移的时间,就是出卖人将单据移交给买受人掌握时,但是如果买受人不付款或者不能支付货款,出卖人可以行使留置权或者停运权。① 其他的国际贸易术语解释规则,均有意回避货物所有权的转移问题,如国际贸易术语解释通则只涉及货物的风险转移,而对货物所有权的转移问题未置一词。一般认为,出卖人有义务交付提单的货物买卖合同,如 CIF、CFR、FOB 合同,货物的所有权在出卖人向买受人交付代表货物所有权的单据如提单时转移于买受人,而其他合同多为在出卖人将货物移交给买受人支配时,所有权才由出卖人转移于买受人。至于风险转移的时间,在 EXW 合同中,为出卖人依约将货物置于买受人的支配下,风险发生转移。在 FCA、FAS 和 FOB合同中,为出卖人依约将货物交至买受人指定的承运人,风险发生转移,只是 FAS 为船边交货、FOB 为船上交货。风险转移也以船边或船上为界。在 CFR、CIF、CPT 和 CIP 合同中,为出卖人依法将货物交至承运人,风险发生转移。其中,CFR、CIF 合同的风险转移规则与 FOB 相同,CPT 和 CIP 合同在出卖人将货物交给承运人照管时起,风险由出卖人转移于买受人承担。在 DAT、DAP、DDP 合同中,为出卖人在指定目的地将货物交给买受人支配时起,风险由出卖人转移于买受人。

七、中国合同法的有关规定

中国合同法关于买卖合同的规定中,对货物所有权及风险转移问题设置了详细规定。依据该法第 133、134 条,标的物的所有权自标的物交付时起转移,但法律另有规定或者当事人另有约定的除外。当事人可以在买卖合同中约定买受人未履行支付价款或者其他义务的,标的物的所有权属于出卖人。该法第 175 条还规定当事人约定易货交易,转移标的物的所有权的,参照买卖合同的有关规定。但是,出卖具有知识产权的计算机软件等标的物的,除法律另有规定或者当事人另有约定的以外,该标的物的知识产权不属于买受人(第 137 条)。这可视为对知识产权权利人的一种特别保护制度。

至于货物风险的转移,则规定在该法的第 142 条以下各个条款中:① 标的物毁损、灭失的风险,在标的物交付之前由出卖人承担,交付之后由买受人承担,但法律另有规定或者当事人另有约定的除外。② 因买受人的原因致使标的物不能按照约定的期限交付的,买受人应当自违反约定之日起承担标的物毁损、灭失的风险。③ 出卖人出卖交由承运人运输的在途标的物,除当事人另有约定的以外,毁损、灭失的风险自合同成立时起由买受人承担。④ 当事人没有约定交付地点或者约定不明确,标的物需要运输的,出卖人将标的物交付给第一承运人后,标的物毁损、灭失的风险由买受人承担。⑤ 当事人没有约定交付地点或者约定不明确,标的物不需要运输的,出卖人按照约定或者依照法定将标的物置于交付地点,买受人违反约定没有收取的,标的物毁损、灭失的风险自违反约定之日起由买受人承担。⑥ 出卖人按照约定未交付有关标的物的单证和资料的,不影响标的物毁损、灭失风险的转移。

---

① 赵承璧. 国际贸易统一法. 法律出版社,1998.387～388.

第五节　产品责任的特殊问题

产品责任是指因产品本身存在缺陷或瑕疵,并对消费者造成人身伤亡或财产损害时,由该产品的制造者、销售者对消费者所应承担的侵权损害赔偿责任。而调整产品的制造者、销售者和消费者之间基于侵权行为所引起的人身伤亡和财产损害责任的法律规范,就是产品责任法。产品责任法是在 20 世纪 60 年代随着消费者权益保护运动的兴起,首先从美国发展起来的,经过几十年的时间,扩展到世界许多国家和地区,中国也于 1993 年 2 月 22 日公布了《中华人民共和国产品质量法》,并于 2000 年 7 月 8 日予以修订。该法虽然有别于各国通行的产品责任法,但也以很大篇幅规定了产品责任问题。欧共体于 1985 年 7 月 25 日通过的关于对有缺陷的产品的责任指令,是世界上第一个影响深广的超国家性质的产品责任法。另外,1973 年 10 月 2 日海牙国际私法会议还通过了《关于产品责任的法律适用公约》(简称海牙公约)。迄今,产品责任法已在各国形成一个与买卖法关系极为密切,又与合同法并立的极其重要的法律分支。因此,本章将产品责任的有关法律制度,作为买卖法中的一个特殊问题进行扼要介绍。

一、美国的产品责任法

美国的产品责任法早期主要为判例法,而且以州法为主。20 世纪 60 年代以来,联邦政府颁布了大量法律,如消费品安全法、消费者担保法等。1965 年美国法学会发表的《侵权法重述(第二版)》第 402 节 A,奠定了无过错责任的产品责任归责原则。1979 年 1 月公布的统一产品责任示范法,标志着严格责任原则在美国产品责任法领域的最终确立。1997 年 5 月 2 日美国法学会通过的《侵权法重述:产品责任(第三版)》(National Law Journal,June 2,1997.)虽然对严格责任进行了适当的限制,但严格责任迄今仍然是美国产品责任归责原则的基础。[①]

1. 产品责任的归责原则

美国的产品责任归责原则或者确认依据,大体经历了合同责任、疏忽责任、担保责任和严格责任 4 个阶段。

合同责任的依据源于 1842 年英国温特博特姆诉赖特案的判决。该案原告温特博特姆为一驿站马车夫,用被告按约提供给驿站的马车运送邮件,但在运送途中因马车轮子突然毁坏,导致车夫身体受伤。于是,原告以被告提供有缺陷的马车直接导致自己受伤为由诉诸法院,而被告则以和原告之间并无合同关系为由进行抗辩。结果,法院判决因原被告之间并无合同关系,故尽管被告产品缺陷致原告损害,也不负赔偿责任,被告

---

① 王晨. 揭开"责任危机"与改革的面纱. 比较法研究,2001(3);张桂红. 美国产品责任法的最新发展及其对我国的启示. 法商研究,2001(6).

抗辩成立而胜诉。① 该判例传入美国之初曾被广泛引用。但由于其存在显而易见的不合理性,1851 年美国郎迈德诉霍利德案中就确立了对合同责任的例外原则,即若有缺陷的产品具有危险性,则受害人理应获得补偿。翌年的托马斯诉温切斯叶案,不但重申了合同责任例外原则,而且据此判决因药品制造商温切斯叶误将颠茄标成蒲公英制剂,致原告托马斯损害,虽两者间并无合同关系,被告也由于过失而对原告造成的损失承担赔偿责任。这一著名判例曾为美国各州法院所援用。

疏忽责任是指制造商或中间商因疏忽而造成其生产或销售的产品有缺陷,致使消费者遭受人身伤亡或财产损害应承担的赔偿责任。疏忽责任原则首创于 1916 年麦克弗森诉别克汽车公司案。该案原告从零售商处购买了一台被告生产的汽车,因轮胎的缺陷在行车途中爆裂,汽车倾覆,将原告抛出车外受伤。法院判决被告因疏忽而对原告承担赔偿责任。尽管原被告间并无合同关系,轮胎也非被告制造而是外购的。对此,纽约最高法院法官卡多萨认为:"任何物品制造上具有过失,依其本质将构成对生命及身体危险的,即属危险物品。除此项危险因素之外,制造人若知悉该项物品将由买受人之外的第三人未经检验而使用者,则无论有无合同关系,对该项危险物品的制造,均负有注意义务。制造人未经注意者,就所生之损害,应负赔偿责任。"疏忽责任原则一经提出,迅即取代合同责任原则,从而大大加强了对消费者的保护。因为它突破了合同关系的限制,原告只要证明制造商有疏忽,即使没有合同关系,也可诉请其对有缺陷的产品所致损害承担赔偿责任。但是,援引疏忽责任原则的诉讼,原告的举证责任较为沉重。为此,1944 年美国埃斯科拉诉可口可乐瓶装公司案中,适用英国判例中的"事实本身说明问题"原则,判决被告因可口可乐瓶装饮料爆炸致被告人身伤害而承担赔偿责任。随后,美国法院在判例中不断扩大对疏忽责任的解释,责任人也不限于制造商,因设计的疏忽造成的损害也要承担责任。

担保责任是指制造商或销售商违反了对货物的明示或默示担保,致使消费者由于产品缺陷遭受损害而应负的法律责任。英美法中的担保本属于合同法范畴,以担保责任原则为由的诉讼也应以合同为基础,但在产品责任诉讼中有所突破,将受害方扩大到买受人的家属、亲友、客人等;将加害方扩大到生产商、制造商、批发商、供应商、零售商等。

严格责任是指只要产品有缺陷,对消费者具有不合理的危险,且造成其人身伤亡或财产损害时,该产品生产销售者均对此承担赔偿责任。产品责任法中的缺陷与瑕疵含义相近,是指产品存在危及人身、他人财产安全的不合理危险。包括设计缺陷、生产缺陷、说明缺陷、包装缺陷等,与合同法中的质量不合格不完全相同。严格责任原则最早由 1963 年美国格林曼诉尤巴电力公司案的判决所确立。该案原告之妻购买了被告生产的电动工具,当原告按说明书用来刨削木料时,一块木头飞出机器砸中原告头部造成

① 谭玲,夏蔚.产品责任法导论.西南交通大学出版社,1990.27～28;刘文琦.产品责任法律制度比较研究.法律出版社,1997.20～23.

重伤。加利福尼亚州最高法院根据原告的诉讼请求判决被告败诉,并认为当一个生产者将一件产品投放市场时,明知它将不经检验缺陷即投入使用,若它含有可能致人伤害的缺陷时,该产品的生产销售者在侵权方面负有严格的责任。1965 年出版的《侵权行为法重述》,也确认了严格责任原则。严格责任不同于合同责任,它基于侵权行为而发生,无需以合同关系为前提。严格责任也不同于疏忽责任,无需原告指出被告有无疏忽,是否已尽到合理的注意义务。严格责任还不同于担保责任,原告无需证明存在明示或默示担保以及违反担保,被告也不能事先排除或限制担保,或者以原告疏忽未发现、未警惕产品存在缺陷作为抗辩。因此,严格责任原则不但成为美国产品责任案件的主要诉讼依据,也成为全世界几乎所有国家或地区的产品责任诉讼依据。但是,严格责任并非绝对责任,原告仍须证明被告的产品中存在缺陷或产品处于不合理危险状态;此缺陷在投放市场时就已存在;产品缺陷直接造成受害人的人身伤害或财产损失。

　　严格责任在美国法院的司法实践中,曾一度向绝对责任或称之为"企业责任"的方向转变,即制造者对使用其产品所致一切损害均须承担赔偿责任。1980 年加州法院审理"辛德尔诉阿伯特药厂案"时,将严格责任又推进了一步。即当原告不能明确举证他的损害是由谁的缺陷产品所致时,就以各个被告人的市场份额作为判决的根据,从而确立了"市场份额责任"规则,而生产者的免责抗辩理由受到限制。① 不过,美国产品责任法的实施因此遭到了严峻的挑战。由于严格责任原则的确立,使产品责任诉讼激增,原告胜诉率提高,赔偿额直线上升,制造商为了控制风险,除了在设计制造的各个环节增加投入之外,还通过购买巨额保险,导致许多制造商在 20 世纪 70 年代以后保险费支出成倍增加。即使这样,保险公司还大幅度缩减责任范围,制造商的风险无法化解,并引发了"产品责任危机",导致了产品责任改革。20 世纪 90 年代初,在制造商与保险商的积极推动下,美国各州均掀起了一场"产品责任改革"运动,目标就是挑战严格责任原则,并促使许多州修改了立法,最终结果虽然并未修改统一的产品责任法,但还是在《侵权法重述:产品责任》(第三版)中对严格责任进行了适当的限制。②而在此同时,面对迅速增长的烟民起诉烟草公司的诉讼案件,加州高等法院曾规定,法庭不得作出不利于烟草商的巨额赔偿判决,以保护美国烟草行业。但进入 21 世纪,法院的倾向发生了改变,如 2002 年 10 月 4 日美国洛杉矶高等法院陪审团以 11 票对 1 票的绝对多数,要求著名烟草商菲利普·莫里斯公司(万宝路香烟的生产商)向一名由于长期抽烟而患上肺癌的妇女贝蒂·巴洛克支付 280 亿美元的巨额赔款,创下了美国历史上个人赔偿案的最高纪录。并一改惩罚性赔偿金额一般不超过补偿性赔偿金额 4 倍的司法惯例,在本案中两者的比例提高到3.3 万倍。如果这一判决最终生效,巴洛克将成为继比尔·

---

　　① 刘静.产品责任.中国政法大学出版社,2000.73.
　　② 王传辉,黄迎.美国产品责任法革命述评.政治与法律,1997(5);王晨.揭开"责任危机"与改革的面纱.比较法研究,2001(3).

盖茨和巴菲特之后的全美第三大富翁。①

2. 美国产品责任赔偿范围

美国的产品责任诉讼中原告求偿范围相当广泛,索赔及判决金额也往往十分巨大。有的可达到几千万甚至几千亿美元,而且,无形的精神上的痛苦在赔偿额中占很大比重。如一老太太因儿子患肺癌去世,而儿子生前常抽固定牌子的香烟,该老太状告烟草公司,要求赔偿其 1.2 亿美元,其中一大部分即因"白发人送黑发人",使原告精神上备受痛苦,故再多数额的金钱赔偿也不为过。另有一个案例为夫妇两人自欧洲旅游回美,因航班飞机故障致使妻子受伤住院,丈夫状告航空公司,索赔金额达几百万美元,其中包括其得不到妻子的服务和照顾而损失的部分。美国十数个州政府状告美国烟草商,称被告诱惑人们吸烟,致使烟民健康状况恶化,发病率上升,大大地增加了政府的福利开支,政府因此而受到损害,烟草商理应予以赔偿,烟草商居然答应政府的要求,达成赔偿数额达数千亿美元的庭外和解协议。前述美国洛杉矶高等法院关于巴洛克诉菲利普·莫里斯公司案的判决,更是将惩罚性赔偿金额提高到惊人的程度。如此等等,不一而足。概括而言,原告索赔的范围主要有对人身伤害的赔偿、财产损失的赔偿、商业上的损害赔偿、惩罚性的损害赔偿。第一项中又包括:① 痛苦与疼痛;② 精神上的痛苦与苦恼;③ 收入的减少与挣钱能力的减弱;④ 合理的医疗费用;⑤ 身体残废。

3. *产品责任的抗辩*

按照美国的产品责任法,被告可以提出某些抗辩,要求减轻或免除责任。如在以担保责任原则为依据的诉讼中,被告可以合同中排除了各种明示或默示担保为由提出抗辩。如在侵权之诉中,被告可以原告在使用中也有疏忽为由,要求原告承担全部或部分责任,从而形成承担疏忽及相对疏忽原则,现美国各州多采用后者。如在消费者已经发现产品有缺陷,并明知危险存在仍不合理地使用该产品,以至于受到损害时,被告可要求其自担风险。另外,凡非正常使用或误用、滥用产品,擅自改动产品,带有不可避免的不安全因素如药品的毒副作用的产品,被告均可免责。1996 年 6 月,一份美国哥伦比亚地区联邦法院委托送达的诉状通过美国驻中国大使馆送交中国外交部。同时,根据中美签订的司法协助协议,由广东省高级人民法院送达广东省土产进出口总公司。诉状称:1993 年 6 月,数名美国人在装卸一批烟花时,因产品质量问题,部分烟花突然爆炸,致使两名装卸人员死亡,另有一人重伤一人轻伤。经查该批烟花标明广东省土产进出口总公司注册的中国马牌(CHINESE HORSE BRAND)商标,由两家香港分销商分销至美国南卡罗莱纳州罗克希尔市。原告诉请被告承担 5 000 万美元的损害赔偿责任。而广东省土产进出口总公司为国有企业,其全部财产为国家所有,故中国政府应承担责任。

中国外交部接到美方诉状后,会同外经贸部和司法部商讨对策。司法部致函美国

---

① 肖岩. 长期吸烟患上肺癌 烟民状告烟草公司 万宝路生产商要赔 280 亿. 环球时报,2002 - 10 - 10;刘大洪,张剑辉. 论产品严格责任原则的适用与完善. 法学评论,2004(35).

国务院,阐明根据国家法原则和维也纳国际公约,主权国家享有国家豁免权,不受域外法院的管辖,美国法院不应将中国政府列为被告。另外,中国国有企业是独立法人,政府不应对其债务承担责任。外经贸部致函广东省土产进出口总公司了解情况,指示尽快拿出应对方案。广东省土产进出口总公司在综合调研后,发现中国马牌(CHINESE HORSE BRAND)商标虽然为其所有,但该批产品并不是该公司的;两分销商认为爆炸事故绝对不是质量不合格,而是装卸过程中操作不当引起,对起诉不要理睬。广东省土产进出口总公司律师认为若不应诉,败诉的可能性极大,美国法院有权查封中国政府在美国的所有财产,后果严重,遂决定应诉。

应诉后,中方利用原告确定诉讼主体以及法院送达诉讼文书的失误,成功地说服法院将广东省土产进出口总公司列为被告,以取得在法庭上澄清事实、进行辩驳的机会。在庭审中,原告出示美国烟花协会专家关于爆炸事故因产品质量引起的鉴定结论,中方要求该专家向法庭提供直接证据。该专家向法庭作证:由于当初取样不当,自己原来所作的鉴定结论是不全面的,没有科学依据。与此同时,中方提出原告疏忽的抗辩。依美国法,厂商须雇佣18岁以上的成年人,否则被视为非法雇佣童工;而从事烟花等危险品的搬运,应经专门培训取得上岗资格证书,否则也被视为非法。本案中厂商所雇的是利用暑期打工的大学生,未经任何培训,其中有两位还未满18岁。据此,中方不应承担任何赔偿责任。原告律师要求和解并撤回起诉,中方愿付道义性的 20 000 美元慰问金。1999 年 8 月,法院判决中国政府不对原告承担任何责任。

4. 产品责任的诉讼管辖

如前所述,美国产品责任也可适用于对外贸易中的产品责任案件。中国生产的烟花曾因未注明"危险警示内容"而引发产品责任诉讼。根据美国对外国人的属人管辖权标准的"长臂法",凡外国人包括外州人与该州有最低限度的接触,该州就对其拥有属人管辖权。最低限度接触的主要依据为被告经常直接或通过代理人在该州境内从事商业活动,或因其作为或不作为在该州境内造成损害。在涉外产品责任诉讼中,多适用对原告最为有利的地方的法律,以充分保护美国原告的利益。

二、欧洲的产品责任法

欧共体深受美国的影响,于 1985 年通过了以严格责任为原则的《欧洲共同体理事会关于使成员国缺陷产品责任方面的法律、法令和行政法规相互接近的指令》,此后,其成员国英国、德国、荷兰、丹麦、挪威等也相继颁布了以严格责任为原则的单行产品责任法。因此,当今欧美各国实际上都实行了以严格责任为原则的产品责任法。值得注意的是,严格责任并未完全取代担保理论,二者常常被轮流使用。(注:参见李亚虹主编:《美国侵权法》,法律出版社 1999 年版,第 138～143 页。)欧洲法国、德国、英国等国家的产品责任法各具特色。随着 1985 年 7 月 25 日关于对有缺陷的产品责任的指令的施行,欧洲各国产品责任法渐趋统一。下面扼要介绍该指令的主要内容:

该指令共 22 条,一改过去采取过失责任的传统,转而采取无过失责任原则,规定消费者只要证明产品有缺陷并造成损害的事实,以及两者之间存在因果关系,即可要求生产销售者承担责任,而毋需证明其有无过失。对于损害赔偿范围,主要是人身伤亡,而不考虑有缺陷产品自身的损失,500 欧元以下的损害也不予考虑。另外,对于"痛苦"之类的非物质性损害赔偿,不作统一规定,而留待各国国内法处理。

对产品责任的抗辩,是该公约的一项重要内容。该公约的抗辩事由主要为无罪责、时效已过及赔偿限额 3 个方面。如果生产者——包括成品制造商、原材料生产商、零部件制造者,任何将其名称、商标或其他识别标志置于产品上的人,任何进口商品经营者,以及提供该产品的供应者并未将该产品投放市场;引起损害的缺陷在生产者将产品投放市场时不存在,或者证明这种缺陷是后来才出现的;生产者制造该产品并非用于经济目的的销售或经销,亦非在其营业中制造或销售;该缺陷是由于遵守公共当局发布的有关产品的强制性规章而引起的;依产品投放市场时的科技知识水平,生产者不可能发现该缺陷;零部件的制造者能证明该缺陷是由产品设计引起的,则因无罪责而不负赔偿责任。该指令规定产品责任的诉讼时效为 3 年。从原告已知或应知受到损害、产品有缺陷以及获悉生产者之日起算。但在任何情况下,消费者的求偿权自生产者引起损害的产品投放市场之日起 10 年届满而告消灭。生产者的最高赔偿额原则上无限制,但指令允许成员国在各自的立法中规定最低赔偿数额。

三、中国的产品质量法

中国继 1986 年国务院发布产品质量责任条例之后,于 1993 年公布、2000 年修订了《中华人民共和国产品质量法》。该法原来有 6 章 51 条,修订后扩展为 74 条,虽然并非民商法意义上的产品责任法,而是包含大量属于企业产品质量管理的行政法规的内容,但毕竟也涉及到产品责任。特别是其中的第 3 章生产者、销售者的产品质量责任和义务,以及第 4 章的损害赔偿,与国际上产品责任法原则并无实质性差别。

该法第 46 条将缺陷定义为:"产品存在危及人身、他人财产安全的不合理的危险;产品有保障人体健康和人身、财产安全的国家标准、行业标准的,是指不符合该标准。"产品不具备其应有的使用性能,或明知有瑕疵而不加说明,或不符合在产品或其包装上注明采用的产品标准,或不符合以产品说明、实物样品等方式表明的质量状况的,也视为存在缺陷。因产品存在缺陷造成人身、他人财产损害的,生产者应当承担赔偿责任。由于销售者的过错使产品存在缺陷,造成人身、他人财产损害的,销售者应当承担赔偿责任。销售者不能指明缺陷产品的生产者或供货者的,销售者应当承担赔偿责任。但受害人既可以向缺陷产品的生产者也可以向其销售者要求赔偿,不管产品缺陷的责任在谁。对于缺陷产品,生产者和销售者负连带责任。该法第 43 条的规定如下:"因产品存在缺陷造成人身、他人财产损害的,受害人可以向产品的生产者要求赔偿,也可以向产品的销售者要求赔偿。属于产品的生产者的责任,产品的销售者赔偿的,产品的销售者有权向产品的生产者追偿。属于产品的销售者的责任,产品的生产者赔偿的,产品的生产者有权向产品的销售者追偿。"当然,该条规定并不十分严谨,实践中出现了"产品存在危及人身、他人财产安全的不合理的危险"但又符合国家强制性标准时,究竟如何认定产品缺陷的问题,有人建议中国的产品责任立法取消上述双重标准,改采"不合理危险"的单一标准,①具有一定的合理性。

至于赔偿范围,该法第44条规定:"因产品存在缺陷造成受害人人身伤害的,侵害人应当赔偿医疗费、治疗期间的护理费、因误工减少的收入等费用;造成残疾的,还应当支付残疾者生活自助器具费、生活补助费、残疾赔偿金以及由其扶养的人所必需的生活费等费用;造成受害人死亡的,并应当支付丧葬费、死亡赔偿金以及由死者生前扶养的人所必需的生活费等费用。因产品存在缺陷造成受害人财产损失的,侵害人应当恢复原状或者折价赔偿。受害人因此遭受其他重大损失的,侵害人应当赔偿损失。"可见,赔偿范围包括受害人的人身伤害的医疗费,因误工减少的收入,残废者生活补助费等;造成受害人死亡的,并应当支付丧葬费、抚恤费、死者生前抚养的人必要的生活费等;受害人财产遭损害的,侵害人应恢复原状或折价赔偿,受害人因此遭受其他重大损失的,侵害人也应予赔偿。但是,生产者如能证明未将产品投入流通;产品投入流通时,引起损害的缺陷尚不存在;将产品投入流通时的科技水平尚不能发现缺陷存在之一的,将免除赔偿责任。相当于欧共体产品责任指令中无罪责的抗辩事由。赔偿范围也不包括美国法中"痛苦"等精神因素。精神损害赔偿由司法解释解决。

该法对产品责任的诉讼时效规定为2年,自当事人已知或应知其权益受到损害时起算。而损害赔偿请求权,在造成损害的缺陷产品交付最初用户、消费者满10年消灭。

四、关于产品责任的法律适用公约

关于产品责任的法律适用公约于1973年10月2日在海牙国际私法会议上通过,并于1978年10月1日生效,共22条,除对生产者、产品、损害等作了规定外,主要内容是确立了产品责任的3项法律适用规则。

(1)适用侵害地国家的法律。该公约第4条规定,若侵害地国家同时又是直接受害人的惯常居所地;被请求承担责任人的主营业地,或者直接受害人取得产品的地点,则应适用侵害地国家的法律。

(2)适用直接受害人惯常居所地国家的法律。若直接受害人的惯常居所地同时又是被请求承担责任人的主营业地,或者直接受害人取得产品的地方,则适用直接受害人惯常居所地国家的法律。

(3)适用被请求承担责任人的主营业地国家的法律。若上述两规则中指定的法律都不适用,则除原告基于侵害地国家的国内法提出其请求外,应适用被请求承担责任人的主营业地国的法律。

---

① 徐琳. 对《产品质量法》第46条产品缺陷的思考. 行政与法制,2003(11);刘大洪,张剑辉. 论产品严格责任原则的适用与完善. 法学评论,2004(5).

思 考 题

1. 简述出卖人的权利担保义务。
2. 简述出卖人的品质担保义务。
3. 买卖双方均可采用的救济方法。
4. 出卖人违约时买受人的救济方法。
5. 产品责任和产品责任法。
6. 美国的产品责任确认依据。
7. 欧洲产品责任的抗辩事由。

第四章 代 理 法

代理法律制度随着商品经济的发生和发展,在当今商事交易活动中发挥重要作用。本章关于代理法的内容,既与商事组织法有关,又与商事活动法有关,因为代理人、本人和第三人均是商事主体,它们之间的关系又是通过合同联结起来的。本章着重介绍各国代理法的基本原理和原则,并结合中国合同法和外贸实践,对完善外贸代理制及民商法中的相关制度提出建议。

第一节 概 述

各国早期的商事交易多由商事主体亲自进行,开始为自然人,后来发展为商事组织。随着商事交易日趋复杂化、多样化、专门化,致使原来的商事主体无力事必躬亲,代理关系就应运而生,并顺应实践需要,出现了许多专业性的代理行业,尤其在国际商事交易中,甚至发展到离开代理人就寸步难行的地步。据介绍,日本进出口总额中有80%是通过代理进行的。中国商品经济发展虽然尚未达到市场经济发达国家的程度,市场经济的目标模式也自20世纪90年代初才正式确立,但自1978年实行改革开放以来,商事交易异常活跃,各种新的代理业务不断出现,如商事代理、外贸代理、运输代理、保险代理、房地产代理和中介、股票发行和交易代理、期货代理和经纪等,已经遍及中国城乡各地。在期货经纪业中,还发生了许多诈骗事件,集中反映出中国现代代理法律制度的疏漏和缺陷。1999年的中国合同法对中国代理制度的完善有所裨益,但没有从根本上解决问题,因此,借鉴世界各国的代理制度显得十分必要。

一、代理制的法律依据

大陆法国家的代理法通常采取成立法,但无专门的代理法典或者单行法规,有关代理的规则多包含在民法典或者商法典中。另外,还有一些民事或商事的专门立法,如保险法、海商法、公司法、证券法、期货法等,也涉及代理问题。英美法中关于代理制度的一般原则,由判例法确定,另以某些专门法律规定特殊的代理制度。英国《1889 年代理商法》对代理制度的完善贡献甚大。美国 1932 年的《代理法重述(Ⅰ)》和 1980 年的《代理法重述(Ⅱ)》在美国法律界也有很大的影响。《欧洲合同法原则》对代理设有专章规定。

中国民法通则第 4 章第 2 节对代理制度作了原则性规定。不过在立法体例上,将代理与民事法律行为并列,显然将代理视为民事法律行为的一种,而没有从商事主体的角度考虑问题。在经济合同法、涉外经济合同法及技术合同法中,涉及到代订合同及其效力的问题,特别是中国最高人民法院的一系列司法解释,对合同代理的效力等形成了一些基本规则。中国过去长期推行计划经济体制,商事法律备受冷落,也没有完整的商法制度和商法观念,一些世界各国通行的商事代理及其法律规定,近年才陆续出现,但比较零散,尚未形成统一规则。民法通则中的规定只局限于大陆法中的直接代理,而外贸业务中相当于大陆法国家间接代理的代理形式,《中华人民共和国对外贸易法》只以第 13 条设置非常原则的规定:"没有对外贸易许可的组织或个人,可以在国内委托对外贸易经营者在其经营范围内代为办理其对外贸易业务。"另外,1991 年对外经济贸易部曾发布《关于对外贸易代理制的暂行规定》,目前仍在适用。还有,在股票、债券、房地产、期货、保险、运输甚至税务方面的行政法规、部门规章及业务规程中,也有关于代理关系的规定。如 1992 年中国人民银行发布的《保险代理机构管理暂行办法》,对保险代理机构的审批、设置、种类、营运规则等作了原则规定。又如,1998 年全国人大常委会通过的《中华人民共和国证券法》,对证券经营机构在股票发行中的承销和股票交易中的委托代理事宜设置了专门条款。至于涉及期货代理(经纪)业的专门法规,则是1993 年国家工商局发布的《期货经纪公司登记管理暂行办法》以及 1999 年国务院颁布的《期货交易管理暂行条例》。

《中华人民共和国合同法》第 3 章"合同的效力"设置了诸多有关代理的条款;第21 章"委托合同"、第 22 章"行纪合同"也与代理有关。

二、代理的类型

代理的种类划分直接取决于对代理含义的理解,而对何谓代理各国法律及其理论上有完全不同的表述,实际生活中的代理类型也繁杂多样。正如施米托夫所言:"在国际贸易中,没有哪一个分支中法学理论与商业现实之间的区别像代理这样大。"①大体而言,代理是指代理人根据委托人的授权,代表委托人同第三人订立合同或从事其他法律行为,由此产生的权利义务对委托人发生效力的一项法律制度。大陆法中将代理区分为直接代理和间接代理两种。英美法中将代理区分为指明本人(代表公开姓名的

---

① [英]施米托夫. 国际贸易法文选. 中国大百科全书出版社,1993.368.

本人)的代理;申明代理身份但不指明本人(代表不公开姓名的本人)的代理;不披露代理关系但事实上有代理权(代表不公开身份的本人)的代理3种。中国民法通则中的代理为民法学上公认的代理,包括委托代理、法定代理和指定代理。另一种在外贸代理制中的代理,以及股票、期货经纪中的代理,在中国称为行纪或经纪。另外,还有与代理相近的信托和居间。

直接代理亦即中国民法通则中的委托代理,是指代理人根据委托人的授权,以委托人的名义订立合同或从事其他法律行为,并由委托人直接承担行为后果的法律制度。英美法中指明本人的代理和申明代理人身份但不指明本人的代理,相当于直接代理。间接代理则是指代理人根据委托人的委托,以代理人自己的名义,但为了委托人的计算而与第三人订立合同或从事其他法律行为,行为后果最终由委托人承担的法律制度。中国外贸代理制中为无外贸经营权的当事人进行的代理,以及合同法中的隐名代理和行纪,实际上为间接代理。英美法中不披露代理关系但事实上有代理权的代理,也近似于大陆法中的间接代理。至于中国民法上的信托制度,是指信托人基于对受托人的信任,为了达到某种社会经济目的而转移其财产所有权,由受托人为他人利益而加以管理和处分的法律制度。① 而居间是指居间人按照委托人的要求,为委托人提供订立合同的机会或充当其订立合同的中介人,但并不实际从事交易或缔约的法律制度。行纪与代理的主要区别,在于行为人以自己名义行事并承担行为后果,再转移给委托人。信托与代理的主要区别,不但在于行为人以自己的名义,而且是依自己的意志行事,行为后果由受托人承担后,再转移给其他人(受益人)。另外,受托人受让信托人的财产,并以信托财产所有权人的身份与第三人发生商事交易,因此,中国有的学者将信托与行纪混为一谈,实际上是错误的。② 居间与代理的主要区别,在于居间人完全站在中介立场上,并不代表交易或合同关系的任何一方,也不具体参与这一关系,而只是起到牵线搭桥或"红娘"的作用。

三、代理权的产生

对代理权产生的原因,大陆法与英美法有不同规定。大陆法分为意定代理和法定代理,与中国民法通则中的规定相近。英美法中则有因协议而产生的代理、客观必需的代理、不可否认的代理和追认的代理等。

法定代理的代理人依照法律的直接规定行使代理权,如父母对于未成年子女、公司董事对于公司法人的代理权,均由法律明确规定。意定代理亦即委托代理,代理人依照委托人的意思表示即委托行使代理权。这种委托可以书面形式,也可以口头形式,中国涉外经济合同法中规定国际代理合同,须采取书面形式,现已被合同法废止。另外,大陆法将委托与授权行为相区别,被称为区别论的这种学说最早在1760年由波西尔在

---

① 江平.西方国家民商法概要.法律出版社,1984.75.
② 佟柔.中国民法.法律出版社,1990.430;张淳.信托法原论.南京大学出版社,1994.40～41.

《债权法论》中提出,后来在 1866 年由德国法学家保罗·拉班德作了系统阐述。① 区别论认为,委托指本人即委托人与代理人之间的内部关系;授权是代理人代表委托人与第三人订立合同的权力,代理指的是交易的外部方面,即本人和代理人同第三人的关系。这样,本人与代理人之间的合同所规定的对代理人权限的限制,并不能削弱代理人的权力,原则上对第三人没有拘束力。本人不得指望通过对代理人授权的限制来减轻他的责任,也不能因为委托关系无效而否认代理人同第三人订立的合同的效力,以保护善意第三人的利益。② 中国民法学上也将委托(委任)与代理分别开来,前者视为债法内容,而后者作为民事主体的法律行为对待。③指定代理在大陆法上包含于法定代理中,在中国则是基于法院或者有关单位指定行为而发生的代理。

英美法中因协议而产生的代理,与意定代理和委托代理相似,不过,英美法中进一步规定代理可因当事人明示或默示的协议而产生。明示的授权包括以口头、书面和蜡封(盖印)等形式所进行的授权;默示的授权是指被代理人默示地授权代理人可从事为完成代理任务所必需的某些行为,默示授权的范围按通常的商业习惯和惯例加以解释。客观必需的代理是指代理人受托照管他人财产时,如发生紧急情况,可能导致该财产遭受损失,代理人可超出授权范围,以财产所有权人的名义合理处置该财产,以保护委托人的财产利益。此时,该委托人不得以未经授权或超出授权范围为由主张代理行为无效。不可否认的代理是指当一个人以其言词或行动,使第三人合理地相信某人是其代理人,则他须对该人以其名义所进行的行为承担责任。它相当于大陆法中的表见代理。追认的代理是指代理人未经授权而以被代理人的名义签订合同或从事交易,经被代理人事后追认,则对被代理人产生法律效力。④ 代理关系中的代理人、被代理人和第三人,有时将代理人称为被委托人,或间接代理中的行纪人、经纪人;被代理人有时称委托人、本人;第三人亦称为相对人。

第二节　代理法律关系

代理实际上是一种合同关系,合同中的本人、代理人与第三人之间形成三角关系,即本人与代理人之间的关系、代理人与第三人之间的关系,以及本人与第三人之间的关系。前者属于代理的内部关系,当事人之间的权利义务,在大陆法由民商法、英美法由判例法调整。按各国惯例,代理的内部关系中的双方权利义务主要有代理人的诚信义

---

① [德]保罗·拉班德. 依德国商法典完成法律行为时的代理. 综合商法杂志. 1866. 204.

② [英]施米托夫. 国际贸易法文选. 中国大百科全书出版社,1993. 371～372;冯大同. 国际商法. 中国对外经济贸易出版社,1991. 261～262.

③ 佟柔. 中国民法. 第 3 编民事法律行动和代理、第 6 编第 6 章委托、信托、居间合同;中国合同法第 6、21、22 章.

④ 徐海燕. 英美代理法研究. 法律出版社,2000. 76～85.

务、勤勉谨慎义务、保密义务、申报账目义务、亲自履行义务和不得越权义务,以及本人的支付佣金和费用补偿义务。代理的外部关系比较复杂,不同类型的代理,由于名义和后果的承受方式不同,权利义务关系也迥然有别,因而须作具体分析。还有,无权代理以及代理关系终止后的法律效果,也拟扼要介绍。

一、代理的内部关系

代理的内部关系主要体现为代理人对委托人的义务和委托人对代理人的义务。代理人的义务主要有:

(1)诚信、忠实义务。这是各国对代理人所规定的法定义务。被代理人是基于对代理人的高度信任,才将本来亲自为之的事务委托代理人代理的,故代理人须不负委托人所望,为委托人的最大利益服务,不得"身在曹营心在汉",不得从代理行为中谋取任何私利或收受贿赂,或与第三人恶意串通,损害被代理人的利益,不得以被代理人的名义同自己订立合同或同时兼任合同双方的代理人,也不得与被代理人进行竞争性商业活动(竞业禁止义务)。此外,代理人须掌握的有关客户的一切必要情况,应及时通知和披露给委托人。

(2)勤勉谨慎义务。在某些国家如日本,也称善良管理人的注意义务,简称善管注意义务。要求代理人包括公司董事以代理人所应有的素养和技能,像处理自己的事务一样,以足够的勤勉、谨慎和小心,履行代理职责。否则,须对其疏忽、敷衍而造成的被代理人的损失承担赔偿责任。

(3)保密义务。代理人在代理合同有效期间或终止后一段合理时间内,不得将代理过程中所得到的保密情报和资料为自己谋利或向第三人泄露,以损害被代理人的利益。这也是代理人诚信、忠实义务的具体体现。

(4)申报账目的义务。代理人无论以何人名义从事代理活动,其后果均由被代理人承担,不管最终结果是否有利于被代理人,他都有权要求代理人申报账目,以了解和判断代理行为的实情,保护自己的权益。尤其是在隐名代理和行纪关系中,由于出名人或者行纪人以自己的名义对外,行为后果也先由其承担,委托人的姓名或名称并不出现于实际交易中,如何证明行为人所订合同或进行的交易即为委托人的合同或交易,显得更为重要。此时,代理人的申报账目包括对交易合同负举证责任,在各国法律及商事交易实务中已成惯例。

(5)亲自履行义务。委托代理合同订立时,代理人的身份是委托人所考虑的极为重要的因素,像这样的劳务型合同,委托人必须亲自履行,而不能将代理事务转托他人,除非委托人同意代理人这样做。否则,由代理人之外的其他人所完成的代理事务,委托人有权拒绝。

(6)不得越权义务。如前所述,代理人须在委托人授权的范围内从事代理活动,不得超越代理权。否则,除委托人追认外,对委托人不发生效力,而由代理人自行向第三人承担法律责任。但是,公司董事的越权行为适用公司法中的特殊规则。

本人对代理人支付佣金的义务主要由委托代理合同具体约定。如为独家代理,在特定的地区内,本人不经代理人的介绍直接收到第三人的订单,本人仍应对代理人支付佣金。代理人在代理期间建立的商业信誉,为本人用于代理关系终止以后的交易,本人也应支付相应的代理费或佣金。另外,本人有义务偿还代理人因履行代理义务而产生的费用,并让代理人检查核对代理账目。

二、代理的外部关系

代理的外部关系包括代理人与第三人以及本人与第三人之间的关系。在总体上,在代理外部关系中,本人及代理人结成"统一战线",作为法律关系的一方,而第三人为另一方。根据代理法的一般原则,代理人代表本人与第三人订立合同或从事其他法律行为,合同一经签定,其权利义务均归属于本人,由本人直接对第三人负责,代理人可从中解脱出来,对此不承担法律责任。但实际情况并非如此,直接代理和间接代理以及英美法中相应的不同代理形式,处理规则完全不同,并且主要取决于第三人到底是和谁订立合同,合同义务由代理人承担还是本人承担。

大陆法采用的标准是看代理人究竟是以本人代表的身份还是以他个人的身份同第三人订立合同的。当代理人以本人代表的身份同第三人订立合同,即在直接代理时,该合同就是第三人同本人之间的合同,合同双方的当事人是第三人和本人,合同的权利义务直接归属于本人,由本人直接对第三人负责,第三人也可直接向本人主张权利。当然,当代理人以本人代表的身份订立合同时,他不必向第三人披露本人的姓名,大陆法承认代理人为未披露姓名的本人而从事的代理行为。但该代理人至少应表露出他作为代表而订立合同意图,或在客观上已表明了此意图,否则就将认为代理人自己同第三人订立合同,并由代理人对此合同负责。如代理人以其个人身份和第三人订立合同,则无论代理人是否事先得到本人的授权,均被认为是代理人自己和第三人之间确立了合同关系,该合同原则上与本人没有直接法律关系。但是,在这种间接代理中,代理人虽以自己的名义和第三人订立合同,但代理人毕竟不是为了自己的利益,而是第三人的利益而为。根据大陆法原则,对间接代理中的本人与第三人之间的关系,在代理人将该合同的权利义务用其与本人之间的另外一个合同转移于本人之后,本人和第三人之间将实际确立合同关系,并可相互主张权利义务。①

与大陆不同,英美普通法上没有直接代理和间接代理之分,也不按大陆法中依谁的名义同第三人订立合同的名义标准来划分代理类型,而是依谁对合同承担责任的责任标准,将代理分为如前所述的代表公开姓名的本人、代表不公开姓名的本人和代表不公开身份的本人3种情况。前两种情况与大陆法中的直接代理类似,由代理人所订立的与第三人之间的合同,由本人作为当事人承担责任,而代理人不承担合同的权利和义

---

① [英]施米托夫.国际贸易法文选.中国大百科全书出版社,1993.388～389;冯大同.国际商法.中国对外经济贸易出版社,1991.274～275.

务。后一种情况比较复杂,处理规则也与大陆法截然不同。英美法中未被披露的本人有介入权,他毋需通过代理人以另一个合同将权利转移给他,才能向第三人主张权利,而是可以直接行使权利。而第三人在发现了未被披露的本人之后,有权直接向本人主张权利。第三人当然也可以向代理人主张权利,要求代理人承担合同责任,因为代理人在名义上是合同当事人。但是在第三人可主张权利的对象中,只能选择其中之一,即要么向代理人主张权利,要么向真正的本人主张权利。一旦择定,不得改变。①

三、无权代理的法律后果

无权代理就是没有代理权的代理行为。无权代理虽具备代理行为的表面特征,但欠缺代理权。主要包括未经授权、授权行为无效、超越代理权限、代理权已终止的代理。中国民法通则第 66 条中规定的无权代理,除对授权行为无效的代理未作规定外,其余规定与上述内容相同。而中国经济合同法第 7 条第 1 款第 3 项则曾规定:"代理人超越代理权限签订的合同或者以被代理人的名义同自己或自己所代理的其他人签订的合同"无效。这里涉及到双方代理和自己代理的问题,并未吸收到民法通则中去,1993 年经济合同法修订后仍保留这一与民法通则不一致的规定,但中国及大陆法国家的民法上,均认为双方代理和自己代理不生效力,而并不像未经授权、超越代理权限、代理权终止以后的代理,经被代理人追认即对被代理人产生法律效力,并由其承担法律后果。因此,无权代理并非一定为无效代理,除不能追认的无权代理当然无效外,其他经被代理人追认后,即产生法律效力。此外,中国民法通则中还有视为本人同意的代理,条件为本人知道他人以本人名义实施民事行为而不予否认的。还有,在对第三人表示已将代理权授与他人,或代理授权不明,或代理关系终止后未采取必要措施等情况下,会形成前述的表见代理,对被代理人产生法律效力。

无权代理未被追认,则代理行为无效,也即对被代理人无约束力,代理人及第三人均无权要求被代理人承担无效代理的法律后果。但是,行为人仍应对其无效代理行为向善意第三人承担法律责任。责任形式在法国为损害赔偿,在德国为根据第三人的选择,由无权代理人自行承担履行合同的义务或赔偿损失。中国法规定无权代理未被追认或不能追认的,代理行为自始无效,本人和善意第三人可请求无权代理人返还财产、赔偿损失。如无权代理人与第三人恶意串通,损害被代理人的利益,恶意串通的双方由此取得财产,应当填补代理人的损失或收归国家。英美法中将无权代理称为违反有代理权的默示担保,其代理行为对被代理人不生效力,因此而对第三人造成的损害,由无权代理人赔偿。但须遵循下列规则:① 提起这种求偿权的诉讼只能是第三人,而本人无权起诉。② 不论无权代理人的故意还是过失,有无主观恶意,均须对第三人承担责任。③ 代理人在第三人知道其欠缺代理权,或知道代理人未提供有代理权的担保,或合同已排除代理人的责任,则代理人可不承担责任。④ 代理权限不明确,而代理人出

---

① 徐海燕.英美代理法研究.法律出版社,2000.76~85.

于善意并以合理方式从事代理行为,则代理人可不承担责任,即由被代理人承担哪怕超出其本意的代理行为的后果。⑤ 代理人对违反有代理权的默示担保所承担的责任,原则上依第三人所受实际损失计算。①

四、代理关系的终止

代理关系可依约定或法律规定而终止。约定终止又有代理期限届满而终止和提前终止两种情况。在提前终止时,一方应提前通知另一方。如本人不适当地解除代理关系,须赔偿代理人相应的损失。法律规定导致代理关系终止的情形主要有本人死亡、破产丧失行为能力;代理人死亡、破产或丧失行为能力等。但有些国家在前者情况下不适用于商事代理。中国民法通则第 69 条规定委托代理终止的情形为: ① 代理期间届满或者代理事务完成;② 被代理人取消委托或代理人辞去委托;③ 代理人死亡;④ 代理人丧失民事行为能力;⑤ 作为被代理人或者代理人的法人终止。第 70 条中又规定了法定或指定代理终止的 5 种情形,它们是: ① 被代理人取得或者恢复民事行为能力;② 被代理人或者代理人死亡;③ 代理人丧失民事行为能力: ④ 指定代理的法院或者指定单位取消指定;⑤ 由其他原因引起的被代理人和代理人之间的监护关系消灭。

代理关系终止后,大陆法系的德国、法国、瑞士、意大利等国法律规定,代理人就其在代理期间为本人建立的商业信誉,有权要求本人予以补偿。如德国商法典第 89 条所规定的补偿情形为: 在代理关系终止后,本人在与代理人曾经介绍给他的客户的交易中,获得重大利益的;代理人由于代理合同的终止将失去佣金,而这种佣金按代理人介绍的客户所订立的或将来签订的合同,代理人本应得到的;综合考虑各种情况,补偿代理人是公平合理的。终止代理关系时,本人须通知第三人,才能对有关第三人发生法律效力。否则,有关第三人因不知代理权终止而继续与代理人订立合同,该合同仍对本人有拘束力,本人仍须对此负责,适用表见代理的规则。

第三节　特殊代理制度

根据前面的介绍,各国代理制度的一般原则是,代理人受托与第三人订立合同后,即退出合同关系之外,由本人对第三人承担合同责任,代理人对第三人不负个人责任。若第三人违约,本人也不能要求代理人承担合同责任。但在各国及国际商事交易中,有些法律或习惯也承认,在特定情况下,代理人必须对本人或第三人承担个人责任,以保障本人或第三人交易及其权益的安全。这种承担特别责任的代理人主要有信用担保代理人、保付代理人、保兑银行、保险代理人、运输代理人、广告代理人、证券经纪人、期货经纪人。其中,除信用担保代理人对本人承担特别责任外,其余的均对第三人承担特别

---

① 冯大同. 国际商法. 中国对外贸易出版社,1991. 266.

责任。

一、信用担保代理人

信用担保代理人,是指对本人承担由他所介绍的第三人适当履行合同的责任的代理人。德国等大陆法国家的民法典或商法典中有专门规定,适用于直接代理与间接代理两种情况,且须采取书面形式。这种产生于中世纪意大利的代理形式,实际上隐含着两个合同关系:一是本人与代理人之间的代理合同,二是代理人就第三人的履行合同义务对本人承担担保责任的担保合同。信用担保代理人的出现,完全是商事交易发展的需要,特别是在国际商事交易中,出卖人既想推销产品,又很难全面了解买受人资信,一旦买受人违约,可能无法挽回损失,而代理人与第三人直接接触并比本人更了解其资信,这样的代理人愿意向本人担保第三人的清偿能力,可从根本上消除本人的顾虑,促使交易迅速达成。而且,由于代理人负有担保责任,因而不致因为贪求佣金而随便介绍第三人与本人订立合同。英美法中虽无关于信用担保代理人的成文法规定,但判例法规则已相当完备。英国法院在早期的判例中认为信用担保代理人的责任是第一位的,但后来在1816年的莫里斯诉克里斯比案中修改了这一规则,认定信用担保人的责任是第二位的,本人只有在不能从第三人那里得到偿付时,代理人才对本人承担清偿债务的责任,且只承担连带清偿责任,而非合同适当履行的全部责任。① 值得一提的是,信用担保代理制度正逐渐被各国政府设立的出口信贷保险机构的信贷保险制度所取代。

二、保付代理人

保付代理人,是指由代理人代表本人向第三人订货,并在本人的订单上加上保付代理人自己的保证。由他担保本人(通常为外国的买受人)将履行合同,如本人不履行合同或拒付货款,保付代理人负责向第三人(通常是本国的出卖人)支付货款。保付代理制度的主要目的在于减少国际货物买卖活动中出卖人出口货物的潜在风险。具体的保付形式主要有两种:一种是保付代理人自己作为本人向第三人发出订单,签定买卖合同,也可以在本人的订单上加附自己的保付后转交给第三人。前者的保付代理人在同一个交易中身兼两职:对内作为本人的代理人,对外作为被代理的本人。上述两种情况下的保付代理人均应向第三人承担支付货款和不接收货物时的赔偿责任,但有两点区别:第一,在本人打算就货物瑕疵向第三人提出权利请求时,如保付代理人作为本人与第三人签定合同的,此项权利请求须转给事实上的被代理人(即本人);如保付代理人只对事实上的被代理人的债务添加了保付字样,被代理人则可直接向第三人提出请求权,而不必经过转让的程序。第二,如保付代理人破产,第三人可就其已向代表本人的代理人提供的货物,直接向本人提出权利请求。②

---

① [英]施米托夫.国际贸易法文选.中国大百科全书出版社,1993.419~420.
② [英]施米托夫.国际贸易法文选.中国大百科全书出版社,1993.412~413.

三、保兑银行

国际商事代理中的保付代理人,在跟单信用证的支付方式中,由对开证银行所开出的不可撤销的信用证加以保兑的另一家银行充任。在国际商事交易中,跟单信用证支付方式被广泛采用。出卖人为了保证收款安全,通常要求买受人通过买受人所在国的银行(开证行),向出卖人所在国的往来银行(保兑行)开出一份不可撤销的信用证,委托其保兑行对该信用证加上保兑字样后通知出卖人(保兑法律关系中第三人、受益人)。此时,保兑银行就须向出卖人承担保兑责任。如果出卖人向出卖人所在国的已经保兑的往来银行提交了符合规定的提单等单据,就可以取得货款,即使买受人指示银行拒付,保兑行仍应承担向出卖人付款的责任。假如出卖人所在国的往来银行没有在买受人所在国开证行开出的不可撤销的信用证上加上保兑字样,该银行就仅仅是受开证行委托通知出卖人,而不承担保证付款的责任,也没有义务非向该出卖人按信用证规定的条件付款不可。

保兑银行虽是银行扮演保付代理人的角色,但与保付代理人不尽相同。它仅仅涉及国际货物买卖中的付款事宜,而保付代理人的保付事宜涉及整个合同。因此,保兑信用证是以保兑行的金融地位保证信用证的安全可靠;而保付代理人则通过发出采购订单的方式向出卖人承担个人责任,而不仅仅是在资金方面向出卖人提供保护。①

四、保险代理人

保险代理人包括接受保险人的委托办理保险手续和接受投保人的委托与保险人订立保险合同的代理人。前者既适用于国内贸易,也适用于国际贸易。如1992 年11 月2 日中国人民银行发布的《保险代理机构管理暂行办法》第 2 条规定:保险代理机构是指受保险企业委托,按照委托双方签订的保险代理合同(或协议)代为从事保险经济活动的机构。这种保险代理人适用直接代理的规定,既不对第三人也不对本人承担特别责任。后者实际上是保险经纪人。它是投保人的代理人,从维护被保险人的利益出发,代表被保险人(投保人)签订保险合同,而向保险人收取佣金。在国际保险市场上,英国的保险经纪制度影响最大,拥有大批业务熟悉、经验丰富的保险经纪人。按英国劳合社的商业习惯,保险合同的订立必须有保险经纪人安排并提出申请,发生保险事故后,也须经由经纪人负责处理索赔事宜。② 1906 年英国海上保险法也规定:除非另有约定,由经纪人代表被保险人办理的海上保险单生效后,该经纪人应直接向保险人承担对该保险费的责任。而对于可能向被保险人赔偿的损失或返还保险费而支出的金额,保险人应向被保险人承担直接的责任。③

---

① [英]施米托夫.出口贸易.史蒂文森出版社,1975.150.
② 江平.商法全书.中国广播电视出版社,1995.453.
③ [英]施米托夫.国际贸易法文选.中国大百科全书出版社,1993.407.

五、运输代理人

运输代理人,是指接受货主或承运人的委托,在授权范围内办理货物运输业务的人。在国际货物买卖过程中,国际货物运输代理人居于极为重要的地位。他们精通不同运输方式的各种知识,可为委托人提供满意的服务。根据有些国家的行业惯例,如运输代理人受客户(本人)的委托,向轮船公司预订舱位,代理人自己须向轮船公司(第三人)负责。如客户届时未装运货物,代理人须支付空舱费。中国外经贸部发布《国际货物运输代理业管理规定》对此未予明确规定。

至于广告代理人对广告媒介所有人承担的个人责任,通常以合同为依据。而证券经纪人和期货经纪人对第三人承担的责任,除了证券交易法和期货交易法外,主要依相关交易所的章程、规则、规程办理。如发生证券、期货投资者违约透支而拖欠资金包括期货保证金或不予交割,经纪人须代表投资者向第三人履行相应义务。当然,并非直接向第三人,而是通过交易所的中介作用向第三人履行相应义务。此时,交易所的结算机构充当出卖人经纪人的买受人,以及买受人经纪人的出卖人。

第四节　中国的外贸代理制

一、外贸代理制的基本含义和依据

在 1999 年《中华人民共和国合同法》颁布之前,中国的对外贸易活动长期实行代理制。根据代理人对外活动的名义不同,分为显名代理和隐名代理,或者直接代理和间接代理两种:前者是指外贸经营者在批准的经营范围内,依照国家有关规定,受被代理人委托,以被代理人的名义同外商签订外贸合同,代理从事外贸业务。此时的被代理人须具有外贸经营权,代理所发生的合同上的权利义务直接由被代理人承受,被代理人成为与外商签约的当事人,代理人和被代理人之间的权利义务适用《民法通则》的有关规定。后者是指外贸经营者在其经营范围内,受被代理人委托,以自己的名义同外商签订外贸合同。合同的当事人是外商和代理人。代理人在承受与外商所签合同的权利义务后,再依据与被代理人之间的约定,将外贸合同的权利义务转由被代理人承受。它适用于被代理人没有外贸经营权的场合。中国的外贸代理制通常指后者。[①]国际商事交易中的代理制度相当发达和完善,通过代理人达成国际商事交易,也是国际上的通行做法。与中国传统的外贸体制下的垄断性的收购制相比,外贸代理制可以克服收购制下外贸出口产品生产制造企业与国际市场隔绝的弊病,便于其及时了解国际市场的实际需求,生产出适销对路的产品。外贸代理制中的实际履行方应是代理人背后的真正的

---

① 陈立虎.中国外贸代理制度刍议——兼析《合同法》的有关规定.苏州大学学报(哲社版).2000(2).

供货或购货企业,代理人只是代理而已,故可以促进实际供、需求企业加强对外贸合同的管理,增强履约的责任感。外贸代理制也不像收购制或供货制那样,完全由外贸公司筹措资金在国内或国外采购委托人供应或者需要的产品,减轻其财务负担,使代理人的业务得以全面发展。中国外贸代理制的法律依据主要有:1994 年 5 月 12 日公布、2004 年 4 月 6 日修订的《中华人民共和国对外贸易法》。该法第 12 条规定:"对外贸易经营者可以接受他人的委托,在经营范围内代为办理对外贸易业务。"而1994 年对外贸易法中的外贸代理制,主要针对"没有对外贸易经营许可的组织或者个人"。更早的外经贸部《关于对外贸易代理制的暂行规定》,除对上述间接代理作强制性规定而非任意性规定外,还就直接代理作了原则性规定。因此时适用民法通则中有关代理的规定,双方的权利义务关系相当明确,故不予赘述。而间接代理与中国合同法中委托合同及行纪合同的关系尚不够明确,我们予以简要说明。

二、外贸代理制的主要规则

《关于对外贸易代理制的暂行规定》,是 20 世纪 90 年代中国外贸代理制中受托人根据委托协议以自己的名义与外商签订进出口合同的主要依据。该规定计5 章 26 条,除一般规定外,主要内容是对委托人、受托人的权利义务和争议解决的原则性规定。

据此规定,有对外贸易经营权的公司和企业可以委托、无对外贸易经营权的组织和个人必须委托有外贸经营权公司和企业对外签订合同。委托人和受托人间应根据平等互利、协商一致的原则订立委托协议。协议采取书面形式,并包括委托进出口商品的名称、范围、内容、价格幅度、支付方式、货币种类以及其他需要明确的条件;委托方对受托方的授权范围;双方的权利义务以及应承担的费用;不超过合同金额3% 的委托手续费以及其他经济利益的分享规定;争议的解决;委托协议的期限等内容。

委托协议双方的权利义务是外贸代理制的核心内容。因此,该规定中设置了一半以上的条款。其中,受托人主要承担下列义务:① 须在服从国家法律、法规和其他外贸管理制度规定的前提下办理受托事宜。在执行委托协议时,受托人有义务保证进出口合同合法,并符合国际惯例,能维护委托人的利益。② 受托人根据委托协议以自己的名义和外商签订进出口合同,并应及时将合同副本送交委托人。受托人与外商修改或变更进出口合同时,不得违背委托协议。③ 受托人对外商承担合同义务,享受合同权利。④ 受托人有义务履行进出口合同所需的各种手续。⑤ 受托人应向委托人提供受托商品的国际市场行情,及时报告对外开展业务的进度及履行受托义务的情况。⑥ 因受托人违反委托协议导致进出口合同不能履行或不能完全履行的,受托人应赔偿委托人因此受到的损失,并自行承担对外的一切责任。⑦ 外商违约的,受托人应按进出口合同及委托协议的有关规定及时对外索赔,或采取其他补救措施。⑧ 因不可抗力致受托人及外商不能履行委托协议或进出口合同的,免除受托人的相应责任,但应取得有关机构证明并及时通知委托人。

委托人主要承担下列义务:① 委托人应依据国家有关法律、法规的规定,办理委托进口或出口商品的有关报批手续。② 委托人应及时向受托人详细说明委托进口或出口商品的有关情况。③ 委托人经受托人同意可参加对外谈判,但不得自行对外询价或进行商事谈判,不得自行就合同条款对外作任何形式的承诺,也不得自行与外商修改或变更进出口合同。④ 委托人有义务履行委托协议和进出口合同,包括及时向受托人提供进口所需要的资金或委托出口的商品。⑤ 因委托人违反委托协议导致进出口合同不能履行或不能完全履行的,委托人应偿付受托人为其垫付的费用、税金和利息,支付约定的手续费和违约金,并承担受托人因此承担的对外一切责任。⑥ 因不可抗力致委托人不能履行或不能完全履行委托协议的,免除其对受托人的相应责任。但委托人应及时通知受托人并在合理期限内提供有关机关出具的证明,以便受托人与外商交涉,免除受托人对外商的责任。如果受托人不能因此免除对外商的责任,受托人对外承担的责任由委托人承担。⑦ 委托人有义务按约向受托人支付手续费,并偿付受托人为其垫支的费用、税金及利息。

三、外贸代理制的缺陷

略去直接代理式的外贸代理规定与实践做法不谈,间接代理式的外贸代理存在着相当明显的缺陷。在外贸代理中的委托人、受托人和第三人三角关系中,委托人与受托人的关系建立在委托协议基础上,应该是清楚明确的,受托人与第三人的关系建立在进出口合同的基础上,相互间直接承担义务并享受权利,也没什么含糊之处。但是,委托人与第三人的关系究竟如何处理,就很成问题。前述"暂行规定"规定"受托人根据委托协议以自己的名义与外商签订进出口合同","对外商承担合同义务,享有合同权利",这就意味着,在进出口合同中,受托人是以自己的名义,作为合同当事人的身份与外商缔约的。"暂行规定"未要求受托人对外签约时,一定要表明其代理人或经纪人的身份,它就与外商所订立的进出口合同中所约定的权利义务,由其自己对外商负责,而与委托人无涉。相对而言,外商也仅仅根据进出口合同的约定,向受托人主张权利并承担义务,而不能越过受托人,直接向委托人主张权利并承担义务,因为委托人并非进出口合同的当事人。而合同权利是债权的一种,仅仅是对人权而非对世权,更何况外商往往根本不知道有无委托人以及谁是委托人。

然而,受托人即使以自己的名义同第三人订立合同,也毕竟是在"为他人作嫁衣",合同的最终结果就由委托人承担,这是受托人订立合同与当事人自己订立合同的根本区别。那么委托人如何对第三人承担责任呢?"暂行规定"第 10 条规定:"委托人须按委托协议和进出口合同的规定履行义务,包括及时向受托人提供进口所需的资金或委托出口的商品。"第 11 条又规定委托人违反委托协议而导致受托人违反进出口合同的,委托人"承担受托人因此对外承担的一切责任"。由此可见,委托人就受托人对外订立的进出口合同,没有任何直接的权利和义务,委托人与第三人之间的关系,完全被受托人阻隔开了。外贸代理制中应有的代理关系,实际上变成了依存度较大的连环购销关系;受托人按照与委托人之间的委托代理合同,又和外商订立一个进出口合同,再结合委托代理合同中除可规定手续费外,还可约定分享其他经济利益的情况,这种代理关系就更难用代理法上的规则来衡量了,或者与其说是一种委托代理关系,还不如说仍是一种更接近于收购制或采购制的连环购销关系。而且,这种变了形的购销关系,由于受托人夹在中间,反而使委托人和作为第三人的外商难于行使自己的权利。在实践中外商就常常因作为受托人的外贸公司背后突然冒出一个委托人,而感到莫名其妙,无所适从。对委托人而言,不但要承担全部合同义务和责任,而且要依法支付约定手续费,却又不能由自己决定合同内容,甚至不得与外商直接接触,合同履行也不能由自己直接进行,顺畅地行使进出口合同中的权利并承担相应的义务,既有悖于公平原则,又严重影响交易的效率。而受托人也有自己的苦衷,因为外商的信息掌握在自己手上,如果让委托人直接参加签约过程,与外商一旦挂上钩,委托人往往就会将受托人甩开,马上面临代理费无着的结果,自己的客户也要失去。而如果由自己全权代理,则最多得到合同价款3%的代理费收益,同时面临100%的履约风险。因此,代理关系的三方对推行外贸代理制谁都不积极,以致于出现推行外贸代理制的时间越长,通过外贸代理制的进出口贸易量不增反降的结果,对于外贸代理制的广泛推行和普及极为不利。有的学者在中国合同法施行不久,就从立法和执法两个角度详细分析了外贸代理制的缺陷。在立法方面,首先,长期以来,我国外贸代理制的具体依据是外经贸部的《外贸代理制暂行规定》,而该暂行规定与《民法通则》中民事代理的基本规定不统一,使该规定的法律效力受到影响。《民法通则》中仅规定了代理人以被代理人的名义实施法律行为的代理,而"暂行规定"是在我国外贸经营权没有放开的背景下出台的,主要适用于国内无外贸经营权的生产企业委托外贸公司代理进出口业务的情况,规定外贸公司作为代理人仍须以自己的名义对外签约。这种"代理"在《民法通则》中找不到依据,而"暂行规定"在司法实践中只能作为参考。这既给法院、仲裁机构处理外贸代理纠纷带来困难,也使外贸公司在从事外贸代理业务时缺乏应有的安全感。其次,我国现行外贸代理制当中的国家干预性过强。外经贸部发布的"暂行规定",是将外贸代理作为一种国家对外贸易制度来看待的,故将其称为外贸代理制。这种思路,就使得本来应当由当事人之间协商确定其内容的外贸代理合同变成了国家强制性立法规定,双方当事人自由协商合同条款和内容的权利被严重剥夺。这种思路,是计划经济的必然产物,但与市场经济的要求是背道而驰的。再次,根据"暂行规定",外贸公司承担的风险责任往往过大,权利和义务不对等。外贸代理合同亦属互惠有偿合同,当事人之间本应当互享权利,互负义务,以体现出对等性原则,不能一方只享有权利,另一方只承担义务,或者是一方享有较多的权利而另一方承担较多的义务。然而,"暂行规定"中的许多内容明显地反映出当事人双方权利和义务的不对等。最突出的例子就是在当事人对合同风险责任的承担方面。在外贸代理业务中,如果国内企业在履行合同时有过错给外商造成了损失,外商通常会对作为合同当事人的外贸公司提出索赔,而不论国内企业的态度如何,除非有法定的免责理由。而外贸公司对外理赔后再向国内企业追偿,如果国内企业因无力偿还或其他原因,不向外贸公司赔偿损失,外贸公司的损失就得不到补偿,同时,如果国内企业认为外贸公司的对外偿付没有得到它合理的授权,或者外贸公司在自行赔偿中有过失,这些都会成为外贸公司向国内企业追偿中的障碍,从而减少外贸公司可能获得补偿的范围。因此,外贸公司对外承担了100％的风险责任,而仅收到一般不超过3％的代理费,这实属显失公平。最后,"暂行规定"的内容不完备。"暂行规定"尽管貌似详细地确立了当事人的权利和义务的关系,但在许多方面遗漏了当事人所应享有的重要权利和义务,如行纪人报酬的计算原则、保管和处置委托物的义务等。正因为缺少这些基本内容的规定,导致了实践中纠纷的经常发生。

在法律实施方面,外贸代理制的推行也存在不合乎规定的表现。首先,外贸代理属委托代理,代理人与被代理人应签订委托代理协议,藉以确定双方的权利与义务。在实践中,大部分外贸公司与委托者(国内企业)在代理进出口业务中没有签订委托协议,仅凭订货卡或订货单代替委托协议。事实上,订货卡或订货单只是单方面的意思表示,而不能代替委托协议,双方之间此时是否存在代理关系并不很明确,一旦发生纠纷,往往很难确定双方应承担的责任。其次,外贸代理的具体做法很不规范。目前,我国外贸代理的具体做法主要有以下几种:① 以参股形式实施代理。例如,某外贸公司(甲)参股某生产企业(乙),甲成为乙的股东,同时,乙将其与外贸有关的业务交由甲代理,甲成为乙的代理人。在这种情况下,乙并不是出于经营成本和产品销路等考虑,而是出于甲是其股东的考虑。② 内部代理形式。某外贸公司(甲)是某大型生产企业(乙)的附属部门,乙将其与外贸有关的业务交由甲代理。这种形式的代理,实质上是企业内部分工的做法,并非严格意义上的代理。甲作为乙的一个部门,在人、财、物各方面受乙的影响,不可能真正地独立经营。③ "一顶帽子大家戴"。某些无外贸经营权的企业,挂靠有外贸经营权的企业或仅借用后者的名义对外签约,一旦发生纠纷,难以解决。④ 打包代理。由外贸公司以自己的名义,以自有资金对外签约,履行义务,之后再将合同转移给国内企业。在这种形式下,外贸公司需要投入大量资金,承担合同风险,实际上属于收购制做法。⑤ 差价代理。由外贸公司先将国内企业的货物卖出,收回货款后再还付给生产企业,自己从中收取差价作为佣金。在这种代理形式下,生产企业与外贸公司完全凭相互依赖行事,一旦发生纠纷也不易解决。上述各种做法,尚不能涵盖我国外贸代理的所有形式,但从中依然可见大多数做法都不规范,其中② 和④ 两种实际上不属于外贸代理。①

四、外贸代理制的完善

在中国合同法出台之前,不少学者提出了改进和完善外贸代理制的对策和建议。

---

① 陈立虎.中国外贸代理制度刍议——兼析《合同法》的有关规定.苏州大学学报(哲社版).2002(2).

如完善代理立法、慎订代理协议等。① 对此,可以通过取消外贸经营许可制,使得国内所有商事主体均可直接对外,或由代理人(受托人)以委托人的名义对外签约,以消除被迫实行中国外贸代理制的根源。2004 年 7 月 1 日中国新的对外贸易法实施后,包括个人在内的所有商事主体在登记备案后,均可以自己的名义直接对外签约,但即便如此,许多商事主体仍会基于运行成本、对外信誉、信息限制等因素的考虑,愿意委托他人并以代理人的名义进行间接代理。因此,前述"暂行规定"的效力应当予以明确,其不合理之处应当予以修改,并与民法通则、合同法上有关代理、委托、行纪的规则相协调,以理清外贸代理制中的混乱关系。中国合同法在委托合同一章中对隐名代理作了规定,依合同法第 402、403 条,受托人以自己的名义,在委托人授权范围内与第三人订立的合同,第三人在订立合同时知道受托人与委托人之间的代理关系的,该合同直接约束委托人和第三人,但有确切证据证明该合同只约束受托人和第三人的除外。受托人以自己的名义与第三人订立合同时,第三人不知道受托人与委托人之间的代理关系的,受托人因第三人的原因对委托人不履行义务,受托人应当向委托人披露第三人,委托人因此可以行使受托人对第三人的权利,但第三人与受权人订立合同时如果知道该委托人就不会订立合同的除外。受托人因委托人的原因对第三人不履行义务,受托人应当向第三人披露委托人,第三人因此可以选择受托人或者委托人作为相对人主张其权利,但第三人不得变更选定的相对人。委托人行使受托人对第三人的权利的,第三人可以向委托人主张其对受托人的抗辩。第三人选定委托人作为其相对人的,委托人可以向第三人主张其对受托人的抗辩以及受托人对第三人的抗辩。另外,中国合同法第 22 章行纪合同,也涉及到行纪活动中委托人、行纪人和第三人关系的问题,因此,按照该法第 423 条,行纪合同部分未规定的问题,适用委托合同的有关规定。按照有的学者的归纳,中国合同法在诸多方面完善了外贸代理制度。

第一,中国合同法从实践出发,借鉴了国外立法中合理的代理法律制度。如前所述,世界各国的代理制度有所不同。大陆法系将代理分为直接代理和间接代理,在英美法中没有直接代理与间接代理的概念,而是将代理分为披露委托人的代理和未披露委托人的代理,前者又可分为显名代理和隐名代理。显名代理指代理人既表明为他人代理,又具体指明委托人是谁;隐名代理虽表明自己为他人代理的身份,但不指出委托人是谁;未披露委托人的代理指代理人根本不表明自己为他人代理的身份,更不指明委托人。实际生活中,隐名代理和未披露委托人的代理大量存在。中国合同法第 402 条、第 403 条的规定,吸收了英美法中有关代理的合理的规定,不仅引入了隐名代理和披露委

① 冯大同. 国际商法. 中国对外贸易出版社,1991.282~283;王莹等. 代理、外贸代理及其他问题的一点思考. 中国法学,1996(1);张月娇. 三足鼎立分天下——中国式外贸代理制面临的法律问题. 国际贸易,1997(2);张楚. 论商事代理. 法律科学,1997(4);对外经贸大学研究所课题组. 我国外贸代理制存在的问题与建议. 国际贸易问题,1997(4);徐海燕. 间接代理制度比较研究. 外国法译评,1998(4);章烈华. 论我国现行外贸代理制. 民商法论丛(第 12 卷). 1999.

托人的代理,而且对未披露委托人的代理中委托人的介入权和第三人的选择权都作了明确的规定。无疑这是对《民法通则》仅限于显名代理的一个突破。

第二,中国合同法将委托与代理加以区分,进一步明确了委托法律关系和代理法律关系的内涵。《民法通则》对代理已经作出了明确的规定。合同法严格界定了委托合同的概念。委托人和受托人约定由受托人处理委托人事务的合同是委托合同。这里强调的是,委托关系是基于委托合同而产生,其关系效力仅存在于委托人与受托人之间。值得注意的是,代理关系的发生虽基于代理权的授予,如果委托人基于委托合同的约定而授予受托人代理权,受托人对外以委托人之名义处理委托事务,在这种情况下,委托关系就是代理关系的基础法律关系。可以明显地看出,代理关系是一种对外关系,即代理人与第三人的关系。如上所述,委托人与受托人基于合同产生的委托关系,其效力仅在委托人与受托人之间,所以这是一种内部关系。故,明确具体的法律关系的内涵对处理相关争议具有重要的现实意义。

第三,中国合同法强化了代理人对外索赔、理赔的协助义务。合同法规定,受托人以自己的名义与第三人订立合同时,第三人不知道受托人与委托人之间的代理关系的,受托人因第三人的原因对委托人不履行义务,受托人应当向委托人披露第三人,委托人因此可以行使受托人对第三人的权利,但第三人与受托人订立合同时如果知道该委托人就不会订立合同的除外。这就从立法上确定了委托人介入合同的制度。合同法还规定,因受托人的过错给委托人造成损失的,委托人可以要求赔偿损失。受托人超越权限给委托人造成损失的,应当赔偿损失。由于法律规定了受托人的注意义务以及受托人对自己的越权行为应承担责任,因而明显加重了代理人的责任,这不能不引起我们外贸公司的重视。作为受托人的外贸公司,务必切实尽其职责,不能"代而不理"。

第四,中国合同法将委托合同与行纪合同分别进行规定,反映了我国代理制度已趋于全面完善。行纪合同是行纪人以自己的名义为委托人从事贸易活动,委托人支付报酬的合同。行纪虽然是为他人进行商业交易的活动,但必须以自己的名义进行。而且行纪是接受报酬的行业,故行纪合同属于有偿合同。行纪所涉及的法律关系主要有行纪人与委托人的关系、行纪人与第三人的关系,委托人与第三人的关系。在行纪之中,行纪人以自己的名义活动,其与第三人订立的合同,直接对自己发生效力。行纪代理人无披露义务,这方面不同于隐名代理和未披露委托人的代理。[①]

中国合同法上的委托合同是指委托人和受托人约定,由受托人处理委托人事务的合同。行纪合同是指行纪人以自己的名义为委托人从事贸易活动,委托人支付报酬的合同。委托合同中的隐名合同试图综合两大法系的规则,将本人和第三人直接联系起来,而更倾向于英美法例,但附加了一系列条件,操作性存在问题,有待于实践和今后的立法进一步完善。

第一,外贸代理的调整仍然处于分割状态。直接代理由《民法通则》调整,间接代

---

① 陈立虎.中国外贸代理制度刍议——兼析《合同法》的有关规定.苏州大学学报(哲社版).2002(2).

理由合同法、对外贸易法以及"暂行规定"调整。而在国外的立法例中,要么对代理制定单行法规,要么在民法典加以规定,均对代理进行统一的调整。

第二,中国合同法在委托合同一章借鉴英美法上代理的理论,规定了部分公开本人身份的代理和不公开本人身份的代理。然而根据传统的大陆法理论,代理与委托是两种不同的合同。委托合同调整的是委托人与受托人之间的内部关系,不涉及与第三人的外部关系。委托合同是代理关系中的基础合同,在其基础上既可以产生代理关系,也可以产生行纪关系。而中国合同法却将两种制度混杂在一起调整,一方面使得合同法本身的体系不甚协调,另一方面,又使得对代理的规定仍显粗糙,缺乏可操作性。

第三,中国合同法仍未解决不具备外贸经营权的企业委托他人从事其无能力从事的行为即签订进出口合同的资格问题。根据合同法 403 条,委托人对于受托人和第三人之间的合同享有介入权,可以直接行使受托人对第三人的权利。而如果该权利的享有是以具有外贸经营权为前提的,在委托人不具有外贸经营权的情况下,其该如何享有对于第三人的权利,以及能否享有该权利是不清楚的。要从根本上改变我国现存外贸代理制的困境,应该扩大《民法通则》中有关代理的内涵和外延,在即将制定的民法典之中对于直接代理和间接代理作出统一的规定,吸收大陆法系和英美法系关于代理的理论,尝试用一个广义的代理的概念来包容显名代理、隐名代理与不公开本人身份的代理,同时应该将行纪纳入代理,尝试用一个单一的委托合同构架委托人与受托人之间的关系。这样可以适用我国民商活动发展的需要,因为采用隐名代理或者不公开被代理人身份的代理,既不影响交易的达成,又达到了保护商业秘密的目的,简化了交易手续。①

思 考 题

1. 直接代理和间接代理。
2. 两大法系关于间接代理的主要区别。
3. 代理人有哪些义务?
4. 如何完善中国的外贸代理制?
5. 简评中国委托合同中的内外关系。

---

① 刘欣杰. 论我国的外贸代理制及其完善. 中国经济法网. http://www.jjyf.com/webpage/article/020812/wmdl.htm.

第五章 票据法

票据法既是各国传统商法的内容,又是国际商法的一个重要分支,这是票据所具有的商事交易润滑剂的作用所决定的。本章介绍票据法的基本原理及主要规定,特别是汇票的各种制度,并结合中国票据法进行适当比较。

第一节 概　　述

票据是一种有价证券,最早在商业习惯中产生,在现代商事交易中起着汇兑、信用工具等多种作用。作为商事交易的润滑剂的作用,主要从票据的性质、特征、功能等多方面反映出来。

一、有价证券及其种类

有价证券一词为德国学者所首创,并为德国商法典所采用。[①]中国仿日本法例援用了此词。但是,各国在不同法律中此词的涵义和内容不尽相同。按中国《法学词典》的解释,有价证券"泛指表示一定财产权的证券,如汇票、支票、本票、股票、债券、提单、车票等"。这实际上是广义的有价证券,或称不完全的有价证券。而狭义的或完全的有价证券,是指一种表示具有财产价值的民事权利证券,其权利的发生、转移和行使,均须持有该证券。这是大陆法国家有价证券的通用定义。英美法国家没有有价证券的概念,而只有流通证券,或流通票据、商业票据。流通票据泛指可以背书或交付而转让的证券。英国著名票据法专家杜德莱·理查逊认为,流通票据是一种权利财产,其完全的合法权利可仅凭交付(或许要有转让人的背书)票据来转让。只

<hr>

① 谢怀栻. 票据法概论. 法律出版社,1990.8.

要受让人取得票据时是善意的,并付了对价给转让人,他便获得该票据及其所代表的全部财产的完全的所有权而不受其他权益的约束。英国将汇票、支票、本票、银行券、股息单、息票、来人债券、来人取款单、来人公司债券、来人股权证书、国库券、商业银行存单等均作为流通票据对待,而美国统一商法典中主要指汇票、支票、本票和存折等形式。可见流通票据与有价证券不完全相同,前者只是后者的一部分。有价证券可主要从以下几个方面进行分类:

(1) 依权利和证券结合的方式不同,可分为完全的有价证券和不完全的有价证券。完全的有价证券是指证券权利的发生必须作成证券、权利的转移必须交付证券、权利的行使必须持有证券的有价证券,故又称绝对的有价证券、狭义的有价证券。票据即是。不完全的有价证券是指只有证券权利的转移或行使凭证券,而权利的发生不必作成证券的有价证券,故又称相对的有价证券。如中国簿记券式股票、日本的股票不持有制度,即不以持有股票为认定股东的必要条件。

(2) 依证券所表示的权利性质不同,可分为债权的、物权的和社员权的有价证券。以债权为证券权利内容的为债权的有价证券。又可分为以请求支付金钱为债权内容的金钱证券和以请求支付实物为债权内容的物品证券。前者如票据、债券等;后者如提货单、仓单等。以物权为证券权利内容的为物权的有价证券。如所有权证、抵押单、抵押证等。以社员权或股权为证券权利内容的为社员权的有价证券,如股票、股单、股权证、新股认购权证等。

(3) 依证券上权利主体的表示方式不同,可分为记名证券、指定式证券、无记名证券和选择无记名证券等。记名证券在证券上载明特定的权利人。这时,只能由该特定人行使权利,证券权利只能按照普通债权让与的方式转移,其流通受到极大限制。如记名股票、记名公司债券、禁止背书的汇票和本票等。在英美法中属非流通票据。指定式证券在证券上记载特定人或其指定的人为权利人。通常用背书方式指定并可转让。有的证券虽未明文记载特定人,但依法可背书转让,也可成为指定式证券,如票据即是。无记名证券在证券上不记载任何人为权利人,或只写持票人、来人。这种证券的持有人即为权利人,转让时无需背书。选择无记名证券在证券上记载如"汤姆或持票人"为权利人。其权利行使与无记名证券无异。

(4) 依证券上权利的原因不同,可分为要因证券和无因证券。要因证券是指从证券上可看出产生权利义务关系的原因的有价证券,如股票、提单等。从证券上看不出产生权利义务关系的原因,即证券上的权利义务关系与其所产生的原因完全分离和独立的为无因证券,如票据即是。

二、票据及其经济功能

1. 票据及其种类

票据在世界各国没有统一的概念,其种类究竟包括哪些,各国也不完全一致。大陆法国家的商法典或票据法中,一般包括汇票和本票,而支票则另行立法,这种法例称为分离主义的票据立法。而英美法国家将汇票、本票和支票规定于一个法律中,称为包括主义的票据立法。《中华人民共和国票据法》采取包括主义的票据法例。其第 2 条第 2 款规定:"本法所称票据,是指汇票、本票和支票。"显然反映了不对票据规定概括性定义的国际性趋势。但是,尽管票据无法定概念,却并不妨碍对票据的定义在学理上作出概括:票据是指出票人签发的,并由其自己或委托他人在一定日期将确定的金额无条件支付给收款人或持票人的有价证券。中国习惯上认为票据包括汇票、本票和支票 3 种。中国票据法也规定为 3 种,并分别规定了法定概念。

汇票是指出票人签发的,委托付款人在见票时或者在指定日期无条件支付确定的金额给收款人或者持票人的票据。按出票人不同又具体分为商业汇票和银行汇票两种。银行汇票是指出票人和付款人均为银行的汇票。商业汇票是指出票人为企业、公司,而付款人为其他企业、公司或银行的汇票。依商业汇票承兑人的不同,又可分为银行承兑汇票和商业承兑汇票两种。前者由银行承兑并付款,而后者由企业、公司承兑并付款。[①]

本票是指出票人签发的,承诺自己在见票时无条件支付确定的金额给收款人或者持票人的票据。本票分为商业本票和银行本票两种。但中国票据法中仅限于银行本票。支票是指出票人签发的,委托办理支票存款业务的银行或者其他金融机构在见票时无条件支付确定的金额给收款人或者持票人的票据。[②] 支票的种类很多,而中国法中规定现金支票和转账支票两种。现金支票是银行的存款人签发给收款人,委托银行向其支付现金的支票。现金支票也可以用于转账。转账支票是银行的存款人签发给收款人,委托银行办理转账结算的支票。对于转账支票,持票人只能通过银行转账收款,而不得支取现金。

2. 票据的法律特征

票据具有有价证券、设权证券、要式证券、无因证券、独立证券、文义证券、金钱证券、债权证券、单方证券、提示证券、交付证券、指示证券、流通证券、返还证券和个别发行证券等法律特征。

票据是有价证券。它代表一定的财产权利,而权利的发生、转移和行使,均与证券紧密结合,故属完全的有价证券。

票据是设权证券。出票人签发票据,并非证明已经存在的权利,而是创设新的权利,这种设权性与发行股票、债券的证明权利存在的性质不同。

票据是要式证券。票据必须按法定方式作成,其形式和内容完全符合票据法的要求,若法定记载事项欠缺或有误,会导致票据无效。

票据是无因证券。票据上权利义务的产生、变化乃至消灭,虽然有一定原因,但只要票据本身符合法定要件,票据关系人间的权利义务即完全独立于其他因素,也不能以

---

① 中国票据法第 19 条。
② 中国票据法第 73 条、82 条。

其他原因向权利人提出抗辩。

票据是独立证券。票据的权利不但与产生票据的原因相互独立,票据行为与其他票据行为及其效力也相互独立。在票据上签名的票据债务人,对于善意持票人即应承诺票据责任。①

票据是文义证券。票据上的权利义务,完全以票据上所记载的文义为准,票据权利人可依而且仅依票据文义行使权利,票据债务人也仅依票据文义负责。任何人都不得以票据文义之外的情事改变票据权利义务。票据签名人更改票据法定事项,也只对其后手有效,而不能让其前手按更改以后的文义承担票据责任。

票据是金钱证券。票据所创设的权利为一定数量的支付金钱请求权,它以金钱为给付标的,一般不能用实物替代。

票据是债权证券。票据是以表示债权为目的的证券,持票人或收款人即为债权人,有权向债务人包括在票据上签名的人请求给付载明的金额。

票据是单方证券。票据债务人因并仅因其票据行为而单方面承担票据责任,而不得以票据债权人给付对价作为付款的条件,也不得以票据债权人违约或对票据债务人负有其他债务而提出抗辩。

票据是提示证券。票据本身是证明票据上权利义务关系存在的唯一证据。因此,票据权利人若要行使票据上的权利,必须占有并提示票据,以证明其权利的存在。否则,票据债务人有权拒绝履行债务。

票据是交付证券。② 票据出票人的出票行为,本身就包含签发票据并交付两个环节,票据权利的转移,无论需要背书与否,均须以交付票据为条件。

票据是指示证券。无论票据在签名时有无记名或指定收款人,均可依法背书转让,背书人也有权经背书转让给指定人。

票据是流通证券。除出票人在票据上作禁止流通转让的记载外,票据上的权利可依背书或交付而自由转让,且与民法中的债权转让不同,无须通知票据债务人即可生转让效力。

票据是返还证券或缴回证券。票据债务人向权利人履行债务即付款后,即行收回该票据;权利人也应在受领票款时,在票据上写明"收讫"字样并签名,让付款人收回。否则,一旦转入善意第三人之手,票据债务人虽已付款,也不得以此为由拒绝向善意第三人再行付款。③

票据是个别发行证券。票据完全根据出票人的需要,在不同时间和场合,以不同的条件单独向个别人签发,故为个别发行证券。

---

① 李玉泉,何绍军.中国商事法.武汉大学出版社,1995.226.

② 谢怀栻.票据法概论.法律出版社,1990.18.

③ 谢怀栻.票据法概论.法律出版社,1990.18;李玉泉,何绍军.中国商事法.武汉大学出版社,1995.227;廖进球,谢晓琴.国际商法.山西经济出版社,1994.154.

3. 票据的经济功能

据考证,中国唐朝的"飞钱"、宋代的"交子"就有票据的某种特征。但现代票据制度起源于欧洲中世纪的法国和意大利,并随着商事交易的发展而得以不断完善,反过来又极大地方便了国内和国际商事交易活动,故将票据称为商事交易的润滑剂,一点不为过。票据的经济功能和作用主要有:汇兑、支付、信用、结算、融资以及货币替代工具。[①]

汇兑工具。票据的最初也是最主要的功能,是作为异地输送现金的汇兑工具而在法国、意大利发生和发展的。尤其是当时欧洲城邦间的商事交易中,将一定数量的金钱从甲地、甲国用于支付乙地、乙国的货款,运载货币现金既危险又不方便,而使用票据就可很顺利、很容易地解决问题,从而为商人们迅速接受和推广。

支付工具。这是继票据的汇兑工具之后出现的,也是迄今应用最广泛的功能。作为支付工具,票据可替代现金,既省去大量点验现钞的麻烦,也不必随身携带,一纸票据,可代表成千上万元金额,支付十分方便。而且,商事交易越发达、越频繁,以票据替代现金支付的比例就越高。

信用工具。现代商事交易离不开信用。作为信用工具,票据作用甚大。如买方急需购货而暂时无资金支付,卖方也急于销货,但坚持现金交易,生意必定告吹。如卖方先行交货,并约定由买方一个月后付款,买方就可签发一个月到期的票据,从而建立起买卖双方间一个月的信用关系。持票人还可以在票据到期日前背书转让或办理贴现,更进一步发挥票据的信用功能。

结算工具。有票据清结债权债务关系,既是商事交易发展的需要,也是各国结算制度的惯例和趋势。中国 1988 年底改革结算制度,其重要内容之一就是推广使用票据,尽管 1988 年 12 月 19 日中国人民银行发布的《银行结算办法》中所规定的票据,还不是真正的票据法意义上的票据。

融资工具。票据在晚近出现了融资工具的新功能。主要通过票据贴现来实现。票据贴现就是票据持有人将未到期票据卖给经营买卖票据业务的机构(通常是银行和其他金融机构),由后者扣除贴现日至票据到期日的利息后,将票款支付给持票人,以解决其资金流转的困难。

货币替代工具。商事交易如全部以现金支付,则现金货币的需要量非常大,周转速度和效率受到严重影响。推广票据后,绝大部分现金交易,尤其是大宗巨额交易,可用票据作为支付工具,并经不断背书转让,大大节省货币的流通量。据称美国 90% 以上的商事交易均以票据替代货币交付。

三、票据立法概况

如前所述,现代票据法是在欧洲中世纪商业习惯法的基础上形成和发展起来的。17 世纪伴随着商法国内化的进程,逐渐为成文法所取代,并形成德、法为代表的大陆法

---

① 姜建初. 票据原理与票据法比较. 法律出版社,1994.6 ~ 10.

与英、美为代表的英美法票据制度。具体又可分为法国、德国和英国法系。

1. 票据法的三大法系

法国法系。又称拉丁法系,是以法国票据法以及仿效其制定的某些国家票据法的统称。主要体现票据的汇兑和支付功能,且尚未确立票据的无因性。法国早在 1673 年路易十四时期就在《商事条例》中规定了票据制度,是最早制定票据法的国家,反映了资本主义经济发展初期的社会现实需要。但上述特点不适应发达的资本主义经济生活,故早期效仿法国法例的许多国家纷纷转向德国法系。

德国法系。又称日尔曼法系,是以德国票据法以及仿效其制定的某些国家票据法的统称。主要特点为侧重于票据的信用功能和流通功能。确定票据为无因和要式证券。欧洲的瑞士、瑞典、挪威、荷兰、丹麦、奥地利以及亚洲的日本、旧中国和目前中国台湾省的票据法,均属日尔曼法系,初取法国法例的意大利、西班牙、比利时票据法也先后转向德国法系。德国 1871 年公布票据法,1908 年又制定支票法,并不像法国那样先将票据法包括在商法典中,后单独立法。

英国法系。又称英美法系,是以英国票据法为代表,包括美国及其他受普通法传统影响的国家票据法的统称。英国法系票据法的最大特点是采取包括主义的立法原则,强调票据的信用和流通功能,严格确定票据的无因性,但在形式要求上具有一定的灵活性。英国票据法制定于 1882 年,1957 年又制定了支票法。美国在 1879 年制定《统一流通票据法》,1952 年《统一商法典》又将商业票据列出专篇加以规定。

2. 中国的票据立法

中国虽然早在唐代就出现了票据的萌芽形式,但是直到 1929 年 10 月,当时的国民政府才公布票据法,经 1987 年 6 月修订后,目前仍在台湾省境内施行。大陆自 1949 年以后长期实行计划经济体制,包括票据法在内的商事立法失去了生存土壤,20 世纪80 年代中叶开始,才随着改革开放的进程,酝酿制定票据法。1988 年 6 月 8 日,中国最大的商业中心上海市人民政府率先发布《上海市票据暂行规定》。该规定虽仅属于地方性行政法规,但却包含了现代票据法的基本原则和通行惯例。同年 12 月 19 日,中国人民银行发布《银行结算办法》,改革仿照前苏联模式使用了几十年的传统的 8 种结算方式,推行票据结算方式,确立了以汇票、本票和支票为主体的新的银行结算制度。该办法虽然仅限于从结算制度方面考虑和规定有关票据的问题,也特别强调"签发商业汇票必须以合法的商品交易为基础,禁止签发无商品交易的汇票",故实际上尚无确立票据无因性的特征,但毕竟向建立票据制度的方向迈进了一大步。1995 年 5 月 10 日第8 届全国人大常委会第 13 次会议通过了《中华人民共和国票据法》。该法计 7 章111 条,分别对总则、汇票、本票、支票、涉外票据的法律适用、法律责任和附则,作了规定,并于 1996 年 1 月 1 日起施行。该法与 1997 年 8 月 21 日经国务院批准,中国人民银行发布的《票据管理实施办法》以及 2000 年 11 月 14 日公布的最高人民法院关于审理票据纠纷案件若干问题的规定,共同组成中国现行主要的票据法规范。

3. 票据的统一立法

各国票据法的差异,对国际间商事交易产生了极为不利的影响,故早在本世纪初就开始了统一国际票据立法的工作。1910 年和 1912 年,在荷兰政府的倡导下,一些国家曾在海牙举行两次统一票据法会议,并提出了统一票据法草案,后因第一次世界大战爆发而中止。直到 1930 年和 1931 年,在国际联盟的主持下,以大陆法国家票据制度为基础,经日内瓦召开的国际票据法统一会议通过了几个国际票据法公约,即《1930 年统一汇票、本票法公约》《1930 年关于解决汇票、本票法律冲突公约》和《1931 年统一支票法公约》《1931 年关于解决支票法律冲突公约》,终于统一了大陆法系国家的票据法。法国、德国、日本等国也先后修订本国的票据法和支票法。但是,由于日内瓦公约与英美法国家的票据法相距甚远,英美诸国拒绝参加,故并未达到完全统一国际票据法的目标。历史上曾经出现的票据法的三大体系,20 世纪 30 年代以来演变为日内瓦统一法系和英美法系并存的局面。这种状况严重阻碍了国际间票据的广泛流通,因此,自1971 年开始,联合国国际贸易法委员会着手起草国际汇票统一公约,以协调日内瓦统一法系和英美法系的关系,1979 年定名为《国际汇票和国际本票公约》,于 1987 年 8 月在维也纳召开的联合国国际贸易法委员会会议上正式通过,但迄今尚未生效。其中所反映的国际票据法的统一趋势,以及一系列新的原则和精神,如票据的形式要求、票据的抗辩及对善意持票人的保护、伪造背书的后果等方面的规则,值得引起注意。①

第二节 票 据 关 系

一、票据关系和基础关系

如前所述,票据是一种债权证券,故在票据上所体现的法律关系是一种债权债务关系,其当事人为债权人和债务人。与民法中的情形不同的是,票据上的当事人分为基本当事人和非基本当事人。前者在票据签发时就已存在,如本票的出票人和收款人;汇票和支票的出票人、付款人和收款人。后者是在票据签发后,通过各种票据行为而加入业已存在的票据关系之中,成为票据当事人的人。如收款人取得票据后经背书转让与他人,受让人就称为被背书人;他再行背书转让,又成了背书人。另外还有承兑人、保证人、预备付款人等。但同一人可兼具双重身份,如付款人在票据上承兑,就同时为承兑人;受领背书人票据的被背书人又是下一轮背书转让中的背书人。凡持有票据的人称为持票人或执票人。

票据上的当事人分别处于债权人和债务人的地位。最初的债权人为签发票据时的收款人,以后从最初的收款人那儿受让票据的持票人,也成为票据权利人。这种票据权

---

① 冯大同. 国际商法. 中国对外贸易出版社,1991.342～343、378～384.

利人行使的是付款请求权。此外,因履行了付款义务而取得票据的人,也是票据权利人。这种权利人行使的是追索权(追偿权)。他们都必须持有票据才能行使权利。票据债务人是因实施一定的票据行为而在票据上签名的人,分为第一债务人或主债务人,以及第二债务人或偿还义务人。前者为负有付款义务的人。持票人应先向其行使权利,请求付款。后者为负有担保付款义务的人,如出票人、背书人等,持票人在向第一债务人行使权利而遭到拒绝时,才能向第二债务人行使追偿权,请求其付款。因此,追偿权是指在票据遭到拒付时,持票人依法向前手背书人以及出票人请求偿付票据金额的权利。

因票据的签发而发生的票据当事人间的法律关系是票据上的法律关系,分为票据关系和票据法上的非票据关系。

票据关系是指当事人之间基于票据行为而发生的债权债务关系。而票据法上的非票据关系是票据法所规定的,但不是基于票据行为直接发生的法律关系。前者是票据当事人之间基本的法律关系,依票据行为直接发生,又分两类,即债权人的付款请求权和债务人的付款义务,以及债权人的追偿权和债务人的偿还义务。后者是为了保障票据关系,使票据债权人顺利行使权利,维护票据制度而由法律特别规定的当事人间的关系。如故意从拾得者或小偷手中得到票据的人与该票据正当权利人间的关系;过期票据的持票人与出票人间的关系等。这些关系也属于票据法调整规范的对象。

此外,还有票据的基础关系,即授受票据的原因或前提关系。它是民法上的非票据关系,包括票据的原因关系、资金关系和票据预约3种。票据的原因关系即是当事人间授受票据的原因,如购销关系为买方向卖方签发票据支付货款的原因关系。资金关系是指汇票、支票的出票人与付款人之间的资金委托付款关系。票据预约是指当事人间就授受票据以及票据的有关事项达到一致意见的协议。票据关系和基础关系间原则上相互独立,互不影响,充分反映票据的无因性,但在特定情况下又有一定联系。

在通常情况下,票据一经签发,票据权利就得以确立,票据债权人只需持有有效票据,即可行使票据权利,而毋需解释取得票据的原因,更不必证明原因关系的效力。否则,无人愿意接受票据。反之,票据关系的存在与否及效力如何,也不影响原因关系。资金关系是否存在及效力如何,对票据关系也不产生影响。比如,出票人即使和付款人间不存在资金关系,其签发给收款人的票据仍然有效。出票人即使已向付款人供应付款资金,在持票人不获付款而向其追索时,出票人仍须承担付款义务。而出票人在承担了偿付义务后可依民法处理其与付款人间的资金关系。就票据预约而言,其理相同,即使出票人违反预约而签发票据,该票据不因出票人违约而无效。票据关系与原因关系相分离的原则只有在两种情况下有例外:直接当事人间的原因关系可对抗票据关系;未付对价或相当的对价的持票人,不能取得优于其前手的权利。①

① 谢怀栻. 票据法概论. 法律出版社,1990.32～42.

二、票据行为

1. 票据行为的类型

票据行为是指旨在发生票据上债务的法律行为,也即以负担票据债务为意思表示内容的法律行为。主要有出票、背书、保证、承兑和参加承兑5种。

出票亦称发票,是指出票人签发票据并将其交付给收款人的票据行为。这是基本票据行为或主票据行为。这种创造票据及其权利的行为有效成立后,在出票人与持有人间产生法律关系。而附属的票据行为是指出票行为之外的,在已存在的票据上所作的行为。

背书是指在票据背面或者粘单上记载有关事项并签章的票据行为。按中国票据法第7条的要求,"票据上的签章,为签名、盖章或者签名加盖章。法人和其他使用票据的单位在票据上的签章,为该法人或者该单位的盖章加其法定代表人或者其授权的代理人的签章。"作为附属的票据行为,背书使背书人与被背书人间产生法律关系。

保证是指付款人以外的第三人表示在付款人不履行付款义务时,由他代为承担付款责任的一种票据行为。它使保证人和持票人间产生法律关系。

承兑是指付款人在票据上签名承诺届票据到期日支付票据金额的票据行为。只有经承兑的付款人才有届时必须付款的义务。承兑这一附属的票据行为使承兑付款人和持票人间产生法律关系。

参加承兑是指付款人以外的第三人参加到票据关系中来,代替付款人进行承兑的行为。另外还有参加付款,即由付款人以外的第三人加入票据关系,代替付款人进行付款。这些附属的票据行为使参加承兑或参加付款人和持票人间产生法律关系。

2. 票据行为的特点

票据行为具有要式性、抽象性、文义性、独立性诸特点。

要式性。票据行为都是严格的要式行为,由法律规定其必备方式,如必须采用书面形式;背书只能作于票据背面或粘单上;行为人必须签具本名方生效力等。票据行为若违背这些法定方式者无效。

抽象性。票据行为只需具备其抽象的形式即可生效,而不受实质关系或基础关系的影响,票据关系与原因关系、资金关系和票据预约相分离,票据也因此而成为抽象证券或前述无因即不要因证券。

文义性。票据行为的内容完全以票据上的文字记载为准,即使文字记载与实际情况不一致,仍以文字记载为准,而不允许当事人以票据上文字记载以外的证据更改票据上的文义。文义性也是前述票据重要的法律特征之一。

独立性。一张票据涉及到多个票据行为时,各行为独立发生效力,互不影响。若一行为无效,不影响其他行为的效力。这也称票据行为的独立原则,主要是为了保护善意持票人,促进票据的流通。

3. 票据行为的要件

票据行为作为要式而不要因行为,应具备民事法律行为的一般要件。但不符合民事法律行为要件的无效票据行为,只能对抗行为人的直接当事人,而不能对抗善意第三人。中国票据法第 13 条中所规定的"票据债务人不得以自己与出票人或者与持票人的前手之间的抗辩事由,对抗持票人",即是此意。下面仅介绍票据法上的要件,包括票据的书面作成与记载、票据的交付等。

票据必须采取书面形式,其记载事项也须严格按法律规定。因此,在票据书面上依法记载各种事项,是票据有效成立的要件。根据票据记载事项的不同效力,分为应记载事项、可记载事项、不产生票据效力的记载事项和不得记载事项。应记载事项是指按票据法规定应该记载的事项,又分为绝对必要记载事项和相对必要记载事项。票据法规定必须记载,如不记载,票据因此而无效的事项为绝对必要记载事项。票据法规定应该记载,如不记载,应依法律规定补充完善,但票据不因此项记载欠缺而无效的事项为相对必要记载事项。可记载事项是指票据法规定可由当事人任意决定是否记载,而记载时即产生票据法上的效力,不记载则不影响票据效力的事项,故也称任意记载事项或有益记载事项。不产生票据效力的记载事项是指虽记载于票据上但不产生票据效力的事项。而在民法上该事项的效力如何,则是另一回事。不得记载事项是指按照票据法规定不得在票据上记载的事项。对这些不同事项的规定,各国法中不尽相同。中国票据法第 2 章至第 4 章中,也有较为详细的规定。

票据在依法记载完成后,必须由票据行为人将票据交付给持票人或收款人,票据行为才算完成。中国票据法中关于"出票"的定义,即为此意。如作成后被盗、遗失即不属于交付,但行为人不能因此而对抗善意持有人,除非按《民事诉讼法》中的公示催告程序,请求法院作出除权判决。

三、票据权利和票据责任

按中国票据法第 4 条第 4、5 款规定:票据权利"是指持票人向票据债务人请求支付票据金额的权利,包括付款请求权和追索权"。票据责任则"是指票据债务人向持票人支付票据金额的义务"。

票据权利的产生须有两个条件,一是票据债务人必须有合法的票据行为,二是债权人必须合法取得票据。而取得票据的方式主要有原始取得和继受取得两种。前者主要是指收款人从发票人处接受票据交付,即取得票据权利。后者是指从票据持有人手中取得票据所有权而取得票据权利。如依背书取得票据,继承、受赠与、被追索人在偿还追索款项后取得票据,均属于继受取得。对如何合法取得票据,尽管各国规定有所不同,但均反映出下述 3 个原则:① 凡通过连续背书而取得票据的人,就合法地取得票据权利。如中国票据法第 31 条。② 凡在取得票据时是善意或无重大过失的,就合法地取得票据权利。如中国票据法第 12 条。③ 凡是无对价或以不相当的对价取得票据的,不得享有优于其前手的权利。如丙从乙处窃得甲签发的票据一张赠与丁,金额 1 万元。因丙不能取得票据权利,丁未付对价,故也无票据权利。但如丁持该票据支付原先欠戊的 1 万元债务,因戊不知该票据曾失窃,而且支付了对价,故甲和乙仍应对其承担付款责任。

另外,票据债权人行使票据债权时,须向债务人提示票据。如仅仅发出通知,则不能行使权利,而且必须由债权人主动到债务人所在地提示票据。否则,债务人不负迟延履行债务的责任。

就票据责任而言,凡在票据上签名的人,无论是出票人、承兑人、背书人、保证人还是参加承兑或参加付款人,均为票据债务人,除无行为能力人以外,都负有一定的责任。有两人以上共同签名的,负连带责任。然而,所有票据债务人均可对债权人的请求提出抗辩。依中国票据法第 13 条第 3 款,抗辩"是指票据债务人根据本法规定对票据债权人拒绝履行义务的行为"。抗辩有 3 种,即对物抗辩、对人抗辩和恶意抗辩。

对物抗辩又称绝对抗辩,是指因票据本身缺乏有效要件而提出的抗辩。如证明票据是伪造的。这种抗辩能对抗任何人,即只要能证明票据伪造,抗辩人可不对任何人承担票据责任。2000 年最高人民法院《关于审理票据纠纷案件若干问题的规定》第 16 条规定,在欠缺法定必要记载事项或者不符合法定格式的;超过票据权利时效的;法院已作出生效除权判决的;以背书方式取得但背书不连续的;其他依法不得享有票据权利的等 5 种情形之下,票据债务人对持票人提出的抗辩,即为对物抗辩。对人抗辩又称相对抗辩,是指票据债务人对特定的权利人所提出的抗辩。如证明票据是偷来或拾得的。这种抗辩只能对抗特定人,而不能对抗特定人之外的任何其他人。为了使票据关系稳定可靠,各国票据法均注重保护善意持票人的正当权利。只要持票人不知道或不应当、无必要知道所取得的票据权利是没有法律依据,在有些国家还加上是支付了对价时,就属于善意持票人。债务人不能对善意持票人提出抗辩,而只能以持票人取得票据是出于恶意、欺诈或胁迫等而提出抗辩,这种抗辩就称为恶意抗辩。

2000 年最高人民法院《关于审理票据纠纷案件若干问题的规定》第 15 条所列"与票据债务人有直接债权债务关系并且不履行约定义务"第 5 种情形下,票据债务人对持票人提出的抗辩,即为对人抗辩,有的涉及到恶意抗辩。

此外,票据责任可因票据无效等票据上的原因而消灭,也可因债的清偿、免除等债务上的原因而消灭。

四、票据的伪造、丧失和涂销

1. 票据的伪造

票据的伪造是指假冒他人的名义而为票据行为的一种行为。伪造有两种,一是伪造票据本身或票据上的签名,如盗用出票人的印章或摹仿他人的笔迹签于票据之上。此时,由于伪造人未在票据上签具自己的姓名,就没有自己的票据行为,因而不负票据上的责任。被伪造人也没有在票据上亲自签名,也不负票据上的责任,故伪造的票据不发生票据的效力,应视为票据本身不存在。至于伪造人因伪造而构成侵权行为或犯罪,都不是票据法的问题,依民法或刑法的有关规定处理。另一种伪造是指没有合法权限的人在已有效成立的票据上变更签名以外的记载内容的行为,最常见的是变更票据金额和到期日。这种伪造亦称变造。此时,票据的存在和所有签名的债务人都是真实的,只是部分内容被涂改。票据本身在变造之前和变造之后均有效,只是当事人间的责任要区别对待。日内瓦统一法规定,汇票文字有变造时,变造后的签名者依变造后的文义负责;变造前的签名者依原有的文义负责。中国票据法第14条所规定的原则相同。持票人直接从伪造人手中取得票据的,不享有票据权利,而只能依民法规定请求赔偿。

2. 票据的丧失

票据的丧失是指持票人非自愿地失去票据的占有。分为绝对丧失和相对丧失两种。绝对丧失又称票据的灭失,指票据作为一种物已被消灭,如被烧毁、撕毁。相对丧失又称票据的遗失,指票据被持票人丢失或被他人盗窃。

票据作为完全有价证券,持票人丧失票据后,就不能或暂时不能行使票据权利。更有甚者,在相对丧失的情况下,还有被他人冒领票据金额或被他人善意取得,因而承担票据责任的风险。为了保障票据交易安全和票据权利人的利益,各国均规定有票据丧失的补救办法,包括挂失止付和公示催告等。向付款人发出挂失止付通知,以防被人冒领,在一定程度上能保全自己的票据权利,但不能对抗善意持票人,中国票据法公布之前就有法院判决在票据上签名的人,仍对丧失的票据对善意持有人承担票据责任。因此,挂失止付是一种应急防范措施,最好的办法应向法院申请公示催告,由法院作出除权判决,以消除已失票据的票据权利。因除权判决,失票人重新获得已失票据的票据权利,而在此后任何申明占有该票据的人,均不享有票据权利。①

根据前述最高院关于票据纠纷司法解释第五部分"失票救济"第24条以下的规定,票据丧失后,失票人可直接向人民法院申请公示催告或者提起诉讼,出票人已经签章的授权补记的支票丧失后,失票人也可依法向人民法院申请公示催告。不过,票据法第15条第3款规定的可以申请公示催告的失票人,是指按照规定可以背书转让的票据在丧失票据占有以前的最后合法持票人。失票人向人民法院提起诉讼的,除向人民法院说明曾经持有票据及丧失票据的情形外,还应当提供担保。担保的数额相当于票据载明的金额。失票人通知票据付款人挂失止付后三日内向人民法院申请公示催告的,公示催告申请书应当载明下列内容:① 票面金额;② 出票人、持票人、背书人;③ 申请的理由、事实;④ 通知票据付款人或者代理付款人挂失止付的时间;⑤ 付款人或者代理付款人的名称、通信地址、电话号码等。人民法院决定受理公示催告申请,应当同时通知付款人及代理付款人停止支付,并自立案之日起三日内发出公告。付款人或者代理付款人收到人民法院发出的止付通知,应当立即停止支付,直至公示催告程序终结。

---

① 姜建初. 票据原理与票据法比较. 法律出版社,1994. 141～145.

非经发出止付通知的人民法院许可擅自解付的,不得免除票据责任。人民法院决定受理公示催告申请后发布的公告应当在全国性的报刊上登载。依照我国民事诉讼法第18章第195条以下的规定,公示催告的期间,国内票据自公告发布之日起60日,涉外票据可根据具体情况适当延长,但最长不得超过90日。支付人收到人民法院停止支付的通知,应当停止支付,至公示催告程序终结。公示催告期间,转让票据权利的行为无效。利害关系人应当在公示催告期间向人民法院申报。人民法院收到利害关系人的申报后,应当裁定终结公示催告程序,并通知申请人和支付人。申请人或者申报人可以向人民法院起诉。没有人申报的,人民法院应当根据申请人的申请,作出判决,宣告票据无效。判决应当公告,并通知支付人。自判决公告之日起,申请人有权向支付人请求支付。利害关系人因正当理由不能在判决前向人民法院申报的,自知道或者应当知道判决公告之日起一年内,可以向作出判决的人民法院起诉。

3. 票据的涂销

票据的涂销是指票据权利人涂去票据上记载的事项使之失去效力的行为。它不同于属伪造的涂改,其效力各国规定不一。一般原则是非故意为之则不影响票据的效力;如故意为之,则影响被涂销事项的效力。

第三节 汇 票

一、汇票的种类

按不同标准划分,可分成多种汇票,如商业汇票和银行汇票;国内汇票和国际汇票;即期汇票和远期汇票;一般汇票和变式汇票;光票和跟单汇票;记名式汇票、指示式汇票和无记名式汇票。

第一组和最后一组如前所述,前者依出票人不同划分;后者依记载收款人的方式不同划分。依签发和支付地点不同划分成国内汇票和国际汇票。前者为境内签发并支付;后者为本国签发、外国支付或外国签发、本国支付,国际汇票在中国称涉外汇票。据中国票据法第95条的规定,涉外汇票是指出票、背书、承兑、保证、付款等行为中,既有发生在中华人民共和国境内又有发生在境外的票据。依支付时间不同分成的即期汇票和远期汇票,前者为见票时即付;后者为约定日期付款。依约定时间的方法不同,远期汇票又可分为定期汇票、计期汇票、注期汇票和分期付款汇票4种。定期汇票是以汇票上载明的一定日期为到期日的汇票。计期汇票是以出票日后一定期间为到期日的汇票。注期汇票是以承兑后的一定期间为到期日的汇票。分期付款汇票是对分期付款的每一部分金额均确定一个到期日的汇票,可以分期付款。中国票据法第25条中仅规定见票即付、定日付款、出票后定期付款和见票后定期付款的汇票。依汇票上基本当事人是否兼充,可分为一般汇票和变式汇票。前者的汇票3个基本当事人各不相同;后者是一人兼充两个以上当事人的汇票,又可分为指己汇票、对己汇票和委托汇票。指己汇票又称为己受汇票,即出票人兼为收款人的汇票;对己汇票又称己付汇票,即出票人兼为付款人的汇票。由于票据行为的独立性,变式汇票并不导致民法中债的混同,票据债务也并不因此而消灭。依银行对付款的要求不同,可以分为光票和跟单汇票。前者为只需提示汇票本身即可付款的汇票;后者为必须附示各种单据的汇票。

二、汇票的出票

如前所述,汇票的出票是指出票人签发汇票并将其交付给付款人的基本票据行为。出票作为要式行为,其形式由汇票的格式决定,而格式通常统一印刷,如中国票据法附则第109条规定即如此。汇票记载事项由票据法统一规定。日内瓦统一法规定为8项。中国票据法第22条也规定:"汇票必须记载下列事项:① 表明'汇票'的字样;② 无条件支付的委托;③ 确定的金额;④ 付款人名称;⑤ 收款人名称;⑥ 出票日期;⑦ 出票人签章。汇票上未记载前款规定事项之一的,汇票无效"。这些为大陆法国家中的绝对应记载事项,英美法国家中则并非都是汇票的成立要件。相对必要记载事项在中国票据法第23条中规定为付款日期、付款地和出票地,还有第27条中规定的禁止背书文句等。其他国家还有很多,如预备付款、利息和利率、免除担保承兑、承兑提示期限变更、付款提示期限变更、禁止发出回头汇票等的特别约定,指定请求承兑的期限、一定期日前禁止请求承兑、免除作成拒绝证书的记载,委托取款的记载,参加承兑的记载,保证的记载,分期付款的记载等。而中国票据法第24条规定:"汇票上可以记载本法规定事项以外的其他事项,但是该记载事项不具有汇票上的效力。"可见将票据法上规定之外的事项,均作为不产生票据效力的记载事项对待。

三、汇票的背书

票据作为流通证券,其流通的基础为票据的转让,转让是票据制度的核心。转让方式有二: 一是单纯交付;二是背书交付。前者适用于无记名票据和空白背书票据,但日内瓦统一法未予规定。中国票据法第2章第2节对背书设有专门规定,其中第30条要求背书"必须记载被背书人名称"。从汇票绝对必要记载事项的规定看,中国及日内瓦统一法国家也不允许签发无记名汇票。背书须记载在汇票或其粘单上,且一般应记载于票据凭证背面。如票据凭证不能满足背书人记载事项的需要,可以加附粘单,粘附于票据凭证上。而且,根据中国票据法第28条的规定,"粘单上的第一记载人,应当在汇票和粘单的粘接处签章。"背书的种类很多,其关系如图5-1所示。①

①　各种背书的含义和作用可参见:谢怀栻.票据法概论.法律出版社,1990.103~133.

完全背书
一般转让背书
空白背书

无担保背书
转让背书
特殊转让背书
禁止背书的背书
回头背书

背书
到期日后背书
期 后 背 书
期限后背书

委 托 背 书
非转让背书
设 质 背 书

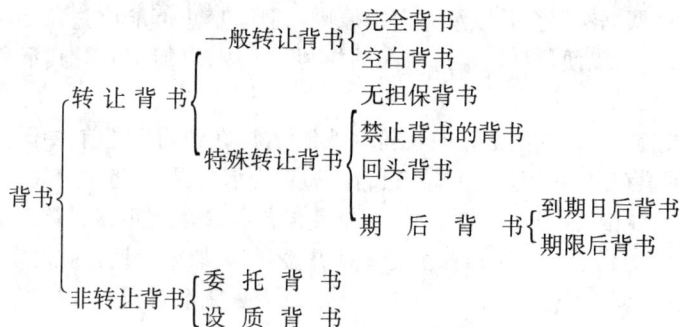

图 5 - 1 票据背书的分类

背书由背书人签章并记载背书日期。背书不得附有条件,否则无效。背书应当连续,即在票据转让中,转让汇票的背书人与受让汇票的被背书人在汇票上的签章依次前后衔接。持票人以背书的连续证明其汇票权利。值得注意的是,在应如何认定伪造背书签名的效力问题上,英美法系与日内瓦统一法系的规定判然有别。如前所述,日内瓦统一法系的原则为持票人仅以背书的连续证明其汇票权利,即使背书中有被伪造者,也不影响票据上其他签章的效力,在票据上有真实签章的出票人、承兑人、保证人等仍须负票据责任。付款人无义务审查背书的真实性,如他对被伪造背书的汇票付了款,即可解除责任。这样,日内瓦统一法系中伪造背书的风险最终由票据所有人承担,目的在于保护善意持有人,促进票据的流通。英美法系则认为,伪造的背书是无效的,不起任何作用,故任何人都不能通过伪造的背书取得票据权利。即使付款人向持有伪造背书的持票人付了款,也不能解除其对该汇票真正所有人的票据责任。只有银行在正常业务中出于善意对有伪造背书的见票即付的支票的付款责任除外。按英美法原则,伪造背书的风险最终由直接从伪造者手中取得票据的人来承担,他必须审查其前手背书人背书的真实性,以保护票据的真正所有人。为了调和票据法两大法系的差异和分歧,《国际汇票和国际本票公约》规定:伪造背书的风险最终由伪造者承担,如伪造者逃匿或者破产,则由从伪造者手中取得票据的人负责。但直接向伪造人付款而不知伪造的,可不承担赔偿责任。该公约仅适用于国际汇票和本票。

四、汇票的承兑

承兑是汇票所特有的一种票据制度。汇票经出票人签发后,付款人并不因此而在票据法上必须承担付款义务,这对收款人极为不利,也因为其权利不能确定,就会不愿接受汇票。要改变这一状况,须设法确定付款人是否承担付款义务。承兑就是付款人明确表示自己是否接受出票人的委托,愿意承担付款义务的制度。汇票一经承兑人承兑,就负有到期向收款人无条件支付票据金额的义务,而收款人取得到期向承兑人请求付款的确定权利。汇票经过承兑这一重要程序,付款人同时成为承兑人。但付款人并无承兑的义务,他可以承兑,也可以拒绝承兑。与此相应,持票人可以请求付款人承兑,也可以不请求,各国票据法完全采取承兑自由原则。但除禁止请求承兑和无需请求承兑者外,均应请求承兑,以便早日确定持票人的权利。否则,可能带来对其不利的失权或不能行使权利的后果。

汇票的持票人应在付款人所在地向其提示承兑,并应在到期日之前,中国法规定见票后定期付款的汇票在出票日起 1 个月内进行。逾期为承兑提示,将发生失权的后果。承兑也是要式行为,各国均有法定要求。如中国票据法第 42 条规定:"付款人承兑汇票的,应当在汇票正面记载'承兑'字样和承兑日期并签章;见票后定期付款的汇票,应当在承兑时记载付款日期。"该法第 43 条还规定:"付款人承兑汇票,不得附有条件;承兑附有条件的,视为拒绝承兑。"另外,付款人应当自收到提示承兑的汇款之后的法定期限如中国规定 3 日内承兑或拒绝承兑。付款人对汇票承兑后,作为汇票的承兑人也即汇票上的主债务人,不仅对汇票的持票人,而且对所有追索权人以及履行了偿还义务的背书人、出票人均负有绝对的付款责任。

五、汇票的保证

汇票的保证与其他票据的保证一样,虽是一种附属的票据行为,具有附属性,但与民法上的保证不同,除被保证人的债务因汇票记载事项欠缺而无效外,汇票的保证仍然有效成立,由汇票的保证人承担保证责任。

保证人进行保证时,须在汇票或其粘单上记载法定事项。如中国票据法第 46 条规定为 5 项,即表明"保证"的字样;保证人名称和住所;被保证人的名称;保证日期,保证人签章。全部事项均予记载的为正式保证,有所欠缺的为略式保证。按票据国际惯例,正式保证的保证人负连带责任,而略式保证的保证人与被保证人负同一责任。另外,保证人清偿汇票债务后,可对被保证人及其前手行使追索权。

六、汇票的付款

汇票的付款是指汇票的付款人在汇票的到期日向持票人支付汇票金额,以消灭票据关系的行为。汇票的付款以持票人提示汇票为前提条件。汇票的提示即是持票人向付款人出示汇票,请求其承兑或付款的行为。付款提示的期限各国规定不同。中国票据法第 53 条的规定为:见票即付的汇票,自出票日起 1 个月内向付款人作付款提示;定日付款、出票后定期付款或见票后定期付款的汇票,自到期日起 10 日内向承兑人作付款提示。通过委托收款银行或票据交换系统向付款人作付款提示的,视同持票人提示。在持票人依法提示的情况下,付款人应在当时足额付款,如到期日为法定节假日,则可顺延至下一个营业日付款。持票人获得付款的,应当在汇票上签收后交给付款人。付款人依法足额付款后,全体汇票债务人的责任随之解除。

但是,据中国票据法第 57 条的规定,付款人及其代理付款人付款时,除应审查汇票背书的连续外,还应审查提示付款人的合法身份证明或者有效证件。付款人及其代理付款人以恶意或有重大过失付款的,应当自行承担责任。这一规定对付款人而言显得苛刻,既不完全符合国际惯例,又与票据的本质特征相悖,而重大过失的认定标准也尚不明确。如伪造背书并持假身份证的人提示付款,付款人经一般查验未能发现破绽而予付款,应视为无恶意也无重大过失,票据的真正权利人不能要求付款人承担赔偿责任。只有这样,才能与国际惯例相符。

七、汇票的追索权

追索权即是汇票的持票人向他的前手请求偿还票据金额及其他费用的权利。行使追索权的可以是持标票人即追索权人,也可以是因清偿而取得票据权利的人即再追索权人,如背书人、保证人等。如中国票据法第61条规定,汇票到期被拒绝付款的,持票人可以对背书人、出票人以及汇票的其他债务人行使追索权。汇票到期日前,如出现汇票被拒绝承兑;承兑人或付款人死亡、逃匿,或被宣告破产,或因违法而被责令终止业务活动的情形,持票人也可行使追索权,请求被追索人支付拒付的汇票金额、法定利息、取得有关拒绝证明和发出通知的费用。而再追索权人除请求汇票债务人支付已清偿的全部金额外,还要另加法定利息和通知费用。

行使追索权的程序必须符合法律规定。当汇票被拒绝承兑或付款,持票人应依法取得拒绝证书或退票理由书,大陆法国家规定拒绝证书须经公证,而英美法国家则规定无需作成拒绝证书。法定要求作成拒绝证书时,持票人应在法定期限内将被拒绝事由通知其前手,也可同时通知其他汇票债务人,然后请求其中一人或全体债务人偿付汇票金额,因票据债务人间负连带清偿责任,被追索人清偿后就取得代位追索(追偿)权。

第四节 本票和支票

一、本票

本票为出票人签发并付款的票据,在各国多由银行签发,而中国仅限于银行签发,称银行本票。本票定有期限者称为期票。

本票的经济功能与汇票无异,只是付款人不同。因出票人同时又是付款人,故没有承兑和参加承兑的必要。但见票后定期付款的本票,持票人应向出票人提示,在票面上签章,并记载"见票"字样和日期,以便确定本票的到期日。如出票人拒绝签名,持票人可请求作成拒绝证书,以便行使追索权。本票的记载事项各国规定不完全相同。中国票据法第76条规定:"本票必须记载下列事项:① 表明'本票'的字样;② 无条件支付的承诺;③ 确定的金额;④ 收款人名称;⑤ 出票日期;⑥ 出票人签章。本票上未记载前款规定事项之一的,本票无效。"

本票在商事交易中所发挥的作用不及汇票和支票。

二、支票

支票是一种在商事交易中使用相当广泛的票据。自支票出现后,就迅速取代了汇票的支付工具的职能,避免大量现金收付。与汇票、本票不同的是,支票的付款人以银行为限,出票人必须在银行储有足够的存款,或与银行订立有透支合同。没有存款或超过存款数额或透支额而签发的支票为空头支票。签发空支票为法律所禁止,如中国票据法第88条规定即是。

支票可以分为记名支票或抬头支票和无记名支票或来人支票。前者只能付给支票上载明的收款人或背书转让后的被背书人;后者可付给任何持有人,除非有证据证明其恶意取得。也可能分为转账支票和现金支票。前者只能通过转账支付,不得支取现金;后者可支现也可转账。还可以分为普通支票、保付支票和划线支票。前者是没有特别规定的一般支票;中者是经付款银行在支票票面记载"保付"、"照付"字样或同类文字并盖章的支票,视为银行承担类似汇票承兑人的责任,出票人和背书人因此可以免除票据责任;后者是在支票票面划平行线两道,或在平行线内加载银行字样的支票,只能用于银行转账,不能支取现金。

支票上的记载也须依法进行。按中国票据法第85条的规定,支票必须记载下列事项,即表明"支票"的字样;无条件支付的委托;确定的金额;付款人名称;出票日期;出票人签章。支票上未记载前款事项之一的,支票无效。支票的出票人在开立支票存款账户时,应预留其本名的签名式样和印鉴,并不得签发与其预留本名的签名式样或印鉴不符的支票。

三、汇票规则的准用

无论本票还是支票,实际上均是汇票的变式,因此,除汇票的某些特殊规则,以及本票和支票因自身的特点而适用的一些规则外,这3种票据在许多地方有相通之处。正因为如此,各国票据法也好,日内瓦统一法也好,国际汇票和国际本票公约也好,均规定支票或本票的出票、背书、保证、付款等行为,以及追索权的行使,除另有特殊规定外,均适用有关汇票的规定。

另外,针对中国票据管理以及票据法适用中出现的问题,中国人民银行发布的《票据管理实施办法》以及最高院关于审理票据纠纷案件若干问题的规定,对票据管理的各个环节,以及票据纠纷的受理和管辖、票据保全、举证责任、票据权利及抗辩、失票救济、票据效力、票据背书、票据保证、法律适用、法律责任等方面,作了详细规定和解释,既吸收了国际惯例,又兼顾了中国国情。

思 考 题

1. 票据及其种类。
2. 票据的法律特征。
3. 票据的经济功能。
4. 简论票据的无因性。
5. 汇票行为有哪几种?

第六章 海 商 法

　　海商作为最古老的商事领域,虽不像公司、合同、买卖、票据等渗透到社会经济的各个角落,但迄今仍然保留着诸多历史传统并发挥着重要作用。海商法的内容很多,本章主要在介绍海商法概貌和特性的同时,较为详细地阐述船舶和船员、海上运输包括提单、海上事故及其处理的有关问题。而海上保险的内容列入下一章。

第一节 概　　述

一、何谓海商法

　　对海商法的概念,各国立法及学者的观点不尽相同。《中国大百科全书·法学》定义为:"调整海上运输中船舶及其所有人与其他有关当事人之间的权利义务关系的法律规范的总称。"[1]有的认为是"调整海上商事关系的法律规范的总称"。[2] 而中国海商法及多数学者认为:海商法是调整海上运输关系和船舶关系的各种法律规范的总称。[3] 海商法中通常包括有关船舶和船员、海上货物和旅客运输、船舶租用合同、海上保险、船舶碰撞、海上救助和共同海损等问题的规定。最早为商事惯例,在欧洲一开始就是国际通行规则,后被纳入欧洲中世纪各国的国内法,形成各个国家中仍带有很强国际性的法律分支。而在近现代,随着国际商事交往规模迅速扩大,海上运输日趋繁荣,一方面先后形成数量众多、涉及面很广的国际公约和国际惯例,另一方面各国的海商法也大量吸收公约和惯例和内容,使国内海

---

① 中国大百科全书·法学. 中国大百科全书出版社,1994.259.
② 江平. 商法全书. 中国广播电视出版社,1995.409.
③ 关安平. 国际商法实务操作. 海洋出版社,1993.771;吴焕宁. 海商法学. 法律出版社,1991.1.

商法最大限度和国际通行规则协调、统一起来。正因为如此,海商法成了国际通行规则的代表,其国际统一性超过了任何一个其他的传统商法的分支。

世界上最早的海商立法为1681年法国路易十四时期公布的《海事条例》,1807年拿破仑执政时期制定了《法国商法典》,将海事条例的有关内容修订整理后,收入商法典。受法国法例的影响,德国1861年公布的旧商法中也专列海商一编,而日本又仿法国和德国制定商法,海商迄今仍作为日本商法典第4编的内容。① 英国原来以航海习惯和海商海事判例为依据,随着19世纪航海业的发展,成文法不断增加,如1854年商船法、1906年的海上保险法、1934年的引水法、1971年的海上货物运输法等。美国与英国一样并无统一的海商法,但也在习惯法之外制定了不少成文海商法律,如1851年的船舶所有人责任限制法、1893年的哈特法、1912年的海难救助法、1915年的海员法、1936年的海上货物运输法和商船法。

中国国民政府于1929年公布海商法,翌年又公布船舶登记法,经修订后目前仍施行于台湾省。中国大陆于1952年开始起草海商法,后长期搁浅,80年代初又重新开始起草工作,1992年11月7日第7届全国人大常委会第28次会议正式通过《中华人民共和国海商法》,并于1993年7月1日起施行。中国海商法计15章278条。除总则和附则外,对船舶、船员、海上货物运输合同、海上旅客运输合同、船舶租用合同、海上拖航合同、船舶碰撞、海难救助、共同海损、海事赔偿责任限制、海上保险合同、时效和涉外关系的法律适用等一系列问题,均作了全面而详尽的规定。它是中国已经公布的所有商事法律中篇幅最长、内容和条款最多的一部法律。而且,绝大部分内容既考虑到中国的实际情况,又尽可能吸收或参照国际海商公约和惯例、习惯,对促进中国海运事业进一步走向国际化,必将起到重要作用。此外,中国早在1973年就加入了国际海事组织,也先后加入了许多其他与海运有关的国际组织和30多个国际公约,并同数十个国家签订了双边海运协定。还有,为了按国际惯例解决海事和海商争议,1959年设立了海事仲裁委员会,1988年更名为中国海事仲裁委员会,并订有《中国海事仲裁委员会仲裁规则》。1994年8月31日第8届全国人大常委会第9次会议通过的《中华人民共和国仲裁法》,也专设“涉外仲裁的特别规定”一章。对包括海事仲裁在内的涉外仲裁作了原则规定。至于海事诉讼,则根据1984年11月14日第6届全国人大常委会第8次会议通过的《关于在沿海港口城市设立海事法院的决定》,以及同月28日中国最高人民法院发布的《关于设立海事法院几个问题的决定》成立的海事法院审理。设立海事法院的城市初为广州、上海、青岛、天津和大连5个城市,后扩大到武汉、海口、厦门和宁波,共9个城市。海事法院与当地的中级人民法院平级,其上诉案件由当地高级人民法院管辖。② 1999年12月25日第9届全国人大常委会第13次会议还通过了《海事诉讼特别程序法》。随后,最高院分别于2001年、2003年发布了《关于海事法院受理案件范围的若干

---

① 吴建斌. 现代日本商法研究. 人民出版社,2003.3～7.
② 吴建斌. 经济法教程(最新修订版). 南京大学出版社,1999.132.

规定》,以及《关于适用〈中华人民共和国海事诉讼特别程序法〉若干问题的解释》。另外,国务院还于 2007 年公布了《中华人民共和国船员条例》。2008 年最高人民法院还发布了《关于审理船舶碰撞纠纷案件若干问题的规定》。

二、海商法的统一规则

如前所述,现代海商法规则具有国际趋同性。但由于各国的航海利益、国情国力等诸多因素的作用,仅仅靠各国国内海商立法,不可能完全消除法律冲突,而这种冲突严重阻碍国际航运通商事业的发展,制定海商法方面的国际统一法,成了各国海运界和立法机构面临的紧迫任务。因此,自 19 世纪以来,经过各国长期不懈的努力,形成了大量海商海事方面的国际公约和惯例。例如:《海牙规则》《海牙——维斯比规则》《汉堡规则》和《联合国国际货物多式联运公约》等 4 个货运国际条约;《1910 年船舶碰撞公约》《1952 年船舶碰撞中民事管辖权方面若干规定的国际公约》和《1952 年统一船舶碰撞或其他航行事故中刑事管辖权方面若干规定的国际公约》等 3 个关于船舶碰撞的国际公约;《统一海事抵押权和留置权若干规定的公约》《统一关于海上留置权和抵押权若干规定的国际公约》和《关于扣留海运船舶的国际公约》等 3 个关于海事特别权的国际公约;《关于船舶所有人责任限制的国际公约》和《1976 年国际海事索赔责任限制公约》(尚未生效)等两个关于船舶所有人责任限制的公约。还有《1990 年联合国国际海事委员会电子提单规则》,英国关于共同海损理算的 1924 年、1950 年、1974 年和1990 年《约克·安特卫普规则》。

1. 国际货运公约

《海牙规则》全称为《关于统一提单的若干法律规定的国际公约》。1921 年在海牙草拟,故名。1924 年 8 月 25 日由 25 个国家在布鲁塞尔签署,1931 年 6 月 2 日生效,目前已有 80 多个国家和地区加入,其原则已成为国际海运提单的通例。中国虽未加入,但中国航运公司在实践中参照该规则制定提单。《海牙规则》计 16 条。其中前 10 条为实质性条款,主要规定承运人的义务、免责范围、对货物灭失或损毁的索赔通知、赔偿限额和诉讼时效等内容。鉴于当时的历史条件,该规则对承运人较为有利,如承运人的基本义务只有提供适航的船舶和在承运过程中适当地、谨慎地处置货物,以及向托运人签发提单 3 项,而承运人的责任期限通常采用"钩至钩"原则。承运人最高赔偿限额为每件货物 100 英镑,免责事由却多达 17 项。①

《海牙——维斯比规则》亦称《维斯比规则》,是《关于修订 1924 年统一提单的若干法律规定的国际公约的议定书》的简称。该议定书的准备工作完成于维斯比,故名。应代表货方利益的第三世界国家的要求,最终于 1968 年签署于布鲁塞尔并于 1977 年6 月生效的《维斯比规则》计 17 条,只对《海牙规则》进行了非实质性的修改,表现在提高货损赔偿的责任限制,即由原来的 100 英镑提高到 1 万金法郎或每公斤 30 金法郎中

---

① 《海牙规则》第 4 条。

的较高者;增加了保护提单转让中善意第三人的规定和集装箱运输中的赔偿规定;扩大了公约的适用范围。

《汉堡规则》全称为《1978 年联合国海上货物运输公约》。因于 1978 年 3 月在汉堡举行的联大全权代表大会上通过,故名。1992 年 10 月批准加入该公约的国家满 20 个时生效,计 34 条。其中第 1 条至 26 条为实质性条款,对《海牙规则》作了全面修改和补充。如延长了承运人的责任期限,将"钩至钩"原则改为"接到交"原则,即从托运人将货物交给承运人掌管之时起,至交给收货人为止,承运人均须对货物负责。又如承运人的责任基础改为过失责任,并对免责事由承担举证责任。另外,承运人责任限制也修改为每件货物或每一装运单位不超过 835 个特别提款权和毛重每公斤不超过 2.5 个特别提款权,以两者中高者为准。与前两个规则相比,《汉堡规则》加重了承运人的责任,比较公正地划分了船货双方的权利义务关系。其原则在中国海商法有关提单的规定中也有所反映和体现。

《联合国国际货物多式联运公约》于 1980 年 5 月在日内瓦会议上通过,由包括中国在内的 67 个国家在会议最后文件上签了字。公约包括序言、8 个部分 40 条及 1 个附件。主要对多式联运单据、多式联运营人的赔偿责任、发货人的赔偿责任、索赔、诉讼及其时效等事项作了规定。国际货物多式联运通常将海洋、铁路、航空等多种运输工具联结起来,采用集装箱,将货物从一国境内运送至另一国。它可节省货物包装材料、降低经营成本、提高货运质量,是近年逐渐兴起的一种现代化运输方式,但目前在国际货运中所占比重不大,故该公约的影响和作用远不及上述 3 个海运规则。

2. 船舶碰撞国际公约

《1910 年船舶碰撞公约》于 1910 年 9 月 23 日在布鲁塞尔签署,并于 1913 年 3 月1 日生效。计 17 条外加 1 个附加条款。主要内容包括确定船舶碰撞责任的原则,碰撞后的救助责任和诉讼时效等 3 个方面。由于世界上主要海运国家均已批准或加入,因而该公约在船舶碰撞方面占有重要地位。中国虽不是该公约的参加国,却在处理船舶碰撞纠纷案件时,同样采用按过失程度分担责任的原则。

《船舶碰撞中民事管辖权方面若干规定的国际公约》和《统一船舶碰撞或其航行事故中刑事管辖权方面若干问题的国际公约》,均于 1952 年 5 月 10 日在布鲁塞尔举行的海洋法外交会议上通过。由于批准的国家不多,且属于司法管辖权方面的公约,只是特定于船舶碰撞领域,故在国际航运界影响不大。

3. 船舶所有人责任限制公约

《关于船舶所有人责任限制的国际公约》于 1957 年 10 月 10 日在布鲁塞尔签署,并以此取代 1924 年 8 月 25 日同样在布鲁塞尔订立的《统一海船船舶所有人责任限制若干规定的国际公约》,计 16 条。该公约将 1924 年旧公约中按船价制度和金额制度双重标准改成按每一事故确定的事故制度标准衡量船舶所有人的责任限制,比较充分地维护了受害人的利益。

《1976 年国际海事索赔责任限制公约》在 1976 年 11 月 19 日订立于伦敦。计 5

章 23 条,前 4 章为实质性条款。主要内容包括责任限制的权利、责任限制的数额、责任限制基金和运用范围等,比较详细、具体。与 1957 年公约相比,将有权享受责任限制的人由船舶所有人、船员扩大到救助人及其受雇人;将责任制度改为只有重大过失的人才不能主张责任限制;而责任限额的计算单位,也由原来的法郎改为特别提款权。

4. 海事特别权的国际公约

《统一海事抵押权和留置权若干规定的公约》在 1926 年 4 月 10 日订于布鲁塞尔,计 22 条外加签字议定书。该公约对海事留置权和抵押权行使的条件、范围、方式等作了原则规定。

《统一关于海上留置权和抵押权若干规定的国际公约》在 1967 年 5 月 27 日订于布鲁塞尔,计 25 条。全面修订并明文废止了 1926 年公约。

5. 共同海损理算规则

《约克·安特卫普规则》最早由英国社会科学促进会制定,成文于 1924 年,故称《1924 年约克·安特卫普规则》,包括 A—G7 条原则和 23 条细则,经 1950 年、1974 年、1990 年修订,形成一系列新文本。其中 1950 年文本为 7 条原则 22 条细则,1974 年文本形式相同,而《1990 年约克·安特卫普规则》中仅有细则 18 条而无原则条款。这些规则并非国际公约,而是民间规则,每次修改也只是创建新规则,而不废除旧规则,故不同文本间相互独立。由于英国老牌航海大国的地位,使约克·安特卫普规则成为国际上最有影响、使用最广的共同海损理算规则。中国海商法第 10 章共同海损,就吸收了《1974 年约克·安特卫普规则》的主要内容。

第二节　船舶和船员

一、船舶

1. 什么是船舶

海商法上的船舶与通常意义上的船舶不完全相同。按各国通例,海商法上的船舶仅仅是指与海洋运输有关的商务船。中国海商法第 3 条第 1 款则将船舶限定为:"是指海船和其他海上移动装置,但是用于军事的、政府公务的船舶和 20 总吨以下的小型船艇除外。"而且,"船舶,包括船舶附具"。建造中的船舶一般不视为海商法上的船舶,除非已下水,并处于能航行状态。有时,为了抵押借款的需要,建造中船舶被作为船舶对待。[1] 船舶是物,但却具有法律人格。船舶有名称、国籍、船龄、住所即船籍港,英美法中的"对物诉讼"可以将船舶当作诉讼当事人。船舶是动产,但除法国、意大利、葡萄

---

[1] 江平. 商法全书. 中国广播电视出版社,1995. 412.

牙、西班牙、希腊、比利时等国海商法中明文规定船舶为动产外,其他国家海商法中通常视船舶为不动产,以登记为确权依据,中国亦然。

2. 船舶登记

船舶登记是指船舶享有所有权、抵押权或者光船租赁权的人,向船舶登记机关申请并提交相应的文件,经该机关审查,对符合法定条件的事实予以注册,并以国家名义签发相应证书的法律行为。各国均有本国的船舶登记制度,有的登记条件较严,有的则很宽。如中国规定属于中国法人、非法人组织或公民所有,并且所有船员均为中国公民的船舶,才能经登记取得中国国籍。而巴拿马、利比里亚、塞浦路斯、索马里等国则对在本国登记的船舶限制很少,基本上实行开放登记。因此,船舶要取得那些国家的国籍很方便。

船舶登记的事项一般为:船的名称、种类和用途、马力和吨位等主要营运性能、船舶所有人等。船舶登记的法律效力主要体现在 3 个方面:一是取得船舶国籍和航行权。登记国即为船舶船旗国,船舶可悬挂该国国旗,并受该国的保护和管理。二是确定船籍港。三是确定船舶所有权人的合法权益。船舶未经登记者,其所有权人不得对抗第三人。

3. 船舶所有权、抵押权和优先权

(1)船舶所有权。是指船舶所有人依法对其船舶所享有的占有、使用、收益和处分的权利。由于船舶多被视为不动产,因而船舶所有权的取得、转让和消灭,应在船舶登记机关登记。未经登记者,不得对抗第三人。如甲从乙处购买一艘远洋货轮,并已支付全部价金 100 万美元,但在过户登记之前,乙又将该轮卖给丙,丙不但付清了全部款项,而且还在船舶登记机关办理完转让登记手续,那么,甲就不能以已向乙付款而主张对该轮的所有权,所有权人只能为丙。甲也只能就乙的违约行为采取其他救济办法,除非能证明丙的行为并非出于善意。

此外,船舶由两人或两人以上共有的,形成船舶共有关系。船舶共有人与合伙人不同,相互间无代表权,但共有人有权处分属于其自己部分的权利。船舶共有关系,以及船舶设定抵押权、质权等他项权的,均须登记,否则也不得对抗第三人。

(2)船舶抵押权。是指抵押权人对于抵押人提供的作为债务担保的船舶,在抵押人不履行债务时,可以依法拍卖,从卖得的价款中优先受偿的权利。船舶抵押人必须为船舶所有人或其授权的人。船舶共有人如就共有船舶设定抵押权的,一般应取得其他共有人的同意。中国规定应有 2/3 以上份额的共有人同意,方能将共有船舶设定抵押权。设定抵押权时,应签订书面合同,并由双方当事人共同向船舶登记机关办理抵押权登记,登记内容为当事人双方姓名或名称、地址;被抵押船舶的名称、国籍、船舶所有权证书的颁发机关和证书号码;所担保的债权数额、利息率、受偿期限等。船舶抵押权设定后,未经抵押权人同意,抵押人不得将抵押船舶转让给他人。但同一船舶一般可以设定两个以上的抵押权;抵押权人的受偿顺序按登记先后为准。同日登记的抵押权,受偿顺序亦相同。

除抵押人和抵押权人在船舶抵押权合同中另有约定外,抵押人应对被抵押船舶进行保险;未保险的,抵押权人有权对该船舶进行保险,保险费由抵押人负担。被抵押船舶灭失,抵押权随之消灭。抵押权人有权优先于其他债权人从船舶灭失的保险赔偿中得到赔偿。

(3)船舶优先权。是指海事请求权人依照法律的规定,向船舶所有人、光船承租人、船舶经营人提出海事请求,对产生该海事请求的船舶具有优先受偿的权利。具有船舶优先权的海事请求项目多由海商法明确规定。据中国海商法第22条的规定,下列各项海事请求具有船舶优先权:船长、船员和在船上工作的其他在编人员依法律法规或合同所产生的工资、其他劳动报酬、船员遭返费用和社会保险费用的给付请求;在船舶营运中发生的人身伤亡的赔偿请求;船舶吨税、引航费、港务费和其他港口规费的缴付请求;海难救助的救助款项的给付请求;船舶在营运中因侵权行为产生的财产赔偿请求。如出现船舶优先权、抵押权或留置权并存的情况时,受偿顺序为先优先权,后留置权,再抵押权。而船舶留置权是指造船人、修船人在合同相对人违约时,可以留置所占有的船舶,以保证造船或修船费用得以偿还的权利。

船舶优先权不能由优先权人直接行使,而只能通过法院扣押产生优先权的船舶行使。因行使船舶优先权产生的诉讼费用,保存、拍卖船舶和分配船舶价款产生的费用,以及为海事请求人的共同利益而支付的其他费用,应当从船舶拍卖所得价款中先行拨付,而不按船舶优先权受偿顺序分配。

二、船员

各国海商法中对船员的规定并不相同。根据中国海商法、《海船船员考试发证规则》以及批准加入的《1978年海员培训、发证和值班标准公约》,船员是指包括船长在内的船上一切任职人员。分为高级船员和普通船员。前者有船长、政工人员、驾驶员(即大副、二副和三副);轮机长、轮机员、电机员;报务员、事务长和船医。后者有正、副水手长、水手、木匠、机匠;加油、生火和炊事员、服务员等。

根据2007年国务院船员条例第4条的规定,船员是指依法经船员注册取得船员服务的人员,包括船长、高级船员、普通船员。前者为依法取得船长任职资格,负责管理和指挥船舶的人员;中者为依法取得相应任职资格的大副、二副、三副、轮机长、大管轮、二管轮、三管轮、通信人员以及其他在船舶上任职的高级技术或者管理人员;后者是指除船长、高级船员外的其他船员。

船员配备必须足额和适任。船长、驾驶员、轮机长、轮机员、电机员、报务员,必须持有相应适任证书,才能登船工作。一定吨位以上以及担负特殊航行任务和职能船舶的船员,还须符合相应的特殊要求。另外,大多数国家对船员的国籍有一定要求。中国法律规定中国籍船舶的船员应由中国公民担任,即是一例。当然,如确有需要,除船长、轮机长、大副、大管轮、报务员外,经交通部批准,中国船舶也可任用适量外国人。这一般适用于中外合资经营企业所有的船舶。另外,按中国海商法第33条的规定,从事国际航行船舶的中国籍船员,必须持有中华人民共和国港务监督机构颁发的海员证和有关证书。

　　船员主要享有下列权利:① 工资报酬请求权;② 病残补助金请求权;③ 送回原港请求权;④ 保险费请求权;⑤ 退休金请求权;⑥ 丧葬费和抚恤金请求权。同时负有下列主要义务:① 忠于职守、服从命令、听从指挥;② 不得私载货物及走私;③ 不得酗酒、斗殴、扰乱船舶秩序。① 船舶的船长作为船舶的最高首脑,身居要职,责任重大,故各国海商法对船长均有特别规定。船长是船舶所有人或承租人或受船舶所有人或承租人雇佣,在特定船舶上指挥、管理航行,以完成航行目的的船员。而现代航海业中,船长多受雇于人,同时又是船舶所有人的代理人,主要担负着下列职责:① 负责船舶的管理和驾驶,船长在其职权范围内所发布的命令,所有在船人员均须执行;② 负责全船的安全和秩序,并可采取一切必要的措施保护在船人员和财产的安全;③ 负责制作海损、污染事故报告书;④ 尽力救助海上遇险人员和遇难船;⑤ 行使船方、货主的代理权,包括代表船舶所有人签发提单,同时也可代表船东和货主签订有关救助、引水、拖带、临时修理等合同;⑥ 代表国家行使某些行政、司法权。如对在船上进行违法犯罪活动的人实行禁闭;办理在船人员出生或死亡登记等。

　　船长在航行中死亡或因故不能执行职务的,应由驾驶员中职务最高的人代理船长职务。但在下一个港口开航前,船东应指派新船长接任。

　　上述国务院船员条例,对船员注册和任职资格、职责、职业保障、船员培训和船员服务、法律责任等均作了详细规定。

第三节　海 上 运 输

一、海上运输及其种类

　　海上运输是指以海洋为通径,以船舶为工具,将货物或旅客从一个港口运送到另一个港口的海上商事活动。海上运输按不同标准可划分为不同种类,如依运送标的不同分为海上货物运输和海上旅客运输;依运输合同的性质不同分为班轮运输和租船运输。班轮运输是指由班轮公司在固定的航线,沿线停靠若干固定的港口,按固定的航期、固定的运费率组织的运输。由于班轮运输合同表现为海运提单,承运人的责任以提单为依据,因而班轮运输亦称提单运输。租船运输是指船舶所有人与承租人以约定的条件,订立租船合同,由船舶所有人将船舶的全部舱位或部分舱位租给承租人,以收取租金或运费的运输。租船运输又分为航程租船运输(亦称航次租船运输)、定期租船运输和光船租赁运输3种。中国海商法第2条所规定的海上运输,"是指海上货物运输和海上旅

---

① 李玉泉,何绍军.中国商事法.武汉大学出版社,1995.427.

客运输,包括海江之间、江海之间的直达运输。"而所有海上运输均是以合同联结并确定当事人间的权利义务关系的。还有,中国海商法第4章至第7章,对海上货物和旅客运输合同,以及航次租船合同、定期租船合同、光船租赁合同等船舶租用合同、海上拖航合同和多式联运合同,均作了具体规定。

二、海上货物运输合同

海上货物运输合同是指承运人收取运费,负责将托运人托运的货物经海路由一个港口运至另一个港口的合同。海上货运合同所指的货物,按中国海商法第42条第5项的解释,"包括活动物和由托运人提供的用于集装货物的集装箱、货盘或者类似装运器具。"合同的形式可书面也可口头,但航次租船合同应采取书面形式。电报、电传和传真具有书面效力。

1. 合同当事人的责任

各国海商法及不同的海上货运合同方面的国际公约,对合同当事人责任的规定差异很大。下面以吸收《维斯比规则》和《汉堡规则》有关内容的中国海商法为例,加以简单说明。

中国法对承运人实行不完全过失责任制,承运人的责任期间为全程运输期间。集装箱运输的,从装货港接收货物时起至卸货港交付货物时止,货物处于承运人掌管下的全部期间;非集装箱运输,则以货物装上船时起至卸下船时止,货物处于承运人掌管下的全部期间。承运人首先应在船舶开航前和开航当时,使船舶处于适航状态。其次,承运人应妥善地、谨慎地装载、搬移、积载、运输、保管、照料和卸载所运货物。最后,承运人应按约定或习惯或地理上的航线将货物运往卸货港,并承担无故绕航的损失和货损。在承运人和实际承运人不一致时,除两者间有特别约定外,对托运人负连带赔偿责任。为了保护承运人的利益,中国法参照国际公约和惯例,详细规定了承运人的责任限制和负责事项。承运人的责任限制,包括对承运人的承担责任的范围的限制和承担责任的金额的限制。货物的灭失、损坏或者迟延交付是由于承运人或其受雇人、代理人的不能免除赔偿责任的原因以及其他原因共同造成的,承运人举证后,仅就前者原因负赔偿责任。承运人对货物灭失的赔偿额,按货物的实际价值计算;货物损坏的赔偿额,按货物受损前后实际差价或修复费用计算。而中国海商法第56条规定的赔偿限额,按灭失或损坏货物件数或其他货运单位计算,每件或每一其他单位66 667个特别提款权,或货物毛重每公斤2个特别提款权,以两者中较高者为准。但如托运人在货物装运前已申报其性质和价值,并在提单中载明的,或者承运人与托运人已另行约定高于该赔偿限额的,按申报或约定计算。货物用集装箱、货盘或类似装运器具集装的,提单中载明装在此类装运器具中的货物件数或者其他货运单位数,视为上述计算单位。未载明的,每一装运器具视为一件或一个单位。装运器具不属于承运人所有或者非由承运人提供的,装运器具本身视为一件或一个单位。

中国海商法第51条规定了承运人的免责事由,计12项。它们是:① 船长、船员、引航员或者承运人的其他受雇人在驾驶船舶或管理船舶中的过失;② 非承运人本人的过失造成的火灾;③ 天灾,海上或者其他可航水域的危险或意外事故;④ 战争或武装冲突;⑤ 政府或主管部门的行为,检疫限制或司法扣押;⑥ 罢工、停工或劳动受到限制;⑦ 在海上救助或企图救助人命或财产;⑧ 托运人、货物所有人或其代理人的行为;⑨ 货物的自然特性或固有缺陷;⑩ 货物包装不良或标志欠缺、不清;⑪ 经谨慎处理仍未发现的船舶潜在缺陷;⑫ 非由于承运人或者承运人的受雇人、代理人的过失造成的其他原因。除第⑫ 项外,承运人负举证责任。

较之承运人的责任而言,托运人的责任相对简单,主要有提供货物和支付运费。而在提供货物时应注意以下几点:① 按约提供货物和描述货物的资料;② 妥善包装货物;③ 及时办理各项货运所需的手续,并将有关单证送交承运人;④ 在货物或其包装上作出准确、清晰的货物标志。托运危险货物的,还应作特殊包装和标志。

此外,海上货运合同还因当事人要求或法定原因而解除。但除船舶在装货港开航前,因不可抗力或其他不能归责于承运人和托运人的原因导致合同不能履行,当事人双方均可解除合同,且互相不负赔偿责任者外,解除合同致对方损失的当事人应承担赔偿责任。

2. 海上货运合同的特别规定

在中国海商法所规定的 3 种海上货运合同中,对航次租船合同和多式联运合同设有特别规定。其中,前者是指船舶出租人向承租人提供船舶或者船舶的部分舱位,装运约定的货物,从一个港口运至另一个港口,并由承租人支付约定运费的合同。后者是指多式联运经营人以包括海运在内的两种以上不同运输方式,负责将货物从接收地运至目的地交付收货人,并收取全程运费的合同。

航次租船合同的内容,主要包括出租人和承租人的名称、船名、船籍、载货重量、容积、货名、装货港和目的港、受载期限、装卸期限、运费、滞期费、速遣费以及其他有关事项。在航次租船合同中,出租人与承租人间的权利义务与一般海上货运合同中托运人与承运人间的权利义务有所不同。主要是出租人不但应保证船舶的适航性,而且应当提供约定的船舶,否则应赔偿承租人因此而造成的损失。出租人在约定的受载期限内未能提供船舶的,承租人也有权解除合同。但是,出租人如已将船舶延误情况和船舶预计抵达装货港口的日期通知承租人,承租人应当自收到通知起 48 小时内,将是否解除合同的决定通知出租人,否则,丧失因此而解除合同的权利。与此相对应,承租人应提供约定的货物。经出租人同意,也可更换货物。但如更换的货物对出租人不利,出租人有权拒绝或解除合同。因未提供约定的货物造成出租人损失的,承租人应予赔偿。承租人应按约及时通知确定的卸货港,如未予通知,船长可从约定的选卸港中任选一港卸货,因此而致出租人损失的,由承租人赔偿。另外,如提单持有人不是承租人的,承运人与该提单持有人之间的权利义务关系适用提单的约定。但提单载明适用航次租船合同的条款的,从提单规定。

多式联运合同中多式联营人负责履行或组织履行多式联运合同,并对全程运输负责。其对货物的责任期间,自接收货物时起至交付货物时止,且不受各区段承运人间其他合同约定的影响。货物发生灭失或损坏,多式联运经营人的赔偿责任及其限额,适用调整该区段运输方式的有关法律规定;不能确定运输区段的,适用海商法的有关规定。

3. 提单

提单,是指用于证明海上货物运输合同和货物已由承运人接收或装船,以及承运人保证据以交付货物的单证。提单中所载明的向记名人交付货物,或者按指示人的指示交付货物,或者向提单持有人交付货物的条款,构成承运人据以交付货物的保证。

按不同的分类标准,可将提单划分为许多不同种类,如按签发时间不同划分为已装船提单和备运提单;按抬头不同划分为记名提单、不记名提单和指示提单;按运输方式不同划分为直达提单和联运提单;按提单有无批注划分为清洁提单和不清洁提单;按载体不同分为纸提单和电子提单。

已装船提单是指承运人向托运人签发的货物已经装船的提单。这可保障收货人按时收到货物,买方多要求规定于买卖合同中。备运提单亦称收货待运提单,是指承运人已经收到货物等待装运的提单。多由承运人的代理人在内陆收货站签发。

记名提单亦称收货人抬头提单,是指填明收货人姓名或名称的提单。记名提单不能背书转让,记名收货人之外的人也无权提货,故风险小,但流通性差,在国际商事交易中使用不多。不记名提单亦称持票人提单,是指在收货人栏内仅填写"交与持票人"字样的提单。与记名提单相反,不记名提单仅凭交付即可转让,但风险也大。指示提单是依记名人或非记名人的指示交货的提单。它可以背书方式转让,在国际商事交易中应用较广。

直达提单亦称直运提单,是指由承运人签发给托运人,货物从装运港不经转船直接运达卸货港的提单。联运提单亦称转船提单,是指由一个以上的船舶所有人以一艘以上的船舶承运货物,由第一承运人或其代理人收取全程运费并签发的提单。一般在提单内规定分段负责条款,将提单实际上变成由一系列独立的承运人履行的互不相干的运输合同。与中国国内联运合同中承运人的责任有很大不同。随着集装箱运输的发展,转船提单以及海陆联运中的多式联运提单使用日多。

清洁提单是指货物的表面状况未加批注的提单。它说明承运人在接收货物时,货物表面状况没有缺陷。在货物买卖合同中,一般均规定卖方须提供清洁提单。不清洁提单是指承运人在提单上批注货物不良状况的提单。托运人和银行一般会拒收不清洁提单,因为这种提单难以转让。为此,卖方或托运人在无法更换包装或修复的情况下,往往向承运人出具保函,以换取承运人签发的清洁提单,并保证赔偿由此给承运人造成的损失。但是根据《汉堡规则》第17条的规定,保函仅对托运人有效,而对包括受让提单的收货人在内的任何第三人不产生任何效力。

纸提单是以纸张作为提单内容的载体的传统提单。电子提单是指买卖双方约定使用电子资料交换系统(EDI)进行结算交接时,用于替代传统单证的电子资料EDI单证。1990年国际海事委员会第34届大会上通过了《国际海事委员会电子提单规则》,被欧美诸国率先采用,中国也准备实施 EDI 业务。

提单签发人多为承运人,但也可由其代理人签发。除在某个航程中加以排除外,船长是承运人的当然代理人。提单的内容一般应包括下列各项:① 货物的品名、标志、包数或件数、重量或体积,以及运输危险货物时对危险性质的说明;② 承运人的名称和主营业所;③ 船舶名称;④ 托运人的名称;⑤ 收货人的名称;⑥ 装货港和在装货港接收货物的日期;⑦ 卸货港;⑧ 多式联运提单增列接收货物的地点和交付货物地点;⑨ 提单的签发日期、地点和份数;⑩ 运费的支付;⑪ 承运人或其代表的签字。提单缺少其中的一项或几项,不影响提单的性质。但是,提单必须证明海上货运合同和货物已由承运人接收或装船,承运人保证据此交付货物。承运人或其代理人应在货物装船后的合理时间内签发提单。提单上的签发日期应为货物装完日期而非开装日期。如果提单签发日期在货物装完日期之前,即为预签或倒签提单,在某些国家受到禁止。如中国认为预签或倒签提单是侵权行为,由承运人赔偿由此引起的损失。但据中国海商法第74 条的规定,货物装船前,承运人已经应托运人的要求签发收货待运提单或其他单证的,货物装船完毕,托运人可将该单证退还承运人,以换取已装船提单;承运人也可在收货待运提单上加注承运船舶的船名和装船日期,加注后即视为已装船提单。

提单在国际商事交易中具有重要作用。提单的作用主要体现在 3 个方面,即证明海上货物运输合同;证明承运人已接收货物;代表货物所有权。提单本身并非海上货运合同,只能证明合同的存在,但托运人一旦将提单背书转让给收货人,提单即成为受让人与承运人之间的合同,承运人有义务按提单向收货人交付货物。承运人收到货物后,即向托运人签发提单,证明其已收到提单项下的货物,此时的提单即是货物收据。即使承运人实际收到的货物与提单不符,承运人也有义务向收货人按提单交货。提单是一种物权凭证,谁占有提单,谁就拥有提单项下货物的所有权,这已是国际惯例。

三、海上旅客运输合同

海上旅客运输合同是指承运人以适合运送旅客的船舶经海路将旅客及其行李从一个港口运至另一个港口,由旅客支付票款的合同。合同一般为承运人统一印制的标准格式,通常为客票。因此,中国海商法第 110 条规定:"旅客客票是海上旅客运输合同成立的凭证。"海上客运合同或客票作为标准合同,不得包含免除承运人对旅客应承担的法定责任;降低法定的承运人责任限额;对法定举证责任作相反规定以及限制旅客索赔权等条款。否则,该条款无效,但不影响合同其他条款的效力。

承运人的责任期间为旅客及其行李的全部运送期间。对旅客自其登船时起至离船时止,旅客的自带行李运送期间与上述期间相同。旅客的其他行李运送期间,自旅客将行李交付承运人或承运人的受雇人、代理人时起至承运人或其受雇人、代理人交还旅客时止。承运人的责任按国际通行惯例,为推定过失责任。在旅客及其行李的运送期间,因承运方的过失引起事故,造成旅客人身伤亡或行李灭失、损坏的,承运人应负赔偿责任。对承运方的过失,请求索赔人应负举证责任。但是,旅客的人身伤亡或自带行李的灭失、损坏,是由于船舶的沉没、碰撞、搁浅、爆炸、火灾所引起或者是由于船舶的缺陷所引起的,以及旅客的其他行李不论因何种原因灭失或损坏,均推定为承运方有过失,除非其提出反证。

承运人的赔偿限额各国规定不同,发达国家和发展中国家差异很大。中国海商法第117条规定,除承运人与旅客另行约定更高的赔偿额外,人身伤亡的旅客每位不超过46 666个特别提款权;旅客自带行李灭失或损坏的,每位旅客不超过833个特别提款权;旅客车辆包括该车辆所载行李灭失或损坏的,每一车辆不超过3 333个特别提款权;旅客的其他行李灭失或损坏的,每位旅客不超过1 200个特别提款权。

四、海上拖航合同

海上拖航合同是指承拖方用拖轮将被拖物经海路从一地拖至另一地,而由被拖方支付拖航费的合同。合同主要适用于船舶拖航,但也包括浮坞、海上石油勘探平台等其他水上浮动物体的拖带。

海上拖航合同应采取书面形式,并包括承拖方和被拖方的名称和住所、拖轮和被拖物的名称和主要尺度、拖轮马力、起拖地和目的地、起拖日期、拖航费及其支付方式等主要条款。在海上拖航合同中,被拖方应使被拖物适航,承拖方更应使拖轮处于适航、适拖状态。

与海上货运合同实行不完全过失责任制、海上客运合同实行推定过失责任制不同,海上拖航合同实行过失责任制。承拖方或被拖方一方过失造成另一方损失的,过失方负赔偿责任;双方均有过失的,按过失程度的比例赔偿损失。如因承拖方或被拖方的过失造成第三人人身伤亡或财产损失的,双方对第三人负连带赔偿责任。但是,被拖方的损失是由于拖轮船长、船员、引航员或者承拖方的其他受雇人、代理人在驾驶拖轮或管理拖轮中的过失,以及拖轮在海上救助或企图救助人命或者财产时的过失,承拖方不负赔偿责任。另外,因不可抗力或其他不能归责于双方的事件致使合同不能履行或者不能继续履行,双方均可解除合同,并且互相不负赔偿责任。

五、船舶租用合同

船舶租用合同是指船舶所有人以约定条件将船舶交与承租人使用并收取租金的合同。包括定期租船合同和光船租赁合同。前者是指船舶出租人向承租人提供约定的由出租人配备船员的船舶,由承租人在约定的期限内按照约定的用途使用,并支付租金的合同。后者是指船舶出租人向承租人提供不配备船员的船舶,在约定的期间内由承租人占有、使用和营运,并向出租人支付租金的合同。两者均应采取书面形式。租船合同虽然有的不属于运输合同,但是大多为运输合同的一种。

定期租船合同的内容,主要包括出租人和承租人的名称、船名、船籍、船级、吨位、容积、船速、燃料消耗、航区、用途、租船期间、交船和还船的时间和地点以及条件、租金及其支付以及其他有关事项。出租人的主要义务为提供船舶并保证其适航。承租人的主要义务为按约使用船舶、支付租金并如期归还船舶。承租人可在租期内将租来的船舶转租他人,但应将转租情况及时通知出租人,转租不影响原合同约定的权利义务。与此相对应,船舶所有人若在租期内将已出租的船舶所有权转让他人的,也应及时通知承租人,且并不影响原合同的权利义务,只是改由受让人和承租人继续履行。

光船租赁合同的内容,主要包括除船速外的定期租船合同内容,另加船舶检验、船舶的保养和维修、船舶保险、合同解除的时间和条件以及其他有关事项。出租人的主要义务只是交给承租人一艘光船,并保证该船不存在任何所有权争议或债务纠纷。在光船租赁期间,承租人自行负责船上的人员配备、船舶的维修保养、给养供应以及船舶保险。在租期内未经出租人书面同意,承租人不得转让合同的权利义务,也不得以光船租赁方式转租船舶。与此同时,未经承租人书面同意,出租人不得在租期内对船舶设定抵押权。否则,应赔偿承租人由此造成的损失。这是光船租赁合同与定期租船合同最大的区别所在。

第四节　海上事故及其处理

船舶为海上移动物体,往往远离大陆,而海上运输又存在极大的风险性,海上事故难免发生。各国海商法针对这一特点,一般均对海上事故及其处理作出明确规定,国际上也形成了一系列公约和惯例。下面主要介绍中国海商法中专章规定的船舶碰撞、海难救助、共同海损和海事赔偿责任限制几个问题。

一、船舶碰撞

船舶碰撞是指船舶在海上或者与海相通的可航水域发生接触造成伤害的事故。碰撞的船中至少一方是海船。除船舶之间发生接触的直接碰撞外,还有间接碰撞,即船舶之间虽未实际接触但也已造成损害的情况。船舶发生碰撞,当事船舶的船长在不严重危及本船和船上人员安全的情况下,对于相碰的船舶和船上人员必须尽力相救,中国海商法第166条对此有明文规定。《1910年统一船舶碰撞若干法律规定的国际公约》第8条还规定不尽力救助者应负刑事责任。

船舶碰撞的责任界限,中国法及1910年公约均实行按过失程度分担责任的原则。在船员并无过失,而由于不可抗力或不明原因造成的碰撞由受害方自负责任。因单方过失的船舶碰撞由过失方承担赔偿责任。互有过失的船舶碰撞,各当事船舶按过失程度的比例承担赔偿责任。如过失程度相当或过失程度的比例无法判定,则各船平均负赔偿责任。而当有过失造成的碰撞导致第三人人身伤亡时,过失船舶负连带赔偿责任。

前述2008年最高院关于船舶碰撞纠纷司法解释仅有短短几条,就此类案件司法实践中的一些具体问题作了规定。

二、海难救助

海难救助亦称海上救助,是指在海上或与海相通的可航水域,对遇险的船舶和其他财产所进行的救助。救助的方式主要有救助拖带、搁浅救助、救火、打捞沉船和其他财产、拖救正在沉没或失控船舶、提供船员或供给船舶属具、守候救助等。

根据海难救助产生的依据不同,可分为一般救助和合同救助两种。一般救助是指在他船遇难的危急关头,未同被救助人订立救助合同而自愿实施的救助。合同救助则是指按照救助双方达成的书面或口头协议而进行的救助。承担大部分海难救助工作的专业救捞公司印制的标准合同,一般均包括中国海商法第 177、178 条所规定的救助双方的主要义务。其中救助方的义务有:① 以应有的谨慎进行救助;② 以应有的谨慎防止或减少环境污染损害;③ 在合理需要的情况下,寻求其他救助方援助;④ 当被救助方合理地要求其他救助方参与救助作业时,接受此种要求,但是要求不合理的,原救助方的救助报酬金额不受影响。被救助方的义务有:① 与救助方通力合作;② 以应有的谨慎防止或减少环境污染的损害;③ 当获救的船舶或其他财产已被送至安全地点时,及时接受救助方提出的合理的移交要求。

救助报酬在国际上通行“无效果无报酬”原则,中国法亦然。但同时体现了《1989 年国际救助公约》中所规定的充分考虑救助油轮和防止海洋污染等问题的精神。在救助船货的同时,又防止或减少污染的损害,可以取得特别补偿,但不得超过救助费用的 2 倍。救助报酬的金额,应由获救的船舶和其他财产的各所有人按各自获救财产价值比例承担。此外在救助作业中救助人命的救助方,对获救人员不得请求酬金。

三、共同海损

共同海损是指在同一海上航程中,船舶、货物和其他财产遭遇共同危险,为了共同安全,有意地合理采取措施所直接造成的特殊牺牲、支付的特殊费用。此处的“牺牲”是指船舶、货物或其他财产因共同海损而遭受的直接的损害。而“费用”是指在共同海损行为中,为了船舶、货物和其他财产的共同安全所支付的额外的费用。

共同海损的成立,必须符合 4 个要件,即① 船舶、货物和其他财产必须处于共同危险状态;② 采取的措施必须是有意的、合理的;③ 必须是为了船舶、货物和其他财产的共同安全所作的;④ 牺牲和费用的支出必须是特殊的、直接的。牺牲主要包括:抛弃货物;货物湿损、火烧;救火;自动搁浅;机器和锅炉的损坏;运费损失。费用主要包括:避难港费用;救助费用;修理费用;代替费用。

共同海损事故发生后,有获救财产保存下来,就要进行共同海损的理算。它是指共同海损事故发生后,按照合同约定,委托指定的专业海损理算机构或理算人,就共同海损的损失与费用的分摊、补偿等有关事宜,进行调查研究和审核计算,编制共同海损理算书的工作。① 理算时一般适用合同约定的理算规则或理算地法律。理算的基础是船舶到达航程终止港时的财产价值。如宣布放弃航程时,以放弃航程时的地点和时间为准。

计算共同海损牺牲的金额时,船舶按实际支付的修理费,减除合理的以新换旧的扣减额计算。另有尚未修理和实际全损的计算依据。货物灭失的,按货物在装船时的价值加保险费和运费,减除由于牺牲无需支付的运费计算;货物损坏,在就损坏程度达成协议前出售的,按货物在装船时的价值加保运费,与出售货物净得的差额计算。运费按货物遭受牺牲造成的运费的损失金额,减除为取得这笔运费本应支付,但因牺牲而无需支付的营运费用计算。

共同海损的分摊,应由受益人按各自的分摊价值,也即因采取共同海损措施而受益的财产价值的比例进行。中国海商法第 199 条对船舶、货物和运费的分摊价值确定标准,作了详细规定。但旅客的行李和私人物品,不分摊共同海损。共同海损分摊金额的计算公式为:

各受益方的分摊金额＝各受益方的分摊价值×共同海损损失总额/共同海损总分摊价值

四、海事赔偿的责任限制

各国海商法及有关国际公约,对海事赔偿的责任限制均有明确规定,限额标准当然有所不同。依中国海商法第 210、211 条规定,除对总吨位不满 300 吨的船舶另订标准(1995 年已由交通部订立)外,海上旅客运输的旅客人身伤亡赔偿责任限制,按 46 666 个特别提款权乘以船舶证书规定的载客定额计算赔偿限额,但最高不超过 2 500 万个特别提款权。其他情况下的赔偿限额,在人身伤亡时按总吨位计算如下:

总吨位 300～500 吨的船舶,赔偿限额为 333 000 个特别提款权。总吨位500 吨以上的船舶,按增加吨数累退计算。其中:

501 吨至 3 000 吨的部分,每吨增加 500 个特别提款权;

3 001 吨至 30 000 吨部分,每吨增加 333 个特别提款权;

30 001 吨至 70 000 吨的部分,每吨增加 250 个特别提款权;

70 000 吨以上的部分,每吨增加 167 个特别提款权。

在非人身伤亡时则按总吨位计算如下:总吨位 300～500 吨的船舶,赔偿限额为 167 000 个特别提款权。总吨位 500 吨以上的船舶,也按增加吨位数累退计算。其中:

501 吨至 30 000 吨的部分,每吨增加 167 个特别提款权;

30 001 吨至 70 000 吨的部分,每吨增加 125 个特别提款权;

70 000 吨以上的部分,每吨增加 83 个特别提款权。

但是,上述限额不适用于对救助款项或共同海损分摊的请求;所参加的国际公约中

---

① 江平. 商法全书. 中国广播电视出版社,1995.429.

规定的油污和核能损害的赔偿请求;核动力船舶造成的核能损害的赔偿请求;船舶所有人或救助人的受雇人提出的赔偿请求。

思 考 题

1. 简述主要海商统一规则。
2. 船舶所有权、抵押权和优先权的主要规则。
3. 提单及其种类和作用。
4. 什么是共同海损?
5. 共同海损的理算规则。

第七章　保　险　法

本章主要介绍保险及其保险法的基本原理,重要保险种类和保险合同,包括通常规定在海商法中的海上保险合同的基本规则,以及有关保险业的法律规定。

第一节　概　述

一、保险及其作用

对于何谓保险,经济学与法学上理解并不相同。前者是指一种意外损失的经济补偿手段、方法或制度,后者则是指一种因契约而产生的法律关系。详言之,经济学上的保险是指"众多单位或个人以合理计算的共同分担金累积建立起来的一笔资金,作为经济补偿和给付的手段,保障经济安定的互助共济制度。"保险是"由保险公司向投保人收取保费,以集中起来的保险费建立保险基金,对财产因意外灾害或人身因伤亡造成的经济损失进行补偿的一种方法,是一项重要的经济事业。"①而在法学上,如 2009 年修订的《中华人民共和国保险法》所称的保险,"是指投保人根据合同约定,向保险人支付保险费,保险人对于合同约定的可能发生的事故因其发生所造成的财产损失承担赔偿保险金责任,或者当被保险人死亡、伤残、疾病或者达到合同约定的年龄、期限时承担给付保险金责任的商业保险行为。"②可见,中国保险法中的保险是一种合同行为,且仅限于商业保险,而不包括社会保险。

---

① 陶骏,殷春华. 现代保险学. 南京大学出版社,1991.151.
② 《中华人民共和国保险法》第 2 条。

无论保险是经济制度还是一种法律关系,均在商事活动乃至整个社会经济生活中发挥着重要作用。自然灾害和意外事故总是客观存在,不可避免的,尤其在国际商事活动中,一旦发生严重自然灾害或重大意外事故,不但当事人的生命和财产会受到重大威胁甚至对自身产生无法挽回的损失,而且还会给国民经济全局以及社会政治安定产生莫大危害。有的虽可自保自救,有的也可得到国家救济,但往往是杯水车薪,根本无法弥补灾害或事故所造成的损害。此时如事先投保,情况就可能完全不同。保险人按约偿付保险金,能使受益人迅速摆脱困境,恢复生产经营,将灾害和事故所造成的损失和危害减少到最低程度。正因为如此,有的外国学者称,在现代经济生活中,几乎所有的合同纠纷和侵权纠纷中都有保险关系介入,它在很大程度上改变着当事人及其责任承担的范围。① 中国的保险作为金融体系的重要组成部分,不但因其具有管理危险、减少损失的作用而成为商事活动的护身符,而且还发挥着补充国家后备基金、安定社会、积累资金、促进改革、有利于国际交往等诸多方面的作用。

二、保险类型

对保险类型的划分各国极不一致,但常见的分类方法和保险种类如下:

(1)经营性质不同,可将保险分为商业性保险和政策性保险。商业性保险是指由保险人根据市场机制,在平等的基础上按商业习惯经营的营利性的业务活动。政策性保险是指根据一国的特殊政策而开办的保险业务。如社会保险在外国均属于政策性保险。

(2)实施形式不同,可将保险分为自愿保险和强制保险。自愿保险是指根据投保人与保险人双方在平等互利原则的基础上签订保险合同而产生的保险。强制保险亦称法定保险,是指以国家颁布法律、法令的形式强制实行的保险。如中国的旅客意外伤害保险,保险费计入客票票价中;机动车辆保险也属强制保险之列。

(3)保险标的不同,可将保险分为财产保险和人身保险。财产保险是指以物质财产及其有关的利益或责任为保险标的的一种保险。最初财产保险的标的仅限于有形财产,而现代的财产保险已扩展到和财产有关的各种利益,如责任、信用等。人身保险是以人的生命或身体机能为保险标的的一种保险。又分为意外伤害保险、健康保险和人寿保险。

(4)保险保障的范围不同,可将保险分为财产保险、责任保险、保证保险和人身保险。责任保险是指以被保险人的民事赔偿责任为保险标的的一种保险。又包括公众责任保险、雇主责任保险、职业责任保险和产品责任保险等。保证保险是指由保险人为被保险人向权利人提供担保,保证被保险人作为或不作为的一种保险。包括雇员忠诚保险、履约保险、信用保险等。保证保险实际上是一种由保险人充任保证人的担保业务。财产保险和人身保险见前述,只不过此处的财产保险是指最初意义上的有形财产的

---

① 董安生等编译. 英国商法. 法律出版社,1991.486.

保险。

（5）保险的实施范围不同,可分为普通保险和社会保险。普通保险即为商业保险。社会保险亦称社会福利保险,是指国家通过立法形式对社会成员因老、弱、病、残等原因丧失劳动能力或失业时提供物质帮助的一种保险。社会保险是一国社会保障制度的核心部分,中国过去为劳动保险,随着社会保障制度的改革进程,社会保险逐渐居于主导地位,包括医疗保险、养老保险、失业保险等。

（6）危险转嫁的对象不同,可分为原保险、再保险和共同保险。原保险是指保险人对被保险人因保险事故所造成的损失,按双方之间签订的保险合同承担直接的原始的赔偿责任的保险。再保险就是对原保险的保险责任予以分担的保险。保险人承保业务后,将风险责任的一部分转让给另一个或多个保险人承担,以减轻原保险人本身所负的赔偿责任,同时将所收的保险费的一部分也转交给再保险人。再保险是现代保险业中的惯例,对高保费、高风险的承保业务,如航空航天保险、卫星发射保险,尤须进行再保险。共同保险是指由两个或两个以上的保险人联合,共同直接承保同一标的或风险金额不超过保险价值的保险。

在保险实践中,西方国家通常将全部保险业务分为寿险和非寿险两大类。前者包括医疗保险、养老保险等。后者包括火灾保险、海上保险、意外保险等。意外保险又可分为人身意外伤害保险、雇主责任保险、第三者责任保险、公众责任保险、医疗保险、健康保险等。而中国一般把全部保险业务分为财产保险和人身保险两大类。前者包括狭义的财产保险、农业保险、责任保险、信用保险、运输工具保险等。《中华人民共和国保险法》则在财产保险一节中仅列责任保险一种,但在第91条中规定包括财产损失保险、责任保险、信用保险等保险业务。人身保险虽在保险法中未列明种类,但实际包括人寿保险、人身意外伤害保险和健康保险即医疗保险等。同时又根据核算要求和中国特点,将全部保险业务分成国内财产保险业务、人身保险业务和涉外保险业务三大类。①

三、保险立法

按互助共济原则实行危险损失的分摊制度,据说早在公元前18世纪中叶巴比伦国王颁布的《汉穆拉比法典》中就有所规定。公元533年在罗马帝国优士丁尼安下令编纂的《国法大全》中,也有类似于海上保险的规定。而现代意义上的保险立法出现于14世纪,1369年的热那亚法令中,包含了有关保险的法律规定。而1435年的西班牙巴赛罗那法令,规定了海上保险承保规则和损害赔偿的手续,被称为"世界上最古老的海上保险法典"。在各国的保险法中,有关海上保险的规定先于陆上保险出现,而有关财

---

① 陶骏,殷春华. 现代保险学. 南京大学出版社,1991. 67;丁邦开. 合同法学. 南京大学出版社,1991. 241~242.

产保险的规定又先于有关人身保险的规定。①

法国的保险立法首见于 1681 年的《海事条例》,1804 年和 1807 年的民法典和商法典中,也有有关保险的规定,1930 年公布保险契约法,1938 年公布保险业法。与法国不同,德国民法典和商法典中均没有规定保险合同。② 1908 年公布保险契约法,此前于1901 年公布民营保险业法,此后于 1931 年公布民营保险企业及建筑银行法和再保险监督条例。日本的保险立法主要包含于商法典中,又分别在商行为和海商两编中规定。另外,日本还于 1900 年公布保险业法。

在英美法系中,英国最早的保险关系由习惯法调整。1601 年伊丽莎白女王颁布了保险条例;1774 年公布人寿保险法;1867 年公布保险单法;1906 年公布海上保险法,并以正式成立于 1774 年的英国著名民间保险机构劳合社拟定的海上保险单作为附件;1923 年公布简易保险法;1958 年公布保险公司法,并于 1982 年进行了全面修订。美国没有统一的联邦保险立法,但各州均制定有保险法和保险业法。

中国清朝末年的《大清商律草案》,仿日本商法典包含保险的有关内容,只是未及公布施行。1929 年 12 月 30 日,国民政府公布保险法;1935 年公布保险业法和简易人寿保险法;关于海上保险的内容则列入海商法。目前施行于台湾地区的保险法,包含保险业的规定;海上保险仍由海商法调整。中国大陆在 50 年代实行企业财产、运输工具和旅客意外伤害强制保险制度,并颁布了《财产强制保险条例》《船舶强制保险条例》等一系列行政规章。1958 年后除少数涉外保险外,国内保险业几乎停止,直到 1979 年后才陆续恢复。1981 年 12 月 13 日公布的《中华人民共和国经济合同法》,对财产保险合同作了原则规定,1983 年 9 月 1 日国务院公布《财产保险合同条例》;1992 年 11 月 7 日公布《中华人民共和国海商法》,对海上保险合同作出专章规定;1995 年 6 月 30 日公布《中华人民共和国保险法》,并于 2009 年 2 月 28 日修订。该法计 8 章 187 条,除总则和附则外,分别对包括财产保险和人身保险在内的保险合同、保险公司、保险经营规则、保险代理人和经纪人、保险业的监督管理以及法律责任,作了全面规定。应予注意的是,中国保险法在第 8 章附则第 184 条中专门规定:"海上保险适用海商法的有关规定;海商法未作规定的,适用本法的有关规定。"可见,在保险领域,保险法为一般法,而海商法中有关海上保险合同的规定为保险法的特别法。特别法优于一般法适用,而特别法未规定者,以一般法的规定为准。2009 年保险法修改,在 2002 年修改的基础上改动了33 个条文,把其中的两条合并为一条,另外增加了 6 个条文,使《保险法》从原来的 152条增加到 158 条。归纳起来,修改内容主要涉及以下几个方面:一是修改了保险条款费率管理的有关规定,取消了由监管部门制定条款费率的规定;二是扩大了财产保险公司的业务范围,将短期健康保险和意外伤害保险列为产、寿险公司都可以经营的险种;三

① 吴耀宗,郝演苏.保险学通论.辽宁人民出版社,1987.43~46;庄咏文.保险法教程.法律出版社,1986.16~17;李玉泉,何绍军.中国商事法.武汉大学出版社,1995.297~298.
② 江平.西方国家民商法概要.法律出版社,1984.311.

是突出了有关偿付能力监管的规定,授权监管机构制订相关的具体办法;四是修改和完善了保险中介尤其是保险代理人代理行为方面的有关规定;五是对保险资金运用的禁止性规定作了适当修改;六是增加规定了保险监管机构对保险公司在金融机构存款的查询权;七是修改了罚则部分,增加了对保险违法行为的处罚手段,加大了惩治力度。八是取消了法定再保险。另外,设立了保险合同"不可抗辩"条款,填补了现行保险法的空白。根据新保险法的规定,当投保人故意或因重大过失未履行如实告知义务,足以影响保险公司决定是否同意承保或者提高保险费率的,保险公司有权解除合同。但为了防止保险公司滥用该解除权,新保险法对合同解除权的期限加以了限制,规定合同解除权"自保险人知道有解除事由之日起,超过三十日不行使而消灭"。同时规定"自合同成立之日起超过二年的,保险人不得解除合同"。该法修改后,2009 年 9 月最高人民法院发布了《关于适用〈中华人民共和国保险法〉若干问题的解释(一)》,2012 年 3 月又发布《关于适用〈中华人民共和国保险法〉若干问题的解释(二)》(征求意见稿),向社会公开征求意见。此外,还有大量保险法的配套法规,主要的有:2006 年国务院发布的《关于保险业改革发展的若干意见》,2009 年中国保监会发布的《保险公司管理规定》,2006 年中国保监会发布的《保险营销员管理规定》,2009 年中国保监会发布的《保险经纪机构监管规定》、《保险专业代理机构监管规定》、《保险公司中介业务违法行为处罚办法》,2010 年中国保监会发布的《保险集团公司管理办法(试行)》、《保险公司内部控制基本准则》、《保险公司信息披露管理办法》,2011 年中国保监会发布的《人身保险公司保险条款和保险费率管理办法》、《保险公司保险业务转让管理暂行办法》,2010 年中国保监会发布的《再保险业务管理规定》,2012 年中国保监会发布的《财产保险公司再保险管理规范》,2010 年中国保监会发布的《保险资金运用管理暂行办法》,2004 年中国保监会、中国证监会发布的《保险机构投资者股票投资管理暂行办法》,2007 年中国保监会、中国人民银行、国家外汇管理局发布的《保险资金境外投资管理暂行办法》,2010 年发布的《中国保监会保险资金投资股权暂行办法》、《保险资金投资不动产暂行办法》,2012 年中国保监会发布的《机动车辆保险理赔管理指引》等,标志着符合国际惯例的中国保险法规体系已经基本形成。

第二节　保 险 合 同

一、保险合同的概念和类型

据中国保险法第 10 条的规定,"保险合同是投保人与保险人约定保险权利义务关系的协议。投保人是指与保险人订立保险合同,并按照合同约定负有支付保险费义务的人。保险人是指与投保人订立保险合同,并按照合同约定承担赔偿或者给付保险金责任的保险公司。"保险合同按合同法理论解释,属于双务合同、有偿合同、不要式合同、附合合同或标准合同和射幸合同(即保险金的支付具有不确定性和偶然性)。根据不同的分类标准,保险合同可以划分为许多不同的类型。

(1)财产保险合同和人身保险合同。这是依保险标的不同进行划分的,和前述保险种类的划分相对应。

(2)原保险合同和再保险合同。这是依保险责任承担对象的不同进行划分的,也和前述保险种类的划分相对应,故不予赘述。

(3)定值保险合同和不定值保险合同。这是依保险标的价值是否确定来划分的。前者指双方当事人事先确定保险标的实际价值,并在合同中载明的保险合同。后者指事先不确定保险标的实际价值,而仅规定保险事故发生后,再估计保险标的价值并据以确定损失额的保险合同。

(4)单一保险合同和集合保险合同。这是依保险标的是否单一划分的。前者又称个别保险合同或单独保险合同,是以一人或一物为保险标的的保险合同。后者指集合多数性质相同的保险标的的保险合同。又包括以人为标的的团体保险和以物为标的的集团保险两种。

(5)特定保险合同和总括保险合同。这是依保险标的特定与否划分的。前者是针对特定的保险标的而订立的保险合同。后者又称概括保险合同或包括保险合同,是指无特定保险标的,仅依一定标准确定某种保险利益或保险标的,而投保一定金额的保险合同。

(6)原保险合同和复保险合同。这是依对同一保险标的的承保人数不同划分的。前者指投保人对同一保险标的、同一保险利益、同一保险事故与一个保险人所订立的保险合同。后者是指投保人对同一保险标的、同一保险利益、同一保险事故分别向两个以上保险人投保而订立的保险合同。中国保险法中称重复保险。

(7)偿保险合同和定额保险合同。这是依保险金给付方式不同而划分的。前者又称评价保险合同,是指在保险事故发生后,根据保险人所评定的实际损失来支付保险费的保险合同。后者为当事人双方事先确定保险金额,当保险事故发生后,由保险人依约给付保险金的保险合同。

(8)足额保险合同、不足额保险合同和超额保险合同。这是依保险金额和保险价值的比例关系不同划分的。前者又称全额保险合同,是指保险金额大致等于保险价值的保险合同。中者是指保险金额低于保险价值的保险合同,故亦称低额保险合同。后者是指保险金额超过保险价值的保险合同。依各国保险法通例,保险金额超过保险价值的部分无效。①

(9)自己利益订立的保险合同和为他人利益订立的保险合同。这是依受益人不同而划分的。前者是指投保人为自己的利益,在保险事故发生后自己享有赔偿或支付请求权的保险合同。一般投保人、被保险人和保险受益人合于一身。后者是指投保人不

① 《中华人民共和国保险法》第40条;董安生等编译.英国商法.法律出版社,1991.487~488.

享有最终保险利益的保险合同。团体人身意外伤害保险即为典型例子。

（10）国外保险合同和国内保险合同。这是依保险标的或保险当事人是否具有涉外因素划分的。前者的法律关系构成要素中具有涉外因素,而后者仅限于一国国内。两者在中国有严格区分,而在其他国家多界限不明。

二、保险合同的主体

保险合同的主体亦称保险法律关系的主体,是指保险法律关系的当事人或参加者。包括保险合同的当事人、关系人和辅助人。

保险合同的当事人是指享有合同权利并承担合同义务的人。包括保险人和投保人。其概念如前所述。按各国法例,保险人的资格、能力须符合特殊要求,如英国《1982年保险公司法》规定,凡从事保险业务的保险人,必须取得国务大臣的许可授权。日本保险业法规定保险人必须为股份有限公司。中国原保险法也强制规定保险公司必须是股份有限公司或国有独资公司,且经金融监督管理部门批准,方可设立,2009年修法时撤销了这一限制,允许采取有限公司形式。对投保人虽无特别限制,而且不同的保险合同,投保人的情况千差万别,但投保人必须具有权利能力和行为能力;必须对保险标的具有保险利益,即投保人对保险标的具有法律上承认的利益,否则合同无效;有义务交付保险费。

保险合同的关系人是指虽未与保险人订立合同,但受合同保护或享有保险利益的人。包括被保险人和受益人。按中国保险法第12条的规定,被保险人是指其财产或人身受保险合同保障,享有保险金请求权的人。投保人可以为被保险人。而且,投保人为自己的利益投保时,被保险人就是投保人自己。只有投保人为他人投保时,被保险人才与投保人分离,成为保险合同的关系人而非当事人。该法第18条规定的受益人是指人身保险合同中由被保险人或者是投保人指定的享有保险金请求权的人。投保人、被保险人均可成为受益人。实际上财产保险合同既有投保人与受益人合一的情况,也有分离的情况,如中国的团体家庭财产保险,受益人就可能是该团体的成员,也可能是成员家属,故不限于人身保险合同。但是,受益人多出现于人身保险合同中,而且有诸多特殊规定。例如,由第三人订立有关死亡保险合同,未经被保险人许可并约定保险金者无效;受益人须在被保险人死亡后才能行使权利;受益人领取的保险金不能作为被保险人的遗产对待,只有投保人、被保险人和受益人合一时才可作为遗产分割;保险金与劳动关系中的抚恤金相互独立,投保人不能因为发放了被保险人死亡的抚恤金而扣留其受益人应得的保险金。中国曾出现过这样的案例:甲单位为驾驶员集体投保人身意外伤害险,驾驶员乙出车途中死亡,甲单位操办丧葬事宜,并向乙家属付给了抚恤金,同时将保险公司支付的保险金留存单位。理由是单位集体投保,且已向乙家属发放了抚恤金。乙家属诉诸法院,甲单位被判败诉,向乙家属如数交付保险金。

保险合同的辅助人亦称补助人,是指与保险合同的订立和履行有一定辅助关系的人。通常有保险代理人、保险经纪人和保险公证人。前两者在中国保险法第5章中有专门规定,后者存在于某些国家。保险代理人是根据保险人的委托,向保险人收取佣金,并在保险人授权的范围内代为办理保险业务的人。保险代理制度在国际上已被广泛采用,且完全适用代理法的有关规定。但代理合同应采取书面形式,代理人有资质要求的,须符合特定要求。保险经纪人是基于投保人的利益,为投保人与保险人订立保险合同提供中介服务,并依法收取佣金的机构,保险经纪人不同于保险代理人。保险经纪人是投保人的代理人而非保险人的代理人;保险经纪人在一定情况下可向投保人收取佣金,而保险代理人只能向保险人收取;保险经纪人收取保险费并不意味保险合同当然成立,而保险代理人一经收取保险费,保险合同即行成立;保险经纪人的业务范围比保险代理人广泛。在国际保险市场上,英国的保险经纪制度影响最大,保险经纪人力量最强。按照英国劳合社的商业习惯,保险合同的订立、履行、事故损失的理赔等,均须由经纪人安排。这一做法又成为国际上保险行业的惯例。① 保险公证人是指为保险合同当事人办理保险标的查勘、鉴定、估价和赔款的理算、洽商等并予以证明,收取费用的人。其公证证明为理赔的重要依据。

三、保险合同的一般规则

1. 保险合同的订立

保险合同的订立一般也经过要约和承诺两个阶段。但因为保险合同多采取标准格式,其内容也通常由保险人事先拟定,并经政府有关部门或行业协会审定的保险条款代替,故投保人填写投保单,而保险人加以接收,合同即行成立。中国保险法第 13 条规定:"投保人提出保险要求,经保险人同意承保,保险合同成立。保险人应当及时向投保人签发保险单或者其他保险凭证。保险单或者其他保险凭证载明当事人约定的合同内容。当事人也可以约定采取其他书面形式载明合同内容。"《财产保险合同条例》的规定大致相同。保险实务中常用的投保单、保险单、暂保单和保险凭证的含义如下:

投保单亦称投保书,是投保人向保险人申请订立保险合同的要约。按国际惯例,这种要约一经保险人同意承保,签署投保单,合同即成立,而并非保险人签具保险单或暂保单才标志着合同成立。

保险单亦称保单,是指保险合同成立后由保险人向投保人签发的,用以证明保险合同成立的正式书面凭证。保险单应载明保险合同的全部内容。保险事故发生后,保险单是索赔、理赔的最重要的凭证和依据。

暂保单亦称临时保单,是保险人或其代理人同意承保但又因故不能签具正式保险单或保险凭证时向投保人出具的临时保险凭证。有时以承保条的形式出现,有效期一般不超过 30 天,一俟期限届满或正式出具保单,暂保单即告失效。

保险凭证亦称小保单,是一种无需记载保险合同全部内容的简化保险单。主要为

---

① 冯大同. 国际商法. 中国对外经济贸易出版社,1991. 333;江平. 商法全书. 中国广播电视出版社,1995. 453.

了方便保险业务的开展。

2. 保险合同的主要内容

保险合同的主要内容通常分为基本条款和特约条款。前者是指法律规定必须列入合同内容的条款;后者是指可由当事人在合同中约定的条款。基本条款一般有当事人的姓名及住所;保险标的;保险金额;保险费;保险责任;除外责任;保险期限;缴费方式和时间;缔约的时间和地点等。特约条款又大多包括附加条款,对基本条款加以补充或限制;保证条款,保险人要求投保人作或不作某事;协会条款,特指伦敦保险人协会根据实际需要制定公布的有关船舶保险和货运保险条款的总称。①

中国保险法第18条规定:"保险合同应当包括下列事项: ① 保险人名称和住所; ② 投保人、被保险人的姓名或者名称、住所,以及人身保险的受益人的姓名或者名称、住所;③ 保险标的;④ 保险责任和责任免除;⑤ 保险期间和保险责任开始时间;⑥ 保险金额;⑦ 保险费以及支付办法;⑧ 保险金赔偿或者给付办法;⑨ 违约责任和争议处理;⑩ 订立合同的年、月、日。"

3. 保险合同的履行

保险合同的履行,是指保险合同依法成立后,当事人各方全面完成各自应承担的义务,以满足他方权利实现的行为。主要分为投保人、被保险人履行合同义务和保险人履行合同义务两方面。前者的主要义务有下列几项: ① 交付保险费。这是投保人的最基本义务。中国保险法第14条规定:"保险合同成立后,投保人按照约定交付保险费"。而对人身保险合同,投保人应当按约一次支付全部保险费或分期支付保险费。但在第38条中特别规定:"保险人对人寿保险的保险费,不得用诉讼方式要求投保人支付。"② 防止或避免保险事故发生。如因怠于防止或避免,保险人可全部或部分免除赔偿或支付责任。③ 不得故意制造保险事故,以骗取保险赔偿。中国南京某保险公司就曾因对一起海上保险事故拒赔而被武汉海事法院判决败诉,后求助于公安机关,侦查确定为保险欺诈案,投保人在投保后不到两个月内,利用一次航程将承运的货物转卖掉,并制造沉船假相。结果终被识破,避免了100多万元的保险金损失。②④ 危险增加时须通知保险人。保险人可要求增加保费或解除合同。怠于通知的,因保险标的危险程度增加而引发的保险事故,保险人不承担赔偿责任。⑤ 发生保险事故应及时通知保险人,并保存和提供相关证据和证明。⑥ 尽力施救。保险事故发生时,被保险人、投保人有责任尽力采取必要的措施,防止或减少损失。否则,保险人对由此所引起的扩大的损失,不予赔偿。相反,被保险人施救中所支付的必要的、合理的费用,在保险金限额内,由保险人承担。

与上述投保人、被保险人的义务相对应,保险人的主要义务有: ① 做好风险管理和防灾防损工作。中国保险法第51条对此有明确规定。② 及时支付保险金。这是保

---

① 江平.商法全书.中国广播电视出版社,1995.460.
② 蒋德,杨京海.沉船之谜.法制日报,1996-01-05.

险人的最基本义务。③ 对合同当事人或关系人的财产、营业情况保守秘密。

保险合同履行中的重要环节,就是索赔和理赔。前者是指在保险事故发生时,被保险人或受益人按照保险合同的规定,要求保险人支付保险金的行为。后者是指保险人根据被保险人或受益人的索赔请求,按保险合同审核保险事故和责任,并决定赔偿、支付保险金事宜的行为。中国保险法第 22 条规定:"保险事故发生后,按照保险合同请求保险人赔偿或者给付保险金时,投保人、被保险人或者受益人应当向保险人提供其所能提供的与确认保险事故的性质、原因、损失程度等有关的证明和资料。"包括保险单和其他保险凭证、保险合同、发票、提单等原始单据,商业登记证、营业执照等法人证书,身份证、工作证、户口簿等身份证件,有关部门出具的事故证明等。经被保险人等发出出险通知、提出索赔请求,并提供相应的索赔单证后,保险人初步检验并立案,然后调查事故,核验单证,确定保险责任,按约支付保险金。各国保险法均对投保人、被保险人或受益人的索赔时效和保险人的理赔期限作出规定。中国保险法第 26 条规定人寿保险索赔时效期间为 5 年,其他险为 2 年。海商法规定的海上保险时效期间为 90 天到 6 年不等。而海上保险之外的其他保险,保险人自收到被保险人或受益人的赔偿或者给付保险金的请求和有关证明、资料之日起 60 日内,均应支付。如具体数额尚不能确定的,应根据有证明和资料可以确定的最低数额先予支付。保险人最终确定赔偿或者给付保险金的数额后,应支付相应的差额。

在财产保险中,保险人按约支付了保险金后,对受损的保险标的拥有相应的处理权。中国保险法第 59 条对此有规定。另外,保险人还具有代位求偿权。这是指保险人在赔偿被保险人的损失后即从被保险人处受让向造成该损失的第三者责任人索赔的权利。求偿金额不超过其向被保险人支付保险金的数额。按国际惯例,这种代位求偿权多限于财产保险范围,人身保险一般不得行使代位求偿权。中国保险法第 46 条即规定:"被保险人因第三者的行为而发生死亡、伤残或者疾病等保险事故的,保险人向被保险人或者受益人给付保险金后,不享有向第三者追偿的权利,但被保险人或者受益人仍有权向第三者请求赔偿。"

四、典型保险合同的具体规则

如前所述,保险合同种类繁多,规则各异,本章限于篇幅,只摘要介绍中国保险法和海商法中明确规定的财产保险合同、人身保险合同、海上保险合同和机动车交通事故责任强制保险合同的主要规则。

1. 财产保险合同

中国财产保险合同的主要法律依据为《中华人民共和国合同法》和《保险法》。1983 年国务院发布的《财产保险合同条例》作为《经济合同法》的实施条例,将财产保险称为"包括财产保险、农业保险、责任保险、保证保险、信用保险等以财产或财产利益为保险标的的各种保险。"《保险法》施行后,《财产保险合同条例》虽已废止,但有关财产保险合同新规则公布之前,某些技术性条款仍有参考价值。财产保险合同的主要条款有保险标的、保险金额、保险费、保险期限、保险责任包括除外责任和赔偿办法等。保险责任是指由保险人承担赔偿责任的事故或风险范围。而保险责任事故之外的其他保险方不承担损害赔偿责任的事故,称为除外责任。按《财产保险合同条例》第 16 条第 1 款的规定,保险方对发生保险事故所造成的保险标的损失或者引起的责任,应当按照保险合同规定履行赔偿责任。保险责任范围主要包括三大类,即:① 因不可抗力的自然灾害所造成的损失。自然灾害的范围包括雷电、暴风、雪灾、暴雨、龙卷风、洪水、海啸、地震、地陷、崖崩、雹灾、冰凌、泥石流等。② 因意外事故所造成的损失。意外事故包括火灾、爆炸、空中运行物体坠落等。③ 其他保险事故,如停电、停水、停气造成的损失。但"三停"须由上述灾害或事故引起。否则,保险人不予赔偿。除外责任主要有:① 被保险人故意行为;② 战争、军事行动或暴力行为;③ 核子辐射和污染;④ 堆放在露天或在罩棚下的保险财产,以及用芦席、布、草、纸板、塑料做棚顶的罩棚,由于暴风、暴雨所造成的损失;⑤ 因财产本身缺陷、保管不善而致的损失,变质霉烂、受潮、虫咬、自然磨损以及规定的正常消耗;⑥ 因遭受保险责任内的灾害或事故造成停工、停业等的一切间接损失。

2. 人身保险合同

人身保险合同是以人的寿命和身体为保险标的的保险合同。具有保险金额的固定性、保险期限的长期性(如有的长达 30 年或终生)和保险费的储蓄性等特点。

人身保险合同有不同的分类标准,其中主要依保障范围不同进行分类,可分为人寿保险合同、健康保险合同和伤害保险合同 3 类。人寿保险合同是指保险人对被保险人死亡或保险期限届满时给付保险金的合同。又可分为死亡保险合同、生存保险合同和混合保险合同。前者是以人的死亡为保险事故的合同。中者是以被保险人在规定期限内以生存作为给付保险金条件的合同。后者亦称生死两全保险合同或养老金保险合同,是指被保险人在保险期内不论生死,保险人均按约支付保险金的合同。健康保险合同是指被保险人在保险期限内因疾病、分娩以及因疾病、分娩所致残废或死亡时,由保险人按约支付保险金的合同。伤害保险合同亦称意外伤害保险合同,是指被保险人在保险期内,因遭受意外伤害而致残废或死亡时,由保险人依约支付保险金的合同。伤害保险合同亦称意外伤害保险合同,是指被保险人在保险期内,因遭受意外伤害而致残废或死亡时,由保险人依约支付保险金的合同。

人身保险合同的主要内容一般也由保险条款规定,并附于保险单,险种不同,合同内容也不一样。但通常涉及投保人、保险人、被保险人和受益人等合同当事人、关系人。不过,投保人与被保险人分离的,前者对后者要有可保利益,也即在保险标的上具有某种利益关系而享有经济利益。按中国保险法第 31 条的规定,配偶、子女、父母,以及其他与投保人有抚养、赡养或者扶养关系的家庭其他成员、近亲属,与投保人有劳动关系的劳动者,即具有可保利益或保险利益。除此之外的其他被保险人同意投保的,也视为对投保人有可保利益。人身保险合同除合同当事人、关系人、可保利益外,还应包括保险标的、保险危险与保险事故、保险金额和保险费、保险期限、保险时效、缔约时间、合同无效和失效的原因等。

值得注意的是,由于人身保险合同标的的特殊性,合同中往往包含着财产类保险合同所没有的条款。这些条款主要有不可抗辩条款、不丧失价值条款、宽限期条款、复效条款、年龄误告条款、自杀条款、战争条款、受益人条款、保险单转让条款、贷款条款。①

不可抗辩条款亦称不可争条款,这是指尽管投保人在投保时应遵循最大诚信原则,不得作不实说明或隐瞒欺骗,但经过一定期限如两年后,保险人不得以投保人不实申告或隐瞒欺骗为由而解除合同,或拒绝履行给付义务。

不丧失价值条款是指长期性人身保险合同对被保险人所具有的现金价值,不因保险合同效力的变化而丧失,被保险人有权选择有利于自己的方式处分之。如借款、退保并领取现金等。

宽限期条款是指投保人因故未按约定期限交纳保险费时,合同并不因此而立即失效,而是规定一个宽限期如 1 个月,在此期间投保人补交保险费的,保险合同仍然有效。

复效条款是指已经有效成立的人身保险合同因投保人未缴纳保险费而致失效,只要失效期限不是很长(如两年内),投保人全部补足失效期间的保险费,则保险合同仍然有效,保险期间也仍从头起算的合同约定。这对投保人特别有利。

年龄误告条款是指对投保人非故意误告年龄的,并不导致合同无效。在保险事故发生后,保险人按实际年龄理赔并重新计算保险费的合同条款。

自杀条款是指对被保险人因自杀身亡的,保险人不负支付保险费责任的特别条款。各国多限于保险合同生效后一定期限内的自杀事故,保险人免责,中国则规定一切自杀事故均不予赔偿,保险人仅需退回责任准备金。

战争条款是指保险合同中关于被保险人因战争引起死亡、伤残时保险人不负责任的特别约定。

受益人条款是指人身保险合同中对受益人有关事宜的特别约定。一般而言,投保人可在合同中指定受益人,也可在保险事故发生前通知保险人变更受益人。受益人故意造成被保险人死亡或伤残的,或故意杀害被保险人或其他受益人的,不论既遂还是未遂,均丧失受益权。

保险单转让条款是指对非经书面通知保险人转让保险单不发生法律效力的特别规定。这是因为人身保险虽是具有一定的财产价值,但因保险标的和受益人的特殊性,不能像财产保险单的转让那样随便、灵活。

贷款条款是指在人身保险合同生效后经一定期限,投保人可以合同为质押向保险人借款的特别约定。时间一般在合同生效两年后,借款金额也以责任准备金为限。

3. 海上保险合同

海上保险合同虽然既涉及到保险法也涉及到合同法,但毕竟属于海商法规定的内容,故多在海商法中规定。中国海商法第 216 条规定:"海上保险合同,是指保险人按照

---

① 江平. 商法全书. 中国广播电视出版社,1995.483~484.

约定,对被保险人遭受保险事故造成保险标的损失和产生的责任负责赔偿,而由被保险人支付保险费的合同。"这里的保险事故,"是指保险人与被保险人约定的任何海上事故,包括与海上航行有关的发生于内河或者陆上的事故。"

可作为海上保险合同保险标的的有船舶;货物;船舶营运收入,包括运费、租金、旅客票款;货物预期利润;船员工资和其他报酬;对第三人的责任;由于发生保险事故可能受到损失的其他财产和产生的责任、费用。但是,被保险人只有对保险标的具有可保利益时,方可订立海上保险合同,否则会导致合同无效。

海上保险合同中保险标的的保险价值是计算保险费和保险金的最重要依据。确定保险价值,应遵循如下规则:① 船舶的保险价值,是保险责任开始时船舶的价值,包括船壳、机器、设备的价值,以及船上燃料、物料、索具、给养、淡水的价值和保险费的总和;② 货物的保险价值,是保险责任开始时货物在起运地的发票价格或者非贸易商品在起运地的实际价值以及运费和保险费的总和;③ 运费的保险价值,是保险责任开始时承运人应收运费总额和保险费的总和;④ 其他保险标的的保险价值,是保险责任开始时保险标的的实际价值和保险费的总和。而保险金额由保险人与被保险人约定,但不得超过保险价值。否则,超过部分无效。①

海上保险合同的订立程序、形式,以及合同与保险单的关系,与一般的保险合同无多大区别。其内容,不同海上保险险别不完全一样,但多包含中国海商法第117条中所规定的8项。它们是:① 保险人名称;② 被保险人名称;③ 保险标的;④ 保险价值;⑤ 保险金额;⑥ 保险责任和除外责任;⑦ 保险期间;⑧ 保险费。被保险人违反最大诚信原则,未将有关情况告知保险人或陈述不真实,保险人有权解除合同,并可不退还保险费。合同解除前发生保险事故造成损失的,保险人不负赔偿责任。如被保险人未告知或陈述不真实不是出于故意的,保险人有权解除合同或要求相应增加保险费,但对合同解除前发生保险事故所致损失,仍应负责赔偿,除非未告知或误告的重要情况对保险事故发生影响。保险责任开始前,被保险人可要求解除合同,保险人应退还保险费,但被保险人也应向保险人支付手续费。按保险合同约定在保险责任开始后可以解除合同的,被保险人要求解除合同,保险人有权收取自保险责任开始之日起至合同解除之日止的保险费,剩余部分予以退还;保险人要求解除合同,应当将自合同解除之日起至保险期满之日止的保险费退还被保险人。②

海上保险合同被保险人的基本权利和义务为按约支付保险费、及时发出违约或危险通知、尽力施救、因保险事故遭损时起2年内行使索赔权。保险人的基本权利和义务为签发保险单、赔偿保险事故所造成的损害和收取保险费。海上保险合同除其他财产保险合同中也有的代位追偿权外,还有特有的委付制度。原则上,保险人对被保险人的保险标的在承保期间和范围内因承保的海上危险或事故所造成的损害负责赔偿,还应另

---

① 《中华人民共和国海商法》,第219、220条。
② 《中华人民共和国海商法》,第229、230条。

行支付被保险人为防止或减少损失而支付的必要的合理的费用。但因被保险人的故意所造成的损失,保险人不负赔偿责任。海商法或双方当事人在合同中明确规定除外责任的,保险人对因除外责任事项所致损失不负责赔偿。中国海商法第 243 条、244 条所规定的除外责任事项有:货物损失方面,因航行迟延、交货迟延或者行市变化;货物的自然损耗、本身的缺陷和自然特性;包装不当引起的,保险人不负赔偿责任。船舶和运费损失方面,船舶开航时不适航,但是在船舶定期保险中被保险人不知道的除外;船舶自然磨损或者锈蚀引起的,保险人不负赔偿责任。而委付是指保险标的物发生推定全损时,被保险人将保险标的所有权及派生的一切权利和义务转让给保险人,并向保险人请求赔付全部保险金额的制度。委付不得附带任何条件,一经保险人接受,也不得撤回。

4. 机动车交通事故责任强制保险合同

简称"交强险",是指由保险公司对被保险机动车发生道路交通事故造成本车人员、被保险人以外的受害人的人身伤亡、财产损失,在责任限额内予以赔偿的强制性责任保险。交强险合同就是以被保险机动车发生道路交通事故造成责任限额内的本车人员、被保险人以外的受害人的人身伤亡、财产损失为保险标的的合同。此为国际上通行的保险合同。"交强险"与机动车第三者责任险有以下 6 个方面的不同点:

第一,实行强制性投保和强制性承保。表现为要求所有上路行驶的机动车的所有人或管理人必须投保,有承保资格的保险公司不得拒绝承保和随意解除合同,与现行机动车第三者责任险明显不同。

第二,赔偿原则有变。对于机动车第三者责任险,保险公司根据被保险人在交通事故中所承担的事故责任来确定其赔偿责任;对于"交强险",无论被保险人是否在交通事故中负有责任,保险公司依法均在责任限额内予以赔偿。

第三,保障范围宽。机动车第三者责任险有不同的责任免除事项和免赔率(额);"交强险"除被保险人故意造成交通事故等少数几项情况外,保险责任几乎涵盖所有道路交通事故,且不设免赔率与免赔额。

第四,按不盈不亏原则制定保险费率。"交强险"不以盈利为目的,并实行与其他保险业务分开管理、单独核算;机动车第三者责任保险则无需与其他车险险种分开管理、单独核算。

第五,实行分项责任限额。机动车第三者责任保险无论人身伤亡还是财产损失,均在同一限额下进行赔偿,并由保险公司自行制定责任限额水平。"交强险"由法律规定实行分项责任限额,即分为死亡伤残赔偿限额、医疗费用赔偿限额、财产损失赔偿限额以及被保险人在道路交通事故中无责任的赔偿限额。

第六,实行统一条款和基础费率,并且费率与交通违章挂钩。在机动车第三者责任保险中不同保险公司的条款费率相互存在差异;"交强险"则实行统一的保险条款和基础费率。

根据中国保监会《机动车交通事故责任强制保险条款》的规定,交强险合同由该条款与投保单、保险单、批单和特别约定共同组成。凡与交强险合同有关的约定,都应当采用书面形式。

交强险合同的保险责任为：在我国大陆境内被保险人在使用被保险机动车过程中发生交通事故，致使受害人遭受人身伤亡或者财产损失，依法应当由被保险人承担的损害赔偿责任，保险人按照交强险合同的约定对每次事故在下列赔偿限额内负责赔偿：① 死亡伤残赔偿限额为 50 000 元；② 医疗费用赔偿限额为 8 000 元；③ 财产损失赔偿限额为 2 000 元；④ 被保险人无责任时，无责任死亡伤残赔偿限额为 10 000 元；无责任医疗费用赔偿限额为 1 600 元；无责任财产损失赔偿限额为 400 元。

第三节 保险业的管理

一、保险业及其管理依据

保险业的种类主要是经营综合性险别的保险公司、专门经营特种保险业的海上保险公司、火灾保险公司、人寿保险公司等，还有保险代理人和保险经纪人等辅助性公司。为了保障投保人、被保险人、受益人以及社会的利益，几乎所有国家均有专门管理保险人的法律、法规或规章，有的国家对保险代理人、经纪人也有专门规定。除英国等少数国家允许自然人经营保险业务外，绝大多数国家只准许经国家特批的法人经营保险业务。否则，追究经营者的法律责任。正如前面已经提到的那样，英国的保险人由国务大臣许可授权后，方可经营。但由劳合社成员从事的非工业保险；依赞助法令登记注册成立的赞助团体所从事的保险；由工会或雇主协会成员从事的非工业保险，但仅限于和其成员长远利益或罢工利益相联系的生活保险除外。①

中国关于保险业管理的法规、规章主要有：《中华人民共和国保险法》第 3 章"保险公司"、第 4 章"保险经营规则"、第 5 章"保险代理人和保险经纪人"、第 6 章"保险业的监督管理"，以全法 2/5 的条款规定保险业的有关问题。2002 年中国保险法的修改，即侧重于业法方面的内容。另外，前述《保险公司管理规定》《保险代理机构监管规定》《保险经纪机构监管规定》，是专门的保险业法规则。其中，前者 7 章 105 条，内容由总则、保险机构（包括机构设立、机构变更、保险许可证、终止与清算和向保险公司投资）、保险经营、保险条款和保险费率、保险资金及保险公司偿付能力、监督检查和附则组成。中者 7 章 98 条，后者 7 章 96 条，均由总则、市场准入、经营规则、市场退出、监督检查、法律责任和附则组成。

二、保险企业的设立

设立保险公司、成为保险代理人和保险经纪人，须经保险监督管理部门批准，颁发

---

① 董安生等编译. 英国商法. 法律出版社,1991.469.

经营许可证,凭证到工商行政管理部门办理登记,领取营业执照。保险公司应具备下列条件:① 有符合法律、行政法规和中国保监会规定条件的投资人,股权结构合理;② 有符合《保险法》和《公司法》规定的章程草案;③ 投资人承诺出资或者认购股份,似注册资本不低于 2 亿元人民币,且必须为实缴资本;④ 具有明确的发展规划、经营策略、组织结构框架、风险控制体系;⑤ 拟任董事长、总经理应当符合保监会规定的任职资格条件;⑥ 有投资人认可的筹备组负责人;⑦ 中国保监会规定的其他条件。保险公司成立后应按其注册资本总额的 20% 提取保证金,存入金融监督管理部门指定的银行,除保险公司用于清偿债务外,不得动用。另外,保险公司的分支机构设立、登记事项变更、合并、分立、解散、清算和破产,均适用相应的特别规定。

三、保险企业的管理

按照中国保监会的解释,2002 年修改《保险法》,主要贯穿以下 5 个指导思想:一是履行入世承诺;二是加强对被保险人利益的保护;三是强化保险监管;四是支持保险业的改革和发展;五是促进保险业与国际接轨。

关于履行入世承诺,主要体现在对法定再保险的修改上。根据我国加入世贸组织谈判协议对保险业的承诺,将逐步取消法定分保。因此,在修改时删去了每笔非寿险业务都必须有 20% 的法定分保的规定,只是原则规定保险公司应当按照保监会的有关规定办理再保险。

在加强对被保险人利益的保护方面,所有关于加强保险监管的修改内容,都是为了促进保险公司稳健经营,确保偿付能力,这从根本上体现了保护被保险人利益的目的。与此同时,有些修改内容直接体现了对被保险人利益的保护,如为了切实建立保险保障基金,授权保监会制定保险保障基金管理使用的具体办法;强化了保险公司对保险代理人的管理责任;对保险代理人的展业行为提出了明确的规范要求;规定了保险公司对被保险人的个人隐私负有保密义务;明确了人身保险的被保险人在获得保险赔偿后仍享有向侵权的第三人请求赔偿的权利;强调了人寿保险公司在被撤销或破产时,转让人寿保险合同及准备金,应当维护被保险人利益等。

就加强保险监管措施问题,修改内容有多处体现加强监管的目的。主要又有 3 个方面:一是突出了对保险公司偿付能力的监管,如明确要求保险监管机构对保险公司最低偿付能力实施监控,建立健全偿付能力监管指标体系;要求保险公司必须聘用保险监管机构批准的精算专业人员,建立精算报告制度;授权保险监管机构制定更加完善的保险责任准备金的提取和结转办法;要求保险公司不得提供虚假的财务和业务报告等。二是增加规定了监管机构对保险公司在金融机构存款的查询权,强化监管机构的监管检查手段。三是增加了对保险违法行为处罚的措施,加大了惩治力度等。

支持保险业的改革与发展,主要体现在以下 4 个方面:① 关于保险条款费率管理制度。原《保险法》规定,主要保险险种的基本条款和费率由监管部门制定。这种制度不利于充分发挥市场机制的调节作用。新的《保险法》规定,保险条款费率由保险公司制定,其中关系社会公众利益、实行强制保险和新开发的人寿保险等的条款费率应当报监管机构审批,其他的报监管机构备案。同时,新的《保险法》授权监管机构制定审批备案的具体办法。② 关于财产保险公司的业务范围。原《保险法》规定,财产保险公司不能经营人身保险业务。但人身保险业务中,意外伤害保险和短期健康保险具有与财产保险相同的补偿性质和精算基础,多数国家允许非寿险公司经营这两个险种。这次修改参考了国际通行做法,规定财产保险公司经监管机构核定,可以经营意外伤害保险和短期健康保险业务。③ 关于保险资金运用。原《保险法》规定保险资金的运用范围限于银行存款、买卖政府债券、金融债券和国务院规定的其他资金运用形式,同时禁止保险资金用于设立证券经营机构和向企业投资。考虑到目前我国资本市场还不规范、不成熟,保险投资的经验还比较缺乏,从降低投资风险,保证资金安全性的目的出发,新的《保险法》对原有的禁止性规定作了适当修改。这样,除了禁止设立证券经营机构和保险业以外的企业,在法律规定的范围内,经国务院批准,保险资金可以用于其他投资方式。④ 关于保险代理。原《保险法》规定寿险代理人只能为一家寿险公司代理业务。它符合当时我国寿险市场营销的实情。随着保险中介市场的发展,专业保险代理机构和银行等兼业代理机构成为保险的重要销售渠道。如果继续坚持原来的数量限制,就不能发挥这些机构代理人的优势,也容易形成保险代理市场的垄断。因此,新的《保险法》规定了个人代理人只能代理一家保险公司办理人寿保险业务,而没有限制机构代理人代理保险公司的数量。

至于 2002 年修订保险法与国际接轨的内容也有很多,如关于允许产险公司经营意外伤害保险和短期健康保险业务,监管机构不再制订保险条款费率,授权监管机构制定保险责任准备金提取和结转办法,要求监管机构建立健全偿付能力监管指标体系,要求保险公司建立精算报告制度等方面的修改,都参考了国际通行做法,为加快我国保险业与国际接轨的步伐创造了条件。至于 2009 年修订保险法,则是根据 2002 年应急性修改之后保险法的实施情况,从保险合同、保险机构、经营规则、监督管理等各个方面,均进行了重大调整。除前述对于保险合同以及不同业务类型的内容有所介绍外,前述《保险公司管理规定》、《保险专业代理机构监管规定》、《保险经纪机构监管规定》,以及有关保险公估机构的规范,对保险企业从设立、营运、监管到解散清算各个方面均作了详尽的规定,具体内容不予赘述。

思 考 题

1. 常见的保险合同有哪些?
2. 试述保险合同的主体。
3. 被保险人通常有哪些义务?
4. 人身保险合同有哪些特殊条款?
5. 保险经纪人与保险代理人有何不同?

第八章　破　产　法

本章主要介绍破产的含义、作用、破产原因、各国破产法中破产实体法和破产程序的主要规则。中国的破产法律制度长期处于极其零散、混乱状态,直到 2006 年企业破产法正式公布才步入正轨。

第一节　概　　述

一、什么是破产和破产制度

所谓破产,最简单最通俗的涵义为还不起债或债务人不能清偿到期债务。破产问题古已有之。中国古代就有"债台高筑"的典故,说的是战国后期,东周的最后一个君主周赧王因借债招募军队会同六国伐秦,事后无力偿还,为了躲避债主,只好藏身于宫中的一个高台上。① 而 3 700 多年前的《汉穆拉比法典》中,也有关于破产的规定。

现代经济社会复杂多变,经营风险防不胜防,破产事件更是层出不穷,而且对社会经济生活产生巨大影响,甚至会引起"经济地震"。1979 年美国汽车制造业三巨头之一克莱斯勒公司就曾一度陷于困境,处于破产边缘,后因公司总经理艾科卡说服美国国会,向政府争取到 15 亿美元的应急性贷款,才得以渡过难关。而 1995 年英国巴林银行因其驻新加坡国际金融期货交易所交易员利森违规操作,损失 10 多亿美元而破产,最后被荷兰一银行接管。2000 年显赫一时的韩国大宇公司难逃破产的厄运。中国中航油新加坡公司,也因在

---

① 包启新,俞沛铭. 中国古典故事大观. 中国少年儿童出版社,1993.832 ~ 833;张莉,师勇. 企业破产实务. 中国物价出版社,1995.2 ~ 3.

期货上违规操作而导致 5 亿多美元损失而濒临破产。法律意义上的破产与债务人不能清偿的事实状态这一事实上的破产不同。按中国著名民商法专家江平先生的概括,破产就是当债务人的全部财产不足以抵偿债务时,为使债权得到公平清偿的一种程序。这是美国和某些大陆法国家破产法中所规定的真正的破产,但英国和其他绝大多数国家包括中国法中所称的破产,则是指在债务人不能清偿到期债务时,法院根据债权人或债务人的申请,将债务人的破产财产依法公平分配给债权人的特定程序。① 有的学者从更广的意义上理解破产一词,认为它是在债务人的财产状况恶化,对全部债务不能完全清偿时,一方面以对债务人全部财产强制管理和变价使债权得到公正满足,另一方面通过和解与整顿给予债务人复兴经济的机会,防止社会经济秩序混乱的诉讼程序。② 破产是指债务人不能清偿债务时所适用的清偿程序和该程序终结后债务人的身份地位受限制的法律状态。与此相关联,则产生了与破产不可分离的一系列概念,如用于表明债务人不能清偿的事务状态的破产原因;说明债务人财产法定分配方式的破产程序或破产还债程序;限定债务人身份地位的破产人、清算人、破产财产等;反映一般法律制度在破产程序中变通适用的破产债权、取回权、别除权、抵销权、否认权等。③ 总之,破产实际上是一种法定清偿程序制度,因此,人们通常将破产称为破产制度。破产作为一种法律制度,一种兼有程序规定和实体规定,目的使所有债权人均可得到公平清偿的法律制度,在社会经济生活中主要起着下列作用:

第一,保护债权人的合法权益。解决债权债务关系,通常可按一般民事诉讼程序进行诉讼。但在债务人无力清偿时,不采取破产程序,即使判决也可能无法执行,中国的状况尤其如此。另外,通过破产这一特别程序,还能使所有债权人得到公平清偿的机会,防止债权人争相追偿或债务人歧视性清偿所引起的不公和混乱。

第二,保护债务人的合法权益。债务人通过破产还债程序,将经过清算的全部财产一次性分给全体债权人,而对未予清偿的债务则可免除履行义务。债务人从此可从沉重的债务负担中解脱出来,轻装上阵,重新寻求再生的机会。对法人破产人的成员而言,还可通过破产甩掉包袱,集中资产致力于盈利事业。另外,在破产程序中,债务人通过一个诉讼来清偿所有债权人的债权,也可大大减轻应诉负担,节省人力、物力。

第三,阻止债务膨胀,预防社会震荡。债务人无力清偿债务,有的可能一时周转不灵,若适量注入资金,即可恢复正常营运;有的负债累累,而且无药可救。这时,如没有破产制度,债务人为了维持现状,势必继续举债,结果却不但于事无补,不断增加对社会财富的损耗和浪费,而且使得债务日趋膨胀,既加重债务人的债务负担,又致使债权人可能获得的清偿比例随之下降,甚至还会引起连锁破产,给社会造成更大的危害。

---

① 江平. 西方国家民商法概要. 法律出版社,1984. 322;江平. 商法全书. 中国广播电视出版社,1995. 519;李玉泉,陈绍军. 中国商事法. 武汉大学出版社,1995. 154.

② 谢邦宇. 破产法通论. 湖南大学出版社,1987. 10;陈荣宗. 破产法. 台湾三民书局,1986. 1.

③ 邹海林. 破产程序和破产法实体制度比较研究. 法律出版社,1995. 1.

第四,利用优胜劣汰的机制,增加竞争压力,优化经济结构,促进社会经济良性循环。市场经济体制下的破产制度,使各种经济主体受追逐利润内在动力驱使的同时,加上外在竞争的强大压力,不断地刺激其改善管理、提高技术、拓展业务、增加实力。否则,即难逃被宣告破产或被兼并等命运。也正因为破产这一优胜劣汰机制,能使所有生存下来的公司、企业,各具特色,各有所长,扮演着不可或缺的角色。这样,整个经济社会必然充满活力。①

破产制度容易与倒产制度相混淆。实际上,倒产制度是指债务人不能清偿到期债务或发生财务危机时,为预防或避免适用破产程序,或者为了恢复和再建而请求法院干预的各种制度的总称。有些内容包含于破产制度,有些则超出破产制度的范围。它主要有和解制度、公司重整制度和特别清算制度。②

和解制度是指在债务人不能清偿到期债务时,为避免开始破产程序或受破产宣告,在破产申请前或破产过程中,主动请求法院许可其同债权人达成谅解,以清理债权债务关系的制度。公司重整制度亦称公司整理或整顿或更生制度,是指濒临破产的股份有限公司为避免破产清算而制订公司振兴计划,与债权人达成协议,经法院许可,强制利害关系人与其合作,以谋求公司的复兴与存续,如重整失败,法院再依职权宣告破产的制度。特别清算制度亦是适用于股份有限公司的一种制度。它是指在公司财务发生困难或因其他原因解散时,依照法院的命令并在法院的监督之下清理公司的债权债务关系的制度。

二、破产立法

破产法是指债务人不能清偿其债务而适用破产或和解程序处理债务关系的一系列法律规范的总称。内容主要包括破产实体规范、破产程序规范和罚则。其法律渊源主要有单行破产法,如英国1914年破产法、美国1938年的联邦破产法、德国1977年破产法、法国1967年破产法、日本1922年破产法(2004年重新制定)、中国2000年企业破产法等。还有民间和商事基本法、民事和商事特别法、刑事法、最高法院的司法解释和英美法系中的破产判例,也是破产法渊源。

正如前面已经提到的那样,早在3 700多年之前的西亚巴比伦王国的《汉穆拉比法典》中,就有关于债务人破产的规定。根据该法典第117条,自由民如负有债务,将妻子、儿女出卖或交出作债奴,在买方或债权人家中服役期满3年,即应恢复自由。古罗马时期的《十二铜表法》中,已有破产制度和和解制度的雏形。中世纪欧洲地中海附近的许多城邦先后制定了一系列条例、法令,有不少涉及到破产规则。如1244年的威尼斯条例,就有关于扣押债务人的财产对全体债权人均有效、全体债权人公平受偿出卖债

---

① 江平. 商法全书. 中国广播电视出版社,1995.520~521.

② 谢怀栻. 资本主义国家破产法简介,企业破产法讲座. 人民法院出版社,1990.152;谢邦宇. 破产法通论. 湖南大学出版社,1987.27~34.

务人财产所得、破产程序必须以管财人(清算人)为中心的规定。而 13 世纪下半叶西班牙制定的著名破产法律《七章律》,因确立一般人破产主义而非商人破产主义以及强制和解制度,对西方各国近现代破产立法有着广泛影响。① 近现代破产法曾形成法国法系、德日法系和英美法系 3 个破产法法系。其中,法国法系的影响主要及于近代破产制度,而现代破产法则主要受德日法系和英美法系的影响。

1. 法国法系

法国在 1538 年就有关于破产的法令,1667 年的里昂破产条例,是法国最早的单行破产法。1673 年路易十四时期的商事条例中,对商事破产程序作了专章规定。1807 年的法国商法典第 3 编为破产编,全面规定了商事破产制度,确立了商人破产不免责主义。该编直到 1838 年才公布施行。1967 年法国将破产法从商法典中独立出来,颁布单行破产法,改商人破产主义为一般人破产主义,即规定破产法不但适用于商人,也同时适用于商人以外的其他非商人实体。该法经多次修订后施行至今。

法国破产法虽已经放弃商人破产主义,但法国法系的传统对采取商人破产主义的国家,尤其是法属前殖民地国家的破产立法影响深远。

2. 德日法系

德国统一之前,自 19 世纪中叶开始,各城邦国家受法国破产法的影响,纷纷订立自己的破产法。1855 年公布普鲁士破产法,但没有采用法式的商人破产主义。1877 年制定了第一部统一的德国破产法,并在 1898 年进行了全面修订,1927 年又制定了和解法。两法分别在 1976 年和 1934 年修订后,沿用至今。

日本 1881 年聘请德国法学家劳斯纳帮助起草商法典,仿法国法例,将破产法包含于商法典破产编内,1890 年公布并于 1893 年先于整部商法典开始施行。该法采取法国式的商人破产主义。为了弥补其不足,1890 年日本又公布适用于非商人的家资分散法。1899 年公布的日本新商法中未包括破产编。1922 年,日本公布单行破产法、和解法,改法国式商人破产主义,采取德国式的一般人破产主义,战后又受美国法的很大影响,主要反映在 1952 年的破产法修正案中,尤其是将传统的破产不免责主义改为破产免责主义。同年,日本又公布公司更生法(2002 年重新制定公布)。这几个法律在近年又进行频繁修订。

3. 英美法系

英美法以不成文的判例法为传统,但破产法却主要以成文法的形式出现。1542 年亨利八世时英国就颁布了破产条例,实行一般人破产主义,1571 年改行商人破产主义,1861 年重新改为一般人破产主义,从此奠定英国近现代破产法的基础。现行破产法为 1913 年公布,经 1924 年修订。另外,英国还于 1914 年公布和解法,1976 年公布无力偿付法。1800 年的美国破产法、1891 年的香港破产条例、1909 年的菲律宾破产法、

① 张莉,师勇. 企业破产实务. 中国物价出版社,1995.18~20;谢邦宇. 破产法通论. 湖南大学出版社,1987.19.

1919 年的加拿大破产法、1933 年的阿根廷破产法、1966 年的澳大利亚破产法和 1967 年的新西兰破产法,都直接仿效英国破产法而订立。其中,1800 年美国破产法依英国当时法例,实行商人破产主义,再加上其他众多原因,1803 年就被废止。1841 年又重新制定破产法,确立了一般人破产主义和破产免责主义,几经废立,直到 1898 年才又仿英国法例制定破产法,并于 1938 年进行了较大修改。1978 年美国公布破产改革法,对美国破产制度进行了全面变革。这部被称为 1979 年破产法典的美国现行破产法,成为西方国家现代破产法的典范。① 2005 年该法又作修改。

4. 中国的破产立法

中国最早于 1906 年公布破产律,但其中的公平清偿原则直接触犯了外国人和清王朝的利益,因为此前的法定清偿顺序是先外国人,后官府,再商人,所以,户部坚决反对,1908 年即被废止,与欧美诸国在 19 世纪末 20 世纪初包括破产法在内的民商法日趋完善的状况形成鲜明对比。1935 年,国民政府公布破产法和破产施行法,1937 年又曾全面修订。现经 1980 年修订,仍施行于台湾省。

与其他商事法律制度一样,中国大陆计划经济体制之下破产法无生存发展的土壤,直到 1980 年,民事诉讼法起草小组建议在该法中增设破产程序,破产立法才提到议事日程。1986 年 12 月 2 日《中华人民共和国企业破产法(试行)》通过。该法共分总则、破产申请的提出和受理、债权人会议、和解和整顿、破产宣告和破产清算以及附则,计 6 章 43 条,只适用于全民所有制企业,并特别申明待全民所有制企业法施行之后满 3 个月起施行。1988 年 4 月 13 日《中华人民共和国全民所有制工业企业法》公布,并于同年 8 月 1 日起施行。照此推算,《企业破产法(试行)》的实施时间为 1988 年 11 月 1 日。这种先制定破产法,后公布适用破产法的主体法的立法例,在国际上极为罕见。为弥补中国《企业破产法(试行)》适用主体的局限性,1991 年公布施行的《中华人民共和国民事诉讼法》第 19 章"企业法人破产还债程序",对全民所有制企业(即国有企业)之外的所有中国法人适用。此外,2002 年 7 月 30 日,最高院在总结 10 余年审理企业破产案件经验教训的基础上,发布了《关于审理企业破产条件若干问题的规定》,计 14 部分 106 条。其内容为关于企业破产案件管辖;关于破产申请与受理;关于债权申报;关于破产和解与破产企业整顿;关于破产宣告;关于债权人会议;关于清算组;关于破产债权;关于破产财产;关于破产财产的收回、处理和变现;关于破产费用;关于破产财产的分配;关于破产终结;其他。不但将此前分散的破产规则统一起来,而且内容也得到扩展和细化。在中国重新制定破产法的争议很大,尤其是破产法是否普遍适用于国有企业,职工安置如何解决,破产对象是否包括自然人,商业银行、证券公司能否破产等问题一时难有定论的情况下,该规定成为各级法院审理企业破产案件的主要依据,并发挥着十分重要的作用。国内外注目的《中华人民共和国企业破产法(草案)》于 2004 年 6 月 21 日提交第十届全国人民大常委会第十次会议进行第一次审议,同年 10 月下旬进行第

① 邹海林. 破产程序和破产法实体制度比较研究. 法律出版社,1995.37~38.

二次审议。该法草案共 11 章 164 条,除总则和附则外,对破产案件的申请和受理、管理人、债务人财产、债权申报、债权人会议、重整、和解、破产清算以及法律责任等分章作了规定。有学者总结出该草案的四大新意:一是适用范围扩大到所有企业法人(商业银行除外);二是增设破产重整制度,目的是使有复苏希望的具备法人资格的企业,特别是规模较大的企业在发生暂时支付困难时,避免进入破产清算程序;三是增加了破产管理人制度,规定法院在受理破产案件的同时,就应当指定管理人,管理人接管企业的所有财产,以解决过去的清算组制度所遇到的难题;四是设置防止欺诈破产的具体规定。此外,在该法草案进行第二次审议时,其第 127 条明确认定劳动债权优先受偿。即在企业破产后,把破产人所欠职工工资和欠缴的社会保险费用,以及法律、行政法规规定应当支付给职工的补偿金等其他费用,作为优先清偿破产费用和共益债务后的第一顺序来清偿。① 2006 年 8 月 27 日该法终于通过,并于翌年 6 月 1 日施行,计 12 章 136 条。

三、破产立法主义

所谓破产立法主义,是指一国制定和实施破产法的指导思想。由于各国经济、经济、文化环境、历史传统等背景不同,一国在不同时期的各种因素的交互变化,曾出现不同的破产立法主义。概括起来有商人破产主义、一般人破产主义和折衷主义、自力救助主义和公力救助主义、破产原因列举主义和破产原因概括主义、破产程序受理开始主义和宣布开始主义、破产宣布申请主义和职权主义、和解前置主义和和解分离主义、破产普及主义、破产属地主义和折衷主义、破产溯及主义和破产无溯及主义、固定主义和膨胀主义、破产免责主义和破产不免责主义,以及惩罚主义和非惩罚主义。商人破产主义是指只有商人才适用破产法,非商人不适用。它创立于法国,后被意大利、比利时等许多国家援用。一般人破产主义是指不分商人与非商人,均适用破产法。它由英国、德国法创立,现已成为现代破产立法趋势。如前所述,法国法也于 1967 年改行一般人破产主义。折衷主义是指商人和非商人适用两种不同的破产程序。中国所规定的国有企业和非国有企业适用不同的破产法律规定,形成于特殊的历史条件。最高院 2002 年司法解释规定申请(被申请)破产的债务人应当具备法人资格,不具备法人资格的企业、个体工商户、合伙组织、农村承包经营户不具备破产主体资格,并不意味着中国实行商人破产主义,因为商人与非商人的区分,并不等同于法人与非法人的区分。即使新的破产法扩大了适用范围,也很难说中国就是采纳商人破产主义。自力救助主义是指在破产程序中,债权人依靠自己的力量占有、变卖债务人的财产并予分配。它最早出现于古罗马法中,中世纪被西班牙所效法。近现代英美法系虽以自力救助主义为原则,即由债权人选任破产管理人,同时又受法院的严格监督。相反,由法院对债务人的财产实行占有、管理、变卖和分配的制度,称为公力救助主义或法院执行主义。现代破产法多为两者结合,实行在法院的干预和监督下由债权人或法院选任破产管理人或者破产清算人

① 吴鸣明.新破产法明年春节前将诞生 优先保护职工债权.法制日报.2004-11-11.

的破产程序,中国亦然。①

破产原因列举主义是指在破产法中对破产原因予以一一列明。主要由英国、加拿大、澳大利亚、香港破产法例采用。破产原因概括主义是指破产法中概括性地规定破产原因或破产条件,而并不一一加以列举,为大陆法各国所采用。中国《企业破产法》第2条所规定的"企业法人不能清偿到期债务并且资产不足以清偿全部债务或者明显缺乏清偿能力",即属于概括主义。概括主义比较灵活,法院自由裁量权大。因此,1978年美国联邦破产法也摒弃列举主义而改采概括主义。

破产程序受理开始主义是指以申请破产为破产程序开始的标志,即使后经和解程序而救活破产人,则终结破产程序。破产程序宣告开始主义是指以法院宣告债务人破产为破产程序开始的标志。前者的破产程序包括申请立案、审理、宣告破产和破产清算4个阶段,而后者仅包括后两个阶段。大陆法多采后者,英美法多采前者,中国台湾破产法采后者,大陆破产法却采前者,形成一个完整的体系。

破产宣告申请主义是指法院仅依债务人或债权人的破产申请宣告债务人破产。破产宣告职权主义是指法院可不经当事人申请,而依职权宣告债务人破产。西方国家早期的破产法多将破产作为一种危害社会的犯罪行为,故普遍采用后者,破产法也属于公法范畴。但现代破产法已将破产视为一种私法上的行为,因而大多采取前者,仅在特别情况下采用破产宣告职权主义,以保证全体债权人得到公平清偿。中国法则不承认破产宣告职权主义。

和解前置主义是指在申请法院宣告债务人破产前,应先试行和解,只有在和解不成时方可宣告债务人破产。英国法采用这一原则,并在同一法律中规定破产和和解程序。和解分离主义是指不将和解程序作为破产程序的必经环节,两者各自独立,由债务人选择是否和解,法律不予限制。大陆法多采用这一原则,并分别制定破产法和和解法,如德国、日本。中国虽未分别立法,但实际上也采取和解分离主义。②

破产普及主义是指破产宣告的效力不仅及于破产人在本国的财产,而且还及于其在外国的财产。为法国、意大利、比利时、荷兰、瑞士、挪威、中国等国所采用。破产属地主义是指破产宣告的效力只及于债务人在本国的财产的立法原则。为美国、德国破产立法所采纳。折衷主义是指对债务人的动产实行普及主义,而对不动产实行属地主义的破产立法原则,为英国所采用。

破产溯及主义是指破产宣告的效力溯及到债务人有破产原因之日起,其后管理、处分财产的行为无效。为英国、法国、加拿大、西班牙等国所采纳。破产无溯及主义是指破产宣告的效力自宣告之日起开始,并不溯及既往。为德国等大陆法国家所采纳。为防止债务人隐匿资产等损害债权人的行为,一般在破产法中以撤销或否认制度补充之。

_____

① 《中华人民共和国企业破产法》第2条;最高人民法院关于审理企业破产案件若干问题的规定第47条。

② 《企业破产法》第2、7条和第8、9章;最高人民法院关于审理企业破产案件若干问题的规定第25条。

如中国《企业破产法》第31条规定即是。

固定主义是指破产财产的构成以破产宣告时破产人所有的全部财产为限。为德国、日本、美国等所采用。膨胀主义是指破产财产的构成范围,除破产宣告时破产人的所有财产外,还包括破产宣告后破产程序终结前破产人所取得的全部财产。为英国、法国、意大利、奥地利、西班牙、澳大利亚等许多国家所采用。这一分类仅对自然人有意义,中国《企业破产法》中虽有类似规定,但实际上并非采用膨胀主义。①

破产免责主义是指债务人在经过破产程序以其全部财产偿债后,对未予清偿的债权不再负清偿责任的立法原则。该原则首创于英国,扩及美国等英美法国家以及战后日本等大陆法国家。破产不免责主义是指破产债务人对债权人依破产程序未清偿的债务,不因破产程序终结而消灭,仍继续承担清偿责任的立法原则,为德、法等国所采用。这一划分也只适用于自然人,因为法人本身因破产而人格消灭,不存在免责、不免责的问题,所以中国法中尚无这样的划分。

惩罚主义是指将破产视为犯罪行为,对破产人进行各种公法、私法上的限制,且在债务全部清偿后通过复权程序才能解除的立法原则。为法国法系采用。非惩罚主义是指不将破产视为犯罪行为,而只是债权人与债务人之间的清算程序,故不对破产人进行公法、私法上限制的立法原则。为德日法系所采用,也是现代破产法的趋势。中国《企业破产法》第131条仅规定违反本法规定,构成犯罪的,依法追究刑事责任,其他情况之下则仅为破产清偿,或者承担相应的民事、行政责任,可见原则上实行非惩罚主义。②

第二节 破产实体规则

破产实体规则主要涉及到破产财产及其构成、破产债权、与破产财产有关的某些特殊权利等。

一、破产财产

破产财产亦称破产财团,是指债务人在被宣告破产时至破产终结前,由破产管理人接管的可用于破产分配的全部财产。它既是破产宣告后破产程序得以继续进行的财产基础,又是破产债权人依法受偿的物质保证。西方有的国家的破产法仅适用于自然人或也适用于自然人,故有采用固定主义和膨胀主义的立法原则之分,而以膨胀主义的立法原则为趋势。中国破产法只适用于法人,无固定主义与膨胀主义区别。但据《企业

---

① 陈荣宗. 破产法. 台湾三民书局,1986.159;邹海林. 破产程序和破产法实体制度比较研究. 法律出版社,1995.19.

② 李玉泉、陈绍军. 中国商事法. 武汉大学出版社,1995.160～163;邹海林. 破产程序和破产法实体制度比较研究. 法律出版社,1995.14～19;《企业破产法》第11章"法律责任".

破产法(试行)》第 28 条规定:"破产财产由下列财产构成:① 破产宣告时破产企业经营管理的全部财产;② 破产企业在破产宣告后破产程序终结前所取得的财产;③ 应当由破产企业行使的其他权利。已作为担保物的财产不属于破产财产;但保物的价款超过其所担保的债务数额的,超过部分属于破产财产。"最高人民法院关于审理企业破产案件若干问题的规定就以下几个方面进行了细化:债务人与他人共有的物、债权、知识产权等财产或者财产权,应当在破产清算中予以分割,债务人分割所得属于破产财产;不能分割的,应当就其应得部分转让,转让所得属于破产财产。债务人的开办人注册资金投入不足的,应当由该开办人予以补足,补足部分属于破产财产。企业破产前受让他人财产并依法取得所有权或者土地使用权的,即便未支付或者未完全支付对价,该财产仍属于破产财产。债务人的财产被采取民事诉讼执行措施的,在受理破产案件后尚未执行的或者未执行完毕的剩余部分,在该企业被宣告破产后列入破产财产。因错误执行应当执行回转的财产,在执行回转后列入破产财产。债务人依照法律规定取得代位求偿权的,依该代位求偿权享有的债权属于破产财产。债务人在被宣告破产时未到期的债权视为已到期,属于破产财产,但应当减去未到期的利息。破产财产的具体形式,除房产、机器、原材料、产成品等实物和现金外,还应包括依法发行股票、债券所筹资金或由此形成的资产;破产企业享有的土地、水流、矿产等自然资源的使用权。① 下列财产不属于破产财产:① 债务人基于仓储、保管、加工承揽、委托交易、代销、借用、寄存、租赁等法律关系占有、使用的他人财产;② 抵押物、留置物、出质物,但权利人放弃优先受偿权的或者优先偿付被担保债权剩余的部分除外;③ 担保物灭失后产生的保险金、补偿金、赔偿金等代位物;④ 依照法律规定存在优先权的财产,但权利人放弃优先受偿权或者优先偿付特定债权剩余的部分除外;⑤ 特定物买卖中,尚未转移占有但相对人已完全支付对价的特定物;⑥ 尚未办理产权证或者产权过户手续但已向买方交付的财产;⑦ 债务人在所有权保留买卖中尚未取得所有权的财产;⑧ 所有权专属于国家且不得转让的财产;⑨ 破产企业工会所有的财产。②《企业破产法》第 30 条改为"债务人财产",包括:破产申请受理时属于债务人的全部财产,以及破产申请受理后至破产程序终结前债务人取得的财产。

二、有关破产财产的几项特殊权利

与破产财产相关的特殊权利,依多数国家的破产法例,主要包括取回权、别除权、抵销权和否认权。

1. 取回权

取回权,是指对虽在破产人名下,但属于他人的财产,该财产权利人可不依破产程序,从破产管理人占有、管理的财产中直接取回的权利。按成立依据不同,又可分为一

---

① 邹海林. 破产程度和破产法实体制度比较研究. 法律出版社,1995.254~260.

② 最高人民法院关于审理企业破产案件若干问题第 71 条。

般取回权、特别取回权。前者是指财产权利人依民法上物的返还请求权的规定,从破产管理人处取回其财产的权利。凡租赁物、借用物、寄托物、定作物、出售或寄售物、失散物,权利人均可通过破产管理人,从破产人处取回。后者是指即将占有而尚未实际占有他人财产时被宣告破产的,该财产所有人所享有的取回该财产的权利。又主要包括出卖人取回权、行纪取回权。出卖人取回权是指异地买卖成立但尚未收取全部货款的卖方已经发货,买方尚未收到货物前被宣告破产的,卖方所享有的取回在途货物的权利。行纪取回权是指行纪人为委托人的利益发送货物后,委托人在尚未收到货物又未交清价款的情况下被宣告破产的,行纪人所享有的取回已发送货物的权利。德国、日本等国破产法中对一般和特别取回权均有规定。中国《企业破产法(试行)》第29条规定,"破产企业内属于他人的财产,由该财产的权利人通过清算组取回";最高人民法院关于审理企业破产案件若干问题第72条规定,债务人基于仓储、保管、加工承揽、委托交易、代销、借用、寄存、租赁等法律关系占有、使用的他人财产,财产权利人有权取回。前款财产在破产宣告前已经毁损灭失的,财产权利人仅能以直接损失额为限申报债权;在破产宣告后因清算组的责任毁损灭失的,财产权利人有权获得等值赔偿。《企业破产法》第38条为一般取回权的规则,而第39条对特别取回权中的出卖人取回权作了规定。

2. 别除权

别除权亦称优先受偿权,是指对破产人的特定财产享有担保债权人,可不依破产程序就该担保财产,较其他无财产担保的债权人优先受偿的权利。别除权是民法中债的担保制度在破产法中的具体体现。别除权的实质是权利人对破产人的特定财产所享有的担保物权,一般包括抵押权、质权、留置权以及其他法定担保物权或优先权,如中国海商法第21条所规定的船舶优先权。中国民法通则中只规定留置权和抵押权,而《中华人民共和国担保法》第4章中增设了"质押",并列于第3章"抵押"和第5章"留置"。质押权应与质权同义,《物权法》中已作调整。

别除权人行使别除权,不受破产程序限制和约束,是各国破产法的通例,中国法亦然。据中国《企业破产法(试行)》第32条的规定,有财产担保的债权人享有就该担保物优先受偿的权利。债权数额大于担保物价款的,未受清偿的部分作为破产债权,依破产程序受偿。中国原《民事诉讼法》第203条也规定,已经作为银行贷款等债权的抵押物或者其他担保物的财产,银行和其他债权人享有就该抵押物或者其他担保物优先受偿的权利。但据司法实践,若优先权或别除权人在破产案件受理后至破产宣告前请求优先受偿的,应得到人民法院准许。①

3. 抵销权

抵销权,是指在破产宣告时,破产债权人负有债务的,则不受种类和期限限制,均有不依破产程序用破产债权抵销其所负债务的权利。破产抵销权在英国破产法第31条、德国破产法第53条、日本破产法第98条中均有规定。中国《企业破产法(试行)》第

---

① 《关于适用〈中华人民共和国民事诉讼法〉若干问题的意见》第241条。

33 条规定:"债权人对破产企业负有债务的,可以在破产清算前抵销。"最高人民法院关于审理企业破产案件若干问题第 60 条规定,与债务人互负债权债务的债权人可以向清算组请求行使抵销权,抵销权的行使应当具备以下条件:① 债权人的债权已经得到确认;② 主张抵销的债权债务均发生在破产宣告之前。但受让人以受让的债权抵销其所欠债务人债务的,人民法院不予支持。规定破产债权人行使抵销权,可使其在破产程序之外获得优先清偿,既简化了破产程序,又减少了破产分配损失,还使抵销权人得到公平对待,防止出现可行使抵销权的破产债权人一方面偿还其欠破产人的全部债务,另一方面却只能按破产顺序受偿破产财产所产生的不公平结果。《企业破产法》第 40 条规定了抵销权。

4. 否认权

否认权亦称撤销权、追回权、废罢诉权,是指破产人在破产宣告前的一定期限内,实施有害于破产债权人利益的行为,破产管理人请求法院予以撤销、否认该行为的法律效力,并追回该行为转让的财产或利益的权利。债权人否认权起源于罗马法,后被德国破产法首次引入破产程序中。除日本法中称否认权外,其余多数国家称撤销权。

中国《企业破产法(试行)》第 35 条规定,破产人在破产案件受理前 6 个月至破产宣告之日的期限内,有 5 种损害债权人利益的行为,即:① 隐匿、私分或无偿转让财产;② 非正常压价出售财产;③ 对原来没有财产担保的债务提供财产担保;④ 对未到期的债务提前清偿;⑤ 放弃自己的债权,严重损害债权人利益的,清算组有权向人民法院申请追回财产。追回的财产计入破产财产。而破产程序终结后 1 年内,发现破产人有上述 5 种行为的,由于清算组已经解散,因而无需任何人申请,即可由法院径自行使否认权,并将追回的财产向债权人追加清偿。《企业破产法》第 31 条以下对否认权作了更为详尽的规定。

三、破产债权

破产债权是指债权人对破产人所享有的必须通过破产程序受偿的权利。日本破产法第 15 条规定:"因破产宣告前的原因所产生的对破产人的财产请求权,为破产债权。"中国《企业破产法(试行)》第 30 条也规定:"破产宣告前成立的无财产担保的债权和放弃优先受偿权的有财产担保的债权为破产债权。"可见,破产债权是一种可强制执行的对人的财产请求权,而且以无财产担保的债权为限。

破产债权的范围各国立法上不尽相同。根据中国《企业破产法(试行)》的规定和最高院的司法解释,破产债权的范围主要包括:① 破产宣告前发生的无财产担保的债权;② 破产宣告前发生的虽有财产担保但是债权人放弃优先受偿的债权;③ 破产宣告前发生的虽有财产担保但是债权数额超过担保物价值部分的债权;④ 票据出票人被宣告破产,付款人或者承兑人不知其事实而向持票人付款或者承兑所产生的债权;⑤ 清算组解除合同,对方当事人依法或者依照合同约定产生的对债务人可以用货币计算的属于实际损失的债权(违约金不作为破产债权,定金不再适用定金罚则);⑥ 债务人的受托人在债务人破产后,为债务人的利益处理委托事务所发生的债权;⑦ 债务人发行债券形成的债权;⑧ 债务人的保证人代替债务人清偿债务后依法可以向债务人追偿的债权;⑨ 债务人的保证人按照《中华人民共和国担保法》第32条的规定预先行使追偿权而申报的债权;⑩ 债务人为保证人的,在破产宣告前已经被生效的法律文书确定承担的保证责任;⑪ 债务人在破产宣告前因侵权、违约给他人造成财产损失而产生的赔偿责任;⑫ 债务人退出联营应当对该联营企业的债务承担责任的,联营企业的债权人对该债务人享有的债权属于破产债权;⑬ 人民法院认可的其他债权。① 《企业破产法》对破产债权未予专门规定,有待司法解释予以细化。

第三节　破产程序规则

企业、公司及其他破产债务人破产,是通过法院的破产还债程序进行的,英美法系将破产法视为程序法,即是此理。破产程序主要包括破产的开始、债权人会议、和解与整顿、破产宣告、破产清算和破产程序的终结等内容。

一、破产的开始

完整的破产程序始于破产申请,而无论债权人还是债务人申请破产,均应符合破产要件,并选定审理法院。然后由申请人申请,法院经审查立案审理。

破产要件是指对债务人财产状况进行整顿或对债务人宣告破产的必备条件。包括实质要件和形式要件两个方面。前者有破产能力或资格,如限于商人或法人或自然人;破产原因和多数债权人存在。后者有申请人资格,即是否限于债权人或债务人;法院的管辖,多为债务人所在地,中国债务人住所地指债务人的主要办事机构所在地。债务人无办事机构的,由其注册地人民法院管辖。有的国家还有级别管辖,如中国规定基层人民法院一般管辖县、县级市或者区的工商行政管理机关核准登记企业的破产案件;中级人民法院一般管辖地区、地级市(含本级)以上的工商行政管理机关核准登记企业的破产案件;纳入国家计划调整的企业破产案件,由中级人民法院管辖。上级人民法院审理下级人民法院管辖的企业破产案件,或者将本院管辖的企业破产案件移交下级人民法院审理,以及下级人民法院需要将自己管辖的企业破产案件交由上级人民法院审理的,依照民事诉讼法第39条的规定办理;省、自治区、直辖市范围内因特殊情况需对个别企业破产案件的地域管辖作调整的,须经共同上级人民法院批准。有时会出现破产障碍,即债务人虽有破产原因,但出现妨碍破产程序开始和进行的事由,如中国《企业破产法(试行)》第3条第2款、第3款规定的情形。《企业破产法》已予删除。

---

① 《中华人民共和国破产法(试行)》第13、26、30-32条;最高人民法院关于审理企业破产案件若干问题第55、59条。

破产申请既可由债权人提出,也可由债务人提出。根据中国的规定,向人民法院提出破产申请,应当提交破产申请书和有关证据。破产申请书应当载明下列事项: ① 申请人、被申请人的基本情况; ② 申请目的; ③ 申请的事实和理由; ④ 人民法院认为应当载明的其他事项。债务人提出申请的,还应当向人民法院提交财产状况说明、债务清册、债权清册、有关财务会计报告、职工安置预案以及职工工资的支付和社会保险费用的缴纳情况。

债权人提出破产申请的,人民法院应当自收到申请之日起 5 日内通知债务人。债务人对申请有异议的,应当自收到人民法院的通知之日起 7 日内向人民法院提出。人民法院应当自异议期满之日起 10 日内裁定是否受理。除上述情形外,人民法院应当自收到破产申请之日起 15 日内裁定是否受理。有特殊情况需要延长前述裁定受理期限的,经上一级人民法院批准,可以延长 15 日。

人民法院受理破产申请的,应当自裁定作出之日起 5 日内送达申请人。债权人提出申请的,人民法院应当自裁定作出之日起 5 日内送达债务人。债务人应当自裁定送达之日起 15 日内,向人民法院提交财产状况说明、债务清册、债权清册、有关财务会计报告以及职工工资的支付和社会保险费用的缴纳情况。人民法院应当自裁定受理破产申请之日起 25 日内通知已知债权人并予以公告。通知和公告应当载明下列事项: ① 申请人、被申请人的名称或者姓名; ② 人民法院受理破产申请的时间; ③ 申报债权的期限、地点和注意事项; ④ 管理人的名称或者姓名及其处理事务的地址; ⑤ 债务人的债务人或者财产持有人应当向管理人清偿债务或者交付财产的要求; ⑥ 第一次债权人会议召开的时间和地点; ⑦ 人民法院认为应当通知和公告的其他事项。同时,法院应当指定管理人。

自人民法院受理破产申请的裁定送达债务人之日起至破产程序终结之日,债务人的有关人员承担下列义务: ① 妥善保管其占有和管理的财产、印章和账簿、文书等资料; ② 根据人民法院、管理人的要求进行工作,并如实回答询问; ③ 列席债权人会议并如实回答债权人的询问; ④ 未经人民法院许可,不得离开住所地; ⑤ 不得新任其他企业的董事、监事、高级管理人员。上述有关人员,是指企业的法定代表人;经人民法院决定,可以包括企业的财务管理人员和其他经营管理人员。

人民法院受理破产申请后,债务人对个别债权人的债务清偿无效。人民法院受理破产申请后,债务人的债务人或者财产持有人应当向管理人清偿债务或者交付财产。债务人的债务人或者财产持有人故意违反上述规定向债务人清偿债务或者交付财产,使债权人受到损失的,不免除其清偿债务或者交付财产的义务。

人民法院受理破产申请后,管理人对破产申请受理前成立而债务人和对方当事人均未履行完毕的合同有权决定解除或者继续履行,并通知对方当事人。管理人自破产申请受理之日起两个月内未通知对方当事人,或者自收到对方当事人催告之日起30日内未答复的,视为解除合同。管理人决定继续履行合同的,对方当事人应当履行;但是,对方当事人有权要求管理人提供担保。管理人不提供担保的,视为解除合同。

人民法院受理破产申请后,有关债务人财产的保全措施应当解除,执行程序应当中止。另外,人民法院受理破产申请后,已经开始而尚未终结的有关债务人的民事诉讼或者仲裁应当中止;在管理人接管债务人的财产后,该诉讼或者仲裁继续进行。还有,人民法院受理破产申请后,有关债务人的民事诉讼,只能向受理破产申请的人民法院提起。

人民法院裁定不受理破产申请的,应当自裁定作出之日起 5 日内送达申请人并说明理由。申请人对裁定不服的,可以自裁定送达之日起 10 日内向上一级人民法院提起上诉。

人民法院受理破产申请后至破产宣告前,经审查发现债务人不符合破产原因或者破产要件的,可以裁定驳回申请。申请人对裁定不服的,可以自裁定送达之日起 10 日内向上一级人民法院提起上诉。

二、债权申报

依据 2006 年新企业破产法第 6 章的规定,人民法院受理破产申请时对债务人享有债权的债权人,依照该法规定的程序行使权利。未到期的债权,在破产申请受理时视为到期。附利息的债权自破产申请受理时起停止计息。

人民法院受理破产申请后,应当确定债权人申报债权的期限。债权申报期限自人民法院发布受理破产申请公告之日起计算,最短不得少于 30 日,最长不得超过 3 个月。债权人应当在人民法院确定的债权申报期限内向管理人申报债权。债权人申报债权时,应当书面说明债权的数额和有无财产担保,并提交有关证据。同时,应当符合以下特殊要求:第一,申报的债权是连带债权的,应当说明。第二,连带债权人可以由其中一人代表全体连带债权人申报债权,也可以共同申报债权。第三,债务人的保证人或者其他连带债务人已经代替债务人清偿债务的,以其对债务人的求偿权申报债权。第四,除债权人已向管理人申报全部债权的以外,债务人的保证人或者其他连带债务人尚未代替债务人清偿债务的,以其对债务人的将来求偿权申报债权。第五,连带债务人数人被裁定适用企业破产法规定的程序的,其债权人有权就全部债权分别在各破产案件中申报债权。第六,管理人或者债务人依照企业破产法规定解除合同的,对方当事人以因合同解除所产生的损害赔偿请求权申报债权。第七,债务人是委托合同的委托人,被裁定适用本法规定的程序,受托人不知该事实,继续处理委托事务的,受托人以由此产生的请求权申报债权。第八,债务人是票据的出票人,被裁定适用企业破产法规定的程序,该票据的付款人继续付款或者承兑的,付款人以由此产生的请求权申报债权。第九,在人民法院确定的债权申报期限内,债权人未申报债权的,可以在破产财产最后分配前补充申报;但此前已进行的分配,不再对其补充分配。为审查和确认补充申报债权的费用,由补充申报人承担。债权人未依法申报债权的,不得依破产程序行使权利。第十,债务人所欠职工的工资和医疗、伤残补助、抚恤费用,所欠的应当划入职工个人账户的基本养老保险、基本医疗保险费用,以及法律、行政法规规定应当支付给职工的补偿金,不必申报,由管理人调查后列出清单并予以公示。职工对清单记载有异议的,可以要求管理人更正;管理人不予更正的,职工可以向人民法院提起诉讼。

管理人收到债权申报材料后,应当登记造册,对申报的债权进行审查,并编制债权表,提交第一次债权人会议核查。债权表和债权申报材料由管理人保存,供利害关系人查阅。债务人、债权人对债权表记载的债权无异议的,由人民法院裁定确认。债务人、债权人对债权表记载的债权有异议的,可以向受理破产申请的人民法院提起诉讼。

三、管理人

企业破产事务通常由清算组或者破产管理人具体负责。中国 1986 年企业破产法(施行)确立的是清算组,其组成及权限并不合适。新法改为破产管理人。它是指由法院指定的在破产宣告后接管破产企业,负责破产财产的保管、清理、估价、处理和分配的临时性机构。当然,债权人会议认为管理人不能依法、公正执行职务或者有其他不能胜任职务情形的,可以申请人民法院予以更换。

管理人可以由有关部门、机构的人员组成的清算组或者依法设立的律师事务所、会计师事务所、破产清算事务所等社会中介机构担任。人民法院根据债务人的实际情况,可以在征询有关社会中介机构的意见后,指定该机构具备相关专业知识并取得执业资格的人员担任管理人。有下列情形之一的,不得担任管理人:① 因故意犯罪受过刑事处罚;② 曾被吊销相关专业执业证书;③ 与本案有利害关系;④ 人民法院认为不宜担任管理人的其他情形。个人担任管理人的,应当参加执业责任保险。

管理人履行下列职责:① 接管债务人的财产、印章和账簿、文书等资料;② 调查债务人财产状况,制作财产状况报告;③ 决定债务人的内部管理事务;④ 决定债务人的日常开支和其他必要开支;⑤ 在第一次债权人会议召开之前,决定继续或者停止债务人的营业;⑥ 管理和处分债务人的财产;⑦ 代表债务人参加诉讼、仲裁或者其他法律程序;⑧ 提议召开债权人会议;⑨ 人民法院认为管理人应当履行的其他职责。企业破产法对管理人的职责另有规定的,适用其规定。管理人应当勤勉尽责,忠实执行职务,向人民法院报告工作,并接受债权人会议和债权人委员会的监督。管理人应当列席债权人会议,向债权人会议报告职务执行情况,并回答询问。管理人没有正当理由不得辞去职务。管理人辞去职务应当经人民法院许可。

管理人的报酬由人民法院确定。债权人会议对管理人的报酬有异议的,有权向人民法院提出。

四、债权人会议

债权人会议是依法院的通知和公告而组成的债权人全体参加破产程序,并对有关破产的重要事项进行表决的临时性组织。它由全体债权人组成,除有财产担保的债权人未放弃优先受偿权利者不能行使表决权外,全体成员均有请求召开并出席债权人会议、对债权人会议议题发表意见及进行表决的权利。第一次债权人会议一般均由法律明确规定召集期限。如英国规定应自法院对债务人财产发布接管令后14日内召开,德国和日本规定在破产宣告后1个月内召开。中国《企业破产法》第62条规定,第一次债权人会议由人民法院召集,应当在债权申报期限届满后15日内召开,以后的债权人会议,在人民法院认为必要时,或者管理人、债权人委员会、占债权总额1/4以上的债权人向债权人会议主席提议时召开。召开债权人会议,管理人应当提前十五日通知已知的债权人。债权人会议的决议,由出席会议的有表决权的债权人过半数通过,并且其所代表的债权额占无财产担保债权总额的1/2以上。债权人认为债权人会议的决议违反法律规定,损害其利益的,可以自债权人会议作出决议之日起十五日内,请求人民法院裁定撤销该决议,责令债权人会议依法重新作出决议。债权人会议的决议,对于全体债权人均有约束力。

各国破产法均对债权人会议职权有明确规定。中国《企业破产法》第61条规定:债权人会议的职权为:第一,核查债权;第二,申请人民法院更换管理人,审查管理人的费用和报酬;第三,监督管理人;第四,选任和更换债权人委员会成员;第五,决定继续或者停止债务人的营业;第六,通过重整计划;第七,通过和解协议;第八,通过债务人财产的管理方案;第九,通过破产财产的变价方案;第十,通过破产财产的分配方案;第十一,人民法院认为应当由债权人会议行使的其他职权。债权人会议应当对所议事项的决议作成会议记录。

中国《企业破产法》还在债权人会议一章增设了有关债权人委员会的规定。据此,债权人会议可以决定设立债权人委员会。债权人委员会由债权人会议选任的债权人代表和一名债务人的职工代表或者工会代表组成。债权人委员会成员不得超过9人。债权人委员会成员应当经人民法院书面决定认可。

债权人委员会行使下列职权:其一,监督债务人财产的管理和处分;其二,监督破产财产分配;其三,提议召开债权人会议;其四,债权人会议委托的其他职权。债权人委员会执行职务时,有权要求管理人、债务人的有关人员对其职权范围内的事务作出说明或者提供有关文件。管理人、债务人的有关人员违反本法规定拒绝接受监督的,债权人委员会有权就监督事项请求人民法院作出决定;人民法院应当在5日内作出决定。管理人实施下列行为,应当及时报告债权人委员会:① 涉及土地、房屋等不动产权益的转让;② 探矿权、采矿权、知识产权等财产权的转让;③ 全部库存或者营业的转让;④ 借款;⑤ 设定财产担保;⑥ 债权和有价证券的转让;⑦ 履行债务人和对方当事人均未履行完毕的合同;⑧ 放弃权利;⑨ 担保物的取回;⑩ 对债权人利益有重大影响的其他财产处分行为。未设立债权人委员会的,管理人实施前述行为应当及时报告人民法院。

五、重整

正如前述,公司重整制度,是指濒临破产的股份公司为避免破产清算而制订公司振兴计划,与债权人达成协议,经法院许可,强制利害关系人与其合作,以谋求公司的复兴与存续,如重整失败,法院再依职权宣告破产的制度。他与中国企业破产法(试行)中规定的整顿制度不同,可以在破产程序中实行,也可以在破产程序之外实行。另外,中国的企业重整制度,显然不限于股份公司,所有法人企业均可实施。新的企业破产法引入这一制度,对出现破产原因,或者有明显丧失清偿能力可能的企业避免破产,恢复生机意义重大。

1. 重整申请

依据中国新企业破产法第8章,债务人或者债权人均可依法直接向人民法院申请对债务人进行重整。债权人申请对债务人进行破产清算的,在人民法院受理破产申请后、宣告债务人破产前,债务人或者出资额占债务人注册资本1/10以上的出资人,可以向人民法院申请重整。人民法院经审查认为重整申请符合本法规定的,应当裁定债务人重整,并予以公告。

自人民法院裁定债务人重整之日起至重整程序终止,为重整期间。在重整期间,经债务人申请,人民法院批准,债务人可以在管理人的监督下自行管理财产和营业事务。此时,依照企业破产法规定已接管债务人财产和营业事务的管理人应当向债务人移交财产和营业事务,该法规定的管理人的职权由债务人行使。管理人负责管理财产和营业事务的,可以聘任债务人的经营管理人员负责营业事务。

在重整期间,对债务人的特定财产享有的担保权暂停行使。但是,担保物有损坏或者价值明显减少的可能,足以危害担保权人权利的,担保权人可以向人民法院请求恢复行使担保权;在重整期间,债务人或者管理人为继续营业而借款的,可以为该借款设定担保;债务人合法占有的他人财产,该财产的权利人在重整期间要求取回的,应当符合事先约定的条件;在重整期间,债务人的出资人不得请求投资收益分配,除经人民法院同意之外,债务人的董事、监事、高级管理人员也不得向第三人转让其持有的债务人的股权。

在重整期间,有下列情形之一的,经管理人或者利害关系人请求,人民法院应当裁定终止重整程序,并宣告债务人破产:债务人的经营状况和财产状况继续恶化,缺乏挽救的可能性;债务人有欺诈、恶意减少债务人财产或者其他显著不利于债权人的行为;由于债务人的行为致使管理人无法执行职务。

2. 重整计划的制定和批准

债务人或者管理人应当自人民法院裁定债务人重整之日起6个月内,同时向人民法院和债权人会议提交重整计划草案。上述期限届满,经债务人或者管理人请求,有正当理由的,人民法院可以裁定延期3个月。债务人或者管理人未按期提出重整计划草案的,人民法院应当裁定终止重整程序,并宣告债务人破产。债务人自行管理财产和营业事务的,由债务人制作重整计划草案。管理人负责管理财产和营业事务的,由管理人制作重整计划草案。重整计划草案应当包括下列内容:① 债务人的经营方案;② 债权分类;③ 债权调整方案;④ 债权受偿方案;⑤ 重整计划的执行期限;⑥ 重整计划执行的监督期限;⑦ 有利于债务人重整的其他方案。

下列各类债权的债权人参加讨论重整计划草案的债权人会议,依照下列债权分类,分组对重整计划草案进行表决:① 对债务人的特定财产享有担保权的债权;② 债务人所欠职工的工资和医疗、伤残补助、抚恤费用,所欠的应当划入职工个人账户的基本养老保险、基本医疗保险费用,以及法律、行政法规规定应当支付给职工的补偿金;③ 债务人所欠税款;④ 普通债权。重整计划不得规定减免债务人欠缴的上述② 项以外的社会保险费用,该项费用的债权人也不参加重整计划草案的表决。

人民法院应当自收到重整计划草案之日起 30 日内召开债权人会议,对重整计划草案进行表决。出席会议的同一表决组的债权人过半数同意重整计划草案,并且其所代表的债权额占该组债权总额的 2/3 以上的,即为该组通过重整计划草案。债务人或者管理人应当向债权人会议就重整计划草案作出说明,并回答询问。人民法院在必要时,可以决定在普通债权组中设小额债权组对重整计划草案进行表决。债务人的出资人代表可以列席讨论重整计划草案的债权人会议。重整计划草案涉及出资人权益调整事项的,应当设出资人组,对该事项进行表决。各表决组均通过重整计划草案时,重整计划即为通过。自重整计划通过之日起 10 日内,债务人或者管理人应当向人民法院提出批准重整计划的申请。人民法院经审查认为符合本法规定的,应当自收到申请之日起 30 日内裁定批准,终止重整程序,并予以公告。

部分表决组未通过重整计划草案的,债务人或者管理人可以同未通过重整计划草案的表决组协商。该表决组可以在协商后再表决一次。双方协商的结果不得损害其他表决组的利益。未通过重整计划草案的表决组拒绝再次表决或者再次表决仍未通过重整计划草案,但重整计划草案符合下列条件的,债务人或者管理人可以申请人民法院批准重整计划草案:① 按照重整计划草案,对债务人的特定财产享有担保权的债权,就该特定财产将获得全额清偿,其因延期清偿所受的损失将得到公平补偿,并且其担保权未受到实质性损害,或者该表决组已经通过重整计划草案;② 按照重整计划草案,上述劳动债权以及债务人所欠税款获得全额清偿,或者相应表决组已经通过重整计划草案;③ 按照重整计划草案,普通债权所获得的清偿比例,不低于其在重整计划草案被提请批准时依照破产清算程序所能获得的清偿比例,或者该表决组已经通过重整计划草案;④ 重整计划草案对出资人权益的调整公平、公正,或者出资人组已经通过重整计划草案;⑤ 重整计划草案公平对待同一表决组的成员,并且所规定的债权清偿顺序不违反本法第 113 条的规定;⑥ 债务人的经营方案具有可行性。

人民法院经审查认为重整计划草案符合前述规定的,应当自收到申请之日起 30 日内裁定批准,终止重整程序,并予以公告。重整计划草案未获得通过且未依法获得批准,或者已通过的重整计划未获得批准,人民法院应当裁定终止重整程序,并宣告债务人破产。

3. 重整计划的执行

依据中国新企业破产法第 89 条以下的规定,重整计划由债务人负责执行。人民法院裁定批准重整计划后,已接管财产和营业事务的管理人应当向债务人移交财产和营业事务。自人民法院裁定批准重整计划之日起,在重整计划规定的监督期内,由管理人监督重整计划的执行。在监督期内,债务人应当向管理人报告重整计划执行情况和债务人财务状况。

监督期届满时,管理人应当向人民法院提交监督报告。自监督报告提交之日起,管理人的监督职责终止。管理人向人民法院提交的监督报告,重整计划的利害关系人有权查阅。经管理人申请,人民法院可以裁定延长重整计划执行的监督期限。

经人民法院裁定批准的重整计划,对债务人和全体债权人均有约束力。债权人未依照本法规定申报债权的,在重整计划执行期间不得行使权利;在重整计划执行完毕后,可以按照重整计划规定的同类债权的清偿条件行使权利。债权人对债务人的保证人和其他连带债务人所享有的权利,不受重整计划的影响。

债务人不能执行或者不执行重整计划的,人民法院经管理人或者利害关系人请求,应当裁定终止重整计划的执行,并宣告债务人破产。人民法院裁定终止重整计划执行的,债权人在重整计划中作出的债权调整的承诺失去效力。债权人因执行重整计划所受的清偿仍然有效,债权未受清偿的部分作为破产债权。上述债权人只有在其他同顺位债权人同自己所受的清偿达到同一比例时,才能继续接受分配。有上述情形的,为重整计划的执行提供的担保继续有效。

按照重整计划减免的债务,自重整计划执行完毕时起,债务人不再承担清偿责任。

六、和解

如前所述,和解制度是指在债务人不能清偿到期债务时,为避免开始破产程序或受破产宣告,在破产申请前或破产过程中,主动请求法院许可其同债权人达成谅解,以清理债权债务关系的制度。中国企业破产法(试行)中规定的和解制度,仅限于在破产程序中实行,新法的最大变化是规定债务人可以依法直接向人民法院申请和解。当然,也可以在人民法院受理破产申请后、宣告债务人破产前,向人民法院申请和解。债务人申请和解,应当提出和解协议草案。①

依据新企业破产法第9章的规定,债务人申请和解后,人民法院经审查认为和解申请符合该法规定的,应当裁定和解,予以公告,并召集债权人会议讨论和解协议草案。对债务人的特定财产享有担保权的权利人,自人民法院裁定和解之日起可以行使权利。

债权人会议通过和解协议的决议,由出席会议的有表决权的债权人过半数同意,并且其所代表的债权额占无财产担保债权总额的2/3以上。债权人会议通过和解协议的,由人民法院裁定认可,终止和解程序,并予以公告。管理人应当向债务人移交财产和营业事务,并向人民法院提交执行职务的报告。和解协议草案经债权人会议表决未获得通过,或者已经债权人会议通过的和解协议未获得人民法院认可的,人民法院应当裁定终止和解程序,并宣告债务人破产。

---

① 中国2006年企业破产法第95条。

经人民法院裁定认可的和解协议,对债务人和全体和解债权人均有约束力。① 和解债权人没有依法申报债权的,在和解协议执行期间不得行使权利;在和解协议执行完毕后,可以按照和解协议规定的清偿条件行使权利。和解债权人对债务人的保证人和其他连带债务人所享有的权利,不受和解协议的影响。债务人应当按照和解协议规定的条件清偿债务。债务人不能执行或者不执行和解协议的,人民法院经和解债权人请求,应当裁定终止和解协议的执行,并宣告债务人破产。人民法院裁定终止和解协议执行的,和解债权人在和解协议中作出的债权调整的承诺失去效力。和解债权人因执行和解协议所受的清偿仍然有效,和解债权未受清偿的部分作为破产债权。上述债权人只有在其他债权人同自己所受的清偿达到同一比例时,才能继续接受分配。有上述情形的,为和解协议的执行提供的担保继续有效。

人民法院受理破产申请后,债务人与全体债权人就债权债务的处理自行达成协议的,可以请求人民法院裁定认可,并终结破产程序。按照和解协议减免的债务,自和解协议执行完毕时起,债务人不再承担清偿责任。

七、破产清算

中国 2006 年新企业破产法第 10 章破产清算,分为破产宣告、变价和分配以及破产程序的终结 3 节。另外,还需对破产费用和共益债务作出安排。

1. 破产宣告

破产宣告是指法院根据当事人申请或依职权,确认债务人确已存在无法消除的破产原因,并决定进入破产清算程序的活动。依各国不同法例,在不经和解程序或和解程序失败后,则进入破产宣告程序。中国规定在民事诉讼程序或民事执行程序进行中,人民法院获悉债务人不能清偿到期债务时,应当告知债务人可以在其所在地法院申请破产。申请破产的,债务人所在地法院应依法宣告债务人破产。

中国新企业破产法规定,人民法院依该法规定宣告债务人破产的,应当自裁定作出之日起 5 日内送达债务人和管理人,自裁定作出之日起 10 日内通知已知债权人,并予以公告。债务人被宣告破产后,债务人称为破产人,债务人财产称为破产财产,人民法院受理破产申请时对债务人享有的债权称为破产债权。

破产宣告前,有下列情形之一的,人民法院应当裁定终结破产程序,并予以公告:第三人为债务人提供足额担保或者为债务人清偿全部到期债务的;债务人已清偿全部到期债务的。

对破产人的特定财产享有担保权的权利人,对该特定财产享有优先受偿的权利。上述债权人行使优先受偿权利未能完全受偿的,其未受偿的债权作为普通债权;放弃优先受偿权利的,其债权作为普通债权。

---

① 和解债权人,是指人民法院受理破产申请时对债务人享有无财产担保债权的人。

2. 破产费用和共益债务

依据中国新企业破产法第 41 条以下的规定,人民法院受理破产申请后发生的下列费用,为破产费用:① 破产案件的诉讼费用;② 管理、变价和分配债务人财产的费用;③ 管理人执行职务的费用、报酬和聘用工作人员的费用。人民法院受理破产申请后发生的下列债务,为共益债务:第一,因管理人或者债务人请求对方当事人履行双方均未履行完毕的合同所产生的债务;第二,债务人财产受无因管理所产生的债务;第三,因债务人不当得利所产生的债务;第四,为债务人继续营业而应支付的劳动报酬和社会保险费用以及由此产生的其他债务;第五,管理人或者相关人员执行职务致人损害所产生的债务;第六,债务人财产致人损害所产生的债务。

破产费用和共益债务的清偿规则与担保债权与无担保债权不同,由债务人财产随时清偿。债务人财产不足以清偿所有破产费用和共益债务的,先行清偿破产费用。债务人财产不足以清偿所有破产费用或者共益债务的,按照比例清偿。债务人财产不足以清偿破产费用的,管理人应当提请人民法院终结破产程序。人民法院应当自收到请求之日起 15 日内裁定终结破产程序,并予以公告。

3. 变价和分配

管理人应当及时拟订破产财产变价方案,提交债权人会议讨论,然后,按照债权人会议通过或者人民法院裁定的破产财产变价方案,适时变价出售破产财产。除债权人会议另有决议的以外,变价出售破产财产应当通过拍卖进行。破产企业可以全部或者部分变价出售。企业变价出售时,可以将其中的无形资产和其他财产单独变价出售。按照国家规定不能拍卖或者限制转让的财产,应当按照国家规定的方式处理。

破产财产在优先清偿破产费用和共益债务后,依照下列顺序清偿:第一,破产人所欠职工的工资和医疗、伤残补助、抚恤费用,所欠的应当划入职工个人账户的基本养老保险、基本医疗保险费用,以及法律、行政法规规定应当支付给职工的补偿金;破产企业的董事、监事和高级管理人员的工资按照该企业职工的平均工资计算。第二,破产人欠缴的除前项以外的社会保险费用和破产人所欠税款。第三,普通破产债权。破产财产不足以清偿同一顺序的清偿要求的,按照比例分配。不过,依据新企业破产法附则的规定,在该法施行后,破产人在该法公布之日前所欠职工的工资和医疗、伤残补助、抚恤费用,所欠的应当划入职工个人账户的基本养老保险、基本医疗保险费用,以及法律、行政法规规定应当支付给职工的补偿金,依上述办法清偿后不足以清偿的部分,以前述特定财产优先于对该特定财产享有担保权的权利人受偿。在该法施行前国务院规定的期限和范围内的国有企业实施破产的特殊事宜,按照国务院有关规定办理。这就是所谓的"新老划段"。

管理人应当及时拟订破产财产分配方案,提交债权人会议讨论。破产财产分配方案应当载明下列事项:① 参加破产财产分配的债权人名称或者姓名、住所;② 参加破产财产分配的债权额;③ 可供分配的破产财产数额;④ 破产财产分配的顺序、比例及数额;⑤ 实施破产财产分配的方法。债权人会议通过破产财产分配方案后,由管理人将该方案提请人民法院裁定认可并负责执行。管理人按照破产财产分配方案实施多次分配的,应当公告本次分配的财产额和债权额。管理人实施最后分配的,应当在公告中指明,并载明上述事项。

对于附生效条件或者解除条件的债权,管理人应当将其分配额提存。管理人依照上述规定提存的分配额,在最后分配公告日,生效条件未成就或者解除条件成就的,应当分配给其他债权人;在最后分配公告日,生效条件成就或者解除条件未成就的,应当交付给债权人。债权人未受领的破产财产分配额,管理人应当提存。债权人自最后分配公告之日起满两个月仍不领取的,视为放弃受领分配的权利,管理人或者人民法院应当将提存的分配额分配给其他债权人。破产财产分配时,对于诉讼或者仲裁未决的债权,管理人应当将其分配额提存。自破产程序终结之日起满两年仍不能受领分配的,人民法院应当将提存的分配额分配给其他债权人。

4. 破产程序的终结

管理人在最后分配完结后,应当及时向人民法院提交破产财产分配报告,并提请人民法院裁定终结破产程序。破产人无财产可供分配的,管理人应当请求人民法院裁定终结破产程序。人民法院应当自收到管理人终结破产程序的请求之日起 15 日内作出是否终结破产程序的裁定。裁定终结的,应当予以公告。管理人应当自破产程序终结之日起 10 日内,持人民法院终结破产程序的裁定,向破产人的原登记机关办理注销登记。除存在诉讼或者仲裁未决情况的以外,管理人于办理注销登记完毕的次日终止执行职务。

另外,自破产程序终结之日起两年内,有下列情形之一的,债权人可以请求人民法院按照破产财产分配方案进行追加分配:一是发现有依照企业破产法的相关规定应当追回的财产的;二是发现破产人有应当供分配的其他财产的。假如有上述规定情形,但财产数量不足以支付分配费用的,不再进行追加分配,由人民法院将其上交国库。

破产人的保证人和其他连带债务人,在破产程序终结后,对债权人依照破产清算程序未受清偿的债权,依法继续承担清偿责任。

八、法律责任

中国 2006 年新企业破产法除了在总则第 6 条中要求人民法院审理破产案件时依法追究破产企业经营管理人员的法律责任之外,对破产法律责任设有专章规定。

据此,企业董事、监事或者高级管理人员违反忠实义务、勤勉义务,致使所在企业破产的,依法承担民事责任。而且,上述人员,自破产程序终结之日起 3 年内不得担任任何企业的董事、监事、高级管理人员。

另外,有义务列席债权人会议的债务人的有关人员,经人民法院传唤,无正当理由拒不列席债权人会议的,人民法院可以拘传,并依法处以罚款。债务人的有关人员违反本法规定,拒不陈述、回答,或者作虚假陈述、回答的,人民法院可以依法处以罚款。而债务人违反企业破产法规定,拒不向人民法院提交或者提交不真实的财产状况说明、债务清册、债权清册、有关财务会计报告以及职工工资的支付情况和社会保险费用的缴纳情况的,人民法院可以对直接责任人员依法处以罚款。假如债务人违反该法规定,拒不向管理人移交财产、印章和账簿、文书等资料的,或者伪造、销毁有关财产证据材料而使财产状况不明的,人民法院可以对直接责任人员依法处以罚款。还有,债务人有企业破产法本法第31条至第33条规定的故意逃废债务行为,损害债权人利益的,债务人的法定代表人和其他直接责任人员依法承担赔偿责任。债务人的有关人员违反该法规定,擅自离开住所地的,人民法院可以予以训诫、拘留,可以依法并处罚款。管理人未依照该法规定勤勉尽责,忠实执行职务的,人民法院可以依法处以罚款;给债权人、债务人或者第三人造成损失的,依法承担赔偿责任。最后,违反该法规定,构成犯罪的,依法追究刑事责任。

思 考 题

1. 简论破产原因。
2. 如何确定破产法上的破产人。
3. 破产立法主义。
4. 有关破产财产的几项特殊权利。
5. 债权人会议及其权限。
6. 破产程序有哪些阶段?
7. 破产管理人。

第九章　反倾销法

自从 1901 年澳大利亚首次制定反倾销法律规定,以及 1947 年关税和贸易总协定确定国际反倾销规则以来,围绕着倾销和反倾销的斗争从未间断,近来又在国际贸易领域燃起阵阵烽火。反倾销措施虽然师出有名,但也有可能成为某些国家推行贸易保护主义的工具,中国已经深受其害。因此,了解和熟悉国际上反倾销法的基本规则和最新动态,并确立相应对策,很有必要。

第一节　概　　述

一、倾销

根据《辞海》的解释,倾销是指"垄断资本以低于国内外市场(有时甚至低于成本)的价格向国外大量抛售商品。目的在于击败竞争对手,夺取国外市场,而在独占国外市场后,则按垄断价格出售,获取高额利润"。① 不过,当今国际贸易中的倾销概念,政治色彩已大大淡化,而经济上的特征得以加强。按《关税和贸易总协定》第 6 条的规定,倾销是指一国产品以低于正常价值的办法进入另一国市场,并因此对其领土内已建立的某项产业造成实质性损害或产生实质性损害威胁,或对某一国内产业的新建产生实质性阻碍。实行倾销和损害双重衡量标准。1994 年国际反倾销守则(全称为《关于执行1994 年关税和贸易总协定第 6 条的协议》)第 2 条则规定:"如果一项产品从一国出口到另一国,该产品的出口价格在正常的贸易过程中,低于出口国旨在用于本国消费的相同产品的可比价格,也即以低

---

① 辞海(缩印本).上海辞书出版社,1990.284.

于其正常价值进入另一国的商业,则该产品将被认为是倾销"。可见,对倾销的认定又采取了单一标准。

二、反倾销的理论依据

国际贸易中的倾销是价格歧视的一种表现,即一种产品在国内市场卖高价,而在国外市场却卖低价。价格歧视扭曲了竞争机制下的价格水平,有悖于公平原则,在西方国家列入不正当竞争、限制竞争或垄断范围,而被法律所禁止。在国际商事领域,反不正当竞争法或反垄断法的域外效力有限,故在公平竞争法的基础上产生出反倾销法这样一个新的法律分支。反倾销或反倾销措施,则是一国主管当局针对外国倾销产品所采取的制裁措施,借以消除倾销对本国工业带来的损害,恢复正常的进出口贸易秩序。倾销虽对倾销产品其他制造商,对该产品消费均有损害,并造成资源的错误配置,也可能危及进口国市场上第三国出口的同类产品的地位和市场占有率,但受害最大的是进口国相同或类似产品的生产企业。倾销产品涌入后,消费者纷纷择低购买,本国产品马上滞销,相关生产企业不得不停产或减产,利润下降,工人失业,严重者可能引发社会问题。至于倾销对进口国工业的潜在损害,则可能更多。① 正因为如此,世界各国制定反倾销法,并逐渐形成一系列国际反倾销规则,采取相应的反倾销措施,确是师出有名。不然,中国也不会在1994年的对外贸易法中确立反倾销规则,并在1997年制定反倾销反补贴条例的。

三、反倾销实践

反倾销虽然师出有名,但凡事总有个度,"真理跨过一步,就往往变为谬误"。自20世纪80年代中期以来,西方国家经济结构调整力度加大,诸多传统产业一直不景气,贸易保护主义重新抬头。而亚洲等地区的发展中国家经济持续高速发展,国际竞争实力大大加强,进出口总额不断增加,客观上对西方国家的传统工业形成了强大的竞争压力。在上述双重因素的作用下,那些国家纷纷利用反倾销的"合法"保护手段,排斥抵制外国产品进入国内市场,中国可谓深受其害。2003年中国进出口总额4 000多亿美元,2004年更是超过10 000亿美元大关。但中国产品被提起反倾销诉讼和调查的事例也越来越多,迄今已达400余起,涉及产品4 000多种。其中20世纪70年代只有1979年欧盟(欧共体)对中国出口的糖精钠和机械闹钟进行反倾销调查两起,且均以价格承诺结案,并未实际征税。80年代平均每年6起,90年代平均数十起,加入WTO以后更多,而且多以征税结案,所确定的倾销幅度,也即所征反倾销税率有时高到令人不可思议的程度,如中国出口美国大蒜在1994年被课征376%的反倾销税。美国家具商联盟2003年起诉中国家具的倾销幅度高达440%。据说,若对倾销产品征收20% ~30%的反倾销税,该产品将会失去50% ~70%的市场;征税50%以上,则将全部失去市

___
① 张玉卿. 国际反倾销法律与实务. 中国对外经济贸易出版社,1993.8.

场。中国大蒜作为传统出口产品,就是这样被完全逐出美国市场的。有的案件金额大涉及面广,如 1995 年中国输美自行车反倾销案,涉及金额 2 亿多美元;同年中国输欧鞋类产品反倾销案,涉及 1 800 多家企业,金额 4 亿多美元;2003 年输美家具反倾销案,涉及金额更是高达 10 亿多美元,2004 年输美彩电反倾销案,也对中国厂商造成巨大的冲击。另外,西方国家对中国产品的反倾销措施,以认定中国是非市场经济国家为前提,故带有明显的不公正和歧视因素,再加上中国"入世"之前,难以援用关贸总协定及 WTO 的有关机制对外国滥用反倾销法的行为提出申诉。即使在"入世"之后,由于中国在入世议定书中对"市场经济国家"的抗辩作了让步,以换取不承诺资本项目下的人民币可兑换、不开放基础电信等入世条件。据此,中国同意在加入 WTO 之后的 15 年内,WTO 的其他成员可以不给中国"市场经济国家"的地位,而由应诉企业在个案中提出按照市场经济原则组织生产的抗辩,在国际反倾销较量中处于被动境地。近年来,除了美国、欧盟等发达国家动辄向中国挥舞反倾销大棒外,墨西哥等发展中国家也纷纷效仿,对中国频频发起反倾销攻势。其中 1993 年墨西哥一次就对中国 10 大类 4 000 多种出口商品征收最高达 1105% 的反倾销税。① 日本这一曾备受美国、欧盟反倾销措施之苦的出口导向型国家,在 1993 年也首次对中国输日硅锰征收反倾销税,一下子撕掉了处理中国贸易纠纷中的友好协商、温情脉脉的面纱,中国所面临的出口形势更为严峻,2010 年以来中国所面临的反倾销、反补贴局面也更加险恶。正因为如此,近年中国在出访时,频频呼吁外国政府尽快给予中国市场经济地位。截止 2004 年 12 月,已经有东盟、新西兰等 25 个国家或者国际区域组织承认中国的市场经济地位,但世界上最大的 3 个贸易体欧盟、美国、日本仍坚持原来的立场。美国还多次对中国输美产品实施有违 WTO 规则的反倾销、反补贴"双反"措施,逼使中国不得不于 2012 年 5 月诉诸 WTO 争端解决机构。

四、反倾销立法

1. 欧美等国的反倾销立法

反倾销法,是指进口国为了保护民族经济和本国生产者的利益,维护正常的国际经济贸易秩序,对倾销行为进行限制和调整的法律规范的总称。

国际贸易领域中倾销与反倾销的斗争,已有 200 多年的历史,而反倾销立法则是 20 世纪的产物。继 1901 年澳大利亚制定反倾销法律规定后,1904 年加拿大颁布了世界上第一部反倾销法,美国于 1916 年也颁布了反倾销法。其中美国法中规定如以低于其他地方的价格销售,目的在于破坏或损害一项美国工业,阻止这样的工业建立,或者抑制或者垄断在美国从事这样的商品交易和贸易的任何一部分,那么,以这样的价格在美国进口商品构成犯罪。而 1921 年美国反倾销法中,放弃了限制贸易的掠夺性意图的

---

① 高永富. 国际反倾销法理论与实务. 中国纺织大学出版社,1994.3、128;王传丽. 中国倾销法——立法与实践. 中国法学,1999(6).

倾销认定标准,确定以对工业损害的倾销裁定标准,从而奠定了现代反倾销法的基础。美国的反倾销法经过多次修订,特别是1995年WTO正式成立后,按WTO的国际反倾销守则的要求修订其国内的反倾销法,成为相当完善的法律制度,其影响扩及了几乎所有制定反倾销法的国家,同时也成为源于1947年关贸总协定第6条的国际反倾销法的范例。

倾销产品的另一克星是欧盟反倾销法。欧盟对中国产品提起的反倾销诉讼和调查,不但早于美国,而且在案件数量上也比美国的多。[①] 1968年之前,欧盟的反倾销法分散于各成员国的海关或进出口货物法中。1968年4月17日欧盟理事会通过了《关于防止来自非欧盟成员国的倾销或补贴进口产品的条例》,即1968年欧盟反倾销法。该法经多次修订,尤其是WTO成立后的1994年、1998年的修订,形成最新的欧盟反倾销法,作为欧盟实施反倾销行动的主要法律依据。1998年决定将中国和俄罗斯从非市场经济国家的名单中删除,采取个案处理的办法确定倾销幅度。[②]

此外,其他许多国家也先后加强了反倾销立法。如世界上确立反倾销法律制度最早的澳大利亚,于1988年9月通过了《关税〈反倾销〉修改法》,增加了反倾销程序规则,并专门成立了反倾销主管局,1997年宣布将中国作为转型经济国家对待。加拿大在1904年海关关税法中首次设置了反倾销规定,1969年制定并公布反倾销法,将1967年关贸总协定反倾销守则纳入国内法,经多次修改后,形成现行的反倾销法。日本的反倾销法除了《海关关税法》中的反倾销条款外,主要有1980年根据东京会合达成的1979年反倾销守则修订的《反倾销和反补贴内阁令》,以及1986年末日本政府发布的《反倾销税和反补贴税征收守则》。墨西哥的反倾销法原包含于1986年9月制定的外贸法中,1988年5月墨西哥加入了东京回合通过的1979年反倾销守则,1993年8月,墨西哥又在修订外贸法时修改了其中的反倾销法条款,形成与美国类似的反倾销法律制度。韩国的反倾销法制定于20世纪70年代,第一个立案的反倾销案件在1986年,而直至1991年9月30日才第一次决定对外国倾销产品征收反倾销税。1992年11月对中国出口的精制磷酸征收反倾销税,值得引起高度重视。据WTO规则,上述WTO的成员国均修改形成了新的反倾销法律制度。

2. 国际反倾销立法

1947年关税和贸易总协定,是第一个确立国际反倾销法律原则的国际公约。其第6条"反倾销税和反补贴税"的第一款就规定:"用倾销的手段将一国产品以低于正常价值的办法进入另一国市场内,如因此对某一缔约国领土内已建立的某项产业造成实质性损害或产业实质性威胁,或者对某一国内产业的新建产生实质性阻碍,这种倾销应该得到谴责。"第2款又规定:"缔约国为了抵制和防止倾销,可以对倾销的产品征收数额

---

① 张玉卿.国际反倾销法律与实务.中国对外经济贸易出版社,1993.338~381;高永富.国际反倾销理论与实务.中国纺织大学出版社,1994.246~249.

② 丁松良.欧盟对华反倾销问题探讨.国际贸易问题.1999(6).

不超过这一产品的倾销差额的反倾销税。"该条还对倾销产品正常价值的确定方式、倾销差额的计算和调整等,均作了原则规定。但是,各国在执行关贸总协定第 6 条时,存在着很大的差异。使原定为了防治国际不正当竞争,建立公平的国际贸易秩序的关贸总协定第 6 条反倾销规则,经过有关国家国内立法的具体化,反而成为阻碍国际贸易自由化,强化贸易壁垒的工具,这是关贸总协定缔结之时所始料未及的。有鉴于此,关贸总协定第 6 轮至第 8 轮的多边贸易谈判中,各缔约国就反倾销问题进行了长时间的、艰苦耐心的磋商,形成了一系列国际反倾销守则。其中,关贸总协定第 6 轮"肯尼迪回合"谈判的重要成果之一,就是通过了《关于执行关贸总协定第 6 条的协定》,即《1967 年关贸总协定反倾销守则》,它较之关贸总协定第 6 条,结构更为严谨,内容也更为详尽。但在 21 个签字国中,美国并未实际接受。为了改变这一尴尬局面,关贸总协定第 7 轮"东京回合"或"尼克松回合"谈判,对《1967 年关贸总协定反倾销守则》作了全面修订,通过《关于实施关贸总协定第 6 条的协议》,以取代肯尼迪回合所达成的反倾销守则。该法典计 3 大部分 16 条外加一个附录,一直沿用到 1995 年 1 月 1 日乌拉圭回合达成的反倾销法典生效时止。《1994 年国际反倾销守则》反映了 80 年代以来世界各国特别是美国和欧盟的反倾销法的最新动态,是迄今最完善的国际反倾销法,对各国反倾销法律制度和国际贸易将会产生重大影响。该守则将是本章介绍的重点内容。

3. 中国的反倾销立法

中国的反倾销立法大体上经历了 4 个阶段:20 世纪 90 年代以前立法上为空白,出口企业实行不抵抗的对策,出口产品屡遭指控而屡战屡退;90 年代上半叶由政府和国际商会中国分会协调出口对策并组织应诉,未对外国产品采取任何反倾销措施;90 年代下半叶制定反倾销法律制度,开始对外国产品采取反倾销措施,反倾销应诉方面也大有起色;"入世"前夕至 2004 年,反倾销规则得到初步完善。

中国在 70 年代以前,与国际市场基本隔绝,对外贸易也由国家高度垄断,故不存在进出口产品的倾销与反倾销问题。1972 年恢复在联合国的合法地位,特别是 1978 年实行改革开放政策后,情况完全不同。在国际贸易领域,整个 80 年代和 90 年代以来,中国的进出口总额的年平均增长率达到 20% 以上,外贸大一统的局面早已打破,但也出现了各地之间为了招揽客户而展开恶性竞争、竞相降价,甚至不惜以大大低于成本的价格出口的问题,而此时正值世界上许多国家在此期间强化反倾销举措的威胁,有的传统出口产品因此被逐出市场。但由于种种原因,中国不少企业又不敢、不知或不积极应诉,致使控告方得寸进尺。如中国输美大蒜反倾销案,因中方不应诉而遭到高达 376% 的倾销幅度裁定以后,起诉方的代理律师又鼓动美方发起对中国输美蜂蜜、自行车等产品的反倾销诉讼。蜂蜜的出口额 2 000 万美元,而自行车高达 2 亿美元。中国蜂蜜的倾销幅度被裁定为 150%,最后在 1995 年 8 月 2 日中国外经贸部与美国商事部签署"中国蜂蜜对美出口限制协议",才避免了被逐出美国市场的结局。有鉴于此,中国外经贸部在 1994 年公布了《关于中国出口产品在国外发生反倾销案的应诉规定》,不久又拟订了《关于处罚低价销售的规定》,以应对国外愈演愈烈的对华反倾销举措。另外,

1994年5月12日公布的《中华人民共和国对外贸易法》第30条规定："产品以低于正常价值的方式进口,并由此对国内已建立的相关产业造成实质损害或者产生实质损害的威胁,或者对国内建立相关产业造成实质阻碍时,国家可以采取必要措施,消除或减轻这种损害或者损害的威胁或者阻碍。"该法为中国对外国进口产品亮起反倾销红灯,首次提供了法律依据。1997年3月25日国务院正式公布《中华人民共和国反倾销和反补贴条例》,2001年11月26日分别制定《反倾销条例》《反补贴条例》和《保障措施条例》,并于2004年3月31日进行修订,主要是根据国务院的机构改革方案,外经贸部和经贸委合并为商务部,原来分别由上述两个机关主管的反倾销事务,统一由商务部负责,有关规定作出相应的调整。在此过程中,仅反倾销条例的配套法规,就公布了10余个。主要有:2000年6月2日外经贸部的《反倾销调查听证会暂行规则》、2001年10月11日的《出口产品反倾销应诉规定》、2002年2月10日的《反倾销调查立案暂行规则》、2002年3月13日的《反倾销问卷调查暂行规则》、2002年3月13日的《反倾销调查实地核查暂行规则》、2002年3月13日的《反倾销调查抽样暂行规则》、2002年3月13日的《反倾销调查信息披露暂行规则》、2002年3月13日的《反倾销调查公开信息查阅暂行规则》、2002年3月13日的《反倾销价格承诺暂行规则》、2002年3月13日的《反倾销新出口商复审暂行规则》、2002年3月13日的《反倾销退税暂行规则》、2002年12月13日的《关于反倾销产品范围调整程序的暂行规则》以及2003年10月17日商务部的《反倾销产业损害调查规定》。另外,2003年11月21日最高人民法院还公布了《关于审理反倾销行政案件应用法律若干问题的规定》。

第二节 国际反倾销法

1994年国际反倾销守则由3大部分18条外加两个附件组成。对倾销及损害的确定、国内产业的定义、反倾销诉讼和调查程序、临时反倾销措施、价格承诺和征收反倾销税及其期限和复审、司法审查、追溯效力、公告和裁决的解释、代表第三国的反倾销诉讼、发展中国家成员方的特殊规则、反倾销实施委员会,以及争议的解决,作出了全面而详尽的规定,不但在结构上较过去的文本严谨得多,在内容上也作了许多调整和补充。1995年1月1日起生效后,按照该守则的要求,各缔约国应当修订其本国的反倾销法,以便与该守则协调一致。

一、倾销的确定

关于倾销的确定,规定在《1994年国际反倾销守则》第2条中。根据该条第1款的倾销定义,一项产品是否存在倾销,是以其出口价格与正常价值相比较后判定的。如前者低于后者,则存在倾销,两者差额即为倾销幅度,也即征收反倾销税的比例。而"正常价值"的确定方式在该守则中主要规定3种:国内销售价格、第三国价格和结构价格。而没有规定欧美国家反倾销法中所规定的替代国价格、第三国结构价格和相似产品在进口国的销售价格等确定所谓非市场经济国家出口产品的正常价值的极不合理的另3种方式。其中,国内销售价格是指一国向另一国出口的相同产品在出口国国内市场的正常贸易过程中的可比价格,也即被实际支付或约定支付的价格。这是正常价值确定的最基本、最常用的方式。第三国价格是指一国相同产品在正常贸易条件下向有代表性的、合适的第三国出口的可比价格。这是在出口国国内不销售或销售量很少,因而无法按第1种方式确定正常价值时所采用的方式。值得注意的是,1994年规定中将1979年规定中的"任何"改为"合适",并删除了"可以是向第三国的最高出口价"的授权性文字,以限制进口国当局滥用反倾销措施的权力。结构价格是指被指控倾销的产品既没有在出口国销售或销量很少,也未向其他国家出口时,用该产品的生产成本的估算加上一定幅度的利润所构成的价格。如果在出口国国内市场上相同产品的销售,或者向一个第三国销售,其价格低于每一单位生产成本加上销售费、管理费和一般费用,因价格原因,其销售可作为不是在正常贸易过程中形成。如果不存在出口价格,或者对有关当局来说,由于出口商与进口商或第三者之间有联合或补偿安排,使出口价格不可靠时,则出口价格可以下述价格为基础构成,即进口产品首次转售给独立买主的推定价格,或者是在该产品不是转售给独立买主的情况下,也不是以进口的条件转售,则当局可以在合理的基础上决定。另外,如果产品不是直接从原产地国进口,而是从一个中间国向进口成员方出口的,则该产品从出口国向进口成员方销售的价格,通常应与出口国的可比价格进行比较,但也可与原产地国的价格进行比较。

有关当局应对出口价格和正常价值在同一贸易水平上进行公平比较,并对影响价格比较的不同因素,如销售条件的不同、税收的差异、贸易水平的高低、汇率的变化、数量和物理性能的不同等等,作出适当的补偿调整。

二、损害的确定

损害确定的基本依据,仍是关贸总协定第6条第1款,即不但有倾销的事实,还要对进口国国内产业造成实质损害,并且在倾销和损害之间存在因果关系。

1994年反倾销守则所指的国内产业,是指进口国国内相同产品的全部生产商,或者是其中合计总产量构成全部国内产品产量的大部分的那些生产商。但该守则第4条第1款第2项和第3款对国内产业作了扩大性解释,即在一成员国的地域范围内存在一个以上竞争市场,各该市场内的生产者在该市场出售他们生产的全部或几乎全部产品;而该市场的需求在实质程度上不是由座落在其他地域范围该产品的生产者提供的,则各该市场内的生产者可被视为一个独立的产业。与此相反,如两个或两个以上的国家已达到具有一个单一的统一市场性质特点的一体化程序,如1993年1月1日正式形成的欧洲统一市场,①则该整个地区的产业视同国内产业。

---

① 米健.欧洲单一市场法律制度.中国大百科全书出版社,1994.35.

如前所述,反倾销法中的损害,是指倾销产品对某一国内产业造成重大损害,或产生重大损害威胁,或对某一产业的新建造成严重阻碍。具体而言,主要根据确凿的证据从两个方面进行客观审查判断,即① 倾销的进口产品的数量和倾销进口产品的结果对国内市场相同产品价格造成的影响;② 这些进口产品对国内该相同产品生产商造成的后续冲击程度。如被指控倾销产品数量大量增长,而进口国相同产品又大幅度降价销售,或者进口产品严重抑制价格,或在很大程度上阻碍产品价格的提高,均可能构成倾销。另外,1994 年反倾销守则第 3 条第 3 款还对所谓的累积进口作了规定。累积进口是指当倾销的产品同时来自几个国家时,进口国主管当局可考虑所有进口产品数量和价格对国内产业的累积影响。它首创于 1988 年美国综合贸易与竞争法,后被欧盟等采纳。1994 年反倾销守则的规定为:对从一个以上的国家进口某项产品同时受到反倾销调查,调查当局可累积估价该产品的影响,只要来自不同国家的产品相互竞争并与进口国相同产品竞争;对来自每一国家的进口产品所确定的倾销幅度超过 2% ,以及从每一国的进口量是不能忽略不计的。该守则接着在第 3 条第 4 款规定,审查倾销的进口产品对有关国内产业的冲击程度,应包括估计影响产业状况的所有有关的经济因素和指数,销量实际或潜在的下降,利润、产量、市场份额、生产率、投资收益、生产设备的利用、影响国内价格的因素、倾销幅度的大小,对资金流动、库存、就业、工资的增长率、筹措现金或投资能力等方面实际或潜在的负作用。除此之外,对重大损害威胁的裁定,应根据事实而不是仅仅依据宣称、猜测或极小的可能性。某种倾销将会导致出现损害情况的变化,必须是明确地被预见到,并且是迫近的。该条第 7 款要求进口国当局应特别考虑下述因素:① 倾销的进口产品以极大增长的比例进入进口国的国内市场,表明由此引起进口巨大增长的可能性。② 出口商能充分自由处置迫近的大量增长的情况,表明存在着倾销产品向进口成员方市场出口大量增长的可能性。③ 进口产品是否会对进口国国内价格带来重大的抑制性影响,以及可能会增加进一步进口的需求。④ 受调查产品的库存情况。

还有,进口国当局必须依其所拥有的相关证据,充分证明倾销的进口产品造成该守则所称的损害,即证明倾销的进口产品和对国内产业造成损害之间的因果关系,否则不得征收反倾销税。该守则第 3 条第 5 款特别指出,其他因素如以非倾销价格出售的进口产品数量和价格,需求的减少或消费模式的变化,外国与国内生产商之间的竞争,限制性贸易做法,技术的发展,出口实绩以及国内产业的生产能力等所造成的国内产业的损害,不得归咎于倾销的进口产品。规定相当详尽,举证责任要求也非常严格。

三、反倾销的程序规则

1994 年反倾销守则第 5 条以后,对反倾销的程序规则作了详细规定。

1. 当事人申请

反倾销调查和诉讼,由倾销产品的进口国国内产业当事人代表提出书面申请而开始。但表示支持申请的国内生产商的产量必须达到国内产业相同产品全部生产量的

25%。申请中应包括关于倾销、损害及其因果关系的确定的证据而非简单的断言。

2. 立案

进口国当局应按 1994 年反倾销守则的要求审查申请书中所提供的证据的准确性和充分性,在确定有足够的证据证明发起调查为正当时,即可决定立案调查,而在发起调查之前,应通知有关成员方的政府。该守则并未规定从申请到立案之间的期限。

3. 调查

进口国当局在对当事人的反倾销申请决定立案后,或在特殊情况下,当局虽未收到申请但断定有关于倾销、损害及其因果关系存在的充分证据证明发起调查是正当的情况下开始调查。在调查中,进口国当局应将要求提供的信息资料通知所有的有利害关系的人,包括受调查的出口商或外国生产商或产品的进口商,或其大多数成员是该产品的生产商、出口商或进口商的商会或同业公会;出口成员方政府;进口成员方相同产品的生产商,或者其成员的大多数是进口成员方领域内生产相同产品的商会或同业公会,并给予充分的机会让其用书面提出他们认为与该项调查有关的全部证据。调查的主要方式为填写调查表、现场调查和召开听证会以及访问、查询核实等。调查表由进口国当局设计,寄送出口商或外国生产商,最短答复时间为 30 天。为了证实有利害关系的当事人所提供的资料或者为了获取进一步的详细情况,进口国当局在接到请求,也与有关企业达成协议,并通知该成员方政府的代表经其同意后,可在其他成员方领域内进行现场调查。1994 年反倾销守则附录一,对现场调查程序作了专门规定。如果任何一个有利害关系的当事人在合理的时间内拒绝接受调查,或不提供必要的资料,或极大地妨碍调查,则该守则第 6 条第 10 款及其附录二规定,进口国当局有权以“现有最佳资料”,包括对国内产业申请开始调查的那些材料,作出最初和最终的裁决。而此时的裁决往往是对出口商最不利的。调查应在 1 年之内结束,在特殊情况下可延长,但无论如何不得超过从调查开始后的 18 个月。

4. 初裁并采取临时措施

进口国当局在反倾销调查结束时,如认定倾销成立并因此对国内产业造成损害,即作出倾销成立的初裁,假如又断定不采取临时措施不足于防止在调查期间发生损害,则应从开始调查之日起的 60 天后采取征收临时反倾销税,或者更可取的是采取担保方式,即支付现金或保证金。而保证金的数额应等于临时预计的反倾销税,但不得高于临时预计的倾销幅度。临时措施一般以 4 个月为限。根据占有关贸易很大比例的出口商代表的要求,经进口国当局决定,可延长到 6 个月。在调查过程中,如当局审查税额低于倾销幅度,是否就能足够消除损害的,则上述期限分别为 6 个月和 9 个月。

5. 价格承诺

价格承诺是在反倾销调查结束并作出倾销初裁之后,采取反倾销措施之前,出口商主动承诺提高其倾销产品的价格以消除对进口国国内产业有害影响,而进口国当局中止调查程序的反倾销替代措施。价格承诺由欧盟反倾销法创设,为 1994 年反倾销守则第 6 条采纳。在以价格承诺中止反倾销调查程序后,进口国当局仍可要求承诺已被接受的出口商定期提供执行该承诺的有关信息资料。如果出现违反承诺的情况,进口国当局可根据该守则相应的规定,迅速采取行动,利用现有的最佳资料,立即采取临时措施。此时,当局可对采取临时措施之前90天以内进入消费领域的产品征收最终反倾销税,但是具有追溯力的税额估定不适用于在违反承诺之前就已进口的产品。

6. 征收反倾销税

反倾销税是指在正常的海关税费之外征收的专门适用于倾销产品的一种特殊税。除前述在初裁后决定征收的预计的、不确定的临时反倾销税外,还有进口国在反倾销终裁所确定的倾销幅度基础上所征收的固定反倾销税。根据1994年反倾销守则第9条的规定,进口国当局在对达成了价格承诺协议之外的所有有关产品均要征收反倾销税时,应按每一案件的情况,对构成倾销和造成损害的进口产品在无歧视的基础上依适当的数额征税,其数额不得超过倾销幅度。

反倾销税应一直有效,直至能抵销倾销造成的损害。但最终反倾销税应自征税或复审之时起5年内结束。此规定源于欧盟反倾销法中的"日落规定",即反倾销税经过5年,就如太阳西沉那样不可回复。

7. 复审

1994年反倾销守则第11条规定,在任何有利害关系的人提出审查要求,并且提交认为十分有必要进行审查的确定资料时,进口国当局认为合理,或者假如自征收最终反倾销税已过了一段合理的期限,当局应对继续征收反倾销税的必要性进行审查;在有担保时,应主动审查。有利害关系的当事人应有权要求当局审查继续征税是必要的;如果取消或变更反倾销税或两者兼而实施,损害是否将重新发生。如果审查结果表明当局决定征收反倾销税不再是合理的,则应立即终止。

8. 公告和裁决的解释

该项规定为1994年反倾销守则的新增内容。守则第12条要求进口国当局对反倾销案件在立案调查、初裁、价格承诺及其终止、终裁、终止最终反倾销税、复审的开始和结束、适用溯及征税均应公告,并连同有关报告送交出口国当局和其他有利害关系的当事人,并载明事实和法律理由。这一规定可有效防止进口国滥用反倾销措施,维护出口方的合法利益。

9. 司法审查

由1994年反倾销守则第13条规定,为参照美国法例新增条款。要求成员国在国内立法包括了有关反倾销措施的规定时,则对倾销成立的最终裁决和复审决定的行政行为,可特别要求司法、仲裁或行政裁判所或通过诉讼程序迅速进行审查,而裁判所或诉讼程序应完全独立于负责作出该裁决或复审决定的当局,以体现司法公正以及司法对行政的监督作用。

该守则还涉及到其他诸多内容,本书不予赘述。

第三节 欧美反倾销法

在世界上已制定反倾销法的国家或地区中,美国、欧盟的法例具有一定的代表性,故择要介绍如下。

一、关于倾销的确定方法

关于倾销的确定方法,美国和欧盟除使用国际反倾销守则中所规定的出口国国内销售价格、对第三国的出口价和结构价格外,对所谓的非市场经济国家,则使用带有明显歧视性的替代国价格、第三国结构价格和相似产品在进口国的销售价格。

后3种方式中的替代国价格,是指在确定来自非市场经济国家产品的正常价值时,进口国当局不使用出口国生产商的实际成本,而是选择一个属于市场经济体制的第三国生产相似产品的成本或出售的价格作为基础,计算出正常价值。美国的选择标准为一个在经济发展水平上同出口国在经济上可比较的市场经济国家,并主要考虑人均国民生产水平、基础设施发展情况、生产同类产品产业的发展水平等因素。欧盟选择“适当”和“合理”的欧盟之外的市场经济国家,只有当这种选择不合理、不适当时,才使用欧盟的价格。第三国结构价格,是指用出口国生产产品的各项投入的数量,包括原材料、动力、劳动工时等的构成,按一个市场经济国家的价格计算出该产品的成本,然后再加上企业管理费和利润所确定的正常价值。管理费和利润的计算方法美国与欧盟有所不同。美国法规定管理费为10%,利润不得少于8%,欧盟法只规定计算依据,如管理费以出口产品的生产商对类似产品的开支为基础,利润以获利销售时实现的利润为基础。相似产品在进口国的销售价格,是指进口国当局无法使用上述两种办法时,将使用相似产品在进口国的销售价格,通常是第三国向进口国出口相似产品的售价确定来自非市场经济国家产品的正常价值。

欧美国家的上述歧视性做法,源于1955年关贸总协定缔约国对总协定第6条第1款的解释说明,其内容为:“应当承认,对全部或大体上全部由国家垄断贸易并由国家规定价格的进口货物,在为第1款目的决定可比价格时,可能存在特殊的困难。在这种情况下,进口缔约国可能发现有必要考虑这种可能,即与这种国家的国内价格作严格比较不一定经常适当。①后来在接纳波兰、罗马尼亚和匈牙利加入总协定时,关贸总协定报告曾指出,可以那些国家国内售价,也可以另一第三国相似产品的价格确定其出口产品的正常价值。但实际上选择类比被欧美反倾销法发展到极端化的地步,即凡来自“非市场经济国家”或“中央计划经济国家”的进口产品,一律不适用生产商国内售价。欧盟在1982年通过的EEC No.1765/82和No.1766/82条例,还详细列举了属于非

---

① 张玉卿.国际反倾销法律与实务.中国对外贸易出版社,1993.29.

市场经济国家的名单。这些国家为：中国、前苏联、前民主德国、波兰、匈牙利、罗马尼亚、保加利亚、捷克斯洛伐克、蒙古、阿尔巴尼亚、朝鲜、越南等。美国虽未列举，但标准基本相同。1989 年后前苏联、东欧国家相继转为市场经济国家，而中国也在转型，如前所述，目前欧盟将中国从非市场经济国家的名单中删除，澳大利亚将中国作为转型经济国家，但美国却仍顽固地拒绝承认中国已经不是原来意义上的非市场经济国家。而且，欧盟和澳大利亚的个案处理办法，仍然视所谓的情况而定，并往往对中国的国有企业裁定同一个倾销幅度，相应地按相同的税率征收反倾销税。

欧美诸国认为，在市场经济条件下，存在着资本、商品与劳务市场、产品价格由竞争状态下的供求关系决定，价格可真实地反映产品的实际成本。但在计划经济条件下，资源、生产资料属国家所有，原材料、劳动力的价格及工资由国家决定，货币不能自由兑换，市场及供求关系起很小作用，国内销售价格被严重扭曲，不能反映出产品的正常价值。因此，用被扭曲的价格与出口价格相比较来确定倾销是否存在，并不恰当。就中国而言，如果对传统的高度集中的计划经济体制下生产的产品，认为并不能反映真实成本还有一定道理的话，经过 20 余年的改革，特别是确立了市场经济体制，国家计划的因素在国民生产中只占不足 10% 的情况下，美国等国家仍不改变对中国经济体制的固有观念，并采用对非市场经济国家的歧视性的反倾销措施，就没有什么道理可言。另外，确定替代国的依据并不明确，起诉控告方当然要选一个能尽量加大"倾销幅度"的国家，而被调查方很难找出一个合适的别的替代国，进口国当局又有自由裁量权。因国与国之间生产相同或类似的产品的种种条件不同，价格差异必然存在，有时还会非常巨大，故往往会人为高估倾销幅度，致使反倾销这一对付不正当竞争、不公平贸易做法的工具，产生更不公平的后果。如 1994 年中国输美糖精反倾销案，美国商务部以印度作为替代国，并从印度进口统计中找到其原料之一盐酸的价格为每公斤 28 美元，而盐酸在美国的实际售价只有每公斤 3 美元，差价将近 10 倍。结果，最终算出的糖精倾销幅度竟高达 451%。中国输美蜂蜜反倾销替代国也是印度。美国商事部初裁的倾销幅度为150%，其重要原因是把印度原蜜的价格套用在中国的生产过程中，所计算出的中国产品"正常价值"比世界上任何国家、任何品种的蜂蜜价格都要高。①

值得注意的是，1988 年美国综合贸易和竞争法，主要用替代国价格而非过去的第三国结构价格来确定非市场经济国家的出口产品的正常价值。但美国法中有一个原则可为中方及其他被认为是非市场经济的国家所运用，即有可能将一个中央计划经济的某一产业视为市场产业，条件是其在市场机制下营运。此时，出口国生产企业的实际成本作为公平价值。这一原则第一次适用于中国出口产品，是在 1991 年 6 月裁决的输美电风扇反倾销案。美国商务部认为，如果能够证实那些投入是从一个市场经济国家购买的，则按实际的购买价格来确定生产要素的价值是美国商务部的做法。如果能证实来自中华人民共和国的投入，包括原材料、劳动力、水、电、租金是以市场原则为基础定

---

① 刘建伟编译. 一个美国律师看中国反倾销应诉. 国际商报,1995－12－14.

值的,我们可以在具体公司的计算中采用这些市场价值以代替替代国的价值。而美国商务部在 1991 年 9 月中国输美镀铬螺母反倾销案中进一步指出:如果一个企业的生产要素投入是从计划外购买;管理人员由工人选举;生产实体决定生产、销售及其价格,则可认为该企业已不受政府直接控制。这些案例具有典型意义,据美国判例法原则,可被直接援用。不过,美国近年反倾销案件的实践表明,上述个案并未产生多大影响,像反倾销案件那样的准司法事务,可以不受先例的拘束。

二、主管机构

美国在实施反倾销法中实行双轨制,即由商务部和国际贸易委员会两个平行的相互独立的行政机构,分别负责对构成倾销的两个法定要件——倾销及损害进行调查和裁决。另外还有美国联邦国际贸易法院,负责对当事人就反倾销终裁申诉的司法审查程序。

根据美国商务部规章和 1989 年反倾销条例,商务部国际贸易署下设的进口管理局,具体负责倾销调查并确定进口产品在国内市场上的售价是否低于正常价值,应征多少反倾销税等事项。国际贸易署由一位部长助理主管,而该署进口管理局的进口处、调查处、核查处、政策处等的工作各由一位部长副助理分管。各处的主要业务工作人员由律师、会计师、经济学家组成,主要职责是按调查资料计算出正常价值,为裁定倾销具体幅度提供决策依据。最终裁决及其复查结果由负责国际贸易的副部长签字批准,并公布在官方的《联邦纪事》上。

作为美国联邦准司法机构的国际贸易委员会,担负着实施反垄断法和公平竞争法的职能。在反倾销方面,负责调查倾销产品是否对美国国内产业造成实质损害或实质损害威胁,或实质上阻碍了美国新的产业的建立。美国联邦国际贸易委员会由总统提名、参议院批准的 6 名委员组成,任期 9 年。对实质损害的裁决通过投票方式进行,由半数以上简单多数同意即可形成决定。但如果 3:3 的局面,损害裁决也可通过。

美国联邦国际贸易法院成立于 1979 年,由此前的美国海关法院改名而成。它由 9 名法官组成,首席法官由总统委任,其余由最高法院首席大法官委任或临时调遣。在反倾销方面,负责反倾销案件的司法审理和判决。[①]

欧盟反倾销法的实施机构是欧盟委员会对外关系总局即 C 局一处即反倾销处。它负责反倾销案件的立案调查、核证、初裁以及向欧盟理事会提交反倾销的终裁报告,经批准后正式公布。理事会作为欧盟的最高立法机构,由每个成员国的一名部长组成,有权决定最终是否征收反倾销税,而欧盟委员会只有征税的建议权。但绝大多数反倾销案件,部长理事会均接受欧盟委员会的建议,理事会的批准仅仅是一个例行手续而已。此外,欧盟还专门设有反倾销协商委员会,由代表欧盟委员会的 C 局一处负责人

---

① 盛建明.反倾销国际惯例.贵州人民出版社,1994.23～24;张玉卿.国际反倾销法律与实务.中国对外经济贸易出版社,1993.68～69.

和每个成员国的一名代表组成,委员会的代表充任主席。欧盟委员会每起反倾销案件的立案、初裁、接受价格承诺、终裁和征税以前,均要与协商委员会磋商,听取各成员国政府对反倾销的意见,以协调各国利益。

三、反倾销程序规则

美、欧反倾销程序规定,在大的方面与关贸总协定反倾销守则基本一致,但在具体环节和做法上又不尽相同。如美国包括申诉与立案、调查、初裁、达成中止协议(相当于1994年反倾销守则和欧盟反倾销法中的价格承诺)、倾销和损害终裁、征收反倾销税、复审、撤销反倾销税令、司法审议等环节。欧盟原来包括申诉与立案、调查、听证、提出价格承诺、初裁、终裁、行政复审和日落规定,而并无司法审查程序,现已按1994年反倾销守则增加这一程序。下面以美国反倾销程序为例作简要说明。

美国商务部在接到反倾销申诉后的20天内要作出是否受理立案的裁决,裁决公布于联邦纪事。如决定立案调查,即通知国际贸易委员会。如国际贸易委员会收到申诉,即予立案调查,但商事部决定不立案并通知国际贸易委员会,则后者也自动终止调查。调查分书面和实地调查两种,书面调查是向各诉讼当事人送交反倾销调查表,美国规定须在收到表格之后45天内答复,否则可依"现有最佳资料"作出裁决。商务部作出关于倾销存在与否的裁决,期限一般应在起诉之后的160天内,而国际贸易委员会关于损害的裁定应在起诉后的45天内作出。但如果案件复杂或申诉人要求,可以推迟50天作出裁决。根据美国商务部1989年反倾销条例第2章第5条第2款的规定,案件复杂的标准为:交易数额巨大,性质复杂;出现了新问题;生产者或分销商人数众多。而对所谓的短期寿命产品,即自首次上市起4年内,因技术进步而明显过时的产品,美国商务部将采取快速程序调查审议。如在8年内出口商两次倾销这类产品,关于倾销的初裁在申诉后的120天内作出;多次倾销时缩短到100天。初裁公布后的30天,应当事人要求,商务部要举行公开听证会。如满足国际反倾销守则中的条件,美国商务部还可到被调查产品生产国进行现场调查。关于倾销的终裁在初裁之后75天内作出,应当事人合理要求,可推迟到第135天。关于损害的终裁在商务部肯定性初裁基础上的终裁之后45天内作出;而若商务部的初裁为否定,终裁是肯定时,应在倾销终裁之后的75天内作出损害终裁。国际贸易委员会在作出终裁之前,先由负责调查的官员提出一份初步调查结果,各方当事人可对其提出"听证前辩护书",应当事人要求,还要举行听证会,随后,当事人仍可在该委员会规定的期限内递交书面抗辩材料。在收到材料或期限届满,该委员会调查官员写出最后报告供该委员会作为裁决依据。裁决结果送交商务部,并公布于联邦纪事。紧接着商务部在收到联邦国际贸易委员会的肯定性终裁后的7天内发布征收反倾销税令。当事人在倾销产品被课税之后,可申请复审并撤销征税令,也可以上诉到设在纽约的国际贸易法院。若对法院判决不服,还可上诉到联邦巡回上诉法院,甚至可通过调卷令,由美国联邦最高法院审理。

四、强化反倾销举措

关贸总协定"乌拉圭回合"多边贸易谈判中,围绕着反规避措施这一焦点,欧美与日本、韩国、新加坡等国之间发生了异常激烈的争论,最终由欧美诸国作出让步,1994 年反倾销守则中未予规定,但美国和欧盟的反倾销法中,包含了一系列反规避措施等强化反倾销的举措。

1. 进口国组装规避

进口国组装规避是欧美反规避措施首选并集中对付的规避行为。它是指一项出口产品被进口国征收反倾销税之后,出口商为了维持出口,将该产品的零部件或者组装件出口到进口国,并在该进口国进行组装后就地销售,从而达到规避反倾销税效果的行为。对进口国组装规避的反规避措施,1987 年由欧盟反倾销法所创,是指进口国当局可对在进口国国内组装并就地销售的制成品,如果是为了规避已被征收的反倾销税,则仍然有权作为进口产品征收反倾销税。当时主要为了对付日本、韩国被征税产品的出口商在欧盟内投资设厂,然后将已被征反倾销税的产品的零部件或者组装件出口到欧盟,由这些工厂组装或加工成制成品,在欧盟内销售,从而逃避反倾销税的行为。因为零部件与制成品在海关税则中分属不同的税目,制成品被征税的,零部件未被征税。美国 1988 年综合贸易和竞争法迅速加以效仿。不过,欧盟的征税对象为在欧盟境内组装的制成品,而美国针对的是进口件。欧盟确定 4 个认定依据:一是规避行为的时间界限为反倾销调查发起之后或者即将发起之时,组装业务才开始或者有大幅度增加;二是来自倾销国家的零部件占制成品全部零部件总价值的 60% 以上;组装的增值不到制造成本的 25%;已经征收的反倾销税的救济效力正在受到组装产品的威胁。美国没有确切的标准,主要通过考察进口件与组装产品之间的差额,逐一评定组装行为的增值大小,对增值小的认定为规避行为,并作为已经征收反倾销税的产品予以征税,还不受先例的约束。

2. 第三国组装规避

第三国组装规避,是指一项出口产品被进口国征收反倾销税之后,出口商为了维持出口,将该产品的零部件或者组装件出口到进口国以外的第三国,并在该第三国进行组装后以第三国产品的名义出口到该进口国销售,从而达到规避反倾销税效果的行为。对第三国组装规避的反规避措施,1988 年由美国首创,欧盟反倾销法 1994 年修订时仿效。在美国,假如商务部能够认定某项产品出口到美国之前已被征收反倾销税,而它又由倾销国家转移到第三国进行加工制成或者装配的,并且装配的增值部分很少,则有权认定为已被征税的产品予以征税。欧盟将第三国组装规避行为视为与进口国组装规避同样的行为予以处置。

3. 轻微改变产品规避

轻微改变产品规避,是指一项出口产品被进口国征收反倾销税之后,出口商为了使该产品和已被征收反倾销税的出口产品分属于不同的税目,对该产品进行轻微加工或者改变某些外观,作为与原产品不同种类的产品出口到该进口国销售,从而达到规避反倾销税效果的行为。所谓轻微改变,是指仅仅对产品的形式或者外观进行细微改变,产品功能与原来一样,产品的最终用途、物理特征以及消费者的购买选择没有变化。针对轻微改变产品规避的反规避措施,也是在 1988 年由美国首创,欧盟反倾销法 1994 年修订时仿效。假如能够认定某项产品只是轻微改变,目的是为了规避已被征收的反倾销税,则被视为与已被征税的产品相同,也予以征税。

4. 后期发展产品规避

后期发展产品规避,是指一项出口产品被进口国反倾销主管当局立案调查后,出口量又有新的增长,而这些后期增长或者后期发展的产品只是稍作改进,根据调查对前期产品决定征收反倾销税,在一定的条件下对后期发展产品也征收相同的税,反倾销令的效力不但及于已被立案调查的前期产品,也对后期发展产品有效。这也是在 1988 年由美国首创的反规避措施。美国认为有规避目的的后期发展产品,须符合下列 5 个条件:① 后期发展产品和已被征收反倾销税的产品物理性能相同;② 消费者对两种产品的期待相同;③ 两种产品的最终用途相同;④ 两种产品的贸易渠道相同;⑤ 两种产品的的广告与陈列相同。

5. 监视下游产品

下游产品是指依生产程序属于后期加工成的产品。美国 1988 年反倾销法规定如一项产品被进口国当局采取了反倾销措施,而该产品与下游产品的某个组装件相似,则可对其下游产品进行监视,然后决定是否进行反倾销调查,以防止所谓潜在的规避行为。可见,监视下游产品仅仅是一种防范性的措施,并不当然导致反倾销税令的效力扩大到下游产品的结果。

6. 虚构的外国市场价值

正如前述,是否存在倾销,是通过将产品的出口价格与正常价值或者外国市场价值进行比较来判定的。美国 1988 年反倾销法规定,已被征收反倾销税的出口产品,如果外国市场价值发生变化,从而缩小了出口价格和正常价值的差额,倾销幅度随之降低,特别是出现正常价值低于出口价格的情况,商务部有权认定其为虚构的不真实的外国市场价格,拒绝用作比较依据,而采用其他方式确定外国市场价值以及倾销幅度。①

7. 投入倾销

当设在不同国家的关联企业间为了规避反倾销税而转移价格并将产品出口到美国,美国当局不再使用过去的市场价格,而是用现有的最佳资料来确定该产品主要投入的生产成本,以计算出是否存在倾销。这也是在 1988 年由美国首创的反规避措施。

---

① 龚乐凡.反倾销规避与欧美反规避立法.政治与法律,1996(5);栾信杰.美国针对在美组装所采取的反规避措施介评.国际商务,1996(6);关家涛.从反倾销到反规避(当前欧美反倾销立法的新发展).国际经贸探索,1998(6);李磊.国际反规避立法的现状及其对我国的借鉴意义与影响.国际商务研究,1999(4);周扣山.论反规避措施(1998 届南京大学硕士研究生毕业论文).

8. 第三国倾销

1979 年和 1994 年国际反倾销守则均对"代表第三国的反倾销诉讼"设有原则规定。美国的反倾销法中则有具体实施办法：一个生产与某一外国产品相似或直接竞争的美国产业，如有理由相信该外国产品在一个关贸总协定的缔约国即现在的 WTO 成员国内倾销，而使美国产业受到了损害，美国产业则可向美国贸易代表递交申诉，后者可以美国政府的身份要求该产品的进口国进行反倾销调查。如要求被拒绝，美国政府可对该产品的进口国的输美产品采取限制措施。

9. 降低工业损害的标准

1988 年美国反倾销法中规定，被控倾销的产品只要低于进口国相似产品的价格，即可认定为低价倾销。而在判定实质损害时要考虑倾销的产品对美国新建产业的影响，还包括对某项产业正在进行着的发展与生产的实际和潜在的不利影响。

10. 扩大申诉人的范围

反倾销申诉人本应是被调查产品的相同或相似生产产业，但美国近年法律将农产品的种植业也并入加工业中，人为地扩大了申诉人的范围。

此外，美国还通过禁止退回反倾销税、对政府采购货物征收反倾销税等方式强化反倾销措施。美国规定倾销的产品若在美国属于加工复出口的，在成品出口时不再退回已征收的反倾销税。过去美国法律规定政府采购的货物不适用反倾销法。但 1988 年综合贸易和竞争法则规定，即使是美国政府采购的货物，如存在倾销，也要征收反倾销税，尽管支付者为美国政府。看上去似乎荒唐，但作为美国国会的正式立法，美国政府同样有义务执行。[①]

第四节　中国反倾销法和反倾销对策

如前所述，由于进入 20 世纪 80 年代以来国际上贸易保护主义重新抬头，各国纷纷利用包括反倾销措施在内的种种手段限制外国产品进入本国。中国一方面不断开放国内市场，另一方面出口能力大大加强，2004 年的进出口总额超过 10 000 亿美元，同时也面临着来自许多国家的强化反倾销措施的威胁。特别是西方国家，迄今仍顽固地坚持中国尚不是市场经济国家，常常使用专门针对非市场经济国家产品倾销的确定标准，从而强行征收脱离实际的、极不合理的反倾销税，将中国众多产品逐出一个个传统市场。中国无法借助 WTO 的机制进行申诉和救济，而是完全暴露在国外反倾销法所组成的火力网下。还有，中国大一统的国家高度垄断的外贸体制被打破后，虽然地方和企业的外贸积极性得到发挥，但恶性竞争也频频出现，更加剧了招致反倾销措施的危险。

近年，中国在反倾销的应对方面做了大量工作。经过中国政府和企业的多年努力，

---

① 张玉卿. 国际反倾销法律与实务. 中国对外经济贸易出版社,1993.149~153.

澳大利亚和欧盟已经先后将中国作为转型经济国家对待。在外国对中国出口产品反倾销的应诉方面,中国外经贸部分别于1994、1996年发布的《关于中国出口产品在国外发生反倾销案的应诉规定》和《关于处罚低价出口行为的暂行规定》已经收到较好的效果。根据"应诉规定",凡是拒不应诉或者不交纳律师费的出口企业,将受到外经贸部的批评和通报,情节严重的,将被取消部分或者全部申领出口许可证或者出口配额的权利,直至取消部分或者全部外贸经营权,并处以罚款。据此,应诉工作的被动局面有所改观,不少案件最终以无税结案,如前述微软公司指控的输美硫酸锰反倾销案、输美自行车反倾销案、输欧箱包反倾销案等。①

当然,中国如何应对国外反倾销案,远未达到应付自如的程度,还应作出艰苦的努力。例如,自20世纪90年代初开始,荷兰飞利浦公司等就不断对中国输欧电视机提起反倾销诉讼。根据"日落规则",征税期限即将届满,欧方采取先发制人的办法,主动提请复审,目的要求维持征税。中国厦华、长虹、TCL等7家企业联合应诉,2000年8月7日还在北京发起召开"应对欧盟反倾销研讨会",据其应诉律师称中方通过举证说服欧盟委员会裁定自己胜诉的可能性只有10%,应诉最积极的厦华老总甚至发出"不应诉肯定死路一条,应诉尚有一线生机,反正是死,不如一拼"的悲壮声音。因为1993年之前,中国彩电年出口欧盟100万台以上,仅厦华一家就达30多万台,可几轮"反倾销"下来,1999年的出口数量才3万多台。此案替代国价格的参照国,欧盟选的是新加坡。而新加坡的劳动力成本是中国的20倍以上,以它为参照,中国劳动力成本优势立即化为乌有,本来没有倾销也变成存在倾销,而且还是"大幅度倾销"。2004年的输美彩电反倾销案,也几乎都是以征税结案的。

另外,中国出口企业还应着重注意两个方面的问题:一是确定合适的出口价格。中国产品在传统上以廉取胜。当然,低成本低价格仍是中国外贸中的优势,但随着国际贸易格局的变化,低价优势越来越小,有时反而留下倾销的把柄。因此,应主要在档次、质量、花色、品种等方面下功夫,创出名牌。即使低成本,在外销时价格也不宜定得过低。最好能在外销之前,详细调查了解外国市场上的相同和类似产品的供销和价格状况,以便将价格定在合理水平上。而就外贸中的恶性竞价也应采取必要的管制措施。二是协调控制出口数量。倾销产品数量急剧增加,市场份额扩大,引起市价下跌,进口国相同产业必然反应强烈,主管当局也多裁定倾销和损害成立。因此,应竭力防止一种产品集中大量销往一二个海外市场,而应有秩序地、逐步地发展出口产品,并尽可能开拓多元海外市场。这一原则,对一个企业、一个地区适用,对不同企业、不同地区同样适用。国家应建立企业间、地区间的协调控制机制。

1994年中国对外贸易法公布后,1997年发布《反倾销和反补贴条例》,经2001年重新制定单独的反倾销条例并于2004年修订后,形成与WTO规则协调一致的中国反倾销法律制度。对外国产品的反倾销工作也已经有条不紊地进行着。下面介绍该条例的

---

① 王传丽.中国反倾销法—立法与实践.中国法学,1999(6).

主要内容。

一、倾销和损害的确定

进口产品采用倾销的方式，并由此对国内已经建立的相关产业造成实质损害或者产生实质损害的威胁，或者对国内建立相关产业造成实质阻碍的，中国可以依法采取反倾销措施。

倾销，是指在正常贸易过程中进口产品以低于其正常价值的出口价格进入中国市场。对倾销的调查和确定，由商务部负责。

进口产品的正常价值，应当区别不同情况，按照下列方法确定：① 进口产品的同类产品，在出口国（地区）国内市场的正常贸易过程中有可比价格的，以该可比价格为正常价值；② 进口产品的同类产品，在出口国（地区）国内市场的正常贸易过程中没有销售的，或者该同类产品的价格、数量不能据以进行公平比较的，以该同类产品出口到一个适当第三国（地区）的可比价格或者以该同类产品在原产国（地区）的生产成本加合理费用、利润，为正常价值。进口产品不直接来自原产国（地区）的，按照前述第① 项规定确定正常价值；但是，在产品仅通过出口国（地区）转运、产品在出口国（地区）无生产或者在出口国（地区）中不存在可比价格等情形下，可以该同类产品在原产国（地区）的价格为正常价值。

出口价格，应当区别不同情况，按照下列方法确定：① 进口产品有实际支付或者应当支付的价格的，以该价格为出口价格；② 进口产品没有出口价格或者其价格不可靠的，以根据该进口产品首次转售给独立购买人的价格推定的价格为出口价格；但该进口产品未转售给独立购买人或者未按进口时的状态转售的，可以商务部根据合理基础推定的价格为出口价格。进口产品的出口价格低于其正常价值的幅度，为倾销幅度。对进口产品的出口价格和正常价值，应当考虑影响价格的各种可比性因素，按照公平、合理的方式进行比较。倾销幅度的确定，应当将加权平均正常价值与全部可比出口交易的加权平均价格进行比较，或者将正常价值与出口价格在逐笔交易的基础上进行比较。出口价格在不同的购买人、地区、时期之间存在很大差异，按照前款规定的方法难以比较的，可以将加权平均正常价值与单一出口交易的价格进行比较。

损害，是指倾销对已经建立的国内产业造成实质损害或者产生实质损害威胁，或者对建立国内产业造成实质阻碍。在确定倾销对国内产业造成的损害时，应当审查下列事项：① 倾销进口产品的数量，包括倾销进口产品的绝对数量或者相对于国内同类产品生产或者消费的数量是否大量增加，或者倾销进口产品大量增加的可能性；② 倾销进口产品的价格，包括倾销进口产品的价格削减或者对国内同类产品的价格产生大幅度抑制、压低等影响；③ 倾销进口产品对国内产业的相关经济因素和指标的影响；④ 倾销进口产品的出口国、原产国（地区）的生产能力、出口能力，被调查产品的库存情况；⑤ 造成国内产业损害的其他因素。对实质损害威胁的确定，应当依据事实，不得仅依据指控、推测或者极小的可能性。在确定倾销对国内产业造成的损害时，应当依据肯定性证据,不得将造成损害的非倾销因素归因于倾销。

　　新的反倾销条例对累积评估办法作了规定。倾销进口产品来自两个以上国家(地区),并且同时满足下列条件的,可以就倾销进口产品对国内产业造成的影响进行累积评估:① 来自每一国家的倾销进口产品的倾销幅度不小于 2% ,并且其进口量不属于可忽略不计的;② 根据倾销进口产品之间以及倾销进口产品与国内同类产品之间的竞争条件,进行累积评估是适当的。可忽略不计,是指来自一个国家(地区)的倾销进口产品的数量占同类产品总进口量的比例低于 3% ;但是,低于 3% 的若干国家(地区)的总进口量超过同类产品总进口量 7% 的除外。

二、反倾销调查

　　国内产业或者代表国内产业的自然人、法人或者有关组织(以下统称申请人),可以依照反倾销条例的规定向商务部提出反倾销调查的书面申请。条例对申请书内容以及附具证据作了列举式规定。

　　商务部应当自收到申请人提交的申请书及有关证据之日起 60 天内,对申请是否由国内产业或者代表国内产业提出、申请书内容及所附具的证据等进行审查后,决定立案调查或者不立案调查。在决定立案调查前,应当通知有关出口国政府。商务部称为调查机关。立案调查的决定,由商务部予以公告,并通知申请人、已知的出口经营者和进口经营者、出口国政府以及其他有利害关系的组织、个人即利害关系方。立案调查的决定一经公告,商务部应当将申请书文本提供给已知的出口经营者和出口国政府。

　　商务部根据调查结果,就倾销、损害作出初裁决定,并就二者之间的因果关系是否成立作出初裁决定,由商务部予以公告。初裁决定确定倾销、损害以及二者之间的因果关系成立的,商务部应当对倾销及倾销幅度、损害及损害程度继续进行调查,并根据调查结果作出终裁决定,由商务部予以公告。在作出终裁决定前,应当由商务部将终裁决定所依据的基本事实通知所有已知的利害关系方。反倾销调查,应当自立案调查决定公告之日起 12 个月内结束;特殊情况下可以延长,但延长期不得超过 6 个月。

　　有下列情形之一的,反倾销调查应当终止,并由商务部予以公告:① 申请人撤销申请的;② 没有足够证据证明存在倾销、损害或者二者之间有因果关系的;③ 倾销幅度低于 2% 的;④ 倾销进口产品实际或者潜在的进口量或者损害属于可忽略不计的;⑤ 商务部认为不适宜继续进行反倾销调查的。来自一个或者部分国家的被调查产品有前述第②、③、④项所列情形之一的,针对所涉产品的反倾销调查应当终止。

三、反倾销措施

1. 临时反倾销措施

　　前述初裁决定确定倾销成立,并由此对国内产业造成损害的,可以采取下列临时反倾销措施: 征收临时反倾销税;要求提供现金保证金、保函或者其他形式的担保。临时反倾销税税额或者提供的现金保证金、保函或者其他形式担保的金额,应当不超过初裁决定确定的倾销幅度。

征收临时反倾销税,由商务部提出建议,国务院关税税则委员会根据商务部的建议作出决定,由商务部予以公告。要求提供现金保证金、保函或者其他形式的担保,由商务部作出决定并予以公告。海关自公告规定实施之日起执行。

临时反倾销措施实施的期限,自临时反倾销措施决定公告规定实施之日起,不超过4个月;在特殊情形下,可以延长至9个月。

2. 价格承诺

倾销进口产品的出口经营者在反倾销调查期间,可以向商务部作出改变价格或者停止以倾销价格出口的价格承诺。商务部可以向出口经营者提出价格承诺的建议,但调查机关不得强迫出口经营者作出价格承诺。

出口经营者不作出价格承诺或者不接受价格承诺的建议的,不妨碍对反倾销案件的调查和确定。出口经营者继续倾销进口产品的,调查机关有权确定损害威胁更有可能出现。

商务部认为出口经营者作出的价格承诺能够接受的,可以决定中止或者终止反倾销调查,不采取临时反倾销措施或者征收反倾销税。中止或者终止反倾销调查的决定由商务部予以公告。商务部不接受价格承诺的,应当向有关出口经营者说明理由。调查机关对倾销以及由倾销造成的损害作出肯定的初裁决定前,不得寻求或者接受价格承诺。中止或者终止反倾销调查后,应出口经营者请求或者调查机关认为有必要,调查机关可以对倾销和损害继续进行调查。根据前述调查结果,作出倾销或者损害的否定裁定的,价格承诺自动失效;作出倾销或者损害的肯定裁定的,价格承诺继续有效。商务部可以要求出口经营者定期提供履行其价格承诺的有关情况、资料,并予以核实。

出口经营者违反其价格承诺的,商务部依照反倾销条例的规定,可以立即决定恢复反倾销调查;根据可获得的最佳信息,可以决定采取临时反倾销措施,并可以对实施临时反倾销措施前90天内进口的产品追溯征收反倾销税,但违反价格承诺前进口的产品除外。

3. 征收反倾销税

终裁决定确定倾销成立,并由此对国内产业造成损害的,可以征收反倾销税。征收反倾销税,由商务部提出建议,国务院关税税则委员会根据商务部的建议作出决定,由商务部予以公告。海关自公告规定实施之日起执行。除反倾销条例另有规定的以外,反倾销税适用于终裁决定公告之日后进口的产品。纳税人为倾销进口产品的进口经营者。

反倾销税应当根据不同出口经营者的倾销幅度,分别确定。对未包括在审查范围内的出口经营者的倾销进口产品,需要征收反倾销税的,应当按照合理的方式确定对其适用的反倾销税。税额不超过终裁决定确定的倾销幅度。

另外,该条例还对反倾销税的征收期限和价格承诺的履行期限、复审及其他问题进行了规定,如期限为5年。反倾销税生效后,商务部可以在有正当理由的情况下,决定对继续征收反倾销税的必要性进行复审;也可以在经过一段合理时间,应利害关系方的请求并对利害关系方提供的相应证据进行审查后,决定对继续征收反倾销税的必要性进行复审。复审期限自决定复审开始之日起,不超过 12 个月。

思 考 题

1. 确定倾销产品正常价值的主要方法。
2. 欧美对中国产品的反倾销措施有何特点?
3. 美国的反倾销诉讼程序。
4. 欧美强化反倾销的主要举措。
5. 中国现行反倾销法的主要内容。

第十章 国际商事仲裁

本章涉及到国际商事纠纷解决方式的有关规则。当然,纠纷的解决方式还有许多,如调解、协商、诉讼。但前两者法律效力受到限制,后者完全属于一国的司法管辖权问题,民族和主权色彩特别强烈。相比之下,仲裁是一种解决商事纠纷尤其是国际商事纠纷的极好方式。本章主要介绍仲裁的基本原理、国际商事仲裁的主要机构及其相应的仲裁规则。

第一节 概　　述

一、国际商事仲裁的概念和范围

仲裁亦称公断,是指当事人就某一事件或问题发生争议又不能协商解决,而由第三者依法作出对当事人双方均有约束力的裁决的一种非诉讼制度。国际商事仲裁是同国内仲裁相对应的涉外仲裁或国际仲裁中的一种仲裁制度。它是指争议双方具有不同国籍,或其营业地分处不同国家或地区,或争议标的或法律关系具有涉外因素,并且争议是因商事交往而产生的仲裁。① 根据联合国国际贸易法委员会起草的,并于 1958 年由联合国通过的《国际商事仲裁示范法》的解释,"商事这个术语应给予广义的解释,它包括所有商事性质关系所发生的争议,不问其性质为契约性质与否。商事性质关系包括但不仅仅限于下述交易事项:任何提供或交换商品或服务的交易;销售协议;商业代理;租赁;建筑工程;咨询、许可、投资和金融;银行;保险;代理;勘探协议或特许;合资企业或其他形式的工业商业合作;

---

① 曹建明. 国际经济法概论. 法律出版社,1994. 546.

空中、海上、铁路或公路的货运或客运。"同年联合国通过的《承认及执行外国仲裁裁决公约》对商事一词未作界定,而只是要求依法院地法来确定商事关系的范围。该公约缔结于美国纽约,故简称纽约公约。纽约公约第 1 条还规定:任何缔约国可以声明,"本国只对根据本国法律属于商事的法律关系,不论是不是合同关系,所引起的争执适用本公约。"中国于 1986 年 12 月 2 日正式加入纽约公约,并于 1987 年 4 月 22 日对中国生效。但同时作出两项保留声明,其中之一就是仅对按中国法律属于契约性和非契约性的商事关系所引起的争议适用该公约。而根据 1987 年 4 月 10 日中国最高人民法院《关于执行中国加入〈承认与执行外国仲裁裁决公约〉的通知》所作的司法解释,契约性和非契约性商事法律关系,具体是指"由于合同、侵权或者根据有关法律规定而产生的经济上的权利义务关系,例如货物买卖、财产租赁、工程承包、加工承揽、技术转让、合资经营、合作经营、勘探开发自然资源、保险、信贷、劳务、代理、咨询服务和海上、民用航空、铁路、公路的客货运输以及产品责任、环境污染、海上事故和所有权争议等,但不包括外国投资者与东道国政府之间的争端。"①可见范围要比《国际商事仲裁示范法》的规定宽泛些。

二、国际商事仲裁的特点

国际商事仲裁与中国曾一度实行的国内经济合同仲裁不同。国际商事仲裁一般以协议为基础,没有当事人之间的仲裁协议,任何一方均不能申请仲裁,仲裁机构也不得受理,国内经济合同仲裁则无须订立仲裁协议,即可由一方提起仲裁,只是后来在实践中采取协议为基础的原则。国际商事仲裁的仲裁机构属民间性机构;中国经济合同仲裁机构隶属于工商行政管理部门,为官方机构,其官方机构色彩随后又反映在技术合同仲裁机构身上。国际商事仲裁的仲裁员和仲裁庭当事人选任组成;中国经济合同仲裁中由仲裁机构指派,当事人无任何选择权。国际商事仲裁实行一裁终局制,一旦当事人选择仲裁方式解决争议,即排除了司法管辖权,当事人在不服仲裁裁决时不得起诉;中国经济合同仲裁实行一裁二审制,不服仲裁裁决者可向法院起诉。以 1994 年 8 月 31 日公布《中华人民共和国仲裁法》(2009 年修订),并于 1995 年 9 月 1 日起施行为标志,中国的国内经济合同仲裁、技术合同仲裁等合成统一的仲裁制度,并与国际商事仲裁完全协调一致,上述差异也几乎全部消除。但目前,中国国内仲裁还不包括劳动争议和农业集体经济组织内部的农业承包合同纠纷的仲裁。② 值得一提的是,中国国内仲裁与属于国际商事仲裁的涉外仲裁,在中国法中仍有不同法律,或同一法律的不同部分,或不同的规则规定,尚不能混为一谈。但据中国《民事诉讼法》第 257 条的规定,涉外经济贸易、运输和海事中发生的纠纷,当事人除提交中国涉外仲裁机构仲裁外,也可提交中国其他仲裁机构仲裁。"其他仲裁机构"究竟何所指,法律或司法解释未予明确,应理

---

① 李玉泉. 国际民事诉讼与国际商事仲裁. 武汉大学出版社,1994.385~387.
② 《中华人民共和国仲裁法》,第 77 条。

解为中国其他国内仲裁机构。

包括国际商事仲裁在内的仲裁不同于司法诉讼,具体表现在以下几个方面:

第一,法院是国家机器的重要组成部分,具有法定的管辖权,当一方向法院起诉时,无需事先征得对方的同意,而由有管辖权的法院发出传票,传唤对方出庭;仲裁机构则均是民间组织(中国的特例除外),没有法定的强制管辖权,仲裁只能在自愿的基础上进行,如争议双方当事人没有达成仲裁协议,任何一方均无权强迫对方进行仲裁,仲裁机构对无仲裁协议的仲裁申请,无权受理,即使受理,其裁决也不产生强制执行的效力。

第二,法官是由国家任命或选举产生的,代表国家行使司法权,并严格执行法律,按法定诉讼程序审理案件,当事人也没有选择法官的权利;仲裁员则是从法律、贸易、技术等方面的专家的社会贤达人士中选任,不代表官方身份,仅依自己的专业特长和现行法律甚至商事惯例审理案件,当事人可各自选任其信赖的仲裁员,可大大缩短仲裁员和当事人之间的距离感,灵活、快捷、方便地处理纠纷。

第三,诉讼中审案一般有固定的地点,也受到初审、上诉审甚至申诉程序的限制,历时比较长,当事人起诉、应诉也往往不方便;仲裁机构、地点、方式等均可由当事人议定,仲裁程序进行中也可临机酌处,仲裁的惯例为一裁终局制,当事人既不能再提起仲裁,也不能另行起诉,而且因为仲裁以协议为基础,仲裁裁决也便于当事人执行。

第四,诉讼除涉及当事人隐私及国家机密外,一般应依法公开进行;仲裁一般不公开进行,在当事人提出请求的情况下更是如此。在国际商事纠纷的处理中,有的当事人出于种种考虑,如保守商业秘密、维护公司形象、防止政府干预等,希望为案件保密时,仲裁方式更加容易被接受和采纳。

三、国际商事仲裁的法律依据

国际商事仲裁的法律依据主要有各国关于仲裁的法律法规、仲裁国际公约以及某个仲裁机构或国际性仲裁的规则。

仲裁制度虽发源于13、14世纪的意大利各城邦,但仲裁法却最早诞生于北欧的瑞典。瑞典于1929年就制定了仲裁法,同年还公布了《关于外国仲裁协议和仲裁裁决的条例》。随后,西方发达国家大多先后颁布了仲裁法,如瑞士仲裁法、英国仲裁法、美国联邦仲裁法等。除各国各自的仲裁立法外,为适应国际商事纠纷日益增多,并大量采用仲裁方式解决的实际需要,各国也先后设立了众多的国内或国际性的仲裁机构,而每一个机构均有自己的组织规则和仲裁规则。如成立于1892年的英国伦敦仲裁院,现更名为伦敦国际仲裁院,并执行1981年的伦敦国际仲裁院规则和1985年生效的伦敦国际仲裁规则。成立于1917年的瑞典斯德哥尔摩商会仲裁院,目前执行1988年生效的斯德哥尔摩商会仲裁院规则。成立于1923年法国巴黎的国际商会仲裁院,目前适用1975年生效的国际商会仲裁院规则和国际商会调解与仲裁规则。成立于1926年的美国仲裁协会,目前执行1991年3月1日生效的美国仲裁协会国际商事仲裁规则。另外,瑞士苏黎世商会仲裁规则,也在国际商事仲裁领域颇有影响。

　　为使各国仲裁法及不同仲裁机构的仲裁规则协调统一,某些国家间及国际组织先后制定了一系列有关国际仲裁的公约或规则。例如,1889 年在蒙得维的亚签订的《关于民事诉讼的公约》及其 1940 年的修正案,就有关于仲裁裁决执行的规定。1923 年 9 月 24 日由国际联盟主持在日内瓦签订的《关于承认仲裁条款的议定书》,1927 年 9 月 26 日签订的《关于执行仲裁裁决的公约》,是最早的专项仲裁国际公约。但上述两个公约均没有规定对外国仲裁机构裁决的承认和执行问题,也没有明确仲裁协议、裁决的法律适用等问题,故在国际上影响不大。有鉴于此,1958 年由联合国主持,在纽约签订了《承认及执行外国仲裁裁决公约》,自 1959 年 6 月 7 日生效以来,已有包括英、美、法、德、日和中国在内的近百个国家和地区批准和加入,成为有关仲裁的最有影响的国际公约。此外,1961 年 4 月 12 日 22 个国家的代表在日内瓦签订的《关于国际商事仲裁的欧洲公约》,以及 1966 年 1 月 20 日欧洲理事会各成员国在斯特拉堡签订的《统一仲裁法的欧洲公约》,1972 年 5 月 26 日前苏联和东欧 8 国在莫斯科签订的《关于解决因经济、科学和技术协议而发生的民事法律争议的仲裁公约》,1975 年 1 月 30 日美洲国家组织各成员国在巴拿马签订的《美洲国家间关于国际商事仲裁的公约》以及 1979 年 5 月 8 日在蒙得维的亚签订的《美洲国家间关于外国判决和仲裁裁决域外效力的公约》,均是比较重要的区域性国际公约。还有,1976 年 4 月 28 日联合国大会通过并向各国推荐的《联合国国际贸易法委员会仲裁规则》、1980 年 12 月 4 日《联合国国际贸易法委员会调解规则》,以及 1985 年联合国国际商事仲裁示范法,为不少成员国所采纳。1965 年 3 月 18 日在华盛顿签订的《关于解决各国和其他国家的国民之间投资争端的公约》,以及在世界银行赞助下设立的解决投资争端国际中心,也为国际仲裁提供了便利。①

　　中国的仲裁制度始建于 1954 年,1958 年 11 月 21 日国务院发布了《关于在中国国际贸易促进委员会内设立海事仲裁委员会的决定》,1956 年 3 月 31 日和 1959 年 1 月 8 日,该委员会分别制定并公布《对外贸易仲裁委员会仲裁程序暂行规则》和《海事仲裁委员会仲裁程序暂行规则》。1980 年 2 月 26 日国务院决定,对外贸易仲裁委员会改称为对外经济贸易仲裁委员会,将受案范围扩大到外国人来华投资、中外银行相互信贷等方面所发生的争议。② 1988 年 6 月 21 日国务院再次决定将上述两个仲裁机构改名为中国国际经济贸易仲裁委员会和中国海事仲裁委员会,以适应其国际性仲裁机构的需要。1988 年 9 月 12 日中国国际贸易促进委员会在原仲裁规则的基础上,重新制定公布了《中国国际经济贸易仲裁委员会仲裁规则》和《中国海事仲裁委员会仲裁规则》,取代了试用 30 多年的《暂行规则》。后经多次修订,形成 2012 的仲裁规则,大大扩展了经济贸易纠纷的受案范围,包括所有国际、涉及港澳台以及国内纠纷案件。与《中华人民共和国仲裁法》保持协调。"海事仲裁规则"也在 2004 年进行了修订。此外,还有 1991 年 3 月 16 日起施行的《海峡两岸经贸协调会与海峡两岸商事协会调解规则》,1992 年

---

① 李玉泉. 国际民事诉讼与国际商事仲裁. 武汉大学出版社,1994.249~252.

② 经济合同仲裁手册. 法律出版社,1984.115~124.

1月1日起施行的中国贸促会(中国国际商会)《北京调解中心调解规则》。

以1980年5月国家工商行政管理总局发布《关于工商行政管理部门合同仲裁程序的试行办法》和1981年12月13日公布《中华人民共和国经济合同法》为标志,中国国内仲裁制度正式建立。1983年8月22日国务院还专门发布了《经济合同仲裁条例》。另外,1990年12月30日国务院批准发布《技术合同仲裁机构管理暂行规定》,1991年6月25日国家科学技术委员会发布《技术合同仲裁机构仲裁规则》。1994年8月31日《中华人民共和国仲裁法》正式公布,计8章80条。除总则和附则外,对仲裁委员会和仲裁协议、仲裁程序、申请撤销裁决、执行、涉外仲裁均作了原则性规定。该法于1995年9月1日起施行。随后国务院决定筹建中国仲裁协会并重新组建国内仲裁机构,1995年7月28日以国务院办公厅的名义,向全国印发《重新组建仲裁机构方案》《仲裁委员会登记暂行办法》《仲裁委员会仲裁收费办法》以及《仲裁委员会章程示范文本》和《仲裁委员会仲裁暂行规则示范文本》。上述在《仲裁法》统辖之下的涉外仲裁和国内仲裁规则,连同《民事诉讼法》和《合同法》中关于仲裁的有关规定,组成中国现行相对完整的仲裁法律体系。目前,在有条件的省辖市均设立了仲裁机构,并冲破了涉外和国内仲裁之分,只要有当事人的仲裁协议,在全国各地的仲裁委员会既可以受理国内商事纠纷,也可以受理涉外经济贸易纠纷。

第二节 国际商事仲裁法

目前,国际上还没有世界性的国际商事仲裁公约,所谓的国际商事仲裁法由各国的法律以及国际上示范性质的法律规则组成。本节介绍国际商事仲裁示范法以及中国仲裁法。

一、国际商事仲裁示范法

该示范法由联合国国际贸易法委员会起草,1985年12月11日联合国大会通过并决定向各成员国推荐,迄今已有数十个国家和地区在其国内仲裁法中予以采用或者吸收。[①] 该示范法共分为8章36条。现将其主要内容介绍如下:

1. 总则

示范法规定,该法适用于不同国家间依据任何有效仲裁协议所约定的国际商事仲裁。可见,该法仅适用于国际商事仲裁。其所指的商事包括所有契约的或非契约的商事关系。具体指:货物贸易或服务贸易;经销协议;商事代理或代理;保付代理;租赁;工程建造;咨询;设计;许可;投资;融资;银行业务;保险;开采协议或特许;合营和其他形式的工商合作;由空中、海上、铁路或公路的货物和旅客运输。

---

① 赵承璧.国际贸易统一法.法律出版社,1998.562.

此外,总则中还对仲裁、仲裁庭、法院的定义,某些特定问题的解释,书面传达的接受,异议权的放弃,法院干预的限度,法院或其他当局对仲裁协助和监督的有关职责等方面的规则作了规定。

2. 仲裁协议

仲裁协议是由当事人协议他们间已发生或可能发生的争议,就其法律关系而言不论是否为契约性质,都服从仲裁的一种协议。该仲裁协议的形式,既可能是某个合同中的一项仲裁条款,也可能是一项单独的协议。该协议应采取书面形式。

如果一方当事人将其订有仲裁协议的争议向法院提出起诉,法院将指令该当事人去提交仲裁,除非法院查明该仲裁协议是无效的和失效的、未生效的或不能履行的协议。

3. 仲裁庭

该示范法对仲裁员的人数、仲裁员的任命、对仲裁员提出异议的理由和程序、基于法律上或事实上的原因仲裁员不可能履行其职责和更替仲裁员的任命作了具体的规定。

仲裁庭组成后,可就其管辖权作出裁决,包括对仲裁协议的存在和效力所提出的任何异议。为此,作为合同组成部分的仲裁条款应视为独立于该合同其他条款的一种协议。该仲裁庭对合同所作的无效和失效的裁定,在法律上将不会限制该仲裁条款的效力。同时,该示范法还规定,对仲裁庭没有管辖权的抗辩不得迟于答辩书的提出。

4. 仲裁程序

该示范法除了对在案件仲裁过程中给予每一方当事人充分的机会和当事人应享有公平待遇以及仲裁规则的确定作出规定外,还对仲裁的地点、仲裁程序的开始、仲裁程序中所使用的语言文字、申诉书和答辩书、证据、一方当事人的缺席、由仲裁庭任命专家、在取证时的司法协助等方面的程序规则作了具体规定。

此外,该示范法还对争议的实体所适用的规则、仲裁员小组作出的决定、争议的和解、裁决的方式和内容、程序的终止、裁决的更正和解释以及补充裁决、允许不服裁决而起诉以及承认和执行裁决等问题作了规定。

二、中国仲裁法

1994 年 8 月 31 日第 8 届全国人大常委会第 9 次会议通过,并于 1995 年 9 月 1 日起生效的《中华人民共和国仲裁法》,第一次将中国的涉外仲裁和国内仲裁制度统一起来,实现了和国际通行的仲裁惯例接轨的目标,改变了两套仲裁制度差异巨大,而又同时并存的局面。正如前述,该法经 2009 年修订后仍计 8 章 80 条,包括下列主要内容:

1. 仲裁制度的基本原则

该法第 4、8、9、14、15 条中确立了中国仲裁制度的一系列基本原则。如第 4 条规定:"当事人采用仲裁方式解决争议,应当双方自愿,达成仲裁协议。没有仲裁协议,一方申请仲裁的,仲裁委员会不予受理。"此为当事人自愿仲裁的原则。该法第 8 条所规定的"仲裁依法独立进行,不受行政机关、社会团体和个人的干涉",为仲裁依法独立进行的原则。另外,仲裁实行一裁终局原则,该法第9条对此有非常明确的规定:"仲裁实行一裁终局制度。裁决作出后,当事人就同一纠纷再申请仲裁或者向人民法院起诉的,仲裁委员会或者人民法院不予受理。"而该法第14、15条中又规定了中国所有仲裁机构的民间性原则和独立性原则。其中第14条规定:"仲裁委员会独立于行政机关,与行政机关没有隶属关系,仲裁委员会之间也没有隶属关系。"第15条规定:"中国仲裁协会是社会团体法人。""是仲裁委员会的自律组织。"另外,该法第79条的过渡性条款中还规定,该法施行前在直辖市、省、自治区人民政府所在地的市和其他设区的市设立的仲裁机构,应依该法的有关规定重新组建;未重新组建的,自该法施行之日起届满1年时终止。该法施行前设立的不符合该法规定的其他仲裁机构,除该法第77条规定的劳动争议仲裁机构和农业承包合同纠纷仲裁机构外,自该法施行之日起终止。

2. 仲裁协议

仲裁协议是指双方当事人在国内国际商事交往过程中,对相互将来可能发生或业已发生的争议交付仲裁解决的一种书面协议。无论是争议发生前订明于合同中的仲裁条款,还是争议发生后达成的提交仲裁的协议,其法律效力相同。除中国的经济合同仲裁制度等曾规定过非协议自愿仲裁原则,一方当事人可不经对方同意,径自提出仲裁申请外,国际上通行做法为以当事人达成的仲裁协议为基础进行仲裁,中国《仲裁法》也明确规定该原则不但适用于涉外仲裁,在国内仲裁中也同样适用。因此,仲裁协议在整个仲裁制度中具有十分重要的意义。仲裁协议的主要作用有两个:一是排除法院对争议案件的司法管辖权,确定仲裁机构对案件的管辖权。协议仲裁的案件不得起诉已成为一项国际公认的准则。二是使当事人承担必须将争议提交仲裁解决,并按仲裁协议规定的仲裁程序规则,指定仲裁员和参与仲裁审理的义务。届时不指定的可由仲裁机构代为指定,不参加审理的,仲裁机构也可作出缺席裁决。另外,仲裁协议还是确定仲裁事项的范围和申请强制执行的必要依据。

虽然《承认及执行外国仲裁裁决公约》《联合国国际贸易法委员会仲裁规则》以及《联合国国际商事仲裁示范法》均未明确规定仲裁协议的主要条款,但一般应包括提交仲裁的事项、仲裁地点、仲裁机构、仲裁程序规则以及裁决和效力等内容。中国《仲裁法》第3章对仲裁协议作了专门规定,并包括了仲裁协议的形式、必备内容、仲裁协议效力的认定、仲裁协议独立性等问题。仲裁协议的形式也包括合同中订立的仲裁条款和合同之外关于提交仲裁的协议。仲裁协议应具备请求仲裁的意思表示、仲裁事项、选定的仲裁委员会。仲裁协议对仲裁事项或者仲裁委员会没有约定或约定不明确的,当事人可订立补充协议;达不成协议的,仲裁协议无效。但合同无效时,其中的仲裁条款仍然有效。

3. 仲裁程序

国际上不同的仲裁规则,其核心内容均是仲裁程序规则,而且存在不小差异。《中华人民共和国仲裁法》第4章即是对仲裁程序的专门规定,具体又包括"申请和受理"、

"仲裁庭的组成"和"开庭和裁决"3节,从第 21 条至第 57 条,内容占全法条款 1/3 强。《中国国际经济贸易仲裁委员会仲裁规则》也在第 2 章、第 3 章中分别对"仲裁程序"和"简易程序"作了详细规定,内容占整个规则的 3/4 强。其中第 2 章中又分为"仲裁申请、答辩、反请求";"仲裁庭的组成","审理";"裁决"4 节。而《仲裁委员会仲裁暂行规则示范文本》中所规定的程序,与《仲裁法》基本相同。

第三节　国际商事仲裁机构及其仲裁规则

国际性的商事仲裁机构分为临时仲裁机构和常设仲裁机构两种。前者没有固定组织、仲裁规则和仲裁员,由双方当事人自由协商决定包括仲裁规则在内的仲裁事项;后者一般订有自己的仲裁规则。联合国没有设立专门的常设性的仲裁机构,但 1976 年通过的《联合国国际贸易法委员会仲裁规则》,供临时仲裁机构适用,也可以在仲裁协议中约定由常设仲裁机构仲裁时适用。

比较重要的常设国际仲裁机构有：国际商会仲裁院、英国伦敦国际仲裁院、美国仲裁协会、瑞典斯德哥尔摩商会仲裁院和中国国际经济贸易仲裁委员会。

一、联合国国际贸易法委员会仲裁规则

联合国国际贸易法委员会仲裁规则于 1976 年 4 月 28 日由联合国第 31 次大会正式通过。但该规则对联合国成员国并不具有普遍的约束力,仅供合同双方当事人自愿以书面方式约定选择适用。当事人约定采用其仲裁规则时,可作如下规定："由本合同发生的或与本合同有关的任何争议、争端或请求,或有关本合同的违约、终止或无效应按照目前有效的联合国国际贸易法委员会仲裁规则予以解决。"该仲裁规则分为 4 章,共 41 条,主要内容如下。

1. 规则的适用范围、仲裁的通知和代理

该规则总则规定,在合同双方当事人书面同意凡与该合同有关的争议应按联合国国际贸易法委员会仲裁规则交付仲裁时,该争议应根据该规则予以解决,但双方当事人倘书面约定对此有所修改时,则从其约定;仲裁应受该规则的支配,但该规则的任何规定如与双方当事人必须遵守的适用于仲裁的法律相抵触时,应服从法律的规定。

所有为实施规则的通知,包括通知书、通告或建议,如经确已送达收件人或已送达其惯常居所、营业所或通讯处,则被认为已送交。如经调查而未能找到上述处所,则可送交最后所知的收件人的居所或营业所。

申诉人应将仲裁通知书送交被诉人。自被诉人收到仲裁通知书之日起,仲裁程序即已开始。仲裁通知书应包括：将争议提交仲裁的要求;当事人双方的名称和地址;所根据的仲裁条款或单独仲裁协议;与争议发生有关的合同的说明;请求的一般性质,如涉及金额时,指明其数额;所要求的救济或补偿;对仲裁员的人数提出建议,也可提议任

命 1 名仲裁员和提及任命仲裁员的机构。

双方当事人可以自行选定代理人或辅助人,并通知对方其是代理性质还是辅助性质。

2. 仲裁庭的组成

该规则规定,仲裁员人数为 1 人或 3 人。当事人事先如无约定,事后不同意由 1 人进行仲裁的,则应任命 3 名仲裁员。如果双方当事人对其人选不能达成协议时,可由双方指定一个"有任命权"的机构,代为指定仲裁员。如果当事人双方对此还不能达成协议,则任何一方当事人可请求海牙常设仲裁法院秘书长指定一个有任命权的机构。如由 3 名仲裁员组成仲裁庭的,当一方当事人指定 1 名仲裁员,而另一方当事人不按时指定第 2 名仲裁员时,第一方当事人可以请求有任命权的机构指定第 2 名仲裁员。如果这两名仲裁员对选定首席仲裁员达不成协议时,由有任命权的机构指定。首席仲裁员的国籍应与双方当事人的国籍不同。

双方当事人可在对任何仲裁员的公正性或独立性有理由怀疑时提出异议。

3. 仲裁程序

根据规则规定,仲裁庭有权按照它认为适当的方式进行仲裁,但必须对各方当事人给以公平待遇,并使他们有充分机会陈述其案情。此外,对仲裁地点、文字、申诉书、答辩书、对仲裁庭管辖权的抗辩、证据和听证、临时性的保全措施、专家、迟误等方面的程序都作了规定。

4. 裁决

关于仲裁裁决的规定,主要有裁决的决定、方式、效果、适用的法律和裁决的解释、更正和补充等。

在有 3 名仲裁员裁决的情况下,裁决应由多数作出。裁决应以书面作成,应为终局的和对双方当事人都具有约束力,他们应立即履行裁决的义务。该裁决除双方当事人同意无需说明理由外,仲裁庭应说明裁决所根据的理由,并由仲裁员签署,载明仲裁的时间和地点。裁决一般不予公开,仲裁庭只将裁决副本送达双方当事人。

仲裁庭应适用双方当事人事先指定的实体法进行裁决。当事人如未指定时,仲裁庭应适用冲突法规则所决定的法律。任何一方当事人在收到裁决后 30 天内,经通知他方,可要求仲裁庭对仲裁裁决进行解释。仲裁庭在收到要求 45 天内作出书面解释,并构成裁决的一部分。任何一方当事人在上述期限内,还可申请仲裁庭就其在仲裁程序中已经提出而在裁决中遗漏的事项作出补充裁决。仲裁庭如认为上述请求是合理的,则应在收到该请求后 60 天内完成其裁决。

仲裁庭应在裁决内确定仲裁费用。包括仲裁庭的仲裁费、仲裁员因仲裁的旅费和其他费、专家咨询费、证人的旅费和其他费、胜诉一方支付的法律代理人和辅助人的费用、任命机构的酬金和支付的费用。

二、国际商会仲裁院及其仲裁规则

国际商会仲裁院成立于 1923 年,总部设在巴黎。该院设主席 1 人,副主席 8 人,秘书长 1 人主持由十几个国家人员组成的秘书处的工作。该院成员由国际商会各国家委员会提名,国际商会大会决定任命,每国 1 名,委任后独立于本国。仲裁院主要职责为保证其所订规则的适用;指定或确定仲裁员;审定对仲裁员的异议;批准仲裁裁决的形式。但仲裁院本身并不直接审理案件。

国际商会仲裁院目前适用 1998 年 1 月 1 日生效的《调解与仲裁规则》,但调解与仲裁程序相互独立,如除当事人同意外,调解员不得再作为仲裁员,当事人在调解中所表达的意见、建议,也不得作为仲裁的证据。仲裁规则中当事人选定的 1 名独任仲裁员及 3 名仲裁员中各自选定的 1 名,均通过申诉书或答辩书报仲裁院批准,未指定的以及第 3 名仲裁员由仲裁院任命。但仲裁协议中也可约定由各自指定的仲裁员商定第 3 名仲裁庭主席人选,报仲裁院批准。独任仲裁员或仲裁庭主席原则上应从非当事人国籍的人士中选任。除合同约定或仲裁规则规定外,有关仲裁程序适用仲裁地法。仲裁裁决须经仲裁院批准,方能签署,并产生终局性效力。

三、英国伦敦国际仲裁院及其仲裁规则

英国伦敦国际仲裁院成立于 1892 年,历史悠久,在国际上享有很高声望。它可受理各类国际争议,尤其对国际海事案件的审理具有丰富的经验。仲裁院备有选自 30 多个国家的仲裁员名单,供当事人从中指定。当事人未能指定时由仲裁院指定。在涉及不同国籍的当事人的商事争议中,独任仲裁员或仲裁庭主席也须由中立国籍的人士充任。除该院仲裁规则外,当事人可选择适用联合国的仲裁规则。

按英国 1979 年的仲裁法,该院的仲裁活动受法院的制约比较大,如法院有权撤销仲裁协议、撤免仲裁员等。

四、美国仲裁协会及其仲裁规则

美国仲裁协会成立于 1926 年,总部设在纽约,并在美国 24 个主要城市设有分支机构,受理美国各地和其他国家当事人提交的各种法律争议。该会受选自美国各行业各社团的理事会领导,由仲裁和法律专家组成的常设机构管理,还备有包括 6 万多人的仲裁员名单。但当事人提请该会仲裁时,可以选择适用其制定的 60 多种专项仲裁规则,也可适用当事人议定的联合国仲裁规则或其他规则和程序,甚至选择该会仲裁员名单的其他国籍人士担任仲裁员,表现出极大的灵活性。

据 1991 年 3 月 1 日生效的美国仲裁协会仲裁规则,如当事人对仲裁员人数未约定,由该会提名征询当事人意见后指定 1 名独任仲裁员,争议标的巨大或案情复杂时,指定 3 名仲裁员组成仲裁庭。如当事人就仲裁地点不能达成协议时,该会可初步选定,但仲裁庭有权在组庭后 60 天内最后确定仲裁地点,如当事人未约定法律适用,仲裁庭

应适用其认为适当的 1 个或几个法律。涉及到合同的仲裁,应依合同条款进行,并考虑适用与此相关的贸易惯例。

五、瑞典斯德哥尔摩商会仲裁院及其仲裁规则

瑞典斯德哥尔摩商会仲裁院成立于 1917 年,主要受理工商和航运方面的争议。瑞典为中立国,该院的仲裁独立性很强,对中国的态度也比较友好,近年已发展成为东西方国际商事仲裁的中心。该院没有固定的仲裁员名册,也不对当事人选择仲裁员作国籍方面的限制。如双方当事人同意由独任仲裁员审理案件,应由仲裁院指定独任仲裁员。在其他情况下,应由 3 名仲裁员组成仲裁庭,双方当事人各指定 1 名,另 1 名仲裁庭主席由仲裁院指定。据 1988 年 1 月 1 日起生效的仲裁规则,如当事人同意,可由仲裁院指定全部仲裁员。如一方当事人未在规定的时间内指定,则由仲裁院代为指定仲裁员。瑞典仲裁规则和仲裁法均未规定法律适用问题,在当事人未约定时,原则上选择适用与合同联系最密切的国家的法律。

六、中国国际经济贸易仲裁委员会及其仲裁规则

如前所述,中国国际经济贸易仲裁委员会的历史可追溯到 1954 年成立的对外贸易仲裁委员会,经 1980 年改名后,1988 年又改为现名,总部设在北京。1984 年 4 月在深圳经济特区设立办事处,1988 年 9 月改为该委员会深圳分会,1990 年 3 月又增设上海分会。该会近几年受理的国际商事纠纷案件数量急剧增加,并超过了国际商会仲裁院受案量。

根据 2000 年 10 月 1 日起施行的《中国国际经济贸易仲裁委员会仲裁规则》的规定,该仲裁委员会受理当事人协议提交其仲裁的"契约性或非契约性经济贸易等争议"包括以下 5 类:① 国际的或涉外的争议;② 涉及香港特别行政区、澳门或台湾地区的争议;③ 外商投资企业相互之间以及外商投资企业与其他法人、自然人/及/或经济组织之间的争议;④ 涉及中国法人、自然人/及/或其他经济组织利用外国的、国际组织的或香港特别行政区、澳门、台湾地区的资金、技术或服务进行项目融资、招标投标、工程建筑等活动的争议;⑤ 中华人民共和国法律、行政法规特别规定或特别授权由仲裁委员会受理的争议。2005 年规则扩大到国内纠纷案件。仲裁委员会由主任 1 人、副主任和委员会若干人组成。同时,仲裁委员会设秘书局,在仲裁委员会秘书长的领导下负责处理该会的日常事务。另外,仲裁委员会设立仲裁员名册,人选由该会从对法律、经济贸易、科学技术等方面具有专业知识和实际经验的中外人士中聘任。仲裁的双方当事人应各自在收到仲裁通知之日起 20 天内在仲裁员名册中选定 1 名仲裁员,或者委托仲裁委员会主任指定。第 3 名仲裁员由双方当事人共同指定或者共同委托仲裁委员会指定,并担任首席仲裁员。若当事人届时没有选定或委托指定,以及没有共同选定或共同委托指定仲裁员的,由仲裁委员会主任指定。该规则也对独任仲裁员的产生方式作了规定。仲裁委员会审案以国际通行的不公开方式进行。仲裁中可以调解或和解,但仍应作出裁决书。调解不成或不经调解,均应在仲裁庭组庭之日起 9 个月内作出仲裁裁

决书。只有在仲裁庭的要求下,仲裁委员会秘书长认为确有必要和确有正当理由的,方可延长期限。仲裁裁决是终局的,对双方当事人均有约束力。任何一方当事人均不得向法院起诉,也不得向其他任何仲裁机构提出变更仲裁裁决的请求。另外,2005 年修改后的仲裁规则,大大细化了仲裁程序各个环节的操作办法。2012 年版本虽有调整,但整体格局未变。

第四节　仲裁裁决的承认及执行

为了协调世界各国对外国或国际仲裁机构所作出的仲裁裁决,特别是对本国当事人不利的仲裁裁决的承认及执行方面的立场,1958 年 6 月 10 日在纽约签订了《承认及执行外国仲裁裁决公约》,并于 1959 年 6 月 7 日正式生效,中国自 1987 年 4 月 2 日起也受该公约的约束,但声明保留的除外。而 1986 年 12 月 2 日全国人大常委会的决定中特别声明两点:① 中国只在互惠的基础上对在另一缔约国领土作出的仲裁裁决的承认和执行适用该公约;② 中国只对根据本国法律认定为属于契约性和非契约性商事法律关系所引起的争议适用该公约。而商事法律关系具体所指,如前所述由中国最高人民法院作出解释。

承认和执行外国仲裁裁决的公约共有 16 条,包含以下几个方面的内容。

第一,公约的适用范围。根据该公约第 1 条的规定,公约适用于以下的仲裁裁决:① 由于自然人或法人间的争议而在申请执行地国以外国家领土上作成的仲裁裁决;② 仲裁裁决执行国认为该裁决是非国内裁决;③ 由临时仲裁庭和常设仲裁庭所作的裁决都适用于本公约;④ 作出裁决的争议,不论该争议是否属于契约性质,只要符合缔约国国内法的规定,认为它是属于商事关系,即可适用本公约。

第二,关于仲裁协议。该公约对仲裁协议作出以下规定:① 凡当事人以书面协议承诺彼此间已发生或可能发生之一切或任何争议,如果可以通过仲裁解决争议事项中的法律关系,不论其是否为契约性质,当争议提交仲裁时,各缔约国应承认此项协议;② 上述书面协议是指当事人所签订或在互换函电中所载明的契约仲裁条款或仲裁协议;③ 法院在受理诉讼时,只有认定前述的仲裁协议无效、失效或不能实行时才可受理,否则将令当事人提交仲裁。可见,仲裁协议具有以下效力:双方当事人均受仲裁协议的约束,当发生争议时,只能以仲裁方式求得解决,不得向法院起诉;仲裁协议是仲裁机构受理争议案件的法律依据,使仲裁员取得对有关争议案件的管辖权,从而排除了法院对有关争议案件的管理权。此外,一项有效的仲裁协议,也是使仲裁裁决得以承认和执行的基本前提。关于仲裁协议的内容,该公约未作出具体规定。一般包括:仲裁地点、仲裁机构、仲裁程序规则和仲裁裁决的效力。

第三,关于拒绝承认和执行外国仲裁裁决的条件。公约规定,败诉人(受裁决一方)向承认和执行的主管机关提供证据证明下列情形之一时,可拒绝承认和执行外国的裁决：① 签订仲裁协议的当事人，根据对他们适用的法律，存在某种无行为能力的情况，或根据仲裁协议所选定的准据法（或未选定准据法而依据裁决地国法），证明该项仲裁协议无效；② 受裁决人未接到指派仲裁员或关于进行仲裁程序的适当通知，或者由于其他情况未能对案件进行申辩；③ 裁决所处理事项，非为交付仲裁的标的，或不包括在仲裁协议内，或为超出仲裁协议范围以外的事项；④ 组成的仲裁庭或仲裁程序同当事人间的协议不相符合，或者当事人间虽有协议，但与仲裁地国家的法律不相符合；⑤ 裁决对各方当事人尚未发生约束力，或者裁决已由裁决地国家或作出裁决的国家的主管机关根据其法律予以撤销或停止执行。

此外，公约还规定，如果被申请承认和执行仲裁裁决的国家的主管机关认定有下列情况之一者，也可以拒绝承认和执行：① 依据该国法律，某种争议事项不能以仲裁方式解决；② 如果承认和执行裁决，将违反该国的公共政策（公共秩序）。但公约对公共政策的内容未作明确规定，而由各缔约国决定。各国在实践中一般从严掌握。

另外，纽约公约第 5 条第 2 款还规定，如果被请求承认和执行仲裁裁决的有关当局认为，按照该国的法律，裁决中的争议事项不适合以仲裁方式处理，或者认为承认和执行该裁决有违该国的公共秩序，则也可拒绝承认和执行该项裁决。而所谓公共秩序保留原则已为世界上大多数国家所确认。

中国承认与执行外国仲裁裁决，主要依民事诉讼法规定的程序。该法第159条规定："一方当事人不履行仲裁裁决的，双方当事人可以向被申请人住所地或者财产所在地的中级人民法院申请执行。"而执行前应先予认定。该法第 260 条就规定了类似于纽约公约第 5 条中的拒绝执行情形，但将"公共秩序"表述为"社会公共利益"，也未列仲裁协议无效的拒绝执行情形。法院审查执行申请后，只要不存在纽约公约和中国民事诉讼法中所规定的拒绝执行的情形，就应依公约或互惠原则，以及中国民事诉讼法的规定，像执行中国仲裁机构的裁决那样予以执行。

一项仲裁裁决在法院审查后裁定不予执行时，纽约公约未规定补救措施。按中国民事诉讼法第 261 条的规定："仲裁裁决被人民法院裁定不予执行的，当事人可以根据双方达成的书面仲裁协议重新申请仲裁，也可以向人民法院起诉。"

思　考　题

1. 国际商事仲裁的主要特点。
2. 中国国际经济贸易仲裁委员会及其仲裁规则。
3. 仲裁协议及其作用。
4. 中国关于仲裁裁决的承认及执行的原则。

附：经济案例选

1. 合伙人清偿合伙企业债务案

【案情简介】

原　　告：某市通惠百货公司

被 告 一：某市康乐保健品经销公司

被 告 二：某市农工商联合公司

1993 年 2 月 6 日,两被告签约联合经营某综合商店。合同规定:被告一投资 15 万元,派 5 人参与经营管理;被告二投资 10 万元,派 3 人参与经营管理;利润按 6:4 的比例分成。联营期限为 5 年。1993 年 3 月 20 日,该商店领取营业执照正式开业。1994 年 10 月 2 日,本案原告与某综合商店订立了一份儿童用品的购销合同。签约后,原告将货款如约汇入综合商店的账户。综合商店既不供货,又不退款。1994 年末,综合商店停业。1995 年 2 月,原告诉诸法院要求两被告予以退款。

法院经审理后认为综合商店不具有法人资格,属合伙型联营企业。原告索要的货款是两被告的联营债务,根据《民法通则》第 52 条关于不具备法人条件的联营,由联营各方按照出资比例或者协议的约定,承担民事责任,以及最高人民法院《关于审理联营合同纠纷案件若干问题的解答》关于"联营体是合伙经营组织的,可先以联营体的财产清偿联营债务。联营体的财产不足于抵债的,由联营各方按照联营合同约定的债务承担比例,承担民事责任;合同未约定债务承担比例,联营各方又协商不成的,按照出资比例或盈余分配确认联营各方应承担的责任"规定,判决两被告分别以 60%、40% 的比例清偿原告的预付款及其利息。问:

(1) 中国合伙企业法规定的合伙人是否仅限于自然人?

(2) 合伙形式通常有哪些,中国法中是如何规定的?

(3) 合伙人承担什么样的财产责任?

(4) 合伙企业的非业务执行人的主要权利是什么?

(5) 如何界定合伙企业的产权关系?

2. 集体企业诉政府机关侵权案

【案情简介】

原　　告：南通 T 被服厂原厂长 Q 和其他 11 名原企业职工

被　　告：南通某区政府及工商局

南通 T 被服厂是职工集资创办的集体所有制企业,1992 年初 Q 出任厂长并领取了《企业法人营业执照》。随后,Q 代表企业与外商洽谈合资事宜,因区政府个别领导插手而未果。同年 9 月区政府以企业严重亏损为由责令其停产整顿,翌年 3 月又派人强行收走账册和印章,查封全部财产,并无偿转归其他单位,同时免去 Q 的厂长职务。不久,区政府以该企业的名义申请,到工商局办理了注销手续。Q 和其他 11 名原企业职工多次申诉,毫无结果,于 1993 年 5 月向法院起诉,称企业财产是职工集体所有,政府并无投入,故无权任免企业领导,更不能查封财产且进行注销登记,请求法院判决撤销区政府和工商局的侵权行为,并赔偿相应的经济损失。被告答辩称：T 被服厂已被注销,原告无诉讼主体资格;责令停产整顿是为了防止亏损扩大;注销登记有原企业提出的申请书,法定代表人的印鉴,原企业主管部门的同意意见等文件,手续完全合法,请求法院驳回起诉。

法院经查认为：T 被服厂为小型集体所有制企业,应拥有企业财产所有权和经营自主权,区政府的行为没有法律依据,工商局也明知不是 Q 代表企业办理注销登记,《企业申请注销登记注册书》的"法定代表人签字"栏只有 Q 的印鉴,没有签字,违反了《城镇集体所有制企业条例》第 21 条的规定,判决被告的行为非法,予以撤销;恢复 Q 的厂长职务;责令两被告发还全部财产、证照和印章。对原告赔偿经济损失的诉讼请求,法院未予支持。被告不服,提起上诉,南通市中级人民法院经书面审理后,作出维持原判的终审判决。问：

（1）中国有法人资格的集体企业财产所有权最终归谁?

（2）企业被强行注销后,出资人是否有权提起诉讼?

（3）本案的案由是什么?

（4）本案属于民事诉讼还是行政诉讼?

（5）原告提出损害赔偿的诉讼请求有无法律依据?

3. "儿子"状告"老子"侵权案

【案情简介】

原　　告：南京某建筑装潢公司

被　　告：出资设立原告的南京某城镇开发公司

被告是南京市房产局下设的国有企业,随着业务的发展,1990年报经其主管部门批准投资设立被告。始出资100万元人民币,后陆续增加到500万元。在市房产局的企业设立批文中明确:原告为被告的下属二级单位,具有独立的法人资格,由被告负责人事安排调配,报市房产局备案。随后,被告以其所属建筑装潢部为基础,迅速抽调精兵强将组建成立原告并任命了总经理。因建筑装潢业市场广阔,原告的几任总经理也经营有方,业务蒸蒸日上。但是,到了1995年,被告发现原告的总经理王某故意在职工中散布对被告的不满情绪,甚至利用其与被告上级主管部门市房产局个别领导的私人关系,试图摆脱被告的领导和控制,另外,经营状况也日渐恶化,于是经集体讨论,当机立断,发文免去王某的总经理职务。王某利用其原告法定代表人的特殊身份,一方面组织职工代表签名不同意任免决定,一方面找被告上级主管部门的个别领导向被告施加压力,一方面又向法院起诉,称被告是具有独立法人资格的企业,享有生产经营自主权。被告的任免决定没有征求原告职工代表的意见,违反《中华人民共和国全民所有制工业企业法》第44条的规定,侵犯了原告的职工民主管理权,请求法院判决被告的任免决定无效,恢复王某的总经理职务。被告辩称:原告是其单独出资组建的下属企业,被告理当享有全部权益,也有权任免总经理,这是市房产局关于组建原告的批文所明确规定的;原告的历任总经理均由被告任免,现任经理王某也是被告任命的,当然也有权解任;原告诉讼所依据的法律规定,不能适用于本案,一是因为该条款所规定的是政府主管部门任免企业厂长、经理的义务,而被告是企业;二是法院将本案作为经济纠纷案件而非行政案件审理,排除对该条款的适用。法院采纳被告的意见,驳回了原告的起诉。问:

(1) 中国国有企业原有的称谓是什么?

(2) 厂长经理的产生方式有哪两种?

(3) 非公司企业的二级法人相当于公司法上的哪类公司?

(4) 企业对下属企业的人事任免权与政府机关的行政权的依据有什么不同?

(5) "企业的民主管理权"是否属于经营权的范畴?

4. 政府机关越权任免合营企业人事案

【案情简介】

原 告：四川东坡食品有限公司

被 告：四川省乐山市眉山县乡镇企业管理局

原告是四川省乐山市眉山县的第一家合资经营企业，其总经理 W 研制开发的专利产品"软罐头东坡肘子"广受市场欢迎，订单纷至沓来，利润迅速增长。正值公司生产红火之时，被告在 1993 年 3 月 16 日经局务会议研究决定：免去 W 的公司总经理职务，任命萧某为总经理。公司合同和章程规定董事会是合营企业的最高权力机关，总经理由中方委派并经董事会聘任。原告接到免职通知，迅速聘请律师以公司常年法律顾问的名义向被告提出异议，称原告属于中外合资经营企业，依法应由公司董事会聘任和解聘总经理，被告的任免决定明显违法，请予以撤销。否则，将通过诉讼途径解决，被告未予理会。不日，原告向四川省乐山市中级人民法院提起诉讼，认为《中华人民共和国中外合资经营企业法》第 6 条第 2 款明文规定合营企业总经理由董事会任命、聘请或解聘，外经贸部批准的合营企业合同和章程中，对此也予以确认。被告侵害了原告的权利，请求法院撤销被告的侵权行为，依法保护原告的经营管理自主权。

在法院审理期间，四川省省会成都召开食品春季交易会，为避免经济损失，原告申请法院中止执行被告的任免决定，被法院采纳。尽管被告一度认为，原告创办时，由其牵头组建，总经理也由其批准中方推荐产生，故仍由其决定撤换没有错，但最后还是承认其做法欠妥，并很快撤销了原任免总经理的决定。鉴此，原告申请撤诉。

1993 年 5 月 22 日，法院作出裁定：被告在诉讼中撤销了被诉的具体行政侵权行为，原告申请撤诉，依据《中华人民共和国民事诉讼法》第 51 条的规定，予以准许，案件受理费用全部由被告承担。问：

（1）现行中外合资经营企业的法律形式有哪几种？

（2）中外合资经营企业的权力机构与一般的公司有什么不同？

（3）中外合资经营企业的法定代表人由谁担任？

（4）中外合资经营企业法中对担当何种职务的人规定了竞业禁止义务？

（5）中外合作经营企业与合资经营企业的主要区别是什么？

5. 中外合营企业合同纠纷案

【案情简介】

申 诉 方：南京 M 公司

被 诉 方：香港 Q 公司

申诉方是一家 20 世纪 50 年代成立的木器加工制造专业企业，在全国有一定的知名度，经过多方比较选择，于 1990 年同被诉方合资成立 N 家具有限责任公司。合同和章程规定由申诉方派员任 N 公司董事长、法定代表人，被诉方派员担任 N 公司副董事长兼总经理，负责日常管理事务。产品 70% 出口，被诉方负责包销，利润率不低于 25%。

起初申诉方厂长不负责任，管理混乱，亏损严重，对 N 公司也不加过问。被诉方负责经营 3 年，账面亏损 300 多万元。不久，申诉方厂长被逮捕法办。新厂长上任后，经过一段时间的调查摸底，初步掌握了 3 个基本事实：一是申诉方投入合营企业的厂房、土地、机器设备和熟练工人，特别是从意大利进口的木材加工机械，如用于生产内销产品，正常情况下每年也有上百万元的利润，合资经营反而亏损有悖常理；二是被诉方积极性很高，不断要求申诉方增加投资，扩大生产规模；三是产品外销价过低，同类产品在美国洛杉矶的零售价格高 10 倍以上。被诉方的出口渠道均通过其关联公司，即被诉方董事长的妻子在香港开设的公司、女儿在美国洛杉矶开设的公司和儿子在加拿大温哥华开设的公司。申诉方据此要求被诉方按合同约定偿付利润，否则解除合同，由被诉方赔偿申诉方的经济损失。被诉方不同意，并通过政府官员施加压力。申诉方不为所动，于 1994 年 1 月向中国国际经济贸易仲裁委员会申请仲裁，要求终止合同，由被诉方偿付其应得利润 200 万元。被诉方虽然辩称亏损是在正常生产和销售情况下产生的，但是对其明显偏低的售价和不能达到合同约定的利润率无法解释，又考虑到若裁定终止合同，另设企业代价太大，故同意在仲裁庭主持下调解，付给申诉方 100 万元，剩下的 10 年合营期内由被诉方承包经营，每年付给原告方 100 万元。问：

(1) 在法理上通常认为合伙为合同行为，公司为章程行为，中外合资经营企业呢？

(2) 规范合营企业的基本法律文件有哪些？

(3) 多元投资的基本规则是共负盈亏，本案中合同规定最低利润率是否合适？

(4) 如何有效防止中外合资经营企业转移定价？

(5) 本案合同中争议解决方式是如何规定的？

6. 上市公司发起人资格认定案

【案情简介】

原　　告：深圳 M 公司

被　　告：深圳 N 公司

被告 N 公司是 1990 年注册成立的中外合资发电供电企业,1991 年增资扩股后,由香港和中国大陆 5 名股东组成。1992 年深圳市有关主管部门批准其变更为股份有限公司,原 5 名股东担任发起人,并签署了发起人协议。在办理变更登记前的 1993 年初,原告 M 公司和案外人深圳能源投资公司同被告签订协议约定：三方共同投资在被告 N 公司内扩建 1 台新的发电机组,原告占其中的 15% 股份,与被告 N 公司内老机组和其他资产所折成的股份合在一起。但被告正式改组为上市公司后,并未将原告列为发起人,而只核定 250 万股定向法人股。被告发起人股为每股 1.5 元,定向法人股为每股 3.2 元。因利害关系重大,原告诉诸法院,要求确认其上市公司发起人资格,并按在被告 N 公司内的投资比例确认其拥有 2 000 万股。被告辩称原告既未在发起人协议上签字,也未实际参加发起工作,故并非公司发起人。法院采纳了被告的意见。经法院调解,最后各方达成协议,将原告的股份增至 700 万股。问：

(1) 原被告在社团法上的关系如何理解?

(2) 被告由有限责任公司变更而来,股东能否作为发起人?

(3) 法院认定原告并非被告的发起人,是否正确?

(4) 中国有限公司的设立一般实行准则主义,股份有限公司实行的是什么制度?

(5) 被告以不同的价格向发起人和其他认股人发行同属普通股的股份,有违公司法上的什么原则?

7. 夫妻股东反目案

【案情简介】

原　　告：南京东南图文有限责任公司

被　　告：该公司股东刘某

南京东南图文有限责任公司(以下简称东南公司)成立于 1995 年 8 月 4 日,由沈某和孙某两位股东共同投资组成。1996 年 9 月 17 日,沈某与刘某登记结婚,夫妻双方并未约定婚后家庭财产的分割办法。1997 年 4 月 28 日,经协商,东南公司原股东孙某的股份转让给刘某,此后公司的股东仅为沈某和刘某夫妇两人,成为"夫妻老婆店"。2001 年 6 月,刘某未经公司同意,将公司资金 54 万元转移至其在某证券公司开设的个人股票账户。沈某任经理的东南公司遂于 2001 年 8 月 2 日诉至该市某区法院,要求刘某返还公司财产。

原审法院认为,东南公司在股东变更为仅有夫妻两人,且未对夫妻财产作出相应分割时,股东在公司的财产实际上是夫妻共同财产,东南公司已不具有严格意义上的有限责任公司的性质,东南公司已不具有法人人格。因此,东南公司没有诉讼主体资格,无权要求刘某返还财产。据此,一审法院裁定驳回起诉,二审法院维持原审裁定。该案属于股东仅为夫妻两人的有限责任公司能否存续的问题,与夫妻能否设立有限责任公司,构成一个问题的两个方面,即夫妻两人能否组成有限责任公司。按照法院的逻辑思维,股东仅为夫妻两人且未对夫妻财产进行分割的,股东在公司中的财产实际上为夫妻双方的共同财产,公司的法人人格丧失独立性。有人更是继续进行发挥,不但认为股东在公司中的财产为夫妻共同财产时,会引起股东的财产与公司的财产相混同的结果,而且还导致公司的财产责任难于确定,甚至违反公司法中关于股东最低人数的限制,公司人格因缺少法定条件而归于消灭,不能存续下去。一个在法律上并不存在的公司当然没有诉讼主体资格,也无权对任何人提出权利主张。不过,即使夫妻财产尚未分割,股东仅为夫妻两人的有限责任公司仍然可以存续;夫妻股东股权的相互共有不会必然导致股东财产与公司财产的混同;东南公司起诉刘某侵权,要求其返还属于公司所有的财产,完全有理有据。本案实际上是一个错案,不值得效法。问:

(1) 如何理解股东间的股权归属与公司法人财产归属关系?

(2) 夫妻财产尚未分割一定会导致股东人格混同吗?

(3) 不得设立一人公司与公司股权转为一人是否一回事?

(4) 西方国家公司股权转为一人时是否当然导致公司解散?

(5) 本案法院错判的根源何在?

8. 萨洛蒙诉萨洛蒙有限公司确认公司人格独立案

【案情简介】

原　　告：英国制靴匠萨洛蒙

被　　告：萨洛蒙有限公司

英国制靴匠萨洛蒙于1892年将其靴店改组注册为有限公司。依照章程规定，该公司的资产全部折为股本，萨洛蒙本人持股20 001英镑，其妻子、女儿和4个儿子各持股1英镑，总计20 007英镑，另向萨洛蒙发行抵押担保公司债10 000英镑。后该公司因经营失败而清理，公司总资产仅值6 000英镑，而对其他债权人的负债就高达7 000英镑。该案历经数审，均判决公司资产全部清偿给其他债权人，萨洛蒙不服，上诉至英国上议院，最后由上议院作出终审判决：从法律上讲，该公司注册成立后，即具有独立于萨洛蒙的主体资格，而萨洛蒙既是公司股东，又是附担保公司债的债权人，他应优先于其他债权人而受到清偿。其他债权人因此而分文未得。问：

(1) 有限公司在英美法中一般称为什么公司？

(2) 公司人格独立原则与有限责任制之间是什么关系？

(3) 公司人格独立原则对股东有何意义？

(4) 公司人格独立原则对公司债权人意味着什么？

(5) 什么是优先受偿权？

9. 公司诉股东填补实物出资不足纠纷案

【案情简介】

原　　告：南京富安邦实业有限公司

被　　告：南京富邦实业股份有限公司

1996 年 10 月 6 日,被告和南京福致化工实业有限公司、南京马赫影视艺术广告制作有限公司和南京倍克工贸公司四方通过签署协议、制定章程设立原告,注册资本 1 000 万元人民币。公司章程规定各股东均采取实物出资的方式入股。其中被告以一辆作价 18 万余元的桑塔纳轿车和办公用房等财产入股 400 万元。其后,包括被告在内的各个股东分别将用于出资的实物凭证交验资机构验证,验资机构出具了正式的验资报告。1996 年 10 月 18 日,南京市工商行政管理局依照公司法的规定核准原告公司成立,并颁发了公司法人营业执照。

原告公司成立后,被告即将经验资的牌号为苏 A－30523 的桑塔纳轿车交付原告使用,原告多次催促被告协助办理车辆过户手续,被告以种种借口推诿拖延。1997 年 1 月 20 日,原告发现该车丢失,以为被盗而报警,后来才得知是被告派人擅自将该车开走并转移藏匿。原告旋即与被告交涉,要求其返还车辆,被告未予理睬。无奈之下,原告诉诸法院。原告先后替换 3 批律师,3 次变更诉讼请求,法院多次开庭审理,案由也从合同纠纷,侵权纠纷,最后演变为因被告违反公司章程所规定的实物出资义务,原告诉请被告填补实物出资不足纠纷案。因为原被告之间并无合同,合同纠纷诉讼中原告的诉讼主体资格不能成立。对已经交付原告使用,牌号为苏 A－30523 的桑塔纳轿车,依据《公司注册资本登记管理暂行规定》第 8 条,应在公司成立后半年内办理过户手续,而在尚未办理过户手续前,被告作为车主仍对该车享有所有权,原告也很难控告被告侵权。只有以被告违反公司章程所规定的实物出资义务为由,原告诉请被告填补实物出资不足,才是原告诉讼思路的最佳切入点。法院当庭判决原告胜诉,被告应实际交付牌号为苏 A－30523 的桑塔纳轿车。被告没有上诉。问:

(1) 设立中公司的发起人或者出资人之间的法律关系属于什么性质?

(2) 合同行为与章程行为之间有什么显著区别?

(3) 中国公司登记制度上的实物验资和缴付程序,对资本确定原则有何影响?

(4) 股东实物出资不足,其他股东是否承担连带补足责任?

(5) 中国股份有限公司的设立一般实行核准主义,西方国家通常实行的是什么制度?

10. 请求按约支付优先股股息案

【案情简介】

原　　告：F公司的34名股东

被　　告：F公司

1989年3月，被告通过发布"股票发行公告"向社会募集优先股，并参照银行保值储蓄确定股息率。同年4月原告总计认购9万股，同月13日的首届股东代表大会通过章程确认优先股保本取息，不予分红。同时，被告在其财务管理细则中规定优先股股息以高于银行当年利息40%的比例，按月计提入成本，年终一次发放。1990年4月国家取消保值贴补率，经被告董事会提议，第二次股东代表大会讨论通过股息、红利调整方案，按公司财务管理细则的规定计发优先股股息，该决议未予公告。

1992年4月，被告股票获准上市交易，公司书面通知并发布公告，要求股东在规定的期限内领取股息。部分股东对此提出异议，被告称此举有国家调整储蓄存款利率的政策依据，且经过公司最高权力机构和决策机构的审议决定，应合法有效。部分股东陆续起诉，称被告第二次股东代表大会讨论通过的股息、红利调整方案，侵害了原告的合法权益。在既没有公告，又没有原告同意的情况下，因程序不合法而无效，被告仍应按原定股息率发放股息。法院发布公告，通知权利人进行登记，最后形成集团诉讼。法院最后判决原告胜诉。问：

（1）优先股股息与普通股红利有什么区别？

（2）优先股与公司债有什么区别？

（3）公司财务管理细则中与章程不同的规定对股东有无约束力？

（4）调整股息的决议，未经优先股股东会议审议，是否合适？

（5）被告按国家利率政策调整股息率，有无法律依据？

11. 股东状告上市公司股东大会招集违法索赔案

【案情简介】

原　　告：上海 F 公司的股东 H

被　　告：上海 F 公司

1993 年 4 月,原告通过上海证券交易所购入被告公司发行的股票 88 000 股,同月 28、29 日卖出 48 000 股,小赚了一笔。同年 5 月 1 日,被告公司董事会在《上海证券报》上发布招集股东大会公告。股东大会采取通讯表决方式进行,要求参与表决的股东于 5 月 7 日前将有关送配股方案等事项的表决单函复公司。然而,由于被告公司在股东大会招集公告发布之日即召开股东大会,按上海证券交易所的交易规则,被告公司的股票在 5 月 2 日被停牌一天。H 认为 4 月 30 日上证指数为 1 358 点,5 月 3 日为 1 352 点,由此推算出被告公司股票的价格 5 月 2 日为每股 17 元,但因被暂停交易,导致其无法卖出。至 5 月 10 日被迫以 15 元的价格抛出,直接经济损失 8 万余元,遂诉请法院判令被告公司予以赔偿。被告公司主张原告的损失与公司股东大会召开的时间,以及所通过的方案之间没有直接因果关系,而是股市行情本身逐波下跌,原告判断失误,没有及时抛出所致,纯属股市的正常风险,应由其自负,公司不应承担赔偿责任。法院判决原告胜诉,被告于判决生效之日起 10 日内偿付 5 万元。问:

(1) 本案属于侵权之诉,被告侵害了原告股权中的何类权利?

(2) 被告公司按章程规定采取通讯表决的方式招集股东大会,是否合法?

(3) 中国公司法上股东大会招集公告的期限是多少?

(4) 原告起诉时已全部抛出被告公司的股票,会不会影响其行使诉权?

(5) 本案被告公司的赔偿责任和股市风险自负的原则有无矛盾?

12. 宏智科技双头董事会闹剧案

【案情简介】

原　　告：宏智科技第一大股东王栋

被　　告：福建宏智科技股份有限公司

宏智科技的前身是福建省宏智科技发展有限公司，由福建省邮电管理局机关工会和福建省邮电学校工会在 1996 年 10 月共同投资 120 万元设立。后经增资及股权转让，至 2001 年 4 月 28 日由王栋、李少林、福建大乾数字信息有限公司、泉州市闽发物业发展有限公司、陈大勇、朱芳和石狮融盛企业集团公司 7 个股东组成，其持股比例依次是 28.34%、24.81%、20.66%、8.19%、7%、6.5% 和 4.5%。王栋当时为宏智科技的董事总经理、技术总管，而大乾数字的 5 位股东全部是宏智科技的高管人员，其中宏智科技董事长林启泰占股 55%。2002 年 6 月，宏智科技通过上交所发行 4 000 万新股，公司总股本增至 11 000 万股，上述 7 个股东的持股比例依次为王栋 18.03%、李少林 15.79%、大乾数字 13.15%；第 4 到第 7 大股东共持股 16.67%，其余 36.36% 为流通股。同年 7 月 9 日公司股份在上交所挂牌交易。

因公司内部纠纷，2002 年 11 月 12 日王栋请求公司董事会召集临时股东会议改选董事监事被拒绝。同年 12 月 11 日，王栋发布公告，定于 2004 年 1 月 11 日自行召集并主持 2004 年公司第一次临时股东大会，审议关于更换宏智科技现任董事、监事的议案。宏智科技也于同日发布一则针锋相对的公告，称此次临时股东大会的召集因由王栋私自提议，故对其有效性不予认可。宏智科技董事会并未另行答复王栋的请求，但 2004 年 1 月 10 日突然公告决定出席并由董事长主持股东会议。

2004 年 1 月 11 日上午 8:30，纷争双方均出现在在会议公告会场福州美伦华美达酒店。王栋召集的宏智科技 2004 年临时股东大会在该酒店四楼召开。因宏智科技董事会和胡海仁此前通过诉讼阻止王栋召集临时股东大会的请求被法院驳回，届时，公司董事长黄曼民在会场要求王栋交出股东报名登记资料并由其本人主持会议，遭到拒绝后，宏智科技董事会宣布会议地点改到三楼会议室，并将开会时间推迟到 10 点。于是，在上下楼层两个会场里，两场股东大会上就王栋提出的同一个议案，审议出截然相反的两个结果。第一场由王栋主持的股东大会在 9:45 正式开始，参加会议股东 50 余人，拥有表决权股 2 464 万股，占宏智科技总股本的 22.40%，会议以 99.80% 的赞成票审议通过了王栋提交的《关于改选公司董监事的议案》，形成以姚雄杰为董事长的董事会；第二场股东大会与会股东有第二大股东李少林、第三大股东大乾数字、第四大股东闽发物业、第七大股东石狮融盛及一名持有 0.26 万股的股东 5 人，拥有表决权股 4 071.46 万股，占宏智科技总股本的 37.01%。会议以接近 100% 的反对票否决了王的上述议案。双方均聘请有证券从业资格的律师出席股东大会,并出具了见证意见。宏智科技由此形成了两套董事会班子"双头鹰"的尴尬局面,后由王栋主持的临时股东大会所选的董事会强行接管公司。

2004 年 3 月 17 日,王栋起诉宏智科技,请求判令被告立即结束法人治理的混乱状态,合理合法地使用公章、营业执照和财务资料,正常开展生产经营活动,停止对原告作为被告股东所享有的合法权益的侵害;确认其提议召开的临时股东大会决议有效。同月 18 日,法院裁定扣押被告公司的营业执照正、副本、印章及财务资料,印章由法院监管使用;公司的公告暂由两个董事会同时发布。后来的公司年度报告、重大诉讼等重要信息,均由两个董事会同时发布公告予以披露。

福州中院于 2004 年 4 月作出民事判决,当月 30 日送达宏智科技,判决书认定2004 年 1 月 11 日由王栋、黄曼民分别主持召开的宏智科技 2004 年第一次临时股东大会程序不合法,所产生的决议均无效,并驳回原告王栋的其他诉讼请求。在案件审理期间,宏智科技向福州市中院申请先予执行,要求姚雄杰等人组成的董事会退出公司,由黄曼民等人组成的董事会接管公司,并要求王栋立即结束公司法人治理混乱的状况。法院裁定,2004 年 1 月 11 日产生的董事会、监事会停止对宏智科技的管理;宏智科技全体员工均有义务保护公司财产,并根据裁定所指定行使公司管理权的董事会的安排,履行各自义务;由福州中院保全的宏智科技的印章、财务专用章和黄曼民私章及《企业法人营业执照》,暂由福州中院继续监管使用。法院判决的依据是两个股东大会程序上有问题。公司临时股东大会,必须由现董事会召集,由现董事长主持。如果现任董事长不主持,则要出具书面意见,但王栋亲自主持了由他提议的会议。而黄曼民主持的会议在股东大会召开之际临时变更了会议地点,也不符合程序。王栋与被告不服,均提出上诉。二审法院在同年 5 月底开庭审理。2004 年 6 月 21 日,福建省高院下达终审判决书。该院认为,王栋自行召开的宏智科技 2004 年第一次临时股东大会决议的内容和程序存在违反规定的瑕疵,决议应无效,其上诉请求无理,应予以驳回。宏智科技请求确认黄曼民主持召开的 2004 年第一次临时股东大会决议有效,由于黄曼民主持召开的该次会议的程序方面也违反了有关规定,亦应予驳回。问:

(1) 中国持股比例多大的股东享有股东大会召集权?
(2) 上述股东的股东大会召集权如何行使?
(3) 股东大会通常由谁主持?
(4) 召集股东大会的股东在何时有权主持股东大会?
(5) 本案股东通知董事会的议案未予审议,是否影响会议及其决议的效力?

13. 中外合营企业董事违反竞业禁止义务案

【案情简介】

原　　告：中外合资 W 有限公司

被　　告：美国 M 公司选派的 W 公司副董事长兼总经理 F

1994 年 7 月，W 公司正式登记成立，注册资本 1 000 万美元，中、美双方分别占 60% 和 40%。公司主要从事高档建筑装潢材料的生产和销售。董事会成员由合营双方按出资比例选派，中方担任董事长，作为公司的法定代表人，主持公司董事会的日常工作，并聘任美方选派的被告任公司副董事长兼总经理。1999 年 3 月，被告代表原告和上海一家五星级饭店洽谈装潢材料供应事宜，原告也积极筹备生产。时隔半年被告却背着原告，又以 M 公司在我国境内投资的另一公司的名义与买方签订了装潢材料购销合同，总标的高达 200 万美元，净利润 30 万美元。F 的行为致使原告失去了重大的营业机会，累计损失 300 多万元人民币。原告立即召开临时董事会，以 3：2 的简单多数形成决议起诉被告，请求法院将其从事竞业活动所得利润收归原告所有，并赔偿相应的经济损失。被告辩称上海那家饭店在众多的装潢材料供应商中选定了供方，他只是代办签约手续，奉命行事而已，没有什么责任，也不应赔偿损失，原告告错了对象。问：

(1) 中国公司法能否作为审理本案的法律依据？

(2) 原告就第一个诉讼请求行使的是何种权利？

(3) 原告索赔有无限额？

(4) 被告的抗辩理由能否成立，据此是否可以免除其责任？

(5) 中国公司法有无规定董事的兼业禁止义务？

14. 独立董事状告证监会案

【案情简介】

原　　告：郑百文独立董事陆家豪

被　　告：中国证监会

原告陆家豪为郑州大学退休教师,自 1995 年起受聘于郑百文任社会董事,后发展为独立董事。当时郑百文聘陆为社会董事的目的并不是让陆直接参与公司日常工作管理,而是希望陆能为郑百文的总体发展方向提出建议,陆本人也是抱着这样的目的担任这一职务的。2001 年 9 月 27 日,被告中国证监会作出处罚决定,认定郑百文虚假包装上市、连年编制和公布假账等违反证券法规的行为,"郑百文公司"董事长李福乾负有领导责任和直接责任,董事陆家豪等负有直接责任。故决定对"郑百文公司"处以警告,并罚款 200 万元;对董事长李福乾处以罚款 30 万元;对董事陆家豪等分别处以罚款 10 万元。如对本处罚决定不服,可在收到本处罚决定之日起 60 日内向中国证监会提出行政复议;也可以在收到本处罚决定之日起 3 个月内直接向有管辖权的人民法院提起行政诉讼。复议和诉讼期间,上述决定不停止执行。经行政复议程序,陆家豪于 2002 年 3 月 18 日签收了复议决定书。

2002 年 4 月 22 日,陆家豪向北京市第一中级人民法院提起诉讼,认为自己是一名没有直接参与公司经营的独立董事,对郑百文提出建议的依据是每年郑百文召开董事会时所提供的注册会计师已经审计过的报表摘要及其他信息,陆本人无从了解郑百文内部真实的运营状况和财务情况,对郑百文虚假上市和上市后虚假信息披露也无从得知。另外,在任郑百文独立董事期间,并未向郑百文收取年薪、董事津贴等任何报酬,不过是该公司作为摆设的"花瓶董事",不应该承担责任。还有,作为一个大学退休教师,每月的退休金仅为 1 500 元左右,证监会的处罚太重。故要求撤销对其罚款 10 万元的决定。

法院认为,根据《中华人民共和国行政诉讼法》第 38 条第 2 款关于"申请人不服复议决定的,可以在收到复议决定书之日起 15 日内向人民法院提起诉讼"的规定,陆家豪应于 2002 年 4 月 2 日前向北京市一中院提起诉讼,而陆家豪实际上是在 4 月 22 日寄出起诉状的,已超过法定起诉期限。依照最高人民法院《关于执行〈中华人民共和国行政诉讼法〉若干问题的解释》第 44 条第 1 款第 6 项的规定,裁定驳回陆家豪的起诉。案件诉讼费 80 元,由陆家豪负担。问:

(1) 独立董事无权无利,责任应否区别?

(2) 陆家豪被罚 10 万,是否合适?

(3) 独立董事的主要职责应当是什么?

(4) 中国实行独立董事与监事会并列制,是否妥当?

(5) 您怎么看中国独立董事的作用?

15. 悬赏广告效力认可案

【案情简介】

原　　告：李珉

被　　告：李绍华、朱晋华

1993 年 3 月 30 日，朱晋华受李绍华的委托代办提货手续，但在中午看电影时，不慎将装有面值 80 万元提货单等的公文包遗忘在电影院的座位上，原告发现后等待许久，见无人寻来，即带包回家。4 月 3、5、7 日，朱在当地报纸上刊登寻物启事，称对拾得者必有重谢。4 月 12 日，李绍华得知后，亦刊登类似启事，申明"1 周内有知情送还者酬谢 15 000 元"。当晚，原告获悉李绍华的广告后即与其取得联系。次日，双方在约定的时间、地点交接钱物，并对酬金给付数额发生争执。此后，原告向天津市和平区人民法院提起诉讼，要求被告依其许诺如数给付报酬。

法庭认定上述事实，但认为原告拾得公文包后，实际上可根据内装物品找到遗失人，依法应主动归还失主。而被告的启事是无奈之中的非真实意思表示，属无效的民事行为。因此，驳回原告的诉讼请求。原告不服，向天津市中级人民法院提起上诉。

天津市中级法院认为，一审法院认定事实清楚，但认定被上诉人许诺向知情送还者给付报酬为非真实意思表示，缺乏依据，有违民法中的诚信原则。经法院调解，当事人于 1994 年 12 月 26 日达成和解协议，被告一次性给付原告 8 000 元，一、二审诉讼费 1 435 元，原告负担 635 元，被告负担 800 元。问：

（1）何谓悬赏广告，它与普通广告的最大区别是什么？

（2）中国合同法对悬赏广告有无明文规定？

（3）对悬赏广告的承诺采取什么形式，合同何时成立？

（4）中国民法通则第 79 条第 2 款的规定与本案的终审结果有何冲突？

（5）本案作为悬赏广告华夏第一案，对中国民法的完善有何意义？

16. 沉默致变更的承诺有效成立案

【案情简介】

原　　告：荷兰进口商 A

被　　告：中国出口商 B

　　原告和被告签约买卖一批农副产品。1999 年 10 月 7 日，被告向原告发盘如下："报 300 吨 C514（产品代号），即期装船，不可撤销即期信用证付款，每吨 CIF 鹿特丹 US＄1 900，10 月 25 日以前电复有效。"原告于 10 月 22 日复电如下："贵司 10 月 7 日发盘，我司接受 300 吨，即期装船，不可撤销即期信用证付款，每吨 CIF 鹿特丹 US＄1 900。除通用单证外，需提供产地证、植物检疫证明书、适合海洋运输的良好包装。"因传 C514 的主要产地巴西遭到严重自然灾害，国际市场价格急剧上涨。被告于 10 月 25 日回电称："贵司 22 日复电已知悉，但是十分抱歉，由于世界市场价格发生变动，在收到贵司接受电报之前，货已售出。"原告认为其 10 月 22 日的承诺已经生效，合同也已经成立，双方须受合同约束，被告要么按照约定价格履行合同，要么偿付国际市场价格和合同约定价格的差额。被告只好向原告支付差价以了结纠纷。问：

　　（1）被告的发盘属于实盘还是虚盘？

　　（2）荷兰已加入国际货物买卖合同公约，本合同是否适用之？

　　（3）原告的复电到达被告处时，合同是否立即成立？

　　（4）被告如果不想让合同成立，应如何回电？

　　（5）计算间接损失的方式一般有哪些？

17. 外贸合同变更纠纷案

【案情简介】

原　　告：中国南京 M 公司

被　　告：英国伦敦 N 公司

1999 年 10 月 10 日，原被告双方在法国巴黎博览会上订立了一份中国丝绸服装买卖合同，总价款 100 万英镑，3 个月之内以 CIF 条件在德国汉堡交货，以跟单信用证方式付款。缔约 30 日后，被告致电原告称：因该批货物的原德国买方改为美国用户，请原告转发美国纽约，其余仍按原合同执行。原告公司总经理不在，副总经理考虑到在欧洲时曾受到被告公司的热情接待，双方也有多年的合作关系，就以原告公司的名义，用特快专递方式答复被告：同意变更交货地点。第二天原告公司总经理回公司得知此事，对副总经理进行了严厉的批评，并召开紧急会议决定，立即向被告发出传真，表示不同意变更合同条款，仍按原合同执行。被告认为合同已经变更，原告不讲信用，出尔反尔，应承担违约责任，遂拒绝收货和付款，导致货物毁损高达 30 万英镑。英国尚未加入联合国国际货物买卖合同公约，合同也没有约定争议解决方式及法律适用条款。问：

（1）本案应当以何种方式确定合同所适用的法律？

（2）合同有无变更，谁违约？

（3）适用什么样的法律处理争议对原告有利？

（4）如合同已变更，因拒收货物的货损责任该由谁承担，为什么？

（5）若以仲裁方式解决争议，有什么先决条件，应如何进行？

18. 公司人格否认与合同撤销权交织案

【案情简介】

原　　告：中华制漆（深圳）有限公司上海经营部

被　　告：卓创涂料有限公司挂名股东

案件的原告是中华制漆（深圳）有限公司上海经营部（下称中华公司）。该公司是一家有 70 多年历史的专业生产油漆涂料的老牌企业。2000 年 1 月 1 日，中华公司和卓创涂料有限公司签订经销协议，由后者经销前者的产品。2000 年 6 月 30 日，中华公司会计手持卓创公司开出的 1 张 26.8 万元的支票到银行兑现，遭到退票。2000 年 9 月，中华公司起诉卓创公司，要求支付欠款。2001 年 2 月 16 日，法院判令被告归还全部欠款。事情就此打住，毫无新奇之处，不值得再费笔墨予以探讨。但大千世界无奇不有，本案此时还只是开了个头，后面演绎出一个几经周折的追债故事。债主为了讨回欠款，煞费苦心，奇招迭出，最后追到一个跟这事儿似乎毫无关系的退休职工头上。究竟是怎么回事？这还得从头说起。

上述判决进入执行程序后没几天，法院执行庭告诉原告，欠债的公司早已人去楼空，法人代表也已死亡，甚至公司的营业执照也被吊销，这家公司已经没有财产可供执行。针对这种情况，原告的代理律师马上想到，卓创公司的注册资本就有 50 万元，不可能没有一点财产可供执行，肯定是注册资本有问题。于是，就到银行进行调查，发现在 1999 年 10 月 14 日，也就是卓创公司开张大吉、注册成功的那一天，有一笔 50 万元的款子被打了四个来回。在某农村信用合作社，他调出 4 份银行的传票，第一份是在 1999 年 10 月 14 日，由上海寺华实业有限公司开给卓创公司的，表明该款是借给卓创公司，又在同一天，卓创公司把这 50 万元钱打了审计事务所，审计事务所在验资的当天，又打回给了卓创公司，卓创公司也在同一天把这个 50 万元钱还给了寺华实业有限公司。这说明，这 50 万元钱是向寺华实业公司借来的，而且没有投入卓创公司，股东没有实际出资。卓创公司的注册登记资料，记录为：卓创公司的股东有两名，一个是黄某，另一个是潘某。在 50 万元的注册资金中，黄占有 60% 即 30 万元，潘占有 40%，也就是 20 万元。现在法人代表黄某已经死亡，另一个股东潘某就成了中华公司追踪的目标。于是，中华公司在 2001 年 9 月又向法院起诉潘某，要求判令潘某在他应该出资的 20 万范围内偿还欠款。

被告潘某接到诉状，直喊冤枉。他认为自己早就不是卓创公司的股东了，这个钱不该由他来还。原来，这事要追溯到 1999 年。当时，潘某退休在家。在女儿的引见之下，他认识了一个想开办公司的叫黄峥的人。因当时我国还不允许在职人员开公司，潘某答应黄峥当股东，与也已退休的黄峥父亲黄某合开一家称为"卓创涂料"的公司，潘某提供了自己的身份证，而注册事宜全部由黄峥父子一手操办。按照法律规定，开一家综合经营类的公司至少需要 50 万元注册资本。当时黄峥让潘某出 20 万,但潘某根本拿不出这么多钱。经过协商,最后潘某只出 3 万多元装修费。1999 年底,卓创公司开始营业,双方很快产生矛盾。2000 年 3 月,潘某退出公司,并和公司法人代表黄某签订了一份退股确认书,公司则把当初潘某出的 3 万多元装修费予以退还。退股确认书上面写着,甲方为法人代表黄某,乙方为潘某。潘某同意出让在卓创公司中 40% 的股份给甲方;甲方应于 3 月 20 日之前以现金的方式收购潘某的全部股份,总计 34 900 元。被告认为,这个退股确认书应该说是双方真实意思的表示,手续合法,自此潘某不再是卓创公司的董事和股东,公司所有的事情都跟潘某没有关系,当然也不应承担在签字后所发生的任何债权债务。原告对此提出质疑。认为潘某虽然有退股确认书,也的确转让了股权,但是这个股权变更的行为并未到工商局登记。因此,潘某的股权转让行为实际上是一种无效行为。2002 年 8 月,上海市普陀区人民法院再次对这个欠款纠纷作出判决,认为潘某作为卓创公司的股东,在公司注册时没有履行出资义务,应该承担公司债务的连带责任,向原告支付欠款 20 万元。潘某转让股权是要公示的,到工商局登记就是一种公示,它是一种法定的要求,如果没有到工商局登记公示,即使股东之间清楚转让事宜,也不能对抗善意的不知情的债权人。

事情并没有因此终结。没过多久,法院就应原告的要求,上门执行判决。在执行中,法院发现,潘某也没有什么可供执行的财产,一家三口居住的房子则是属于潘某女儿的。事隔一个月,中华公司又一次接到了法院中止执行的裁定,中华公司讨回债款的希望再次落空。此时,中华公司的代理律师突然想起,在起诉潘某的时候,曾经调查过他的财产情况,当时潘家那套房屋是潘某和潘女共有,而非潘女一个人所有的。他又一次来到房产部门进行调查,发现潘某夫妇在 2001 年 11 月 13 日,将那套房屋中属于潘某自己的产权部分无偿转让给了潘女,而这正是中华公司 9 月 30 日起诉潘某之后不到两个月。原告律师断定,这绝不是时间上的巧合,而是潘某一家为了逃避债务,恶意串通,转移财产。2002 年 1 月,中华公司又一次向法院起诉,请求撤销潘家的房屋转让行为。这一次成为被告的,除了潘某,还有他的妻子和女儿。其理由是我国《合同法》第 74 条规定:因债务人放弃其到期债权或者无偿转让财产,对债权人造成损害的,债权人可以请求人民法院撤销债务人的行为。

针对对方有关自己恶意串通、逃避债务的指责,潘家感到无法理解。潘女进一步解释说,这个房子本来就是她出钱买的,她在房产证上加上父亲的名字,是为了让父母有个安心的晚年。而现在这样只是回归了事实的本来面目,并不是转移财产。原告则认为,这个房子到底是谁的,应该以房产证上记载的权利人为准。现在房产证上写明的权利人是潘某,那就是潘某的。被告继而辩称,法律规定转让行为是无偿的才能撤销,但是他们在进行房产转让时,签订的虽然是赠与合同,但是如果细看合同内容,房产赠给潘女时是有条件的,并不是无偿的。约定就是我无偿地赠与给你,但是你要保证我的晚年生活,里面包括潘女所要尽的责任。而且,女儿为父亲支付的医药费,其数额远远超过房钱。为了慎重起见,赠与行为还进行了公证。原告认为:这个公证书上面写得很清楚,是一个赠与行为,不是等价交换,所以应该以公证书内容确认无偿转让行为。

这个案子经过了一审和二审,2003年6月,上海市中级人民法院做出终审判决。法院认为,由于潘某是将房产无偿转让给女儿,因而不管是不是恶意的,原告都可以根据《合同法》第74条的规定,申请撤销。法院判决撤销潘某夫妇将房屋的共有产权赠与潘女的行为。法院的终审判决意味着,对于那套位于上海市金沙江路的房子,潘某又恢复了半个产权人的身份,中华公司前面被中止的执行又可以恢复执行,让潘某用房屋中他的产权部分的价值来偿还欠款了。问:

(1)本案挂名股东承担直索责任的原因是什么?

(2)如本案房屋为该股东的唯一财产,其有偿转移时怎么办?

(3)如本案房屋为该股东的唯一财产,其作价投资于另一个公司时怎么办?

(4)如本案房屋为该股东的唯一财产,其没有转移时怎么办?

(5)防止债务人逃债的其他办法还有哪些?

19．买卖合同违约赔偿案

【案情简介】

原　　告：H 西服厂

被　　告：G 百货公司

1999 年 11 月 1 日，被告向原告订购了特定颜色、规格和款式的西服 200 套，总价款 50 万元，1999 年 12 月 31 日前交货，双方签定了书面合同。为保证合同的履行，双方约定被告向原告支付定金 10 万元，货到后 10 日内付清全部价款。任何一方违约，均按总价款的 30% 偿付违约金并赔偿对方相应的经济损失。被告公司如约支付了定金。1999 年 12 月 20 日，正准备发货时，被告突然来电要求解除合同并退还定金，原告提出被告必须来人具体洽商违约赔偿事宜，否则仍按合同约定发货，被告未予答复，后拒收货物。原告不得不削价处理，累计损失达 20 万元，遂诉诸法院，请求判决定金归原告所有，被告按总价款的 30% 偿付违约金 15 万元，并赔偿 20 万元的经济损失。法院对原告的一、二项请求予以认可，第三项中判定赔偿 5 万元。问：

(1) 合同约定的定金条款具有什么样的法律性质？

(2) 如果原告违约，应怎样处置定金？

(3) 合同中有关违约金的约定是否有效？

(4) 法院的判决是否正确，为什么？

(5) 在法院审理期间，原被告之间的合同是否已经解除？

20. 卖方违反权利担保义务案

【案情简介】

原　　告：中国某省进出口公司 A

被　　告：美国某体育用品公司 B

1999 年 11 月,原告和被告签订一份国际货物买卖合同,约定由原告向被告购买一批 X 牌高级运动服,供中国市场销售。该品牌运动服在中国没有什么知名度以致于原告都闻所未闻,也不知以前在国内有无销售。货物进口后,原告积极联系经销商,并与深圳某精品时装店签订买卖合同,由后者以深圳为基地向全国销售。不久,原告接到深圳某服装公司的传真,称 X 牌的服装商标已由美国某体育用品公司 B,即本案被告授权该公司在中国注册,是中国区域的 X 牌服装注册商标的专有权人,原告未经该公司同意,擅自销售标注该公司注册商标的产品,属严重的侵权行为。据此,深圳某服装公司要求原告立即停止销售该批运动服并承担侵权责任。传真随附了有关证据。原告虽了解到该公司并未实际生产或销售 X 牌服装,但并不能否定其注册商标的专有权。原告的进口和销售行为发生在该公司注册之后难逃侵权责任。而原被告之间的国际货物买卖合同已经履行完毕,钱货两讫,原告似乎也无法追究被告的合同责任。

正值山穷水尽之时,原告经专家指点,顿觉柳暗花明。原来原被告之间的合同未约定法律适用问题,而中美两国均是《联合国国际货物买卖合同公约》的缔约国,该合同依法适用公约的规定。据该公约第 42、43 条的规定,被告违反了卖方的权利担保义务,而且故意向原告隐瞒其在合同签订之前,就已经让深圳某服装公司取得中国区域 X 牌服装注册商标专有权的事实真相,原告是在被蒙骗的情况下与其签订合同的,表达的不是真实意思,故合同可依法撤销。撤销后合同视为自始不成立,双方的履约行为在法律上不予认可。可请求双方返还,并要求被告赔偿相应的经济损失。也可以对被告提起侵权之诉。原告提起侵权之诉,并申请保全被告在中国境内的相应财产。法院判决原告胜诉。问:

(1) 本案被告违反哪方面的担保义务?

(2) 如被告明知原告在中国境内销售被告产品,能否认定被告对原告实施欺诈?

(3) 中国合同法对因欺诈订立的合同后果作怎样的规定?

(4) 侵权之诉较之合同之诉,为什么在通常情况下更有利于原告?

(5) 若被告无财产可供保全,对本案有何影响?

21. 合同担保人应负担保责任案

【案情简介】

上诉人(原审被告)：广西华建公司

被上诉人(原审原告)：渣打(亚洲)有限公司

1983年11月13日,上诉人与案外人香港某公司签订"桂林华侨饭店合营合同"。1984年10月29日香港某公司与被上诉人签约贷款3 000万港元,作为向桂林华侨饭店的投资,同时约定借款合同由上诉人提供担保。在某省外管局批文中,限定贷款须投资于合营饭店项目。同日,上诉人出具了一份不可撤销的、无条件的、凭要求即付的担保书。该担保书经广州市公证处公证,约定受香港法律管辖,按香港法律解释。其后,香港某公司先后共贷款780万港元,但实际仅投资合营项目80万港元。在1986年10月至1987年5月期间,被上诉人曾多次同意香港某公司延期还款和调整利率。1987年9月8日,被上诉人以香港某公司违约为由,依约通知其全部贷款立即到期,要求立即偿还本息,上诉人立即履行担保义务。上诉人以贷款并未全部用于合营项目为由,拒绝履行担保义务。被上诉人于1988年5月10日向香港最高法院起诉,7月27日上诉人付给被上诉人47万港元利息,8月1日法院判决香港某公司立即还款,上诉人立即履行担保义务。10月29日香港某公司偿还了25万港元。因香港和中国政府间未签司法协助协议,被上诉人无法申请强制执行,遂另向广西南宁市中级人民法院起诉,要求上诉人偿付至1987年5月15日的贷款本金900万港元,以及逾期利息和在香港诉讼的律师费。法院判决上诉人败诉。

上诉人上诉于广西省高院,除仍提出原审的抗辩理由外,还提出被上诉人未征得上诉人同意,多次变更原借款合同,保证义务因此而解除。法院认为上诉人的第一个抗辩理由不能成立;而被上诉人与被保证人变更合同,虽未经上诉人同意,但上诉人事后曾偿付利息,应视为对合同变更的追认,故仍应承担担保责任。最后判决驳回上诉,维持原判,由上诉人偿付贷款本息。问:

(1) 本案涉讼担保书约定的担保形式属于什么担保类型?

(2) 保证人是否应当承担连带责任?

(3) 本案的担保期限该如何认定?

(4) 本案上诉人偿付利息的行为会导致什么样的法律后果?

(5) 中外合营企业中方为外方的出资担保,是否合适?

22. 丰田公司产品功能说明不符案

【案情简介】

原　　告：被告的汽车用户

被　　告：日本丰田汽车公司

　　原告得知被告在中国推出一种名叫"赛利卡"的新车,当时速超过 20 千米而前部受到坚硬物体碰撞时,该车 SRS 空气囊将于瞬间自动弹出,以保护驾驶员的头部和胸部不受伤害。原告随后购置了一辆。

　　1993 年 10 月 10 日晚上 11 时左右,原告以 70 千米以上的时速驾驶该车,不慎撞上北京清华大学南墙,车身前身穿入墙内约 2 米,但安全气囊并未弹出。原告头部撞在方向盘上,造成鼻骨骨折,顿时血流满面,当场昏迷。出院后,原告经常头痛,并伴有记忆力下降、嗅觉丧失等症状。原告以被告提供的产品不合格为由提起诉讼,要求被告赔偿医药费、误工费、护理费、休养费等 10 000 元;补偿经济、精神损失 99 万元。被告辩称带有空气囊装置的产品是专为美国市场设计、制造和销售的,且在撞击能量达到一定标准时才能打开;中国的汽车标准无此要求,故该车没有任何缺陷。

　　法院认定被告虽未违反中国的汽车标准,但没有满足原告所期望和信赖的特殊要求,对原告的伤害承担赔偿责任,遂判决被告赔偿原告 20 000 元人民币以及少量律师费,诉讼费大部分由原告承担。驳回原告的其他诉讼请求。问:

(1) 何种产品责任的归责原则对原告最有利?

(2) 产品责任诉讼是否以合同为前提条件?

(3) 当合同对产品质量有特殊约定时,产品合格但不符约定的,是否构成违约?

(4) 产品质量本身并无问题,供方未尽说明义务,是否承担产品责任?

(5) 中国法院审理产品责任案件的理念和做法与美国法院的最大区别在哪里?

23. 中国输美烟花爆炸索赔案

【案情简介】

原　　告：中国输美烟花爆炸事故中伤亡者及其遗产代理人

被 告 一：广东省土产进出口总公司注册的中国马牌及其两家香港分销商

被 告 二：中国政府

1996 年 6 月，一份美国哥伦比亚地区联邦法院委托送达的诉状通过美国驻中国大使馆送交中国外交部。同时，根据中美签订的司法协助协议，由广东省高级人民法院送达广东省土产进出口总公司。诉状称：1993 年 6 月，数名美国人在装卸一批烟花时，因产品质量问题，部分烟花突然爆炸，致使两名装卸人员死亡，另有一人重伤一人轻伤。原告诉请被告承担 5 000 万美元的损害赔偿责任。而广东省土产进出口总公司为国有企业，故中国政府应承担责任。中国司法部致函美国国务院，阐明主权国家享有国家豁免权，美国法院不应将中国政府列为被告。另外，中国国有企业是独立法人，政府不应对其债务承担责任。广东省土产进出口总公司在综合调研后，发现该产品商标虽然为其所有，但该批产品并不是该公司的；两分销商认为爆炸事故绝对不是质量不合格，而是装卸过程中操作不当引起，对起诉不要理睬。广东省土产进出口总公司律师认为若不应诉，败诉的可能性极大，美国法院有权查封中国政府在美国的所有财产，后果严重。遂决定应诉。

应诉后，中方利用原告确定诉讼主体以及法院送达诉讼文书的失误，成功地说服法院将广东省土产进出口总公司列为被告，以取得在法庭上澄清事实、进行辩驳的机会。在庭审中，原告出示美国烟花协会专家关于爆炸事故因产品质量引起的鉴定结论，中方要求该专家向法庭提供直接证据。该专家向法庭作证：由于当初取样不当，自己原来所作的鉴定结论是不全面的，没有科学依据。与此同时，中方提出原告疏忽的抗辩。依美国法，厂商须雇佣 18 岁以上的成年人，否则被视为非法雇佣童工；而从事烟花等危险品的搬运，应经专门培训取得上岗资格证书，否则也被视为非法。本案中厂商所雇的是利用暑期打工的大学生，未经任何培训，其中有两位还未满 18 岁。据此，中方不应承担任何赔偿责任。原告律师要求和解并撤回起诉，中方愿付道义性的 20 000 美元慰问金。1999 年 8 月，法院判决中国政府不对原告承担任何责任，9 月 13 日对和解协议也作出了认可裁决。问：

(1) 本案原告的诉讼依据是什么？

(2) 主权国家享有豁免权的原则在民商事领域有无限制？

(3) 美国产品责任诉讼中的诉讼标的一般由哪些方面组成？

(4) 在产品责任诉讼中，被告的抗辩理由一般有哪些？

(5) 本案中方的诉讼策略值得借鉴之处，可否列举二、三？

24. 隐名代理购股确权纠纷案

【案情简介】

原　　告：某认股委托人 M

被　　告：认股代理人 W(M 女士之友、B 股份公司职工)

1989 年初,B 公司以每股面值 200 元向社会公开发行优先股 20 000 股,原告交给被告 5 000 元请其代购。被告将此款连同另一案外人所交的 2 000 元,在其公司购股 35 股,股权证上记载着被告的姓名。随后,被告将股权证以及 25 股股票交原告保管,另 10 股交案外人。1990 ~ 1992 年,被告代为领取此 35 股的股息、红利后,分别交付给原告和案外人,并无纠纷。

1993 年初,B 公司股票拆细为 1 元 1 股。根据当年的分红配股方案,由原告出资、记在被告名下的股票增至 5 000 股,并可以 1∶1 的比例享受配股权,配股价 2 元。原告分两次交给被告 10 000 元,被告仍以自己的名义将认购限额中的 5 000 股全部买下。不久,原告获悉 B 公司的股票即将上市交易,而且行情十分看好,即要求被告将股权证上的 10 000 股过户到原告的名下。被告称其是向原告借钱购股,且股票已卖出,只愿按 25% 的利率还本付息。原告无奈之下诉诸法院,请求确认被告名下的 10 000 股股票的所有权。法院认为原被告双方争讼的股票,没有发行对象的限制,虽采取记名式,由被告出面购买并且记在被告的名下,一般情况下应认定记名人为权利人,但本案中原告为实际出资人,根据公平合理和诚实信用的原则,判决原告胜诉。问:

(1) 在通常情况下,记名股份的确权依据是什么?

(2) 本案中隐名代理主要有哪些表现?

(3) 公司向股东派送红股,是否增加股东在公司中的权益?

(4) 公司配股对股东有何影响?

(5) 本案中若被告已卖出股票,应如何处理?

25．货运代理人越权处理货物案

【案情简介】

原　　告：香港某公司

被　　告：中国外运公司上海分公司

1988 年 6 月，原告在巴西购买了 545 吨高压聚乙烯，于同年 8 月 11 日运抵中国上海港。原告委托被告代为提货并存放于保税仓库内待售。原告随即将提单、装箱单和发票等单据交给了被告。被告凭上述单据提货后存放于上海海关监管仓库，并通知原告在 2 个月内将货提走，及时清关。原告因一时不能售出，故迟迟未予清关。1989 年 5 月 22 日至 6 月 2 日，原告先后书面通知被告，称已签署发货信给其客户香港恒达贸易商行和香港百利国际贸易公司，如该两客户前来提货，须付清货款或由原告再次书面确认后才能发货。1989 年 6 月 6 日，香港恒达贸易商行和深圳某公司一起到被告处要求提货。被告在香港恒达贸易商行出具了保证向原告付清货款的保函，以及深圳某公司出示了深圳对外贸易集团公司与香港恒达贸易商行签订的进口高压聚乙烯合同副本和要求提货的介绍信后，未征得原告同意，即将一份"代提单"交给深圳某公司，该公司提走了相应的货物。但香港恒达贸易商行既未承诺原告的要约，亦未向原告付款。货物的正本提单仍在原告处。原告要求被告偿付未果，遂向法院起诉，要求按其向香港恒达贸易商行要约的每吨单价 1 140 美元计算，由被告偿付。被告辩称让客户提走货物是为了帮助原告清关，原告未按中国海关法的规定在 3 个月内申报清关，对损失也有一定责任。另外，同期巴西高压聚乙烯的上海到岸价为每吨 893 美元，原告提出的吨价计赔标准不合理。余下的 290 吨货物，原告后来以低于每吨 893 美元的价格售出。

法院认定原被告之间的货物保管委托代理关系有效成立，被告越权处分货物，致原告重大经济损失，应予赔偿；原告并未授权被告清关，被告的抗辩理由不能成立；原告的计赔标准没有法律依据。遂判决被告按每吨 893 美元及相应利息赔偿原告损失；原告向被告交付正本提单。问：

（1）本案的代理关系是否清楚？

（2）本案被告的代理行为是否越权？

（3）被告的行为对原告有无效力？

（4）被告是否有权获取代理费？

（5）代理人行使临机处理权时应有何限制？

26. 因空运货款结算方式失误引起的外贸代理纠纷案

【案情简介】

上诉人(原审被告)：某省外贸进出口公司

被上诉人(原审原告)：某制衣有限公司

1995 年 7 月,被上诉人接到某外商一份生产服装的订单,因其没有进出口经营权,故委托上诉人为其代理出口。同年 7 月 6 日,上诉人与外商签订了销售确认书:由外商向上诉人订购 1.2 万件服装,其中空运 4 000 件,海运 8 000 件,付款交单。被上诉人认可了销售确认书的内容。同年 8 月 16 日,上诉人和被上诉人之间签订外贸出口代理协议一份。后来,外商没有付款就提走了空运的 4 000 件服装,海运的 8 000 件服装外商既未付款也未提走货物。对此,被上诉人认为,根据销售确认书中所明确的付款方式,外商没有付款就不可能将空运货物提走,一定是上诉人在未收到外商的货款之前即将货物空运运单交给了外商,以致于货款无着,造成重大经济损失。被上诉人提起诉讼,要求上诉人予以赔偿。

法院审理后认为,上诉人为被上诉人代理出口服装时,与外商所签的销售确认书,对空运货物货款结算方式的约定有明显失误,导致货物被外商提走却未能收回货款,应对由此给被上诉人所造成的损失承担赔偿责任。上诉人不服一审判决,提起上诉。

二审法院审理后认为,上诉人与被上诉人之间签订的货物出口代理协议主体合格,内容合法,应依法确认有效。上诉人虽然以自己的名义与外商签订货物出口销售确认书,但是该销售确认书的卖方实际为被上诉人,被上诉人也认可了其具体内容,故有关付款交单的结算风险应由被上诉人自负,外商违约造成空运服装货款损失不应由上诉人承担赔偿责任。

本案被上诉人误将空运运单和海运提单混为一谈。提单作为物权凭证,外商不付款赎单就无法提货。空运运单不是物权凭证,收货人凭航空公司的提货通知书即可提走货物,即无须付款赎单。本案上诉人与外商缔约时也有失误。问:

(1) 空运货物合同约定付款交单对收货方有无约束力?

(2) 海运货物合同约定付款交单时,卖方最好选用何种付款方式?

(3) 哪方有权追究外方的违约责任?

(4) 本案一、二审结果截然相反,哪个正确?

(5) 本案当事人双方应吸取哪些教训?

27. 代理人误填股票交易委托单导致损失索赔案

【案情简介】

原告(反诉中的被告)：股民 A

被告(反诉中的原告)：证券公司 B

1992 年 12 月 3 日,原告委托其朋友 C 到被告处买入"真空电子"股票,C 填写股票交易委托单时,将每股限价 13 元买入 1.1 万股误填为 11 万股。被告的柜台工作人员没有审验资金存折、委托书和身份证,即予申报,11 万股全部成交,平均价位12.75 元,总计 142 万元。由于原告的资金账户只有 16 万元,其余 126 万元实际上由被告垫付。C 在当日就发现了错误,要求撤销委托,因已成交而未果。随后,C 以原告的名义给被告写下字据:"由于本人失误,多购真空电子股票 9.9 万股,导致资金不足,希证券公司大力协助解决,损失由本人负责。股民 A。"同时,C 还代原告和被告约定,由被告提供专线,第二天将多购的 9.9 万股全部卖出。当天晚上,C 向原告通报了上述情况。第二天,C 在被告处卖出 2 万股,其余因原告在其他证券公司申报卖出而无法再申报。被告以为股票被盗卖而报警,C 始说出他用的是原告的股东账户和资金存折。随后,派出所率他们到上海证券交易所,将 11 万股真空电子股票全部划转到被告的账户上,并约原告协商,原告同意由被告处理。至12 月 10 日被告将其全部卖出,除去原告的资金账户上原有的 16 万元,被告尚有16 万元无法收回。

1993 年 1 月,原告起诉被告,称 C 虽有失误,但被告疏于审核并提供透支交易,后来又低价抛售原告的股票,造成经济损失 32 万元,直接损失 16 万元。要求被告予以赔偿并加计利息损失。被告答辩并反诉称:原告在资金不足的情况下,盲目填写委托买入股票数目,导致占用被告的巨额资金,又私自抛卖,涉嫌套逃公款,侵犯了被告的合法权益,致其蒙受巨大损失,要求原告赔偿损失 16 万元。法院经审理后认为,在客户与券商的委托代理关系中,不得有信用交易。本案起因为填写失误,C 应负主要责任,而原告对此已予追认,故应承担相应的民事责任。被告未予审核把关,也有一定责任,现愿意承担 6 万元损失,应予准许。遂判决原告向被告支付 10 万元;对原告的本诉请求不予支持。问:

(1) 据案情分析,原告有无追认 C 的代理行为?

(2) 中国严格禁止信用交易,与银、证分业制度有何关系?

(3) 原告同意被告处分误购的股票的行为,属于什么性质?

(4) 被告疏于审查,承担 6 万元损失,原告实际承担 26 万元,是否合理?

(5) 本案被告应吸取哪些教训?

28. 境外期货经纪欺诈案

【案情简介】

原　　告：王德标、韩新苏等29位南京金中富公司客户

被　　告：南京金中富国际商品期货交易有限公司

被告是由香港安家富管理顾问有限公司与南京市外商投资咨询服务公司共同投资的合营企业,注册资本50万美元,港方占95%,中方占5%,1992年6月3日正式成立。南京市计委见港方不能提供境外期货经纪的资格证明,仅批准被告从事期货交易咨询服务的可行性研究报告。后经疏通关系,由南京市分管副市长批示,得以领取从事境外期货代理的企业批准证书和营业执照。同年6月20日外经贸部就上报备案的被告企业批准证书,发出特急368号文《关于利用外资举办有关国际商品期货服务项目的意见》,要求南京市外经贸委"对中外合资南京金中富国际商品期货交易有限公司的经营范围重新审核,取消从事国际期货交易中代客买卖成交的经纪业务。"可惜该文未被执行。

被告在港方控制、中方配合下,展开强大的广告宣传,称其是与南京市政府合营的企业,华东第一家中外合资期货公司。港方有长期的期货交易经验,拥有大批期货交易专家,在国际各大期货交易中心设有办事处,可代客直接进场交易,使南京与国际市场直接接轨。而且,一方面举办经纪人培训班,一方面散发宣传资料,竭力鼓吹期货投资的好处,却闭口不谈其风险,甚至蛊惑:"要想富,请到金中富!"原告陆续前去开户,委托其交易后,一开始均取得巨额盈利,但到翌年二三月,几乎全部损失殆尽,甚至还形成账面倒挂。客户怀疑被告有诈,引发激烈冲突,市政府出面协调未果,原告诉诸南京市中级人民法院。经两次庭审,得知被告及其港方合营者没有任何一家交易所的会员资格,宣传带有明显的欺诈性,并通过被告的电讯记录,证明客户的交易指令并未传到境外,被告进行私下对冲侵吞客户的保证金。被告也未在限期内提交代客入市交易的合法凭证,法院判决被告败诉,一时轰动全国。后转为刑事诈骗案,客户损失数亿元资金,仅仅追回极少部分。问:

(1) 期货作为转移风险的工具,其本身的风险主要表现在何处?

(2) 要求投资者交付的期货合约保证金比例一般为多少?

(3) 期货经纪商是否被允许进行自营交易?

(4) 强制核准期货经纪商特定交易所的特定品种经纪资格,有何好处?

(5) 期货经纪为什么不准转委托?

29. 期货经纪公司不能举证代客入市交易案

【案情简介】

上诉人(原审原告)：镇江市裕龙经济发展公司

被上诉人(原审被告)：南京新中期期货经纪股份有限公司

1994年8月,被上诉人在国务院明令禁止从事境外期货交易的经纪业务的情况下,动员上诉人前去开户进行日本红小豆及美国咖啡等期货合约交易,仅数月就损失保证金30余万元。1994年12月上诉人诉诸镇江市中级人民法院,法院判决被上诉人行为违法,双方合同无效,但损失是期货市场的正常风险,故责任自负。上诉人不服判决,1996年5月向江苏省高院提起上诉,省高院明确要求被上诉人举出入市交易的有效证据。被上诉人仅向法庭提交境外代理公司的账单,并表示再也不能进一步举证。

上诉人认为,1995年10月最高人民法院《审理期货纠纷案件座谈会纪要》第9条规定:"……如果客户主张经纪公司未入市交易,经纪公司否认的,应由经纪公司负举证责任。如果经纪公司提供不出相应的证据,就应当推定没有入市交易。"既然未入市交易,客户的保证金损失就不是期货交易的正常风险,经纪公司应当依法返还和赔偿。可见实行举证责任倒置原则。最高人民法院没有明确入市交易的相应证据究竟是什么。在本案中,被上诉人主张只要提供境外二级代理公司的账单即可,其理由不能成立。因为境外二级代理公司并不是期货交易所,它也必须依据合法的交易凭证,才能记载交易盈亏并与客户进行交割。账单本身的真实性、合法性尚需证明,不能直接作为入市交易的有效凭证,否则,期货经纪公司就成了期货交易所。被上诉人又辩称,根据日本等国的期货交易规则,经纪公司有权进行场外对冲,故有的期货合约根本就没有交易所的入市交易凭证。上诉人向法庭提交了日本的有关交易规则,指出这是被上诉人的误解。经纪公司在进行有条件的场外对冲之后,必须将结果报交易所,计入交易所的成交量中。被上诉人不懂期货交易的基本常识,足见其经纪行为的虚假性。结果,法院仍判决上诉人败诉。问:

(1) 因期货经纪公司无交易所会员资格,进行转委托有什么弊端?

(2) 期货经纪纠纷为什么实行举证责任倒置?

(3) 期货经纪公司应尽什么样的举证责任?

(4) 本案一审法院认定上诉人的损失属于期货交易的正常风险,有无依据?

(5) 本案二审法院仍判上诉人败诉,是否合适?

30．承兑人无条件支付汇票票款案

【案情简介】

原　　告：深圳 Z 银行

被　　告：合肥 N 银行

1989 年 3 月 2 日，案外人合肥 Q 公司和深圳 Z 银行的开户单位 H 公司签订一份购销合同，Q 公司向 H 公司购买视频器材 3 000 套，总价 1 707 万元，以银行承兑汇票方式结算。同月 15 日，Q 公司提取第一批货物后，将其签发并经被告承兑的银行承兑汇票交给收款人 H 公司，汇票编号 0042815，票面金额 850 万元，到期日为同年 9 月 15 日。同年 4 月 15 日，原被告以及 Q、H 四家就合同履行中的产品质量问题签订了一份补充协议，规定在协议生效时，Q 公司再签发一份以 H 公司为收款人的 857 万元银行承兑汇票，交由原告保管，原告负责监督 H 公司按期交货，在 H 公司全部交货前，原告不得对该汇票贴现或抵押。部分交货或所交货物质量不合格，原告负责从汇票中扣取相应款项。4 月 18 日 H 公司交付了另一批货物，21 日持 0042815 号汇票向原告申请贴现，经原告审查同意，H 公司将汇票背书后转让给原告，原告随后向人民银行申请再贴现。同年 7 月 Q 公司向合肥中院起诉 H 公司违约，不久又通过法院要求被告暂停支付其承兑款项 1 707 万元。8 月 20 日被告致函原告要求停止划收其承兑的汇票货款，原告称 0042815 号汇票已贴现，无法止付。该汇票遭被告拒付。原告诉诸深圳中院，请求法院判令被告无条件支付已经贴现的汇票票款 850 万元。被告称 H 公司违约，Q 公司已起诉，原告也违反补充协议约定的义务。深圳中院应移送管辖，两案应合并审理。深圳法院认为票据关系与合同关系是不同的法律关系，两者相互独立，遂判决原告胜诉。问：

(1) 票据最本质的法律特征是什么？

(2) 本案中的合同和补充协议当事人之间是票据法上的什么关系？

(3) 被告以 Q、H 间的合同纠纷为由拒付票款，错在何处？

(4) 本案汇票的主债务人是谁？

(5) 如何理解直接当事人间的原因关系可以对抗票据关系？

31. 支票挂失后仍承担付款责任案

【案情简介】

原　　告：X 饭店

被　　告：Y 公司

1999 年 3 月 15 日，被告的经办人从单位财务科领取了一张限额为 8 000 元的转账支票，未填收款人、用途和签发日期，后不慎遗失。被告及时到其开户银行挂失止付，并通过新闻媒介声明作废。同年 6 月 15 日，原告处接待 6 男 6 女 12 位顾客用膳，结账时一位女子提交了上述支票，因时间已近半夜，原告的收款员草草查看了身份证并记下号码，当场补填消费金额 7 800 元和日期。翌日，原告持票到银行划账，银行以该票已经挂失为由退票。原告转而与被告交涉要求其支付票款，被告坚持已经办理挂失止付和声明作废手续，故拒绝承担责任。原告根据支票背面所记载的身份证号码及住址，找到顾客门上，方知此人已在 1998 年底即死于交通事故。无奈，只好向法院起诉，请求判决被告无条件支付票款。法院经审理认为原被告双方均有过错，判决被告承担 70% 的票款，其余由原告自负损失。问：

(1) 中国票据法是否完全确认了票据的无因性？

(2) 从支票应记载事项看，本案支票属于什么类型？

(3) 原被告的主要过错是什么？

(4) 原告起诉被告，是行使票据法上的什么权利？

(5) 被告在支票遗失后，最有效的补救措施是什么，依法应如何进行？

32. 疏于审查提示付款人身份承担票据责任案

【案情简介】

原　　告：汇票收款人 L

被　　告：汇票付款人 M 银行

1999 年 1 月，原告持一张汇票到被告处提示付款，被告审查提示付款人原告交验的身份证，发现其名字与汇票收款人的名字同音不同字，于是拒绝付款。原告将该汇票连同自己的印章、法定代表人身份证明书和单位空白介绍信交给案外人 X，即回原籍开具本人就是收款人的证明。X 在空白介绍信上填写"本单位法定代表人 L 前来取款，如发生问题由我单位负责"后，背着原告到被告处提示付款。被告查验了 X 提交的介绍信、原告的私人印章和法定代表人身份证明书，并记下了 X 的身份证号码，即将收款人为原告的汇票票款 10 万元如数解付给 X。当原告取得其原籍公安机关的证明回到被告处要求付款时，得知票款已被 X 取走，遂找 X 索要，X 以种种理由推诿拖延。原告转而起诉被告，认为被告对自己的身份证名字与票面记载同音不同字都予拒付，而 X 既无收款人身份证，又无收款委托书，却轻易取走票款，应承担疏于审查的责任。被告认为原告将这么多的证明材料交给 X，足以证明已经委托其收款，付款人已尽审查义务，故不应负任何责任。法院判决原告胜诉。问：

(1) 被告在原告作付款提示时拒付依据票据的什么特性？

(2) 付款人查验提示付款人的证件主要有哪些？

(3) 原告有无委托 X 收款？

(4) 如果原告在汇票上作出委托收款的背书，被告付款后有无责任？

(5) 如果空白介绍信载明"本单位法定代表人 L 委托 X 前来取款"，被告有无责任？

33. 汇票的保证人不负保证责任案

【案情简介】

原　　告：某市 A 银行

被 告 一：某市 B 公司

被 告 二：某市 C 银行

1999 年 1 月 2 日,被告一为了向案外人 D 信托投资公司提供贷款担保,签发了 1 份以原告为承兑人、被告二为保证人、D 信托投资公司为收款人的银行承兑汇票,金额为 500 万元,到期日为 1999 年 4 月 2 日。原被告三者之间还订立了相应的合同,约定原告和被告二同意被告一用该汇票出质向 D 借款,被告一保证在汇票到期日之前将票款足额交存原告处。1999 年 3 月底,被告一向 D 申请贷款展期两个月,D 要求被告一重新签发 1 份银行承兑汇票,原告未同意,但表示原来承兑的汇票可以推迟提示付款。因被告一未按期偿还贷款,D 于 1999 年 6 月 5 日向原告作付款提示,原告即予付款,但因被告一并未按约足额交存相应票款,原告在扣收 200 万元后,多次向两被告催讨未果,遂向某市中院起诉,要求被告一偿付欠款,被告二承担连带责任。中院认为原被告之间的票据关系没有合法的商品交易基础,法律不予保护,判决原告败诉。上诉后,高院改判被告一独自承担付款责任。问:

（1）按发票人不同分类,本案中的汇票属于哪一种?

（2）原被告三者之间的合同对汇票有无法律拘束力?

（3）中院的判决错在何处?

（4）被告二为什么不负保证责任?

（5）A 起诉 B,是行使票据法还是合同法上的权利? A 起诉 C 有无道理?

34. 混淆空运提货凭证和海运提单致损赔偿案

参见 26. 因空运货款结算方式失误引起的外贸代理纠纷案(略)

35. 卖方签发假提单致合同无效索赔案

【案情简介】

上诉人(原审被告)：瑞士某公司 A

被上诉人(原审原告)：中国技术进出口总公司 B

1994 年 12 月 28 日，被上诉人受托向美国某公司订购 9 000 吨钢材，后经被上诉人同意将卖方改为上诉人。翌年 3 月 14 日和 26 日，上诉人两次电告被上诉人可供其意大利或西班牙工厂产钢材，已在装运港备妥请开出以上诉人为受益人的信用证。4 月 1 日，双方在上海签订了合同修改议定书，约定将钢材增至 9 180 吨，价款 230 万美元不变，上诉人应在接到信用证后两周内装船待定。4 月 19 日，被上诉人通知中国银行上海分行开出以上诉人为受益人的不可撤销信用证。上诉人也通过银行向被上诉人提交了全套单据。其中，提单的签发日期为 5 月 4 日，装运港为意大利拉斯佩扎港，船阿基罗拉号，装运人为上诉人并由上诉人背书。6 月 1 日中国银行上海分行议付货款后，被上诉人没有如期收到货物，自 7 月起即多次催促，上诉人在 9 月初才回电称："中国港口拥挤，船舶将改变航线；最迟抵达日期预计为 1995 年 10 月 20 日。"届时，被上诉人仍未收到货物。被上诉人以上诉人欺诈，构成侵权为由起诉，要求返还货款、赔偿银行利息、经营损失、律师费、调查费、佣金等计 330 万美元，并申请诉讼保全。法院裁定冻结上诉人在中国银行上海分行托收的货款 440 万美元，查封了上述托收项下的全套单据。上诉人提出反诉。

法院查明上诉人在意大利或西班牙并无钢厂，也无钢材货源，阿基罗拉号货船在 1995 年整个一年内均未在意大利拉斯佩扎港停泊过，其提交的钢材质量检验证书、重量证书和装箱单以及提单均系伪造。遂判决驳回上诉人的反诉，退回货款并赔偿被上诉人的全部损失。上诉人向上海市高院提起上诉，称双方的钢材合同修改议定书订有仲裁条款，法院没有管辖权；裁定冻结与本案无关的货款不当；被上诉人起诉上诉人欺诈并无事实根据；不应计算间接损失。请求撤销原判。

上海市高院经审理后认为上诉人的理由不成立，尤其是仲裁条款是对合同争议解决方法的约定，而法院对因欺诈导致的侵权纠纷，依侵权行为发生地有管辖权。遂驳回上诉，维持原判。问：

(1) 提单是物权凭证还是债权凭证？

(2) 船公司签发提单是自我行为还是代理行为？

(3) 本案出口方以假提单实施欺诈，且货款已付，进口方提起合同之诉是否可行？

(4) 侵权之诉是否受合同仲裁约定的约束？

(5) 应如何认定侵权行为地？

36. 船舶碰撞赔偿案

【案情简介】

原　　告：英国籍船舶"迈蒂斯"轮

被　　告：中国籍船舶"泰丰"轮

1986 年 7 月 21 日夜晚,天气晴朗,视线良好。原告从英国利物浦驶往中国黄浦港,航速 12 海里,航向自东向西。被告也正从黄浦港驶出,航速 17 海里,航向偏东北方向。两轮在黄浦港外交叉相遇。原告为权利船,故在发现被告后,仍继续保持其原来的航向。二船越驶越近,趋于形成紧迫局面。原告向被告连续发出"避碰规则"所规定的信号,告诉对方已进入危险处境,但是被告毫无反应,致使紧迫局面形成。为了避让被告,原告采取避让措施向右转向。此时被告并未按规定向右转向,而是向左避让,结果抢越了原告的船首,两轮发生碰撞。

事后,原告要求被告赔偿损失遭拒绝,遂向中国的海事法院起诉。原告指称被告为让路船,本应及早采取避碰措施,减低航速、停车或倒车,或者采取其他措施避免形成紧迫局面。而原告作为直航船,不负有为被告让路的义务,如果被告及早采取措施,紧迫局面是不可能形成的。在紧迫局面形成后,被告虽采取了避让措施,但措施明显不当。如果被告向右避让,是可以从原告船尾通过从而避免碰撞的。被告向左转向,正好抢越了原告的船首,最终导致了碰撞事故的发生。被告辩称要求原告承担碰撞责任,其理由是按照 1972 年《国际海上避碰规则》,原告作为直航船,应保持其航向,但它却向右转向,致使被告未能从原告前方及时穿越,而且原告也应及早采取最有助于避碰的措施。

法院经审理后认为:原告为权利船,其所采取的措施是合乎避碰规则的,也是及时、有效的。被告没有采取作为让路船所必须的行动,并且在紧迫局面形成后,又错误地向左转向,抢越了原告的船首,是造成碰撞的主要原因。被告应对该碰撞事故负全部责任。问:

(1) 本案中两船是直接碰撞,还是间接碰撞?

(2) 现行最主要的国际避让规则是什么?

(3) 船舶碰撞发生后谁有施救责任?

(4) 海事赔偿责任有无限制?

(5) 中国海商法认定船舶碰撞责任采取何种归责原则?

37. 共同海损及其理算案

【案情简介】

1988 年 5 月 23 日,中国籍船舶"海达"轮满载木材,从欧洲驶往中国天津新港,于 6 月 11 日到达印度洋洋面。上午 10 时左右,装在甲板上的部分木材突然起火。船长立即下令灭火,但火势凶猛,一时难以扑灭,并危及甲板上的其他木材。为了防止火势进一步蔓延,船长又下令将甲板上未燃的木材全部抛入海中,这样使险情得以缓解,又经过船员全力扑救,10 时 30 分左右,大火被扑灭。装运于甲板上的木材全部损失,装运于船舱内的木材也有一部分因水湿变形而受损。船舶到达天津新港后,船长宣布了共同海损。

在本案中,共同海损的构成要件均已具备,共同海损成立。首先,甲板上的部分木材突然起火,严重威胁着船舶和货物的安全,如不及时扑灭,船舶和货物有遭受全部损失的危险,构成共同危险,而且这一危险是真实存在的;其次,船长命令将甲板上的未燃木材抛入海中,以防止火势蔓延,同时浇水灭火,这些措施是有意、积极而合理的,也是有效的,火势得以控制并最终被扑灭,避免了船货全损;再次,被抛入海中的未燃木材的损失以及因浇水灭火所造成的装运于船舱内的木材部分水湿变形受损,都是在发生火灾这一特定海损事故的情况下发生的,是特殊牺牲,并且是由这一海损事故直接造成的。

在确定共同海损成立后,就要确定由于采取共同海损措施所造成的特殊牺牲和支付的特殊费用。在本案中,共同海损总额为 73 531.26 元,共同海损分摊价值总和为 13 400 081.67 元,其中船舶分摊价值为 5 757 539.00 元,货物分摊价值为 7 642 542.67 元。据此计算,所得共同海损的比例为 0.5487374%。船舶和货物各自的分摊金额如下:

船舶分摊金额为 5 757 539.00 元 × 0.5487374% = 31593.77 元;

货物分摊金额为 7 642 542.67 元 × 0.5487374% = 41937.49 元。

由于运费已经预付,因而不参与分摊。问:

(1) 什么是共同海损?

(2) 共同海损数额如何确定?

(3) 共同海损价值应怎样计算?

(4) 国际上关于共同海损的主要理算规则是什么?

(5) 中国海商法对共同海损及其理算有无规定?

38. 海损事故致保险标的全损案

【案情简介】

原　　告：上海远洋运输公司所属的"新会"轮

被　　告：中保上海市分公司

原告是一艘载重 6 100 吨的杂货船，由被告承保，保险金额 40 万英镑。1983 年10 月 14 日，该轮装载水泥等价值约 130 万元的货物，从上海驶往新加坡。由于驾驶员的过失，10 月 16 日驶上西沙群岛浪花礁东端，原告搁浅在礁石上。10 月18 日，12 级强台风正好从浪花礁附近海域通过，致使该轮在礁石上向南移动了近30 米，船体和机器遭受进一步的损坏。台风过后，船东派出的现场勘查组检查发现，船体和货物均已受到严重损坏。船东随即宣布全损弃船。其主要理由是：① 打捞难度大、费用高、时间长，需要多少时间难以估计；② 货物受损严重，以后实际获救的货物有多少，价值难以估计；③ 船舶的修理工程艰巨，费用估计超过此船造价。船公司决定向船舶保险人宣布推定全损，并将该轮委付给被告，由其全权处理，并要求偿付保险金额 40 万英镑。同时，要求赔偿其救助费用共计 115 000 元。被告对宣布原告全损有异议，也不同意补偿全部救助费用。双方发生了争执，遂诉至法院。

根据法律规定，全部损失分为两种，即实际全损和推定全损。推定全损是指如果标的物受损后，其修理费用估计超过其修复后的价值，则被保险人可以宣布标的物推定全损。法院经审理后认为，根据本案事实，船舶虽未达到完全灭失的程度，但施救费用和修理费之和，船东估计超过此船舶造价 40 万英镑，宣布推定全损是符合法律规定的，被告的抗辩理由不予采信。经调解，被告同意按全损处理，赔偿原告保险金额 40 万元。

对于原告要求赔偿救助费用的诉讼请求，被告认为已按全损赔偿，救助费用不属于求偿范围，超出了赔偿限额。原告认为救助费用中包括发生于救助现场的勘查费。后法院判决被告赔偿原告勘查费 57 000 元。问：

(1) 船舶作为物，能否充当诉讼当事人？

(2) 推定全损后如何处置保险标的物？

(3) 因船员过错造成保险事故发生，保险人可否免除赔偿责任？

(4) 救助费用是否属于保险责任范围？

(5) 中国海上保险合同规定在合同法，保险法还是海商法中？

39. 受益人诉请给付保险金案

【案情简介】

原　　告：汽车司机王某的法定继承人

被　　告：某汽车运输公司

王某系某公司汽车司机，1988 年 10 月，他所在单位被告为职工统一投保了"团体人身意外伤害保险"，每个职工保险金额为 10 000 元，保期为 1 年，在投保单的指定受益人栏里，填写的是单位。单位领导对此未在公众场合公告，或者宣布受益人指定为单位的问题，只是在职工会上提到为职工投保了团体人身意外险。被保险人王某当时未参加会议，但后来听人讲过，也未指定受益人。1989 年 3 月 3 日，王某在驾驶车辆途中不幸撞树身亡，保险公司根据条款规定，给付被保险人保险金 10 000 元，由被告领取。原告向被告索要保险金，被告拒付，原告以被告不是保险金的受益人，其受益是侵权行为为由向法院提起诉讼。

法院经审理后认为，《团体人身意外伤害保险条款》第 10 条的规定："被保险人在投保时，可以指定受益人，如果未指定受益人，以法定继承人为受益人。"可见，人身保险的受益人必须由被保险人自己指定，不经其委托或者同意，任何人均无权指定受益人。本案被告不经被保险人同意，擅自将自己作为受益人，不具有法律效力。由于王某未指定受益人，因而原告为受益人。该笔保险金按合同规定由被告办理领取手续后，应转交原告。

审理法院为慎重处理纠纷，正确适用法律、政策，特将本案上报某省高级人民法院。某省高院经研究后作出批复："关于集体投保的受益问题，一般只要有书面约定或大会宣布、正式公告、通知等形式，被保险人不提出异议，查证属实的，就应视同被保险人同意。"审理法院依据有关法律法规的规定，参考省高院的批复精神，结合本案实际，最后判决原告享受该笔保险金的受益权。问：

（1）团体人身意外伤害保险合同属于自益合同，还是他益合同？

（2）本案保险合同的关系人是谁？

（3）例举投保人、被保险人和受益人合一的险种？

（4）本案合同约定受益人条款为何无效？

（5）保险费和保险金之间的比例叫什么？

40. 投保人沉船骗赔案

【案情简介】

上诉人(原审被告)：人保南京分公司

被上诉人(原审原告)：南京某运输公司"永顺祥"轮合伙人

    1994 年 8 月底，上诉人接到报案称：被上诉人在广东省汕头港装载聚乙烯 300 吨运往江苏途中，因碰撞水下不明漂浮物，于 8 月 27 日晚 8 时 30 分在浙江省苍南县北关外海域遇险沉没，船上 6 名船员弃船获救。货轮载重 400 吨，由被上诉人合伙购买，1994 年 6 月挂靠南京某运输公司，7 月 5 日该船以 144 万元的造价向上诉人投保，保险金额 100.8 万元。该船首航即发生保险事故。

    上诉人立即派员赶赴出险海域向有关部门调查。2 个月后，苍南县保险公司受托调查后出具了出险证明，苍南县港监也作出了推定全损的结论。因结论没有事实支持，沉船依据不足，故上诉人决定暂不赔付。1995 年 3 月，被上诉人向武汉海事法院起诉，要求上诉人立即支付 100.8 万元保险金及 1.4 万元的其他合理支出。上诉人据理力争：据海图记载，出险水域深 13 米，海底平坦，没有礁石和沉船，缺乏沉船和探摸困难的外部条件；该船所载货物为聚乙烯塑料粒子，属轻漂物，若船舶沉没，应有大量粒子漂浮，但调查中无人证实发现。上诉人暂不理赔应属合理合法。法院判决上诉人赔偿船舶保险金 100.8 万元，探摸费 1.38 万元，合计 102.18 万元，并负担诉讼费 1.8 万元。

    上诉人边上诉，边向公安局报案。不久公安局收到匿名举报信，称被上诉人将承运货物偷卖给福州某塑料厂，每人分得 40 多万元，然后将船凿沉。公安局决定立案侦查。1995 年 7 月、10 月上旬，专案组两赴福建，查清被上诉人不懂航运，以 55 万元购得该船后，根本没有打算从事正当经营，而是通过关系挂靠运输公司，超额投保后骗赔的。几名合伙人先后被抓获，他们承认在南京投保后，又到汕头人保投保了 166 万元。首航时将货物在中途某码头卖给事先约定的买主，获赃款 160 万元。8 月 27 日晚上将船开到出险海域凿沉，全体人员搭乘舢板到一无名小岛，欺骗渔民出具证明后报案。开庭时的证人是冒名顶替的。本案遂真相大白。问：

    (1) 保险标的被故意毁损，保险人有无义务赔偿？

    (2) 投保人超额投保的，如何认定最高保险责任？

    (3) 保险事故发生后，投保人应该怎么做？

    (4) 保险人理赔的基本程序有哪些？

    (5) 如何识破骗保行为？

41. 南昌地下商场破产案

【案情简介】

申 请 人：南昌副食品批发公司

被申请人：南昌地下商场

1987 年 2 月 17 日，南昌市中级人民法院受理了南昌副食品批发公司申请南昌地下商场破产一案。经查：地下商场资产只有 73.7 万元，债务为 159.7 万元，亏损额多达 86 万元，资产负债率为 46.1%。仅欠南昌副食品批发公司届期债务就达 132 万元而无力偿还，已届破产界限。南昌市中级人民法院于 1987 年 3 月 7 日裁定宣告南昌地下商场破产。这是中国破产法颁布后尚未生效前由法院审理的第一起破产案件，社会影响很大。

立案当天法院便在《南昌晚报》刊登了公告，其内容如下："本院已受理南昌副食品批发公司申请南昌地下商场破产一案。根据上述债权人的申请，凡与南昌地下商场有债权债务关系的单位或个人，自公告之日起至 1987 年 5 月 26 日止，持有关债权或债务证明，向本院申报。债权人逾期不申报的，视为自动放弃债权；债务人逾期不申报的，一经查出，将依法追究。本院同时决定于 1987 年 2 月 28 日上午 9 时在本院经济庭召开债权人会议，债权人务必准时参加，如不按时参加债权人会议的，视为放弃债权人会议的权利。特此公告。"

公告后，一些债权人担心自己的债权得不到全额清偿，就通过各种途径抢先清偿，而不顾其他债权人的利益。有的债权人将原来与地下商场成交的商品中未销售完毕的商品提走；有的债权人则径自从地下商场拿走商品抵债。南昌光明皮鞋厂曾经让地下商场代销各种型号的男女皮鞋，地下商场尚有 2 223 元未付清，当光明皮鞋厂得知法院受理破产案件后，赶紧提走地下商场还未售出的皮鞋。还有的债权人则抓紧时间从银行办理托收货款的手续，以收回其债权。仅 2 天时间，就有 24 户债权人得到清偿，总金额为 36 230 元，严重损害了其他债权人的利益。法院立即裁定停止清偿债务，冻结银行账户，对部分债权人的清偿无效。经过各方努力，顺利审结了本案。问：

（1）世界各国现代破产法上通行的破产原因是什么？

（2）中国破产法上的破产原因是什么？

（3）进入破产程序后的个别清偿行为是否有效？

（4）法院追回个别清偿的财物，是行使破产法上的何种权利？

（5）南昌光明皮鞋厂能否不经破产程序取回其委托代销的产品？

42. 中外合营企业破产案

【案情简介】

湛江中美是一家中外合资企业,拥有国内单线生产规模最大,具有 20 世纪 90 年代国际先进水平,年产 8 万吨聚苯乙烯的生产能力,投资总额 4 510 万美元。由于美方投资资金不到位,致使企业从一开始就负债经营,加上管理不善,造成严重亏损。至 1996 年,该公司已负债 7 亿多元。而其资产评估价值却只有 3 亿多元。10 多家单位、企业陆续向湛江中院起诉"湛江中美"。经过审理,法院于 1996 年 11 月 6 日依法裁定该公司进入破产还债程序。1997 年 8 月 28 日,法院清算组委托广东省粤法拍卖公司对该公司进行公开拍卖。结果,中国石油化工总公司以 2.2 亿元的价格竞买中标,并改名为"湛江新中美化工有限公司"。扣除破产费用,债权人得到的债权清偿比例为 30%。问:

(1) 破产对债权人有什么好处?

(2) 破产对债务人有什么好处?

(3) 破产财产包括哪些?

(4) 破产债权的清偿比例是如何确定的?

(5) 法人破产后与自然人有何不同?

43. 广东国际信托投资公司破产案

【案情简介】

广东国投公司原名为广东省信托投资公司,1980 年 7 月经广东省人民政府批准在广州市工商行政管理局注册成立,系全民所有制企业法人。1983 年经中国人民银行批准为非银行金融机构并享有外汇经营权;1984 年 3 月经广东省工商行政管理局注册登记更改名称为广东国际信托投资公司,注册资金为 12 亿元。1992 年以来,广东国投公司由于经营管理混乱,存在大量高息揽存、账外经营、乱拆借资金、乱投资等违规经营活动,导致不能支付到期巨额境内外债务,严重资不抵债。1998 年 10 月 6 日,中国人民银行决定关闭广东国投公司,并组织关闭清算组对其进行关闭清算。关闭清算期间广东国投公司的金融业务和相关的债权债务由中国银行托管,广东国投公司属下的证券交易营业部由广东证券有限责任公司托管,其业务经营活动照常进行。自 1998 年 10 月 6 日至 1999 年 1 月 6 日为期 3 个月的关闭清算查明,广东国投公司的总资产为 214.71 亿元,负债 361.65 亿元,总资产负债率 168.23%,资不抵债 146.94 亿元。1999 年 1 月 11 日,中国银行发布《关于清偿原省国投自然人债权的公告》,鉴于广东国投公司已严重资不抵债、无力偿还巨额债务,对自然人债权的清偿,只支付本金,不支付利息;中国银行清偿广东国投公司自然人债权后,中国银行广东省分行代广东省财政厅依法申报债权,以普通债权人的身份按破产清偿顺序受偿。

广东省高级人民法院认为:《中华人民共和国企业破产法(试行)》(以下简称企业破产法)第 3 条第 1 项规定:"企业因经营管理不善造成严重亏损,不能清偿到期债务的,依照本法规定宣告破产。"第 8 条规定:"债务人经其上级主管部门同意后,可以申请宣告破产。"广东国投公司管理极度混乱,严重资不抵债,不能清偿境内外巨额到期债务,符合法律规定的破产条件,于 1999 年 1 月 16 日裁定:① 广东国投公司破产还债;② 指定清算组接管广东国投公司。裁定宣布后,广东国投公司的破产清算工作依法按以下步骤进行:

一、债权的申报、审核和确认

1999 年 1 月 16 日,广东省高级人民法院分别在《人民日报》《人民法院报》刊登受理广东国投公司破产申请公告,要求债权人自公告之日起 3 个月内申报债权,逾期未申报的,视为自动放弃。对广东国投公司的其他民事执行程序依法中止执行,申请执行人可凭生效的法律文书申报债权,对广东国投公司的其他民事诉讼程序也依法终结或中止。公告期限内,共计 320 家债权人申报了债权,申报债权总金额共计 387.7738 亿元(包括 167 家境外债权人申报债权 320.1297 亿元)。

1999 年 4 月 22 日,广东省高级人民法院主持召开广东国投公司破产案第一次债权人会议,244 家境内外债权人派代表出席了会议,占申报债权人总数的 76%。

法院向债权人宣布了债权人会议的职权，并根据各债权人申报债权的数额，指定瑞士银行、日本第一劝业银行、美国花旗银行、中国银行等9家债权人组成债权人主席委员会。破产清算组向出席债权人会议的代表报告了债权申报情况。会议通过了由破产清算组提出的广东国投公司破产财产处理的原则。

破产清算组对债权人申报的债权进行了登记和审核后，将审核结果分别以确认债权或拒绝申报的方式通知各债权申报人。债权人对清算组确认的债权无异议的，清算组提请债权人会议表决通过；债权申报人对清算组的确认结果有异议的，向广东省高级人民法院提请裁定。

根据债权异议人的申请，广东省高级人民法院分别对广东国投公司破产案中62件有关债权申报异议进行了公开审理，并分别作出了裁定：

（1）对依据安慰函申报的担保债权全部予以否认。在确认债权诉讼中，有15家广东国投公司香港子公司的债权人持广东国投公司出具的安慰函申报金额约23亿元的担保（或然）债权，要求予以确认。广东省高级人民法院经审理认为，安慰函从形式上看，不是广东国投公司与特定债权人签订的，而是向不特定的第三人出具的介绍性函件；从内容上看，安慰函并无担保的意思表示，没有约定当债务人不履行债务时，代为履行或承担还债责任。因此，安慰函不能构成中国法律意义上的保证，不具有保证担保的法律效力，依据安慰函申报担保债权全部被拒绝。

（2）信托存款的存款人可以申报破产债权，但对信托存款无取回权。在确认债权诉讼中，有17家债权人以信托存款为依据向广东国投公司清算组申报债权金额38亿元。部分境内债权人认为信托存款属于信托财产，具有独立性，受托人广东国投公司对信托财产不具有所有权，只具有经营管理权，信托财产的所有权属于委托人，要求行使取回权。广东省高级人民法院审理认为，广东国投公司向存款人出具信托存款单，约定存款人将资金存入广东国投公司，到期取回本息，具有存款合同的特征，存款人与广东国投公司双方设定的是债权债务关系，并非信托关系。广东国投公司被宣告破产后，对于剩余存款应当确认为破产债权，存款人不享有取回权。

（3）债权人依据掉期合同申报的破产债权的确认。债权人依据其与广东国投公司掉期交易申报破产债权被破产清算组拒绝后向法院提出异议。广东省高级人民法院审理认为，利率掉期交易是国际上广泛采用的一种金融方式，目的在于降低筹资成本，防范利率浮动所承受的风险；依据掉期合同申报的破产债权的确认，关键在于认定利率掉期交易是否需要国家外汇管理局的逐笔核准，并对该笔利率掉期交易避险性或投机性作出判断。广东国投公司持有国家外汇管理局颁发的《经营外汇业务许可证》，其外汇业务范围包括自营和代客外汇买卖，故广东国投公司具有从事避险性衍生金融工具交易的主体资格，并不需要国家外汇管理局的逐笔核准；双方所进行的利率掉期交易如果存在相对应的基础工具交易，而不是纯粹根据市场上衍生金融工具价格变动趋势的预测进行的交易,则属于避险性衍生金融工具交易,该笔利率掉期交易则被确认为有效,债权人按照双方约定提供用于计算损失的市场报价证实广东国投公司被关闭导致该笔掉期交易协议提前终止所造成的损失后,债权人申报的破产债权则被确认。

(4)商业银行及其分支机构对广东国投公司拥有的债权总额及所负的债务总额在破产清算前等额抵销。按照企业破产法第33条"债权人对破产企业负有债务的,可以在破产清算前抵销"和《中华人民共和国商业银行法》的第22条"商业银行分支机构不具有法人资格,在总行授权的范围内依法开展业务,其民事责任由总行承担"的规定,商业银行及其分支机构对广东国投公司拥有的债权总额及所负的债务总额可以在破产清算前等额抵销,商业银行分支机构各自申报债权后,由商业银行统一办理行使抵销权。广东国投公司破产清算组依法办理了中国工商银行、中国建设银行等商业银行债权债务抵销事宜。广东省高级人民法院最终确认,广东国投公司破产案的债权人共计200家,债权金额总计202.2317亿元。

二、破产财产的审核、确认和处理

广东国投公司破产清算组经清算认定,广东国投公司被宣告破产时的账面总资产为209.3748亿元。当事人对破产清算组有关破产财产的认定提出异议的,依法提请广东省高级人民法院裁定。

根据当事人的申请,广东省高级人民法院依法裁定确认了下列异议申请:

(1)确认原登记在广东省信托房产开发公司(以下称房产公司)和广信实业有限公司(清盘中)(以下称广信公司)名下的广东国际大厦实业公司的100%股权为广东国投公司破产财产。广东国际大厦实业公司是合作经营(港资)企业,名义上属于房产公司和广信公司所有。破产清算组认为,广东国投公司实际上为其投资公司,其股权应属于广东国投公司所有,要求房产公司和广信公司分别交付各自所持有的50%的股权。广东省高级人民法院经审理认为,虽然工商管理机关登记中广东国际大厦实业公司的中方投资人为房产公司,外方投资人为广信公司,广东国投公司只是其主管部门。但是,房产公司并没有履行出资义务,广信公司的出资实际上也来源于广东国投公司。为了使国际大厦实业公司享受中外合作企业的政策优惠,广东国投公司决定成立广东国际大厦实业公司负责经营管理广东国际大厦,并安排其全资子公司房产公司和在香港注册成立的广信公司作为国际大厦实业公司的中外方股东。由于房产公司和广信公司均没有履行股东最基本的出资义务,均不是合法的股东,广东国投公司作为广东国际大厦实业公司的实际出资者,对该公司应该享有所有权。据此裁定:广东国际大厦实业公司的100%股权归广东国投公司所有。

(2)确认广东国投公司在其全资子公司中的投资权益为破产财产。广东国投公司属下有29家全资子公司,破产清算组区分不同情况,界定了广东国投公司投资权益的追收范围。对于经营状况好,有盈利的全资子公司,采取整体转让的方法,收回投资权益;对于资不抵债,投资权益为负值的全资子公司,根据法律的规定决定结业清算或申请破产。对广东国投公司对外投资形成的股权及收益,主要是通过出售或者转让股权进行,但股权价值为负值的停止追收。

(3)确认广东国投公司所属证券交易营业部收取的股民保证金所有权属于股民所有。广东国投公司所属的4家证券交易营业部是其分支机构,由于这些证券交易营业部长期将股民保证金和自有资金混在一起,违规经营,挪用大量股民保证金,造成股民保证金头寸短缺,截止至1999年1月16日,资金缺口共计为0.7052亿元。破产清算组认为,股民保证金被违规挪用后,股民只能向清算组申报债权,无取回权。广东省高级人民法院经审理认为,保证金是股民委托广东国投公司证券营业部代理买卖股票的结算资金,证券营业部只是代管,股民在证券机构缴存保证金的行为属于委托行为,并不能改变保证金的所有权和使用权的属性。证券营业部没有设立专门保证金账户分账管理,过错在于证券交易营业部,并不能因此认为保证金所有权已发生变化。证券交易营业部是广东国投公司的分支机构,广东国投公司破产后,股票所有人依法可以通过破产清算组取回保证金。据此裁定:股民可以取回股票交易保证金余额。

对经依法确认属于广东国投公司的财产,广东省高级人民法院区别不同情况进行追收或变现:

对于广东国投公司在广东省内的债权,广东省高级人民法院依照最高人民法院《关于高级人民法院统一管理执行工作若干问题的规定》的规定,裁定指定由广东国投公司的债务人所在地的58个法院分别执行,共计追回15.1亿元。

对于广东国投公司在其他省、市、自治区的财产,由破产清算组依法追收,共计追回5.3823亿元。

对于广东国投公司在美国、香港特别行政区等国外和境外的财产,由破产清算组依据当地的法律规定予以回收,共计追回投资及贷款折合2.2984亿元。

对于广东省内69个政府机关为广东国投公司的债务人出具担保,被确认无效应承担相应的赔偿责任问题,广东省高级人民法院委托广东省审计厅组织审计小组对这些政府机构的预算外资金情况逐个进行了审计,根据审计情况依法对这些政府机关的预算外资金进行了强制执行,对于没有预算外资金的政府机关法院依法办理了执行中止手续,共计追回0.7625亿元。

对于广东国投公司的破产财产,均采取拍卖或者竞买的方式予以变现。其中:广东国投公司对广东商品展销中心100%的股权以3.89亿元的价格成功拍卖;通过竞买,广东国投公司属下4家证券交易营业部以0.8093亿元的价格转让给广发证券有限责任公司;广东国投公司对江湾新城75%的股权及债权以3.5亿元成功拍卖;广东国投公司对广东国际大厦实业有限公司100%的股权和债权以11.3亿元成功拍卖。

三、破产财产分配与终结破产程序

对广东国投公司破产财产追收和变现后,依法优先拨付了破产清算费用(含中介机构专业服务费用、评估费用及其他清算费用),于2000年10月31日、2002年6月28日和2003年2月28日分别召开债权人会议,在优先清偿广东国投公司所欠职工工资、劳动保险费用和所欠税款后,分三次按照比例清偿破产债权。经广东省高级人民法院裁定准予,破产财产分配分三次进行,分配破产财产共计25.34亿元,债权清偿率共计为12.52%。对境外债权人的债权,经征得外汇管理部门同意,一律兑换外币支付。广东国投公司破产案有关司法程序进行完毕后,破产清算组依法申请终结破产程序。

广东省高级人民法院经审查认为,广东国投公司申请破产一案,债权确认工作已经完成,破产财产的范围已经界定,对外债权的追收工作已经全部采取有效法律措施,广东国投公司的主要破产财产已经拍卖变现,并已经分配给债权人,广东国投公司破产案已符合终结破产程序的法定条件,但因今后仍有可以追收的破产财产、追加分配等善后事宜需要处理,应保留破产清算组继续负责完成追收破产财产和追收分配工作,故应在同意破产清算组终结破产程序申请的同时,继续保留破产清算组处理有关善后事宜。

据此,于2003年3月8日依照企业破产法第38条和最高人民法院《关于审理企业破产案件若干问题的规定》第97条的规定裁定:

(1)终结广东国投公司破产案破产程序。

(2)广东国投公司破产清算组凭本裁定向广东省工商行政管理局办理广东国投公司的注销登记。

(3)保留广东国投公司破产清算组完成追收广东国投公司破产财产、追加分配等善后事宜。本案诉讼费减半收取,从破产财产中优先支付。问:

(1)金融机构破产的后果与其他企业有何不同?

(2)政府主导型或者保护型经济的主要弊病有哪些?

(3)破产法上的抵销权效果与民法上的抵销权有何不同?

(4)对破产负有责任的公司负责人应承担什么责任?

(5)破产债权人能否追究破产公司负责人的责任?

44. 中国输澳草柑膦反倾销案

【案情简介】

草柑膦是一种除草剂的基本原料,近年来中国生产能力发展很快,其中80%供出口,是目前中国农药产品中最大的出口产品之一。1996年3月27日,澳大利亚海关对原产于中国的草柑膦反倾销调查申请正式立案,起诉方为著名的化工业巨头孟山都公司澳大利亚分公司。这是继欧盟对中国草柑膦提起反倾销申诉后产生的连锁反应。

1996年4月,五矿化工商会牵头,联合化工贸促会在京召开了草柑膦应诉预备会,动员组织了15家生产企业和两家外贸公司应诉。1996年7月5日,澳海关公布了初裁报告,以美国为替代国,计算得出中国各企业的倾销幅度为75%~106%。

对于此案的应诉策略,五矿化工商会同有关律师协商,重点放在应将中国作为市场经济国家对待这一问题上,即承认中国的国内销售价格为正常的市场价值而不使用替代国价格。如这一抗辩理由成立,将完全改变正常价值的计算结果,从而降低甚至消除倾销幅度,大大提高此案胜诉的可能性。然而,因该问题涉及倾销幅度的计算方法,是历次反倾销应诉中的难点所在。为此,商会为律师搜集整理了大量有关中国目前经济体制改革状况的资料,包括各种新出台的有关经济法律,如破产法、公司法等,各涉案企业也提供了很多具体资料,中方还通过各种途径向澳方申明立场。

1996年10月,澳大利亚反倾销署的对华政策发生微妙变化,于10月18~25日派到应诉企业之一新安江化工集团进行核查,以确定是否将中国作为市场经济国家对待,认可企业的实际生产成本。澳方核查了该企业1993年7月1日至1996年6月30日3个财政年度内外销、生产成本、原材料等账目,厂方予以积极合作,工作力争细致周到。核查结果令人满意。1996年10月29日澳大利亚反倾销署公布核查报告,结论为没有发现倾销。1997年3月12日裁决不采取任何反倾销措施,以无税结案,并宣布中国为转型经济国家,今后在反倾销调查时实行个案处理的原则。问:

(1)倾销是一种什么样的竞争行为?

(2)反倾销措施的经济法律依据何在?

(3)西方国家确定非市场经济国家出口产品的正常价值,另有哪些方法?

(4)个案处理原则合理和不合理之处各在哪里?

(5)替代国价格有何弊病?

45. 中国输美自行车反倾销案

【案情简介】

20 世纪 90 年代中国自行车产业发展迅速,出口猛增,1995 年销往美国 400 万辆,引起美国自行车制造商和报界的极大关注。1995 年 4 月 5 日,美国商务部接受美国 3 家主要自行车制造商的申请,决定对中国输美自行车进行反倾销调查。中国机电进出口商会与中国自行车协会鉴于以往的教训,早在 1993 年底就开始了预防性的应诉准备。美方申诉当天,中方就确定了应诉单位,并根据聘请律师费用和应诉费用均摊的原则积极应诉。应诉企业向美国国际贸易委员会提交了有利于自己的证据,证明原告在提出该案反倾销调查申请时,隐瞒了大量资料,而这些资料恰恰能够说明中方并未对美国市场进行倾销。1995 年 5 月 31 日,美国国际贸易委员会作出初裁,认为中国输美自行车虽未对美国的自行车产业造成实质性损害,但存在着实质性损害的威胁。1996 年 6 月 4 日,美国国际贸易委员会作出终裁,认为我方输美自行车没有对美国相关工业造成损害和损害威胁,我方全面胜诉。同月 21 日 22 家应诉企业发表自律倡议书。问:

(1) 美国是否将中国作为市场经济国家对待?

(2) 美国反倾销主管部门有哪些,各自的职能是什么?

(3) 美国负责对反倾销案件进行司法审查的法院是哪个,欧盟呢?

(4) 美国是切实遵行国际反倾销守则,还是基本上另搞一套?

(5) 何谓"日落规则"?

46. 中国对进口新闻纸发起反倾销调查案

【案情简介】

1997 年 11 月 10 日,中国福建南平造纸厂等 9 家新闻纸生产厂商正式向外经贸部提出申请,要求对来自加拿大、美国、韩国的新闻纸进行反倾销调查,以消除进口新闻纸低价倾销对国内造纸业带来的损害。1997 年 12 月 10 日,外经贸部决定正式立案,成为中国对进口产品进行反倾销调查第一案。立案依据为 1994 年 5 月 12 日通过的《中华人民共和国对外贸易法》第 30 条和 1997 年 3 月 25 日国务院的《中华人民共和国反倾销和反补贴条例》。由外经贸部和国家经贸委审查申请人资格、申诉书和表面证据后决定立案,至终裁期限为 12 个月,最多延长至 18 个月。初裁应在立案 60 天后的合理时间内作出,其后的 4 ~ 9 个月内作出终裁。以国内销售价、出口到第三国的价格或结构价格为正常价值。1998 年 7 月 9 日,外经贸部和国家经贸委分别作出加、美、韩三国倾销新闻纸事实存在和对国内产业造成实质性损害存在的初步裁定并予公告,初裁倾销幅度为 17.11% ~ 78.93%,决定从 1998 年 7 月 10 日起实施临时反倾销措施,要求进口商在进口原产于上述 3 国的新闻纸时,应向海关缴纳与所裁定的倾销幅度相应的现金保证金。1999 年 6 月 3 日,外经贸部发布终裁公告,宣布倾销和损害成立,并相互存在因果关系,倾销幅度为 9% ~ 78%,征税幅度相同。问:

(1) 中国实施反倾销措施有何意义?

(2) 中国确定进口产品正常价值的方式与国际反倾销守则是否相同?

(3) 中国的反倾销主管部门设置与哪个国家相近?

(4) 中国的反补贴程序有无启动?

(5) 非市场经济国家的产品是否适用反补贴措施?

47. 劳动争议案件仲裁前置案

【案情简介】

原告(仲裁被申请人,反诉被告):河南大鹏汇东石业有限公司

被告(仲裁申请人,反诉原告):姜尚义等19位被告内退职工

1997年4月,原告收购国有破产企业郑州瓷厂,被告作为破产企业的正式职工,于同年12月1日与原告重新签订劳动合同,约定被告内部退养,原告可根据生产及工作需要,提前15日通知被告重新上岗,如被告不服从安排,从通知之日起15日不到岗的,将解除劳动合同。该合同经市劳动局鉴证。1998年9月15日原告通知被告上班。其后不久,被告中有7人与原告签订了6个月至1年不等的停薪留职合同,另12人相继自动离岗,原告也停发其工资及生活费。被告欲提起诉讼,被告知劳动争议必须先行仲裁,遂于1998年11月12日以原告违反劳动合同约定,不给内退职工发放工资,侵害其合法权益为由,向郑州市劳动争议仲裁委员会申请仲裁,要求原告继续履行合同,补发内退工资,退还停薪留职费。仲裁裁决被告胜诉。原告不服,起诉至郑州市金水区人民法院,请求撤销仲裁,责令被告继续履行劳动合同,服从公司的工作分配。被告提起反诉,称原告从通知之日起即停发内退职工工资,胁迫被告上班或停薪留职,是单方毁约行为。要求原告补发内退工资及克扣的在职工资,并按总额的5倍支付赔偿金,加罚25%的经济补偿金,退还停薪留职费,赔偿精神损失费81万元。法院认定被告有不履行重新上岗义务的过错,原告在未行文对被告作出任何处理的情况下,即停发生活费,也有过错。判决驳回原被告双方的本诉和反诉请求,终止履行内退合同,补发内退职工生活费。问:

(1)劳动争议仲裁是否适用中华人民共和国仲裁法?

(2)劳动争议仲裁机构是如何设置的?

(3)劳动争议仲裁管辖机构如何确定?

(4)劳动争议在仲裁后提起诉讼,法院管辖地如何确定?

(5)除劳动争议仲裁以外的仲裁是否实行一裁终局制?

48. 中外合营企业仲裁终止案

参见6.中外合营企业合同纠纷案(略)

49. 合同约定仲裁一方提起侵权之诉驳回管辖异议案

参见38.卖方签发假提单致合同无效索赔案(略)

参考书目

[1] [英]施米托夫.国际贸易法文选.北京:中国大百科全书出版社,1993.

[2] [美]理查德·谢弗等.国际商法.北京:人民邮电出版社,2003.

[3] 曹祖平.新编国际商法(第2版).北京:中国人民大学出版社,2004.

[4] 沈四宝.国际商法.北京:中国人民大学出版社,2005.

[5] [美]斯蒂芬·加奇.商法(第2版).北京:中国政法大学出版社,2005.

[6] 吴建斌.现代日本商法研究.北京:人民出版社,2003.

[7] [美]L·W·汉密尔顿.美国公司法.北京:法律出版社,2008.

[8] [加]布莱恩R·柴芬斯.公司法:理论、结构和运作.北京:法律出版社,2001.

[9] [德]托马斯·莱塞尔.德国资合公司法.北京:法律出版社,2005.

[10] [英]丹尼斯·吉南.公司法(第12版).北京:法律出版社,2005.

[11] 吴建斌.最新日本公司法.北京:中国人民大学出版社,2003.

[12] [日]落合诚一.公司法概论.北京:法律出版社,2006.

[13] [日]前田庸.公司法入门(第12版).北京:北京大学出版社,2012.

[14] 王文宇.公司法论.中国台北:元照出版社,2005.

[15] 周苏友.新公司法论.北京:法律出版社,2006.

[16] 蒋大兴.公司法的展开与评判.北京:法律出版社,2001.

[17] 梅慎实.现代公司机关权力构造论(修订本).北京:中国政法大学出版社,2000.

[18] 张民安.公司法上的利益平衡.北京:北京大学出版社,2003.

[19] 朱慈蕴.公司法人格否认法理研究.北京:法律出版社,1998.

[20] 刘俊海.股份有限公司股东权的保护.北京:法律出版社,2003.

[21] 谢朝斌.独立董事法律制度研究.北京:法律出版社,2004.

[22] 王利明.合同法研究(第1、2卷).北京:中国人民大学出版社,2002、2003.

[23] 崔建远.合同法(第5版).北京:法律出版社,2010.

[24] [美]A·L·科宾.科宾论合同.北京:中国大百科全书出版社,1998.

[25] 何宝玉.英国合同法.北京:中国政法大学出版社,1999.

[26] [英]A·G·盖斯特.英国合同法与案例.北京:中国大百科全书出版社,1998.

[27] 王军.美国合同法.北京:中国政法大学出版社,1996.

[28] 尹田.法国现代合同法.北京:法律出版社,1995.

[29] 王利明.违约责任论(修订版).北京:中国政法大学出版社,2000.

[30] 费安玲.比较担保法.北京：中国政法大学出版社,2004.

[31] 王传丽.国际贸易法(第四版).北京：法律出版社,2008.

[32] 刘彤.国际货物买卖法.北京：对外经济贸易大学出版社,2006.

[33] 陈晶莹.《2000年国际贸易术语解释通则》解释与应用.北京：对外经济贸易大学出版社,2000.

[34] 商务部条法司编译.国际商事合同通则.北京：法律出版社,2004.

[35] 赵相林、曹俊.国际产品责任法.北京：中国政法大学出版社,2000.

[36] 徐海燕.英美代理法研究.北京：法律出版社,2000.

[37] 王小能.票据法教程.北京：北京大学出版社,2001.

[38] 谢怀栻.票据法概论(增订版).北京：法律出版社,2006.

[39] 赵新华.票据法问题研究.北京：法律出版社,2007.

[40] 汪世虎.票据法律制度比较研究.北京：法律出版社,2003.

[41] 董安生.票据法(第3版).北京：中国人民大学出版社,2009.

[42] 吴焕宁.海商法学(第二版).北京：法律出版社,2002.

[43] 司玉琢.海商法学(第二版).北京：法律出版社,2009.

[44] 贾林青.海商法(第3版).北京：中国人民大学出版社,2008.

[45] 张丽英.海商法原理.规则.案例.北京：清华大学出版社,2006.

[46] 温世扬.保险法学(第二版).北京：法律出版社,2007.

[47] 李玉泉.保险法学.北京：高等教育出版社,2007.

[48] 徐卫东.保险法学(第二版).北京：科学出版社,2009.

[49] 黎建飞.保险法的理论与实践.北京：中国法制出版社,2005.

[50] 王新欣.破产法专题研究.北京：法律出版社,2002.

[51] 王新欣.破产法(第三版).北京：中国人民大学出版社,2011.

[52] 程春华.破产救济研究.北京：法律出版社,2006.

[53] 王卫国等.破产法原理·规则·案例.北京：清华大学出版社,2006.

[54] 张玉卿.国际反倾销法律与实务.北京：中国对外经济贸易出版社,1993.

[55] 宋和平.反倾销法律制度概论(最新修订).北京：中国检察出版社,2003.

[56] 宋朝武.仲裁法学.北京：中国政法大学出版社,2006.

[58] 赵文秀.国际商事仲裁法(第二版).北京：中国人民大学出版社,2008.

[59] 刘晓红.国际商事仲裁协议的法理与实证.北京：商务印书馆,2005.

[60] 韩健.涉外仲裁司法审查.北京：法律出版社,2006.

后　　记

本人自毕业以来,一直执教于南京大学,转眼已有 30 余年。先于 1983 年在南大法律系开始讲授经济法,后在校内外客串讲授国际经济法和国际商法。1994 年初调入商学院,始开设国际商法必修课程。1996 年曾在整理讲稿的基础上,撰写《国际商事法律》一书,列入当时的南京大学副校长洪银兴教授、国际经济贸易系主任张二震教授主编的《现代国际商务丛书》,由中国青年出版社出版。由于丛书的篇幅和体例限制,当时不得不将一些重要内容舍去,另一些内容也未及展开,留下了很多遗憾。后因教学需要重写国际商法一书,列入南京大学商学院文库,以《国际商法新论》为名出版。按照新的设想,对原书的体系和内容均作了全面的调整,有 2/3 以上的内容特别是商事组织法、破产法部分几乎是重写的。其新意主要体现在以下 7 个方面。一是将国际商法放在 WTO 体制的国际贸易法新格局下进行阐述,理清国际商法的脉络;二是公司法一章改成商事组织法,加入非公司企业的内容;三是反倾销法调到最后一章,作为公法对私法的补充,也与国际商事仲裁的程序性规则相对应(后又调到倒数第二章);四是吸收了大量国际商法和比较商法的立法和研究方面的最新成果;五是适当兼顾专著与教材两者的要求,以保证本书既达到一定的理论水平,又适合于教学所需;六是各章最后均列出了思考题,便于读者掌握主要内容和重点所在;七是结合各章的相关内容,书后附有 40 余个案例,引导读者探讨如何解决实际法律纠纷,以提高分析问题和解决问题的能力。

在本书写作过程中,参照了法学界的诸多成果,包括南京大学商学院周扣山、何晖等的研究生毕业论文,并得到刘正良、常亮、叶生明、张绍生、倪勇、李领臣等同学的帮助;南京大学出版社编辑府剑萍女士为本书的出版花费了大量心血,在此一并表示衷心的感谢。

因本人才疏学浅,本书可能存在某些不足之处,敬请专家、学者和广大读者批评指正。

吴建斌

记于 2000 年 11 月

改于 2012 年 6 月

《商学院文库》已出版书目

书　　名	作　　者	开本	定价
现代西方经济学原理(第六版)	刘厚俊　编著	小16开	48.00
西方经济学说史(第二版)	葛扬　李晓蓉　编著	16开	46.00
现代产业经济分析(第三版)	刘志彪　安同良　编著	小16开	42.00
公共财政学(第四版)	洪银兴　尚长风　编著	16开	55.00
国际金融学(第四版)	裴平等　编著	16开	39.80
国际贸易学(第五版)	张二震　马野青　著	16开	39.00
货币银行学(第四版)	范从来　姜宁　王宇伟　主编	16开	49.80
宏观经济学教程(第三版)	沈坤荣　耿强　韩剑　主编	小16开	50.00
宏观经济学教程习题解析(第二版)	耿强　沈坤荣　主编	小16开	29.00
新制度经济学(第二版)	杨德才　编著	16开	50.00
宏观经济学学习指导(第二版)	梁东黎　编著	大32开	17.00
微观经济学(第三版)	刘东　梁东黎　编著	小16开	28.00
微观经济学学习指导(第二版)	刘东等　编著	大32开	16.00
投资银行学(第二版)	王长江　编著	16开	39.80
国际企业:人力资源管理(第五版)	赵曙明　著	小16开	55.00
现代房地产金融学	高波　编著	16开	30.00

书　　名	作　　者	开本	定价
供应链物流管理	郑称德　编著	16 开	46.00
财务管理学导论	陈志斌　编著	小 16 开	38.60
财务管理学导论精要、案例与测试	陈志斌　编著	大 32 开	25.00
投资项目评估（第一版）	李晓蓉　编著	小 16 开	43.00
期货投资和期权（第二版）	赵曙东　著	16 开	42.00
管理学原理（第二版）	周三多　陈传明 等 编著	小 16 开	29.00
管理心理学	吕　柳　编著	16 开	37.00
统计学原理（修订本）	吴可杰　原著 邢西治　修订	大 32 开	16.00
统计学原理学习指导与习题解析	邢西治　编	大 32 开	14.00
市场营销	吴作民　编著	小 16 开	48.00
经济法律概论（第三版）	吴建斌　编著	小 16 开	46.00
国际商法新论（第四版）	吴建斌　著	小 16 开	39.80
国际商法学习指导（第二版）	吴建斌　吴兰德　编著	大 32 开	20.00
会计学概论（第二版修订）	杨雄胜　主编	小 16 开	38.50
高级财务会计	王跃堂　编著	16 开	36.00
高级管理会计（第二版）	冯巧根　著	16 开	48.00
财务会计（第二版）	陈丽花　主编	16 开	50.00

南京大学出版社地址:南京市汉口路 22 号　邮编:210093
订购热线:(025)83594756　83686452

图书在版编目(CIP)数据

国际商法新论 / 吴建斌著. —4 版. —南京:南
京大学出版社,2018.3 重印
(商学院文库)
ISBN 978 - 7 - 305 - 10508 - 1

Ⅰ. ①国… Ⅱ. ①吴… Ⅲ. ①国际商法-高等学校-
教材 Ⅳ. ①D996.1

中国版本图书馆 CIP 数据核字(2012)第 203851 号

出 版 者 南京大学出版社
社 址 南京市汉口路 22 号 邮 编 210093
网 址 http://www.NjupCo.com
出 版 人 金鑫荣

丛 书 名 商学院文库
书 名 国际商法新论(第四版)
著 者 吴建斌
责任编辑 府剑萍 编辑热线 025 - 83592193

照 排 南京紫藤制版印务中心
印 刷 常州市武进第三印刷有限公司
开 本 787×960 1/16 印张 22.5 字数 480 千
版 次 2018 年 3 月第 4 版第 3 次印刷
ISBN 978 - 7 - 305 - 10508 - 1
定 价 39.80 元

网址:http://www.njupco.com
官方微博:http://weibo.com/njupco
官方微信号:njupress
销售咨询热线:(025)83594756